크랙 캐피털리즘

Crack Capitalism

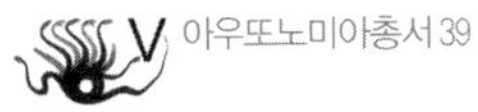 아우또노미아총서 39

# 크랙 캐피털리즘 Crack Capitalism

지은이 존 홀러웨이
옮긴이 조정환

펴낸이 조정환
책임운영 신은주
편집부 김정연 · 오정민
프리뷰 김영철 · 이인

펴낸곳 도서출판 갈무리  등록일 1994. 3. 3.  등록번호 제17-0161호
초판인쇄 2013년 1월 22일  초판발행 2013년 1월 31일
종이 화인페이퍼  인쇄 예원프린팅  제본 일진제책

주소 서울 마포구 서교동 375-13호 성지빌딩 101호
전화 02-325-1485  팩스 02-325-1407
website http://galmuri.co.kr  e-mail galmuri@galmuri.co.kr

ISBN 978-89-6195-061-9 / 978-89-6195-003-9 (세트)
도서분류 1. 사회과학  2. 정치학  3. 사회학  4. 경제학  5. 역사학  6. 철학  7. 사회사상

값 25,000원

이 도서의 국립중앙도서관 출판시도서목록(CIP)은 e-CIP홈페이지(http://www.nl.go.kr/ecip)와 국가자료공동목록시
스템(http://www.nl.go.kr/kolisnet)에서 이용하실 수 있습니다.(CIP제어번호: CIP2013000187)

# Crack Capitalism

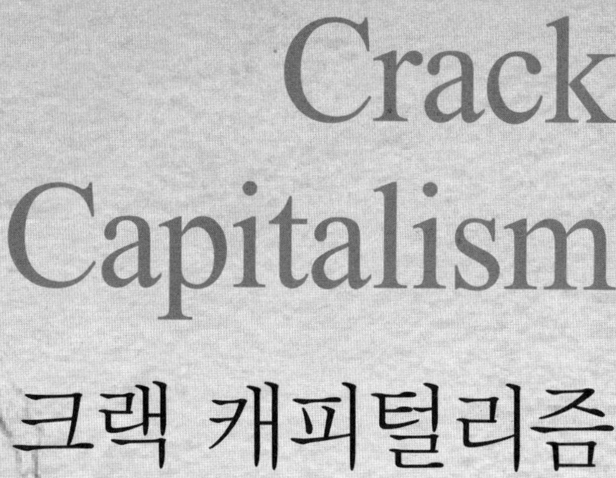

# 크랙 캐피털리즘

## 균열혁명의 멜로디

존 홀러웨이 지음

조정환 옮김

일러두기

1. 이 책은 John Holloway, *Crack Capitalism*, Pluto Press, 2010을 완역한 것이다.
2. 지은이 주석과 옮긴이 주석은 같은 일련번호를 가지며, 옮긴이 주석에는 [옮긴이]라고 표시하였다.
3. 단행본, 전집, 정기간행물에는 겹낫표(『 』)를, 논문, 논설, 기고문 등에는 홑낫표(「 」)를, 단체명, 행사명, 영상, 전시, 공연물, 법률, 조약 및 협약에는 가랑이표(〈 〉)를 사용하였다.
4. 참고문헌의 한국어판은 본문에 처음 등장할 때 후주에, 그리고 이 책 「참고문헌」에 모든 서지사항을 적어주었다. 한국어판의 쪽 번호는 다음과 같은 형식으로 원서 출처와 병기하였다.(저자, 출간년도 : 쪽 번호; 한국어판 제목, 쪽 번호)

# 한국어판에 붙이는 서문

모든 새로운 판본은 나에게 흥미롭게 느껴진다. 나는 이 책을 물으면서 걷기의 일종으로 생각한다. 이 책은 어떤 해답을 주지는 않는다. 오히려 이 책은, 사람들이 이미 주고 있는 해답들을 응시하면서 그 해답들에 대해 물음을 던지려고 한다. 그 물음들이, 그 해답들이 넘쳐흐르도록, 흐르고 또 흐르도록 돕기를 바라면서 말이다. 이 책의 모든 새로운 판본들은 이 흘러넘침에서의 일보 전진이다. 그리고 지금 한국에서, 묻고 답하고 묻는 과정이 흐르고 있다는 생각이 나를 흥분과 경이로 가득 채운다.

묻고 답하고 묻는 과정의 배후에는 하나의 커다란 물음이 있다. 그것은, 인류의 자기파괴를 향한 인류 자신의 이 저돌적인 돌진을 우리가 어떻게 멈추게 할 수 있을 것인가라는 물음이다. 자본주의가 인류에 대한 부단히 가속되는 공격이라는 사실은 지금 그 어느 때보다도 분명해졌다. 그것은 비단 인류만이 아니라 다른 생명 형태들에 대한 공격이기도 하다. 현재의 위기는, 출구를 찾을 필요를 그 어느 때보다 긴급하게 만드는, 그 공격의 강화를 의미한다. 우리가 어떻게 여기에서 벗어날 수 있을까? 우리를 파괴하고 있는 동학을 우리가 어떻게 깨뜨릴 수 있을까? 답은 분명하다. 우리가 그것을 알지 못한다는 것이다. 3~40년 전만 하더라도 우리는, 우리가 그것을 알고 있다고 생각했던 것 같다. 하지만 20세기의 혁명적 해법들은 실패했다. 중국을 보라. 그리고 당신들의 저 소중한 북한을 보라. 그리고 지금 우리는, 우리가 어떻게 혁명을 만들 것인지를 모른다고, 더 나은 세계를 향하는 현존하는 고속도로는 없다고 말해야 한다. 그 세계에로 통하는 실존하는 길은, 우리가 걸으면서 만들어 낼 길들 뿐이라고, 우리가 내릴 수 있는 해답은 답하고 묻고 답하고 묻는 과정일 뿐이라고 말해야 한다. 그러나 무엇보다도 중요하게 강조해야 할 것이 있다. 그것은, 20세기 혁명의 실패가 그러한 혁명이 필요하지도 가능하지도 않다는 것을 의미하지는 않는다는 것이다. 그것은 과거 그 어느 때보다 훨씬 더 필요하다. 그리고 그것이 가능한가, 불가능한가는 우리에게 달려 있다.

우리가 중심이다. 우리를 파괴하는 사회를 만들어 내는 것은 우리이다. 그렇게 하기를 멈출 수 있는 것도 우리다. 자본주의를 깨뜨릴 가능성에 대해 말하기 위해, 우리는, 우리가 이미 하고 있는 것에서 출발해야 하고 그것에 관해 물음을 제기해야 하고, 그것이 어떻게 전진할 수 있을지를 생각해야 하고, 투쟁의 새로운 형태가 어떻게 새로운 반자본주의의 (반反)문법을 열고 있는지를 이해하기 위해 노력해야 한다. 그렇다면 우리가 이미 행하고 있는 것이 무엇인가? 우리는 자본주의를 균열시키고 있다. 우리들의 거부들-창조들을 통해 우리는 자본주의적 지배의 직조 속에 균열을 만들어 내고 있다. 우리는 반란의 공간들과 순간들을 만들어 내면서 그 속에서 다른 사람들과 관계 맺을 다른 형식들을, 새로운 세계의 가능한 기초들을 창출하고 있다. 이 모든 균열들은 그 나름의 문제들을 갖고 있다. 그것들 모두는 실험이다. 모든 것은 물으면서 걷기이다. 앞으로 나아갈 다른 길은 없다.

이 책이 한국에서의 물으면서 걷기 속으로 들어가는 것을 생각하는 것은 기쁜 일이다. 사람들이 이 책을 읽고, 토론하고, 이견을 표명하고, 그것을 쓰레기통에 던져 버리고, 다른 친구들에게 건네고, 그것을 읽다가 잠들고, 공원에 앉아 책을 읽다가 여백에 노트를 하는 것 등을 생각하는 것은 즐겁다. 조정환, 신은주, 오정민, 김정연, 김하은 등 이 책이 한국어판으로 나오게 한 갈무리 출판사의 여러 동지들과 그 밖의 사람들에게 진심으로 감사한다.

나는 갈무리 출판사가 이 책을 광주 봉기 기념일에 맞춰 출판하고 싶어 한 것을 이해한다. 이 책이 이런 식으로 봉기와 결합되는 것이 내게는 영광이다. 지난날의 투쟁들의 영예를 되찾는 가장 좋은 방법은, 그것들을 끊임없이 다시 생각하는 것이며, 앞으로 전진할 새로운 길을 닦으면서도 더러운 파괴를 자행하는 현존 체제에 대한 우리들의 '아니오'를 결코 놓치지 않는 것이고, 수 세기에 걸친 투쟁들이 품었던 희망과 꿈으로부터 증류된 유토피아적 별을 결코 놓치지 않는 것이다.

2012년 4월 17일
멕시코 뿌에블라에서 존 홀러웨이

*Crack
Capitalism*

## 차례

# 크랙
# 개피털리즘

## 6부 추상노동의 위기 237



## 7부 노동에 대항하는 행위 : 틈새혁명의 멜로디들 289

# 일본어판 서문

더 나아가기 전에 연필을 꺼내 보라. 연필을 꺼내 당신이 읽는 책의 여백에 글귀를 써보라. 당신이 쓰고 싶은 만큼 자주, '놀랍다!', '훌륭하다!', '옳다!'라고 써보라. 당신이 그러고 싶다면, '쓰레기!', '말도 안 돼!'라고 써보라. 그러나 무엇보다 내가 제시한 예들 대신, 당신 자신의 예를 써보라.

이 책은 정해진 길에서 벗어나 빗나간 방향으로 걷는 사람들에 관한 책이다. 그들은 빗나간 방향으로 걷는다. 왜냐하면 그들은 화폐와 이윤에 기초한 사회의 흐름과 함께 가기를 원치 않기 때문이다. 왜냐하면 그들은, 자본주의의 동력학이 세계를 파괴하고 있음을 어느 정도 분명히 알고 있기 때문이다. 그래서 아주 다양한 방식으로 그들은 말한다. '아니, 우리는 저 동력학을 따라가기를 거부한다. 우리는 다른 방향으로 갈 것이다. 우리는 다른 방식으로 우리의 삶을 만들어 갈 것이다. 우리는 다른 종류의 사회적 관계를 구축할 것이다. 우리는 지금 여기에서, 아직 존재하지 않는 세계를 창출할 것이다.' 우리 같은 바보들, 부적응자들, 미친 사람들. 그러나 이 사람들(우리들)은 비극적이고 웃기는 사람들인가? 우리는 풍차를 향해 창을 휘두르는 돈키호테인가? 우리는 돌 벽에 머리를 거듭 부딪쳐서 결국은 죽을 운명인가? 아니면 우리는, 자본주의 지배구조에 균열을 만들면서, 새로운 세계가 꽃피기 시작하는 공간을 열면서, 새로운 새벽의 도래를 알리는 전령인가? 이것이 이 책의 문제의식이다.

그러니 당신의 연필을 꺼내서, 개인적으로로건 집단적으로건, 빗나간 방향으로 걷고 있는 사람들의 예를 써보라. 이 책에서 든 예들은 거의 모두가 라틴 아메리카(왜냐하면 이곳이 내가 살고 있는 곳이기 때문이다) 혹은 서유럽(왜냐하면 이곳이 내가 자란 곳이기 때문이다)에서 끌어온 것들이다. 그러나 이 책의 독자인 당신은 아마도 일본에 살고 있을 것이고 거기에서 많은 예들을 생각할 수 있을 것이다. 그러니 그 예들을 적어보고 그것들의 문제점들과 난점들과 성취들을 생각해 보고, 그들의 존엄과 그들의 광기를, 그들의 미친 존엄을 생각해 보라. 그리고 이 미친 존엄이 어떻게 다른 세계를 위한 기반을 만들어낼 수 있는지, 혹은 그럴 수 없는지를 생각해 보라.

특히 이 책의 페이지들을 읽으면서 자신의 길을 도발적으로 만들어가는, 놀라운 일본의 여걸들을 따라가 보라. 노동하러 가는 대신, 도쿄의 공원에 앉아 이 (혹은 어떤 다른) 책을 읽는 소녀를 생각해 보라. 그녀는 책의 유일한 주인공이 아니다(우리는 수많은 영웅들이다). 그러나 당신이 알다시피, 그녀는 특별한 역할을 수행한다.

그 동안 여기 멕시코에서 나는 오르락내리락하는 흥분으로 날뛰고 있다. 나는 이 책이 일본의 미친 존엄들과 (당신의 연필의 도움으로) 접촉하게 되는 것을 생각하며, 자본주의적 사회관계들 속에 생기고 있는 균열들을 생각하며, 빗나간 방향으로 걷고 있는 사람들을 생각하며 기뻐하고 있다. 나는 이 책을 일본어로 번역한 이와사부로 코소(이 책을 현실화시키려고 많은 일을 한 놀라운 이와사부로 코소)와 마사타케 시노하라에게, 그리고 이 책을 출판한 카와데 쇼보의 하루마사 아베와 다른 사람들에게 매우 감사하고 있다. 그리고 물론 나는 이 책의 독자인 당신에게도 감사하고 싶다. 당신의 노트로 이 책이 계속되도록 했고, 또 그것을 균열들로 가져가서 그것에 대해 말하고, 그것이 솟아나온 현실에로 그 씨를 다시 뿌리고, 그것이 계속해서 자라도록 만든 당신의 도움에 감사드리고 싶다.

2011년 3월
존 홀러웨이

# 이탈리아어판 서문

지금 세계는 그 어느 때보다도 더 두 갈래 길에 직면해 있다.

한편에는 끔찍한 폐쇄가 있다. 삶의, 기대의, 가능성의, 희망의 폐쇄가 있다. 그것은 자본주의적 공격의 핵심이다. 이것은 긴축의 시간이다. 당신은 실재와 더불어 사는 법을 배워야 한다. 쉽게 일자리를 찾을 것을 기대하지 말라. 당신이 공부할 수 있게 해줄 보조금을 받을 것을 기대하지도 말라. 당신의 부모가 돈이 없다면 공부할 수 있으리라 전혀 기대하지 말라. 무엇보다도 다른 세상을 만드는 것을 꿈꾸지 말라. 이것은 지금 냉정한 현실이다. 당신의 꿈을 잊어라. 당신은 어렸을 때 꿈을 가지고 놀 수 있었다. 그러나 지금은 아니다. 이것은 재정위기이다. 이것은 화폐의 지배이다. 주변을 돌아보라. 어떤 대안도 없다는 것을 이해하라. 화폐의 훈육을 받아들이는 것 외에 앞으로 나아갈 길은 없다. 보라, 이탈리아인들이여! 그리스를 보고 교훈을 얻으라! 당신이 묵묵히 고통을 감내한다면, 당신이 열심히 (처음에는 어떤 보상도 받지 않으면서) 일한다면, 당신이 당신의 어리석은 꿈을 포기한다면, 아마도 그제서야 자본주의는 수년 내에 당신에게 미래를 열어줄 것이다. 물론 당신이 운이 좋다면 말이다.

다른 한편, 이 폐쇄를 열어젖히려는 단호한 노력이 있다. 아니다, 우리는 받아들이지 않을 것이다. 아니다, 우리는 긴축조치를 받아들이지 않을 것이다. 아니다, 우리는 화폐의 훈육을 받아들이지 않을 것이다. 아니다, 우리는 희망에 대한 살해를 받아들이지 않을 것이다. 아니다, 우리는 우리가 사는 이 세계의 저속한 불평등을 받아들이지 않을 것이다. 아니다, 우리는 우리로 하여금 우리 자신의 파괴를 향해 돌진하게 하고 있는 사회를 받아들이지 않을 것이다. 우리는 뭔가 다른 것을 할 것이다. 우리는 지금여기에서 다른 삶의 방식을 만들어 낼 것이다. 우리는 정확히 어떻게 그것을 해 낼 수 있는지 모른다. 우리는 실험해야만 한다. 우리는 이미 많은 집단적 경험을 갖고 있다. 그리고 우리는 우리가 만들고 싶어 하는 세계, 우리가 만들어야 할 세계에 대한 많은 생각들을 갖고 있다. 우리는, 우리가, 사람들이 존엄을 가진 주체들로서 서로 인정하는 것에 기반을 둔 세계를 원한다는 것을 안다. 우리는 아직, 세계 전체를 우리가 원하는 대로 바꿀 수 없다. 하지만 우리는 여기에서, 그리고 여기에서, 그리고 여기에서, 그리고 여기에서 그리고 지금 우리가 원하는 세상을 만들어 낼 수 있고 또 만들어 내고 있다. 우리는 체제 속에 균열들을 만들어 내고 있다. 이 균열들은 자라서 확산할 것이고 증식할 것이며 함께 흐를 것이다. 우리는 인류의 밤이라는 결말을 받아들이지 않을 것이다. 비록 우리가 그것을 멈출 수 없다고 하더라도, 우리는 적어도 울부짖으며 무덤으로

갈 존엄은 갖고 있다. 그러나 우리는 그것을 멈출 수 있고 멈출 것이다. 우리는 세계를 뒤집을 것이다.

내가 이 글을 쓰는 것은 2012년 4월 초이다. 그리고 우리는 이 세계가 어디로 갈지 알지 못한다. 그러나 우리는 우리가 어느 길로 밀고 나아가야 하는지는 알고 있다. 이 책은 그 노력의 일부이다.

2012년 4월
뿌에블라에서

# 프랑스어판 서문

낮고 무거운 하늘이 뚜껑처럼 짓누를 때 ……


보들레르의 시구가 오래 전 프랑스어를 공부하던 날로부터 나에게 떠오른다. 그것이, 우리가 살고 있는 세계를 정확히 환기시키는 것으로 보이기 때문이다. 나는 그 시의 나머지 부분을 잊어버렸다. 하지만 지금 나는 그것을 다시 찾아본다.


대지가 축축한 지하감옥으로 변할 때
희망이 박쥐처럼
수줍은 날개로 벽을 때리고
머리를 썩은 천정에 부딪히는 곳

부숴라! 우리가 부숴야 할 것은, 지금 부패한 자본주의의 이데올로기적 지지물일 뿐인, 이 끔찍한 제도화된 우울이다. 자본주의는 재앙이다. 이것은 누구에게나 명백하다. 그러나 대안이 없는 것처럼 보인다. 그래서 그들이 우리에게 계속해서 말을 하고 있는 것이다. 지하감옥에 갇힌 상태에서 희망도 도피구도 없다. 게다가 지하감옥의 벽들은, 우리를 망각 속에 몰아넣겠다고 협박하면서, 우리를 조이며 서로 다가서고 있다. 그것들은 우리를 과거로 만든다. 그러나 그것은 더 이상 과거가 아닌 과거이다. 왜냐하면 우리를 기억할 사람이 아무도 없기 때문이다.

물론 말이 되지 않는다. 아니 적어도 우리는 대안이 있기를 바란다. 그럴 수는 없다. 자본주의라는 세계의 파괴에 대한 대안이 없다는 사실을 우리는 받아들일 수 없다. 그렇다면 대안은 어디에 있는가? 우리가 이 지하감옥을 어떻게 깨고 나갈까? 우리가 희망의 방망이의 날개를 어떻게 강화할까? 20세기의 혁명들은 실패였다. 그것들은 우리에게, 지금도 매력적인 것을 거의 남기지 않았다. 그러나 혁명의 문제는 그 어느 때보다도 긴급한 것으로 남아 있다.

지하감옥의 벽을 부숴라. 그러나 어떻게? 이 책은 하나의 답을 제시한다. 그 답은, 실제로는 문제인 답이다. 그 답은 자본주의를 균열 내라는 것이다. 우리가 할 수 있는 온갖 방식으로 거부–와–창조의 공간들이나 순간들을 창출하라는 것이다. 간단히, '아니오, 우리는 거부하오. 우리는 다른 방식으로 일을 할 것이오'라고 말하는 것이다. 그리고 우리가 그렇게 할 때, 우리는 자본주의가 균열들로 가득 차 있음을, 세계가 거부들–과–창조들로 가득 차 있음을 보기 시작한다.

저 낮고 무거운 하늘은 하늘로 쏘아 올려지는 로켓들의 폭발들에 의해 계속해서 부서진다. 우리가 갇힌 지하감옥의 별들은 대중의 격노의 기쁨에 의해 거듭해서 부서져 열린다. 산티아고, 런던, 아테네, 마드리드, 카이로, 튀니지, 뉴욕, 오크랜드, 그리고 또 다른 많은 곳을 보라. 지난해에 하늘에서 일어난 수많은 대규모 폭발들을 보라. 때때로 그들은 문제적이고 모순적이다. 아마도 그들은 결코 우리가 바라는 방향 그대로 나아가지는 못할 것이다(예컨대 지난여름의 런던이나 수년 전 프랑스의 방리외처럼). 그러나 적어도 그것들은 끔찍한 어둠의 하늘을 부순다.

하늘을 밝히는 것은 저 장관적인 폭발만은 아니다. 별들을 바라보라. 맨 먼저 당신은 가장 밝은 별들만을 볼 수 있을 것이다. 그러나 더 오래 바라보라. 그러면 당신은 빛나는 수많은 점들을 볼 수 있을 것이다. 자본에 대항하고-그것을-넘어서며 살아가는 사람들의 수많은 거부들-과-창조들을 볼 수 있을 것이다. 그것들은 종종 거의 보이지 않는다. 그리고 당신은 그 장관적인 폭발들이 이들 더 작은 균열들의 합류임을 깨달을 것이다. 그리고 그것들의 힘과 방향은 그것들을 구성하는 균열들의 힘에 달려 있다는 것을 깨달을 것이다.

격노와 폭발은 충분하다. 낮고 무거운 하늘도 충분하다. 나는 단지, 이 책이 지금 프랑스에서 출판되고 있는 것을 기쁘게 생각한다고 말하고 싶다. 나는 그것이 유럽의 하늘을 밝히는 데 도움이 될 수 있기를 바란다.

2012년 3월 8일

뿌에블라에서

# 페루 스페인어판 서문

새해에, 급진적인 사회변화의 욕망이 세계 전역에서 달아오르고 있다. 2012년은 유달리 두려움과 희망으로, 서로 분리하기 너무 어려운 쌍둥이로 가득 찬 한 해로 드러나고 있다. 자본주의가 더욱더 공격적으로 되고 있기 때문에 두렵다. 위기의 시간은 강화된 자본주의적 공격의 시간이다. 이 해에 세계자본주의의 위기가 심화될 것임을 보여주는 많은 조짐들이 있다. 그러나 희망도 있다. 왜냐하면 지난해는 세계의 많은 지역들에서 거대하고 예기치 못한 투쟁의 상승이 있었고 분위기는 비등하는 거부와 반란으로 여전히 가득 차 있기 때문이다.

이 책에 실린 주장들의 두 얼굴은 그 어느 때보다 첨예해졌다. 한편에서 우리가 죽음의 동학에 갇혀 있다는 것은, 그리고 자본주의가 우리 모두(인류 전체)를 우리의 자기파괴 쪽으로 바싹 밀어붙이고 있다는 것은 어느 때보다 더 분명하다. 그러나 다른 한편에서, 아니오의, 거부의, 이런 일이 일어나서는 안 된다는 결정의, 우리가 죽음의 동학을 부숴야 한다는 이해의 상승도 있다. 그러나 아니오의 이 상승하는 합창은 또한 어떻게의 상승하는 외침이기도 하다. 우리가 자본주의의 동학을 어떻게 부술 수 있을까? 지난 세기에 혁명을 하려 한 모든 시도들이 실패였으며 어떤 경우에는 실패보다 더 나빴다는 것을 우리가 이해할 때, 우리가 어떻게 혁명의 문제로 되돌아갈 수 있을까? 〈빛나는 길〉은 아니다. 그것은 우리가 가고자 하는 길은 아니다. 그러나 이것이 답이 아니라면, 문제는 여전히 남아 있다. 어떻게?

세계가 깨어 일어날 때, 우리가 어떻게, 어떻게, 어떻게 자본주의를 제거할 것인가라는 물음은 이 반란에서 저 반란으로 뛰면서 나아간다. 세상을 바꿀 방법은 좌파를 선출하는 것, 무늬만 좌파인 정부를 선출하는 것이 아니다. 좌파 정부는 (항상 그렇지는 않지만) 일반적으로는 우파 정부보다 더 낫다. 하지만 그들은 파괴의 자본주의적 동학을 부수기 위한 어떤 일도 하지 않는다. 우말라Humala 1는 세계를 바꾸지 않을 것이다. 그렇다면 어떻게 할 것인가?

이 책은 이 반란에서 저 반란으로 나아가는 '어떻게'의 뜀의 일부이며 세계를 근본적으로 바꿀 방법에 대해 생각하려는 시도이고 자본주의에 대한 반란의 변화하는 문법(혹은 반-문법)을 추적하려는 시도이다. 이 책이, 오래고 풍부한 투쟁의 역사를 가진 나라인 페루에서 지금 출판되고 있다는 것은 내게 커다란 기쁨이다. 그리고 내가 바라는 것은, 다른 나라에서처럼, 이 책이 어떤 사람들을 화나게 하고, 어떤 사람들을 기쁘게 하는 것이다. 그리고 내가 바라는 것은, 무엇보다도 이 책이, 우리가 어떻게 자본주의를 만들기를 멈추고 우리의 삶으로 느낄 수 있는 뭔가를 할 것인가라는 중요하고도 유일한 문제에 사람들이 생각과 행동을 모으도록 돕는 것이다.


2012년 1월 5일

멕시코 뿌에블라에서

# 1부 부수기

1. 부수자. 우리는 부수기를 원한다. 우리는 다른 세계를 창조하기를 원한다. 당장.
이보다 더 평범한 것은 없다. 이보다 더 분명한 것도 없다. 더 이상 단순한 것은 없다.
더 이상 어려운 것도 없다.

2. 우리의 방법은 균열의 방법이다.

3. 이제 새로운 투쟁의 새로운 언어를 배울 시간이다.

# 1

부수자. 우리는 부수기를 원한다.

우리는 다른 세계를 창조하기를 원한다. 당장.

이보다 더 평범한 것은 없다. 이보다 더 분명한

것도 없다. 더 이상 단순한 것은 없다.

더 이상 어려운 것도 없다.

부수자. 우리는 부수기를 원한다. 우리는 있는 그대로의 세계를 부수기를 원한다. 부정의의 세계, 전쟁의 세계, 폭력의 세계, 차별의 세계, 가자Gaza [1]의 세계, 관타나모[2]의 세계. 한편에 억만장자들이 있고 다른 한편에 굶주림 속에서 살고 죽는 수십억 사람들이 있는 세계. 인간성이 스스로 절멸하고 있고 비인간 생명체들을 학살하고 있으며 그 자신의 실존 조건을 파괴하고 있는 세계. 화폐에 의해 지배되며 자본에 의해 지배되는 세계. 좌절의 세계, 잠재력이 낭비되는 세계.

우리는 다른 세계를 창조하기를 원한다. 우리는 저항한다. 물론 우리는 저항한다. 우리는 전쟁에 대해 저항한다. 우리는 이 세계에서 점차 늘어나는 고문의 사용에 대해 저항한다. 우리는 모든 생명이 사고 팔리는 상품으로 바뀌는 것에 저항한다. 우리는 이주자들에 대한 비인간적 대우에 저항한다. 우리는 이윤을 위해 세계를 파괴하는 것에 저항한다.

　우리는 저항한다. 그리고 우리는 저항 이상의 것을 행한다. 우리는 행한다. 그리고 행위해야만 한다. 만약 우리가 오직 저항만 한다면 우리는 권력자들이 의제를 설정하도록 허용하게 될 것이다. 만약 우리가 하는 것이 그들이 하려고 하는 것에 반대하는 것에 그친다면, 우리는 그들의 발걸음을 따라가는 것에 불과할 것이다. **부수기**breaking는 우리가 그 이상을 행하며, 우리가 주도권을 잡으며, 우리가 의제를 설정한다는 것을 의미한다. 우리는 부정한다. 그러나 우리의 부정으로부터 창조가, 다른-함이, 화폐에 의해 결정되지 않는 활동이, 권력의 지배에 의해 조형되지 않는 활동이 자라나온다. 종종 대안적 행위는 필요성에서부터 자라나온다 : 자본주의 시장의 작동은 우리가 생존하는 것을 허용하지 않는다. 그리고 우리는 살기 위한 다른 길을, 연대와 협력의 형식을 찾아야 한다. 종종 그것은 또한 선택에서 나온다. 우리가 우리의 삶을 화폐의 지배에 종속시키기를 거부하거나, 우리가 우리 자신을 우리가 필요하고 또 바람직하다고 생각하는 것에 바치거나. 그 어느 쪽이건 우리는 우리가 창조하기를 원하는 세계를 산다live.

　**당장**. 이 모든 것은 긴급하다. 이제는 그만! 우리는 착취, 폭력, 기아의 세계에서 충분히 살았고 또 충분히 그것을 만들어 왔다. 그리고 지금 여기에 새로운 긴급함이, 시간 자체의 긴급함이 있다. 우리 인간들이 우리 자신의 실존의 자연적 조건을 파괴하고 있다는 것은 명백해졌다. 그리고 결정력이 이윤 추구에 있는 사회가 이 추세를 역전시킬 수 있을 것 같지는 않다. 급진적이고 혁명적인 사유의 시간적 차원은 바뀌었다. 우리는 옛 수도승처럼 책상 위에 머리를 조아린다. 그러나 이것은 죽음을 찬미하기 위해서가 아니라 임박한 위험에 초점을 맞추고 삶을 위한 투쟁을 강화하기 위해서다. 인내가 혁명적 미덕이라고 떠들거나 '미래의 혁명'을 말하는 것은 더 이상 아무런 의미도 없다. 무슨 미래란 말인가? 우리는 당장, 지금 여기에서 혁명을 필요로 한다. 너무나 부조리해서, 너무나 필요하다. 너무나 명백하다.

이 이상 더 **평범한**common 것은 없고 이 이상 더 분명한 것도 없다. 반자본주의적인 혁명가라는 것에 뭔가 특별한 것은 아무 것도 없다. 이것은 많고 많은 사람들, 수백만 명의, 아니 아마도 수십억 명의 이야기이다.

그것은, 자신이 작곡하는 음악을 통해 자신의 분노와 더 나은 사회에 대한 꿈을 표현하는 런던 작곡가의 이야기이다. 그것은, 자연 파괴에 투쟁하기 위한 정원을 만드는 촐룰라[3]의 정원사의 이야기이다. 그에게 의미와 기쁨을 주는 활동을 하기 위해 저녁에 그 정원사의 정원 텃밭으로 가는 버밍햄의 자동차 [공장] 노동자의 이야기이다. 자율적 자치공간을 만들고 그들을 괴롭히는 준군사조직들[사병들]에 맞서 매일 그것을 지키는, 오벤틱, 치아빠스의 원주민 농민들의 이야기이다. 비판적 사상을 촉진하기 위해 대학 틀 바깥에서 세미나를 개최하는 아테네의 대학교수들의 이야기이다. 자본주의에 대항하는 책을 출판하는 일에 자신의 활동을 집중하는 바르셀로나의 출판업자의 이야기이다. 노래 부르기를 좋아하기 때문에 합창단을 꾸리는 뽀르또 알레그레의 친구들의 이야기이다. 색다른 유형의 학교, 색다른 유형의 교육을 위해 싸울 목적으로 경찰 억압과 대치하는 뿌에블라의 교사들의 이야기이다. 자신의 연극을 보는 사람들에게 색다른 세계를 열어주기 위해 나름대로의 기법을 사용하려고 결심하는 비엔나의 극장 연출자의 이야기이다. 남는 시간이 생기면 언제나 더 나은 사회를 위해 어떻게 싸울 것인가를 생각하는 시드니의 콜센터 노동자의 이야기이다. 물이 사유화되지 않고 그들 자신의 통제 하에 놓이도록 하기 위해 정부와 군대에 맞서 함께 모여 싸우는 꼬차밤바의 주민들의 이야기이다. 환자들을 돌보기 위해 가능한 모든 것을 하는 서울의 간호사들의 이야기이다. 공장을 점거하여 그것을 자신의 것으로 만드는 네우껜의 노동자들의 이야기이다. 대학은 세상에 대해 질문을 하는 시간이라고 결심하는 뉴욕의 학생들의 이야기이다. 자본주의의 잔인성에 격노하여 세상을 바꿀 무장 투쟁을 조직하기 위해 정글로 가는 멕시코시티의 청년의 이야기이다. 자본주의적 세계화에 맞서 싸우기 위해 자신의 삶을 바치는 베를린의 은퇴교사의 이야기이다. 에이즈와 싸우기 위해 자신의 자유시간 전부를 바치는 나이로비의 정부노동자의 이야기이다. 행동주의와 사회적 변화에 관한 과정을 개설하기 위해 몇몇 대학들에 아직 남아 있는 빈 공간을 사용하는 리즈Leeds의 대학 교수의 이야기이다. 베이루트 교외 평지의 흉측한 블록에 살면서, 자신을 둘러싸고 있는 콘크리트에 대항하는 반란으로 자신의 창틀에서 식물을 가꾸는, 노인의 이야기이다. 세계 전역의 수많은 사람들처럼 자신의 삶을 더 나은 세계를 위한 새로운 투쟁 형태를 발명하는 일에 던지는, 류블랴냐의 젊은 여성, 플로렌스의 젊은 남성의 이야기이다. 자신의 작은 과수원이, 팔리지 않은 자동차들을 세워놓을 커다란 주차장에 흡수되는 것을 거부하는 우에호칭고Huejotzingo의 농민의 이야기이다. 빈집을 점거하고 집세 지불을 거부하는 로마의 한 무리의 집 없는 친구들의 이야기다. 자신의 거대한 에너지 전부를 색다른 세계를 위한 새로운 전망을 여는 데 바치는 부에노스아이레스의 열성주의자들의 이야기다. 오늘은 일하러 가지 않겠다며 이런저런 책을 들고 공원

에 쉬러 가는 도쿄의 소녀의 이야기다. 인간과 자연의 관계를 근본적
으로 바꾸는 일에 대한 헌신으로서 건조 화장실을 짓는 데 헌신하는
프랑스 청년의 이야기다. 아이들과 더 많은 시간을 보내기 위해 일자
리를 그만둔 할라빠Jalapa의 전화 기술자의 이야기다. 자신이 하는 모
든 일에서, 사랑과 상호부조의 세계를 만듦으로써 자신의 분노를 표
현하는 에딘버러의 여성의 이야기다.

이것은 보통 사람들의 이야기다. 그들 일부는 내가 아는 사람들이
고, 그들 중의 일부는 내가 들은 사람들이며 그들 중의 일부는 내가
지어낸 사람들이다. 보통 사람들은 반란한다. 아마 혁명가들도 그럴
것이다. 사빠띠스따들은 자신들의 가장 심오하고 어려운 도전 속에서
'우리는 아주 평범한 남자와 여자, 아이와 노인 들이다. 다시 말해 반
란자들, 비타협주의자들, 부적응자들, 몽상가들이다.'[4]라고 말한다.

우리가 나열한 목록에 들어 있는 '보통 사람들'은 서로 매우 다르
다. 자본주의에 대항하는 무장투쟁을 조직하는 데 자신의 삶을 바치
기 위해 정글로 들어가는 청년 바로 다음에, 저녁에 자신의 채소밭으
로 가는 자동차 노동자를 놓는 것은 이상하게 보일 수 있다. 그러나
거기에는 연속성이 있다. 두 사람이 공통으로 갖고 있는 것은, 그들이
거부-와-다른-창조의 운동을 공유한다는 것이다 : 그들은 반란자들
이지 희생자들이 아니다; 주체들이지 객체들이 아니다. 자동차 노동
자의 경우에 그러한 운동은 개인의 저녁 주말시간의 행위이다. 정글
속의 청년의 경우에 그것은 반란의 삶으로의 매우 위험한 투신이다.
이 둘은 매우 다르다. 하지만 거기에는, 간과한다면 아주 잘못일, 어
떤 친연親緣의 선線이 있다.

이보다 단순한 것은 없다. 16세기의 프랑스 이론가, 라 보에띠[5]는 저

서『자발적 예속론』(1546/2002 : 139~40)[6]에서 대단히 명확하게 혁명의 단순성을 표현했다.

> 당신은 그 영주가 작물들을 유린할 수 있도록 하기 위해 작물을 심는다, 당신은 당신의 집들을 세우고 가꾸어서 그에게 약탈할 부를 갖다 바친다; 당신은 그가 자신의 욕정을 충족시킬 수 있도록 당신의 딸을 키운다; 당신은 아이들을 길러, 그로 하여금 [다 자란 — 옮긴이] 아이들에게 자신이 아는 최대의 은전을 수여하여 전장으로 이끌고, 도살장으로 넘기고, 자신의 탐욕을 채우는 하인으로 만들고 그의 복수를 행할 도구로 삼게 한다; 당신은, 그가 환락에 탐닉하고 더러운 쾌락 속에서 뒹굴 수 있도록, 당신의 몸을 고된 노동에 맡긴다; 당신은 그가 당신을 더 강하고 드세게 감시할 수 있도록 하기 위해 당신 자신을 약하게 만든다. 들판의 짐승들조차 감당하기 어려울 이 모든 모욕들로부터, 당신이 하고자 한다면, 행동을 취하지 않고 단지 자유롭고자 의지하기만 하는 것으로도 당신을 해방시킬 수 있다. 더 이상 시중들지 않겠다고 결심하라. 그러면 당신은 즉시 자유로워진다. 나는, 그 압제자를 비틀거리게 하기 위해 그에게 손을 대도록 요구하는 것이 아니라 단지 당신이 그를 더 이상 지지하지 않을 것을 요구할 뿐이다. 그러면 당신은, 받침대가 빠져나와 제 무게 때문에 떨어져 산산조각난 거대한 조각상과 같은 그를 보게 될 것이다.

모든 것은 그 압제자가 우리로부터, 우리에 대한 착취로부터 손에 넣은 것이다. 우리는 단지 그를 위해 일하기를 멈추면 된다. 그러면 그는 압제자이기를 멈출 것이다. 왜냐하면 그의 압제의 물질적 기초가 사라질 것이기 때문이다. 우리가 압제자를 만든다; 자유롭기 위해서 우리는 압제자를 만드는 것을 멈추어야 한다. 우리의 해방을 위한 열쇠, 완전히 인간적으로 될 열쇠는 단순하다 : 거부하라, 불복종하라. 더 이상 시중들지 않겠다고 결심하라. 그러면 당신은 즉각 자유로워질 것이다.

그렇지만 이보다 더 어려운 것은 아무 것도 없다. 우리는 압제자를 만드는 일work을 수행하기를 거부할 수 있다. 우리는 자신을 다른 유형의 활동에 바칠 수 있다. '그가 환락에 탐닉하고 더러운 쾌락 속에서 뒹굴 수 있도록, 우리의 몸을 고된 노동에' 맡기는 대신, 우리는 우리가 중요하고 바람직하다고 생각하는 것을 할 수 있다. 이 이상 평범한 것은 없다. 이 이상 명백한 것도 없다. 그러나 우리는 그것이 단순하지 않다는 것을 안다. 만약 우리가 우리의 삶을 자본을 만드는 노동labour에 바치지 않으면, 우리는 가난에, 심지어 기아에, 그리고 종종 물리적 탄압에 직면한다. 내가 쓴 바로 그 길을 따라, 와하까Oaxaca의 사람들은 부패하고 잔인한 통치자에 맞서 5개월 동안 그 도시에 대한 통제권을 주장했다. 결국 그들의 평화로운 반란은 폭력적으로 진압되었고 많은 사람들은 고문을 당했으며 성희롱을 당했고 헬리콥터에서 떨어뜨리겠다는 협박을 받고, 손가락이 부러졌고 어떤 사람들은 그냥 사라져 버렸다. 내가 보기에 와하까는 방금 그 길을 따라갔을 뿐이다. 그러나 당신에게, 점잖은 독자인 당신에게 그 길은 그다지 멀지 않다. 그리고 잔학행위들이 당신의 이름으로 저질러지고 있는 다른 수많은 '바로 그 길을 따라서'가 있다. 아부 그라이브, 관타나모, 그리고 골라낼 수 있는 것이 더 많이 있다.

종종 그것이 무기력해 보이기도 한다. 실패한 혁명이 너무 많다. 흥미를 돋우는, 그렇지만 좌절과 반격으로 끝난 반자본주의 실험들도 너무 많다. '오늘날은 세상의 끝을 상상하는 것이 자본주의의 끝을 상상하는 것보다 더 쉽다'(Turbulence, 2008 : 3)고 말해진다. 우리는, 이 매우 불공정하고 파괴적인 사회 조직의 변화를 상상하는 것보다 인류의 완전한 절멸을 생각하는 것이 더 쉬운 단계에 도달했다. 우리가 무엇을 할 수 있을까?

# 2
# 우리의 방법은 균열龜裂[1]의 방법이다.

계속 내 마음속으로 들어오는 이미지는 에드가 앨런 포에 의해 불러일으켜진 악몽같은 이미지다.[2] 우리 모두는 네 개의 벽, 바닥, 천장을 갖고 있지만 창문이나 문을 갖고 있지는 않은 방 안에 있다. 그 방은 구색을 갖추고 있고 일부는 편안하게 앉아 있지만 대부분의 다른 사람들은 확실히 그렇지 못하다. 벽들은 점점 안쪽으로 좁혀져 온다. 때로는 천천히 때로는 빠르게. 우리 모두를 더욱 불편하게 만들면서, 우리 모두를 부숴 죽이려는 듯 위협하면서 계속해서 좁혀져 온다.

그 방에서 토론이 전개된다. 그러나 그것들은 대개 어떻게 가구를 정돈할까에 관한 것이다. 사람들은 벽이 좁혀져 오고 있다는 것을 알고 있는 것 같지 않다. 때때로 가구를 어떻게 놓을 것인가를 놓고 선거가 치러지기도 한다. 이 선거들이 중요하지 않은 것은 아니다. 그것들은 몇몇 사람들을 더 편안하게 하고 다른 사람들을 덜 편안하게 만든다. 그것들이, 벽이 이동해 오는 속도에 영향을 줄 수 있을지 모른다. 하지만 그것들은 벽들의 끊임없는 전진을 멈추게 할 어떤 일도 하지 않는다.

벽들이 점점 가까이 다가오자, 사람들은 서로 다르게 반응한다. 어떤 사람은 벽의 전진을 아예 보려고 하지 않는다. 자신들을 디즈니월드에 단단히 가두고 자신이 걸터앉은 의자들을 단호히 지키면서 말이다. 또 어떤 사람들은 벽의 이동을 보고 그것을 비난하며 급진적 강령을 가진 당을 건설하며 벽이 없어질 미래의 나날을 기대한다. 다른 사람들은 (그리고 여기에는 나 자신도 포함되는데) 벽으로 달려가 필사적으로 균열을, 표면의 흠을 찾으려고 하며 벽을 쾅쾅 쳐서 균열을 만들려고 시도한다. 이 균열 찾기(그리고 균열 만들기)는 실천적-이론적 활동이다. 그것은 우리 자신을 벽을 향해 던지는 행위이며 벽 표면의 균열이나 흠을 찾아내기 위해 뒤로 물러서는 행위이다. 그 두 활동은 상보적이다 : 이론은, 출구를 찾으려는 필사의 노력으로 이해되지 않는다면, 즉 자본의 (우리를 파괴시키려 하는 벽들의) 저 멈출 수 없는 분명한 전진을 좌절시킬 균열들을 만들어 내려는 필사의 노력의 일부로 이해되지 않는다면 아무런 의미도 없다.

물론 우리는 미쳤다. 자신들의 안락의자를 지키려는 사람들의 관점에서 보면, 그리고 다음 선거에 출마하기 위한 준비로서 가구 정렬에 대해 토론하고 있는 사람들의 관점에서 보면, 우리는 틀림없이 미쳤다. 안락의자에 앉아 있는 사람들의 눈에는 보이지 않는 (혹은 그들에게는 기껏해야, 그들이 '새로운 사회운동'이라고 부르는, 벽지 무늬의 변화로 보일 뿐인) 균열들을 찾아 이리저리 내닫는 우리는 틀림없이 미쳤다. 최악의 것은 그들이 옳을지도 모른다는 것이다. 아마도 우리가 미쳤고 아마도 출구는 없으며, 우리가 보는 균열들은 아마도 우리의 환상 속에나 존재할 뿐일 것인지도 모른다는 것이다. 지난날의 혁명적 확실성은 더 이상 존재하지 않는다. 행복한 결말의 보증도 전혀 없다.

균열을 내는 것은 닫힌 것으로 나타나는 세계를 여는 것이다. 그것은, 그것들의 표면에서 인간 행위의 역량power을 부정하는 범주들을 열어서, 그것들이 부정하고 감금하는 행위를 그것들의 핵심에서 발견하는 것이다.3 맑스의 용어로 그것은 대인적對人的, ad hominem 비판이다. 사물세계의 현상들, 그리고 통제불가능한 힘들forces의 현상들을 돌파하여 세계를 인간 행위의 역능으로 이해하려는 시도이다.4 균열의 방법은, 명제, 반명제, 종합명제의 말쑥한 흐름을 제시한다는 의미에서가 아니라 부정적 변증법, 부적합misfitting의 변증법을 제시한다는 의미에서 변증법적이다.5 아주 단순하게 말해 우리는 세계를 우리의 부적합에서부터 사유한다.

균열의 방법은 위기의 방법이다 : 우리는 그 벽을 그것의 견고성에서가 아니라 그것의 균열에서 이해하기를 바란다. 우리는 자본주의를 지배로서가 아니라 그것의 위기, 그것의 모순, 그것의 취약함의 관점에서 이해하기를 원한다. 그리고 우리는 우리 자신이 어떻게 저 모순들인가를 이해하기를 원한다. 이것이 위기이론이며 비판이론이다. 비판/위기이론은 우리 자신의 부적합함의 이론이다. 인류는 (그 모든 의미들에서) 자본주의와 더불어 더욱더 비틀거린다. 자본이 더 많은 것을 요구함에 따라 적합fit 6은 더욱더 어렵게 된다. 더욱더 많은 사람들이 체제와 적합하지 않다. 아니 만약 우리가 우리 자신을 자본의 더욱 단단히 죄는 프로크루스테스 침대에 압착시켜 낸다면, 우리는

유령처럼 따라다닐 우리 자신의 파편들을 뒤에 남기는 대가를 치르고
서만 그렇게 할 수 있다. 이 사실이야말로 우리의 균열의 기초이며 부
적합의 변증법의 점증하는 중요성의 기초이다.

우리는 우리의 부적합의 힘을 이해하고 싶다. 우리는, 우리의 머
리를 벽에 꽝꽝 부딪치는 것이 어떻게 벽을 부숴 넘어뜨릴 것인가에
대해 알고 싶다.

# 3
# 이제 새로운 투쟁의 새로운 언어를 배울 시간이다.

이 모든 것에는 커다란 고민이 있다. 그것은, 우리가 무엇을 할 수 있는가에 대한 고민이다. 우리는 우리를 둘러싼 자본주의의 부정의를 알고 또 느낀다 : 가장 부유한 도시들에서조차 노숙을 하는 사람들이 있다.[1] 기아의 문턱에서 살다가 기아로 죽는 수많은 사람들이 있다. 우리는 자연 세계에 미치는 우리 사회 체제의 영향을 안다 : 쓰레기가 산더미처럼 쌓이고 지구는 치유 불가능할 정도로 온난화한다. 우리는 텔레비전에 나오는 권력자들을 보면서 그들에게 소리를 지르고 싶어 한다. 그리고 언제나 문제는 '우리가 무엇을 할 수 있는가, 우리가 무엇을 할 수 있는가, 우리가 무엇을 할 수 있는가?'[2]이다.

이 책은 다른 책의 딸이다. 『권력으로 세상을 바꿀 수 있는가』[3] (Holloway, 2002/2005)는, 근본적 사회변화(혁명)를 위한 필요가 그 어느 때보다도 절박하고 명백하다고 주장했다. 하지만 우리는 어떻게 그것을 실현할 수 있을지를 알지 못한다. 우리는 경험과 반성을 통해, 우리가 국가권력을 장악하는 것으로 그것을 달성할 수 없다는 것을 안다. 그렇다면 어떻게? 메아리는 거듭해서 되돌아온다 : 그렇다면 어떻게, 그렇다면 어떻게, 어떻게, 어떻게? 만남이 거듭될 때마다 우리는 묻는다 : '그렇다, 우리는 국가정치의 독선적이고 허위적이고 파괴적인 세계에 연루되고 싶지 않다. 그렇다면 어떻게 할 것이며 우리가 무엇을 할 것인가? 우리는 5개월 동안 주민들이 도시를 통제했던 와하까에서 위대한 실험을 했다. 그러나 그 후에 우리는 잔인하게 탄압되었다. 그러므로 지금, 우리는 어떻게 할 것이고 어디로 갈 것인가?' 지금, 자본주의의 명시적인 위기와 더불어, 문제는 더욱더 긴급한 것으로 된다 : 그렇다면 어떻게 할 것인가? 우리가 무엇을 할 것인가?

이 딸은 어머니로부터 아주 독립적이다. 여기에서 펼쳐지는 주장을 이해하기 위해 『권력으로 세상을 바꿀 수 있는가』를 읽어야 할 필요는 없다. 그러나 관심사는 동일하다 : 세상을 근본적으로 바꾸는 것이 아주 불가능해 보이는 때에 우리가 어떻게 그 문제를 생각할 것인가? 우리가 무엇을 할 것인가?

이 책은 간단한 답을 제공한다 : **자본주의에 균열을 내자**. 자본주의를 우리가 할 수 있는 한 많이 부수고 그 균열들을 넓히고 증식시키려 애쓰며 그것들의 합류를 촉진하자.

그 답은 이 책의 발명품이 아니다. 아니 이 책은 모든 책들처럼, 역사적 순간의 일부이며 투쟁의 흐름의 일부이다. 그것이 제공하는 답은 이미 진행 중인 운동을 반영한다. 급진적 변화를 위한, 일을 아주 다른 식으로 하기 위한 수많은 실험들이 이미 있어 왔다. 이것은 새로운 것이 아니다. 다른 세계를 위한 실험적 기투projection는 아마도 자본주의 자체만큼이나 오래되었을 것이다. 그러나 최근에 큰 파도가 쳤고 우리가 거대한 혁명을 기다릴 수는 없다는, 우리가 지금여기에서 뭔가 다른 것을 창출하기 시작해야 한다는 지각이 성장했다. 이 실험은 아마도 새로운 세계의 맹아일 수 있을 것이며 그로부터 새로운 사회가 자라나올 수 있을 틈새<sup>interstitial</sup> 운동일 수 있을 것이다. 그러므로 그 주장은, 혁명을 생각하는 유일하게 가능한 방법은 틈새적 과정으로서일 뿐이라는 것이다. 흔히, 자본주의에서 탈자본주의 사회로의 이행은, 봉건주의에서 자본주의로의 이행과는 달리, 틈새적 운동일 수 없다고 주장된다. 이러한 견해는 아주 최근에 힐렐 틱틴<sup>Hillel Ticktin</sup>에 의해 다시 주장되었다 : '자본주의에서 사회주의로의 이행은 봉건주의에서 자본주의로의 이행과는 질적으로 아주 다르다. 그 이행에서 사회주의는 자본주의의 틈들에서 생성될 수 없다. 새로운 사회는 오직, 세계자본주의 체제가 붕괴될 때에만 생성될 수 있다.'[4] 그와는 반대로 여기에서의 주장은, 하나의 체제의 다른 체제에 의한 혁명적 대체는 불가능하기도 하려니와 바람직하지도 않다는 것이다. 세상을 바꾸는 것을 생각하는 유일한 방법은 특수한 것에서 유래하는 틈새 운동들의 증식으로서뿐이다.

이 책의 영웅들인 '보통 사람들'이 발견될 수 있는 것은 틈새들 속에서이다. 사람들의 평범함에 대한 거부는 계속해서 제기된다 : 텃밭으로 가는 자동차 노동자, 공원에서 책을 읽는 소녀, 성가대를 만들려고 모이는 친구들, 아이를 돌보기 위해 일자리를 그만두는 엔지니어, 이들이 어떻게 반자본주의 혁명의 주역들로 생각될 수 있단 말인가? 그러나 일단 우리가 혁명적 변화를 필연적으로 틈새적인 것으로 생각하기만 하면 대답은 간단하다 : 봉건주의에서 자본주의로의 사회적 변형을 누가 가져왔는가? 당통과 로베스삐에르였는가 아니면 수많은 무명의 사람들, 단지 다른 식으로 생산하기 시작했고 다른 기준과 다른 가치에 따라 살기 시작했던 따분한 시민들이었는가? 달리 말해 사회적 변화는, 그 과정에서 아무리 활동성[주의]activism이 중요하더라도 (혹은 그렇지 않더라도), 활동가에 의해 생산되는 것이 아니다. 사회 변화는 오히려 수많은 사람들의 일상적 활동들의 간신히 보일 정도의 변형의 결과이다.5 우리는 활동성주의 너머를, 헤아릴 수 없을 만큼 많은 거부들과 다른-행위들을, 가능한 근본적 변화의 물질적 기초를 구성하는 헤아릴 수 없을 만큼 많은 균열들을 바라보아야 한다.

그러나 우리는 『크랙 캐피털리즘』에 의해 제공된 대답이 대답-아닌-대답일 수 있다는 것을 분명히 해야 한다. 어쩌면 그것은, 너무 확실해 보여서 그것에 손을 뻗쳐 만져보고 싶어서 손을 뻗어보지만 실제로는 거기에 없는 홀로그램과 같은 것일지도 모른다. 우리가 실제로 자본주의에 균열을 낼 수 있을까? 그것이 무엇을 의미할까? 자본주의는 실제로, 우리가 균열을 낼 수 있는 단단한 표면일까? 아니면 그것은, 우리가 그것에 균열을 내려고 시도하자마자, 다시 제자리로 주르륵 흘러들어가, 이전과 마찬가지로 더럽게 채워지는 진흙탕과 같은 것일까?

만약 그게 아니라면, 우리의 지친 눈이 보지 못하는 뭔가가 있는 것일까? 우리가 시도한 균열들이, 그 진흙탕의 깊은 곳으로부터 생겨나고 있는, 아름다운 뭔가를 창출하고 있다고 할 수 있을까? 우리의 눈이 쉽사리 보지 못하는 뭔가를? 우리의 귀가 쉽게 듣지 못하는 뭔가를? 우리가 이해하지 못하는 목소리로 말하는 뭔가를?

만약 어머니와 딸이 조리 없이 말을 더듬고 중얼거린다면, 아마도 그것은 그들이 출현하고 있는 투쟁의 성좌에 관한 새로운 언어를 보고, 듣고, 말하려고 애쓰고 있기 때문일 것이다. 갈등의 패턴이 변하는 때가 있다. 밑바닥에 놓인 구조적 단층들의 외적 지표들이나 위기의 현시들이 그것이다. 문제는, 패턴에서의 각각의 중요한 변화가 이해의 문제를 가져온다는 것이다. 왜냐하면 우리의 정신은 낡은 패턴에 익숙하기 때문이다. 그러나 만약 우리가 낡은 개념들을 적용하면, 우리의 의도가 어떠하건, 또 코뮤니즘에 대한 우리의 헌신이 아무리 전투적일지라도 (혹은 그것이 어떠하건), 우리의 사유가 새로운 투쟁 형식들에 장애물로 된다. 우리의 과제는 투쟁의 새로운 언어를 배우는 것이고 그것을 배움으로써 그것의 형성에 참가하는 것이다. 머리말에서 이미 이야기한 것은 이 언어를 배우고 형성하는 데에서의 더듬거리는 발걸음이다. 이것이 나의 최고의 야망이며 이것이 이 책의 내기이다.

새로운 언어를 배우는 것은, 자본주의의 현 단계를 이해할 패러다임을 설정하는 것이라기보다 주저하는 과정, 물으면서 걷기, 개방적인 질문-개념들을 창출하려는 시도이다. 이런 의미에서, 이 책에서의 접근법은 하트와 네그리(Hardt and Negri, 2000, 2004, 2009)[6]에 의해 채택된 접근법과 대조될 수 있을지 모른다. 이 책은 명제들로, 하나하나가 도전이자 도발로서 짜인 질문인 그러한 명제들로 구성된다. 이 명제들은 일련의 과감한 도전들dares로 간주될 수 있다. 그것들 속에서 나는 점잖은 독자인 당신에게, 논의의 다음 지점으로 나를 따라오라고 도전한다. 때때로 나는 이 책이, 정차할 때마다 독자들을 내리도록 밀쳐 내기 위해 최선을 다하는 기차 여행인 것처럼 느낀다. 만약 논의의 모든 단계들이 받아들여진다면, 나는 아주 세게 밀쳐 내지는 않을 것이다.

　이 모든 것에는 불안, 의심, 위험이 있다 : 우리가 거의 보지 못하는 것을 우리가 보려고 애를 쓸 때, 우리가 거의 식별할 수 없을 것을 들으려고 애를 쓸 때, 우리는 우리의 눈과 귀를 예리하게 가다듬고 있는 것일 수 있다. 그렇지 않다면 아마도 그것은 단지 우리가 공상에 잠기고 있는 것에 불과할 수 있다. 우리가 거의 볼 수 없고 들을 수 없는 것이 존재하지 않고 실제로는 그것이 단지 우리의 소망에 따른 생각의 산물일 뿐일 수도 있다. 어쩌면 그럴지 모른다. 그러나 우리는 행동할 필요가 있고 뭔가를 할 필요가 있으며 파괴를 향한 우리의 과감한 돌진에 대한 공포를 깨뜨릴 필요가 있다. 물으면서 우리는 걷는다. 그러나 걷기야말로, 가만히 멈춰 있는 것이 아니라 걷기야말로, 우리가 우리의 질문을 발전시키는 방법이다. 멈춰 서서, 존재하지도 않는 지도에 대해 골똘히 생각하고 있는 것보다, 그릇된 방향일 수 있는 곳에서 빠져나가 길을 만들면서 가는 것이 더 낫다. 그러므로 두려움과 의심을 한손에 움켜쥐고 희망의 원천을, 파괴의 논리와 단절할 수많은 시도들을 모색하자.

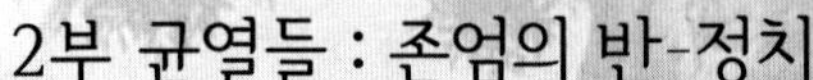

# 2부 균열들 : 존엄의 반-정치

4. 균열들은 아니오에서 시작한다. 아니오에서 존엄이, 부정-과-창조가 자라나온다.

5. 균열은, 우리가 다른 유형의 행위를 천명하는, 어떤 공간 혹은 순간의
아주 일상적인 창출이다.

6. 균열은 차원들을 부수며, 차원성도 부순다.

7. 균열들은 존엄성의 반정치에 대한 탐구이다.

2부 균열들 : 존엄의 반-정치

4. 균열들은 아니오에서 시작한다. 아니오에서 존엄이, 부정-과-창조가 자라나온다.

5. 균열은, 우리가 다른 유형의 행위를 천명하는, 어떤 공간 혹은 순간의
아주 일상적인 창출이다.

# 4
# 균열들은 아니오에서 시작한다.
# 아니오에서 존엄이, 부정-과-창조가 자라나온다.

가능성의 어두운 호수를 뒤덮고 있는 빙판을 상상해 보라. 우리가 아주 크게 아니오라고 절규한 나머지 그 얼음에 균열이 가기 시작한다. 열린 것은 무엇인가? 균열된 틈을 통해 천천히 혹은 빠르게 (언제나 그런 것은 아니고 때때로) 거품을 일으키며 새어나오는 저 검은 액체는 무엇인가? 우리는 그것을 존엄성이라고 부를 것이다. 얼음의 균열이, 때로는 빨라지고 때로는 늦어지면서, 때로는 넓어지고 때로는 좁혀지면서, 때로는 자꾸 얼어서 사라지고 때로는 다시 나타나면서, 예측불가능하게 이동한다. 호수 주변 전체에, 있는 힘껏 아니오라고 절규하면서 균열들을 창조하고 있는, 우리와 똑같은 행위를 하고 있는 사람들이 있다. 그 균열들은, 얼음의 균열들이 실제로 예측불가능하게 확산되면서 빠르게 다른 균열들과 결합되는 것과 같은 방식으로 움직이고 있고, 어떤 균열들은 다시 얼어붙고 있다. 그들 내부의 존엄성의 흐름이 더 강하면 그럴수록 균열의 힘도 그만큼 커진다.

라 보에띠는 우리에게 말한다. 더 이상 봉사하지 마시오, 그러면 우리는 즉시 자유롭게 될 것입니다 라고. 파열break은 거부와 더불어, 아니오와 더불어 시작한다. 아니오, 우리는 당신의 양을 돌보고 싶지 않소, 우리는 당신의 밭을 경작하고 싶지 않소, 우리는 당신의 자동차를 만들고 싶지 않고, 우리는 당신의 심문을 받고 싶지 않소. 권력관계의 진실이 드러난다 : 힘 있는 사람은 힘 없는 사람에게 의존한다. 영주들은 농노들에게 의존한다. 자본가들은 자신의 자본을 창출하는 노동자들에게 의존한다.

그러나 더 이상 봉사하지 마시오의 실제적 힘은 우리가 그 대신에 다른 뭔가를 할 때 나타난다. 더 이상 봉사하지 마시오, 그러면 무엇을? 만약 우리가 팔짱을 끼고 있기만 하고 다른 것을 전혀 하지 않는다면 우리는 곧 기아의 문제에 직면할 것이다. 더 이상 봉사하지 마시오는, 만약 그것이 다른-행위로, 대안적 활동으로 이끌지 못한다면, 쉽사리 노역servitude의 조건에 대한 협상으로 바뀔 수 있다. '아니오'라고 말하며 서로의 팔을 겯고 파업을 계속하는 노동자들은 암묵적으로 '아니오, 우리는 이 명령을 수행하지 않겠소,' 혹은 '우리는 이런 조건에서는 노동을 수행하지 않겠소'라고 말하고 있는 것이다. 이것은 다른 조건 하에서 노역을 (고용관계를) 지속하는 것을 배제하지 않는다. '더 이상 봉사하지 마시오'는 노역의 새로운 조건을 협상하기 위한 일보가 된다.

부정이 부정-과-창조로 될 때에는 다른 문제이다.[1] 이것은 좀더 진지한 도전이다. 노동자들은 '아니오'라고 말하며 공장을 장악한다. 그들은, 자신들은 사장을 필요로 하지 않으며 이제 사장 없는 세상을

요구한다고 선언한다.[2]

필Peel 씨의 슬픈 이야기를 생각해 보자. 맑스의 말에 따르면 그는

서西 오스트레일리아의 스완 강으로 5만 파운드에 달하는 생계수단
과 생산수단들을 가져갔다. 필 씨는 거기에다가 남자, 여자, 아이로
구성된 노동계급에 속하는 3천 명의 사람들을 데려가는 선견지명을
가졌다. 일단 목적지에 도착하고 나니, '필 씨는, 자신의 침대를 만들
어 주거나 그에게 강에서 물을 길어다 줄 사람, 즉 하인 노릇을 할 사
람이 한 사람도 없는 상태에 처하게 되었다.' 필 씨는 스완 강으로 모
든 것을 가져갔지만 불행하게도 영국식 생산양식만은 가져가지 못
했던 것이다.(Marx, 1867/1965 : 766; 1867/1990 : 933;『자본론 I
(하)』, 1054)

그곳에서 무슨 일이 있었던 것일까? 그것은, 스완 강의 토지가 아직
누구에게나 자유롭게 이용 가능한 상태였다는 것이다. 그래서 노동계
급에 속했던 3천 명의 사람들은 그들의 토지로 가서 경작을 했다. 우
리는, 노동자들이 자신의 명령을 따르기를 거부했을 때 불행한 필 씨
가 느꼈을 처음의 노여움이, 그들이 주인 없는 대안적 삶을 찾아 떠나
가버리는 것을 보고서 절망으로 바뀌었을 그 장면을 상상한다. 토지
의 이용가능성이 그들로 하여금 자신들의 거부를 결정적 단절로 전환
시킬 수 있게 했고 필 씨의 계획 속에서 그들이 하게 되어 있었던 것
과는 아주 다른 활동을 발전시킬 수 있게 했다.

뿌에블라의 교사들에 관한 흥미 있는 이야기를 생각해 보자.[3] 정
부가 2008년에 더 강한 개인주의, 학생들 사이의 더 강한 경쟁, 교사

들의 성과에 대한 좀더 엄격한 측정 등등을 부과함으로써 교육의 질
을 증진시키려는 새로운 계획의 입안을 선언했을 때, 교사들은 '아니
오, 우리는 그것을 받아들이지 않을 것이오'라고 말했다. 정부가 경청
하기를 거부했을 때, 반정부 교사들은 단순한 거부 너머로 이동했다.
수많은 학생들과 학부모들의 의견을 들으면서, 이들은 학생들 사이의
더 강한 협력을, 비판적 사유에 대한 더 많은 강조를, 자본에 직접적
으로 종속되지 않은 협력적 노동에 대한 준비를 촉진함으로써 교육의
질을 향상시키자는 그들 나름의 제안을 다듬었다. 그리고 이들은 학
교들에 대한 통제력을 장악함으로써, 국가 지침과는 대립하는 그들의
계획을 실행할 방법을 탐구하기 시작했다.4 여기에서도 역시 애초의
거부는 그 밖의 어떤 것을 향해, 즉 저항할 뿐만 아니라 자본의 논리
와 단절하는 교육활동을 향해 열리기 시작한다.

이 두 경우에 그 **아니오**는 다른-행위에 의해 지지된다. 거부에 의
해 창출된 균열을 채울 수 있는 것은 존엄이다. 애초의 **아니오**는 그러
므로 폐쇄가 아니라 다른 활동으로의 열림이며 다른 논리와 다른 언
어를 가진 대항-세계로의 문지방이다.5 그 **아니오**는, 우리가 객체로서
보다는 주체로서 살고자 애쓰는 시공간을 향해 열린다. 이것들은 우
리가, 무엇을 해야 하는가를 — 그것이 우리 친구들과 잡담을 하는 것이
건, 아이들과 노는 것이건, 다른 방식으로 땅을 경작하는 것이건, 비판적 교
육을 위한 기획을 발전하고 실행하는 일이건 간에 — 스스로 결정할 우리
의 능력을 주장하는 시간들 혹은 공간들이다. 이것들은 우리가 우리
자신의 삶을 통제하고 우리 자신의 인간성의 책임을 떠맡는 시간들
혹은 공간들이다.

존엄은 아니오의 권력의 전개이다. 우리의 거부는 우리를, 우리 자

신의 역량을 발전시킬 기회, 필요성, 책임과 대면시킨다. 곤경에 처한 필 씨를 떠난 여자들과 남자들은 이전의 노역 조건에 의해 억눌렸던 능력들을 발전시킬 기회와 필요에 대면한다. 국정교과서를 거부하는 교사들은 다른 교육을 발전시키지 않을 수 없다. 우리 자신의 삶에 대한 책임을 떠맡는 것은 그 자체가 지배의 논리와 단절하는 것이다. 이것은 모든 것이 잘 될 것이라는 것을 의미하지 않는다. 존엄은 파열, 부정, 이동, 탐구이다. 우리는 그것[존엄]을 긍정적 개념으로 바꾸지 않도록, 그것을 무력하게 고정시킬 개념으로 바꾸지 않도록 주의를 기울여야 한다. 필 씨를 버리고 떠난 남자들과 여자들은 어쩌면 새로운 신입자에 맞서 자신들의 재산을 지키는 소지주들로 바뀌었을지 모른다. 비판적 교육을 일구기 위해 학교를 만든 교사들은 어쩌면 그들이 거부하고 있는 것들만큼이나 나쁜 권위주의적 실천들을 재생산할지도 모른다. 중요한 것은 이동이며, 대항하며-넘어서는 이동이다. 필 씨를 버린 사람들의 부정하기와 창조하기가 그들이 창출한 새로운 공간들보다 더 중요하다. 교사들에 의한 학교 만들기가 그들이 만든 학교보다 중요하다. 중요한 것은 우리 자신의 책임을 떠맡는 것이다. 아무리 그 결과가 모순적일 수 있다 하더라도 말이다.[6]

존엄, 부정하고-창조하기의 운동, 우리 자신의 삶을 통제하기의 운동은 간단한 문제가 아니다. 그것은 가능성의 호수로부터 부글부글 올라오는 검은 액체라고 우리는 말했다. 단지 거부하기, 창조하기, 그리고 탐구하기의 운동(일 수 있는 것)에 실증적positive 견고성을 부여하게 되면 쉽사리 환멸에 이를 수 있다. 어떤 친-사빠띠스따 그룹, 어느 사회센터, 혹은 일군의 피께떼로들은 갈등과 혼란에 빠져든다. 그러면 우리는, 그러한 존엄들이 불가피하게 모순적이고 실험적이라는 사실을 주목하기보다는, 그건 환상이었어라고 결론 내린다. 균열들은 언제나 질문들이지 대답들이 아니다.

그 균열들을 낭만화하지 않는 것이 중요하다. 혹은 그것들에, 그것들이 갖지 못한 실증적 힘을 부여하지 않는 것이 중요하다. 하지만 다음과 같은 것들이 우리의 출발점이다 : 균열들로부터, 갈라진 틈들로부터, 찢어진 곳들로부터, 반란적 부정-과-창조의 공간들로부터. 우리는 총체성으로부터가 아니라 특수한 것들로부터 출발한다. 우리는, 실존하지 않는 거대하게 통합된 대문자 투쟁Struggle에서나 지배체제로부터 시작하는 것이 아니라 부적합의 세계로부터, 특수한 반란들, 존엄들, 균열들로부터 시작한다. 우리는 화가 나서 길을 잃은 상태에서, 지금과는 다른 어떤 것을 창출하려고 애쓰는 것에서 시작한다. 왜냐하면 저것이야말로 우리가 살고 있는 곳이며 우리가 존재하는 곳이기 때문이다. 어쩌면 그것은 출발하기에는 이상한 곳일 수 있다. 그러나 우리는 이상한 것을 찾고 있다. 우리는 어두운 밤에 희망을 찾고 있다.7 우리는 희망에-대항하는-희망을 이론화하려 하고 있다. 이것은 분명히 우리에게 남아 있는 유일한 이론적 주제이다.

# 5

# 균열은, 우리가 다른 유형의 행위를 천명하는,
# 어떤 공간 혹은 순간의 아주 일상적인 창출이다.

'아니오, 이 공간에서, 이 순간에 우리는 자본주의 사회가 우리에게 기대하는 것을 하지 않을 것이오. 우리는 우리가 필요하다고 혹은 바람직하다고 생각하는 것을 하려고 할 것이오.' 우리는 그 순간이나 공간을 우리의 손에 쥐고 그것을 자기결정의 장소로 만들려고 한다. 화폐가 (혹은 어떤 다른 소외된 힘이) 우리로 하여금 우리가 무엇을 할 것인가를 결정하게 하는 것을 거부하면서.

확실히, 화폐의 논리가 자신들의 활동을 조형하도록 하는 것을 거부하기, 어떤 공간이나 순간을 그들 자신의 손에 장악하려는 결정, 그리고 그들 자신의 결정에 따라 자신들의 삶을 만들어 가려는 결정 등은, 책의 처음에 언급한 그 '보통 사람들' 모두가 공유하는 바의 것이다.[1] 어떤 경우들에서, 이것은 직접적이고 이론화되지 않은 것이다 : 노래 부르고 싶기 때문에 합창단을 꾸리는 친구들, 자신의 환자를 돌

보려고 실제로 애쓰는 간호사, 자신의 텃밭에서 가능한 많은 시간을 보내는 자동차 노동자 등이 그러하다. 다른 경우들에서 그것은, 화폐의 지배가 사회 조직화의 총체적 체계, 우리가 자본주의라고 부르는 지배체제의 중심이라는 인식의 일부이다. 그 경우에, 화폐가 우리의 활동을 결정하도록 하는 것을 거부하는 것은 자본주의에 대한 의식적 거부의 일부이며 자본주의에 대한 투쟁의 일부로 이해된다 : 비엔나의 연극 연출자, 물의 사유화에 맞서 싸웠던 꼬차밤바의 주민들, 자신들의 공동체를 바꾸기 위해 투쟁하는 치아빠스의 농민들 등이 그러하다. '계급의식적'인 사람들과 그렇지 못한 사람들 사이에는 어떤 분명한 구분이 있는 것은 아니다. 오히려 자신들이 하고 있는 것의 반향들과 함축들에 대한 지각의 항상 변동하는 스펙트럼이 있을 뿐이다. 행동 자체의 영향에 오직 간접적으로만 연결될 수 있을 뿐인 지각이 있을 뿐이다. 저녁에 텃밭으로 가는 자동차 노동자는 『자본론』을 읽었을 수도 있다. 그가 식물에 물을 줄 때 그가 자본주의의 악에 대해, 인간과 다른 생명 형태들 사이의 관계에서의 근본적 변화의 긴급한 필요성에 대해 숙고하고 있을 수도 있다. 반면 물의 사유화를 저지하려고 군대와 충돌하는 여성은, 기본적 생필품의 상품화에 대한 전지구적 투쟁에 대해서보다 단지 어떻게 자기 가족을 먹여 살릴까에 대해서만 생각하고 있을 수 있다. 이 모든 것에는 동학이 있다. 균열을 둘러싼 논점은, 그것들이 달아나며 그것들이 빨리 예측불가능하게 이동할 수 있다는 것이다. 그것이 첨예한 구별을 하는 것을 돕지 않는 것은 이 때문이다. 자동차 노동자는 오늘 자기 텃밭에 있는 식물들에게 물을 주고 있다. 그러나 내일 그는 몬산토와 싸우면서 거리에 있을지 모른다. 오늘 물의 사유화를 반대하여 싸우고 있는 여성은 내일 자본주의가 세상을 파괴하고 있는 방식에 대해 성찰하기 시작할지 모른다. 균열들의 운동은, 비록 그 운동을 일방향적인 것으로 생각하는 것은 잘못이겠지만, 경험의 운동이며 매우 자주 투쟁-속에서-배우기이다.[2] 사람들이 지치고 그래서 균열이 다시 얼어붙어버리는 일도 일어난다.

이 모든 사람들은 이런저런 방식으로 화폐에 의한 자기 활동의 결정을 거부하며 그 논리에, 그들이 개인적으로건 집단적으로건 스스로 결정하려고 하는, 행위의 다른 개념을, 다른 행위를 대립시킨다. 그들은, 자신들이 바람직하다고 혹은 필요하다고 생각하는 바를 행하려 한다. 물론 이것은 순수한 자기결정이 아니다. 왜냐하면 우리가 바람직하다거나 필요하다고 생각하는 것은 우리가 살고 있는 사회에 의해 영향을 받기 때문이며 우리는 우리가 행동하고 있는 환경을 통제하지 못하기 때문이다. 그러나 그것은 사회적 자기결정을 **향한** 박력이며 자본에 의한 우리 삶의 결정에 대립할 뿐만 아니라 그것을 넘어서는 추진력이다.

균열은 제 발로 서지는 못한다. 아주 종종 그것은 과잉이며 더욱 제한된 투쟁으로부터의 흘러넘침이다. 뿌에블라의 교사들은, 정부가 강제로 부과하려 하는, 교육의 신자유주의적 재구조화에 맞서 싸운다. 정부가 자신들의 제안을 받아들이기를 거부할 때, 그들은 교육 체계를 향상시킬 그들 나름의 대안적 계획을 수립한다.[3] 공장폐쇄가 선언되고 노동자들은 해고조건을 협상하기 시작한다. 그들이, 자신들이 원하는 바를 얻지 못했을 때, 그들은 공장을 점거하기로 결정하며 그것을 협동조합으로 운영한다. 그 후에 그들은 사장 없는 세계를 요구하기 시작한다. 학생들은 수업료를 도입하는 것에 대항해 시위한다.

그리고 아무런 응답이 없으면 책상과 의자를 거리로 가지고 와서는 다른 종류의 교육을 실행하기 시작한다. 이 모든 경우에, 균열들은, 우리가 외부적 권위를 거부하며 '지금여기서 우리가 지배한다'고 주장하는 그 공간들과 순간들은 더욱더 제한된 투쟁들의 파생물들이다. 우리는 체제의 한계에 직면한다. 그리고 모든 갈등 속에 내재하는 분노가 우리를 저 한계들 너머로 이끌어 다른 논리를, 자기결정의 논리(혹은 어쩌면 반-논리)를 단언하게 한다. 요구들의 논리가 우리 자신의 지배rule라는 단순한 단언에 길을 비켜준다.

균열들이 늘, 더 제한된 투쟁들로부터의 직접적인 넘쳐흐름인 것은 아니다. 때때로 그것들은 자본주의의 제약들을 거부하려는 일군의 사람들의 의식적 결정에서 나오기도 한다. 그것은, 자신들의 삶을 자본의 요구들에 종속시키기를 원치 않는다고 결정하고 자신들의 능력껏 체제에 대립하고 그것을 넘어서는 삶의 방식을 찾으려고 하는 일군의 학생들일 수도 있다. 혹은 반자본주의 활동의 센터일 뿐만 아니라 다른 사회적 관계를 발전시킬 공간인 사회센터를 건설하기 위해 결집하는 다양한 집단들일 수도 있다. 혹은 자연 파괴를 중단시킬 최상의 방법은 토지에서 살면서 자신들이 먹을 식품을 생물집약적으로 생산하는 것이라고 결정하는 일군의 친구들일 수도 있다. 종종 그러한 활동들은 일시적이다.4 사회센터의 거주자들은, 말하자면, 가능한 한 많은 시간을 반자본주의 투쟁에 바친다. 그러나 그들도 살아남기 위해서 때때로 일자리를 갖는다. 또 그들이 먹을 식품을 경작함으로써 살아가기로 결정한 친구들은, 그들이 이미 일해 벌어들인 연금을 사용해서 그들의 이상적 공동체를 창조한다. 여기에 순수성이란 없다. 자본주의의 응집적 논리에 대한 공통의 거부, 뭔가 다른 것을 창조하려는 시도만이 있을 뿐이다.

그러므로 그 균열들은 의식적인 선택에서 유래할 수 있지만 또한 자본주의적 사회관계들로부터 강제적으로 추방된 결과일 수도 있다. 점점 더 많은 사람들이 고용에서 쫓겨나고 있고 자신들이 고용될 어떤 길도 갖고 있지 않음을 발견하고 있다. 아니 설령 고용될 길이 있다 하더라도 그것은 단지 아주 임시적이고 불안정한 기반 위에서일 뿐이다. 그들은 그들의 삶을 다른 식으로 살지 않을 수 없다. (그들이 사는 곳에서) 실업혜택과 사회보조의 국가체계는 심지어 비고용의 사람들에게까지 고용훈육을 확대하기 위해, 비고용의 사람들이 실제로 산업예비군으로 기능하는 것을 확고히 하기 위해 설계된다. 그러나 전 세계의 실업자들 대부분은 이 체계의 바깥에 놓이고 소매점 아르바이트나 서비스들(예컨대 껌을 팔거나 신호등 밑에서 자동차 앞유리를 닦는 것)과 같은 임시적 고용을 이것저것 결합함으로써 살길을 찾거나 가족 구성원이나 친구들 혹은 이웃들 사이에서 연대 형식을 발전시킬 길을 찾아야만 한다. 화폐의 권력과 상품의 권력은 이 경우에 거대한 것으로 남아 있다. 그러나 사회적 연대의 형식은 종종, 자본의 논리에 대항하는, 삶과 조직화의 방법을 낳는다. 만약 세계 인구의 대부분이 하루 1달러 이하로 생존한다면 일반적으로 그 이유는, 그들이, 세계의 더욱 '발전된' 부분에서는 존재하지 않는, 상호연대와 부조의 형식을 구축했기 때문이다.[5] 세계의 많은 부분에서 대안적 사회관계의 구축은 요컨대 하나의 필요이다. 그런 곳들에서 자본주의적 고용은 아무 상관도 없으며 자본주의적 국가는 심지어 경찰이나 도로 건설자로도 기능하지 않는다. 국가와 자본에게 이런 곳들은 내버려두고 가지-않는 영역no-go areas이다. 그것은, 반드시 어떤 정치적 반란이 있어서가 아니라 단지 경찰이 들어가기를 두려워하기 때문이다. 단순한 생존은, 사람들이 집결하여 그들의 이웃이나 타운의 운영을 장악하는 것을 요구한다. 그리고 그 과정에서 급진적인 연대관계들이 종종 구축된다. 이것의 중요한 사례는, 볼리비아의 라 빠스La Paz 교외에서 생겨나 최근의 반란운동의 중심이 된 원주민 도시 엘 알또El Alto 이다. 라울 시베치Raúl Zibechi는, 농업의 신자유주의적 파괴의 결과로 매우 빠르게 확산된 이 슬럼들은 자본주의적 지배 속에, 국가 통제 속에 균열을 냈고 이 균열들이 지난 20년 동안 라틴아메리카에서의 반란의 폭발의 중심에 놓여 있었다고 주장한다.6

그렇다면 우리는, 자본주의적 사회관계의 주류 외부에 다른 조직 형식을 구축하는 것이라면 무엇이든 자본주의 지배 속의 균열로 이해되어야 한다고 말할 수 있는가? 만약 우리가 균열을 부정-과-창조의, 거부와 다른 행위의 공간 혹은 순간으로 생각한다면 그렇지는 않다. 실업상태에 있다거나 뭄바이의 슬럼에 산다는 것이 반드시 자본주의에 대한 어떤 거부를 포함하지는 않기 때문이다. 그러한 상황 속에서 창출된 상호부조의 관계는 쉽사리 일종의 플립오버flip-over, 즉 희생자들이 갑자기 반역자들로 나타나며 고통의 구조들이 갑자기 더 나은 세계에 대한 기대로 변형되는 실제적 전용轉用, détournement을 위한 물질적 기초로 될 수 있다. 예컨대 이것은 피께떼로 운동, 즉 아르헨티나의 실업자 운동에서 발생했다. 그 운동에서 솔라노 실업자 운동 MTD Solano과 같은 몇몇 그룹들은, 고용을 요구하는 것으로부터, 자신들이 고용되기를 원하는 것이 아니라 단지 착취당하기를 원치 않으며 자신들의 삶을 그들 스스로 선택한 의미 있는 활동에 바치기를 원한다고 말하는 쪽으로 급진적으로 이동했다. 이와 유사한 변화는 규모는 조금 더 작지만 독일의 행복한 실업Glückliche Arbeitslose 운동에서도 발견된다.7 엘 알또의 이미 언급된 사례는 또 다른 중요한 경우이다. 지독한 가난과 정부의 무시에 대처하기 위해 발전된 상호부조 구조 (농촌 공동체의 잔재가 아니라 도시 생활의 요구에 대처하기 위해 발전된 것)8는 최근에 가장 중요한 반란운동들 중의 하나의 기초로 되었다. 이 모든 경우에는 주류로부터의 배제가 있다. 하지만 그 배제는, 배제된 사람들이 자신들은 포함되기를 원치 않는다고, 자신들은 자신들의 길을 가고자 한다고 선언할 때 역전되는 것이다. 배제는 거부가 되고, 배제에 대처하기 위해 구축된 대안적 사회관계의 패턴은 실제적 균열, 거부-와-창조의 강력한 공간이 된다. [이리하여 — 옮긴이] 세계가 뒤집어진다.

분명히 (사회센터를 만들기로 결정한 일군의 친구들에서처럼) 의식적 선택에 의해 창출된 균열들과, (피께떼로 그룹의 경우에서처럼) 배제의 전용으로부터 발생하는 균열들 사이에는 차이가 있다. 그렇지만 그 차이가 과장되어서는 안 된다. 필연으로부터 선택을 구분하는 것은 종종 어렵다 : 무기산업체를 위해 일하지 않고 자유롭게 공유될 소프트웨어를 만드는 데 자신들의 시간을 바치겠다는 컴퓨터 프로그래머의 결정은, 그들이 실존적 필연성으로 경험하는 바의 것에 대한 응답일 수 있을 것이다. 중요한 것은 구분선을 긋는 것이 아니라 연속의 선을 발견하는 것이다. 1990년대 초 영국에서 아주 성공적이었던 반反인두세 캠페인9은, 세금을 낼 수 없는 사람들과 자신들이 부당하다고 생각하는 세금을 내지 않으려는 사람들을 가리키면서, '낼 수 없어, 내지 않겠어'라는 슬로건을 중심으로 구축되었다. 이와 마찬가지로, 우리는 아마도 자본주의에 대한 이러한 거부들을, 선명한 구분을 짓는 것이 거의 아무런 의미도 갖지 않는, 빠른 속도로 움직이는 불복종의 주마등으로 생각해야만 할 것이다.

핵심 문제는 지금여기에서의 선명한 논리를 자본주의의 논리에 대립시키는 것이다. 여기에 특별한 것은 아무 것도 없다. 그것은 일상적 삶의 일부이다. 그것은 우리가 인간성, 품위, 존엄 등으로 생각하는 것의 반-논리이다. 심지어 가장 무해해 보이는 사례들에도 언제나 그 근저에는 불복종이나 비복종이 놓여 있다. 존엄은 기다리지 않을 것이다 : 균열은 지금여기에서의 불복종이지 미래를 위한 기투가 아니다. 그것은 '혁명 이후에 우리의 삶은 자본에 종속되지 않을 것이야'가 아니라 '지금여기에서 우리는 우리의 활동을 자본의 지배에 종속시키기를 거부한다, 우리는 뭔가 다른 것을 할 수 있고 또 할 것이고 또 하고 있다'이다. 반란의 시간성에 변화가 있는 것이다. 온갖 방식으로, 인류가 직면한 상황의 긴급성은 사람들이 투쟁하는 방식에 영향을 미친다. 미래 혁명을 위한 계획수립이라는 낡은 관념은, 매우 제한된 미래만이 있을 수 있다는 것을 알게 될 때에, 공허하게 들린다. 코뮤니즘(혹은 우리가 그것을 뭐라고 부르건 간에)[10]은 미래의 발전단계가 아니라 직접적 필요성이 된다.

# 6
# 균열은 차원들을 부수며, 차원성도 부순다.

아마도 균열을 사유하는 가장 명백한 방법은 공간적 술어 속에서 일 것이다. '여기 라깡도나 정글에서 (혹은 와하까에서, 혹은 엘 알또에서, 혹은 이 사회센터에서, 혹은 이 점거 공장에서, 혹은 이 자치도시에서) 우리는 자본이나 국가의 지배를 받아들이지 않을 것이며 우리는 우리 자신의 활동을 스스로 결정할 것이다.'

지난 20여 년 동안, 반란의 새로운 운동의 발전에서 토지소유권이 결정적이었다고 종종 주장된다. 그래서 시베치Zibechi는 이렇게 말한다.

영토적 기초를 확립하는 것은, 조그마한 무수한 자치 섬들을 창출하는 방식으로 셈 테라Sem Terra(브라질의 토지 없는 농민들)에 의해, 자신들의 조상들의 '종족적ethnic 영토'를 재건하기 위해 자신들의 공

동체를 확장시킨 에쿠아도르 원주민들에 의해, 그리고 라깡도나 정
글에서 집단거주를 시작한 치아빠스 원주민들에 의해 …… 취해진
경로이다. 농촌 맥락에서 발원한 이 전략은 도시 실업자들 가운데서
도 구축되기 시작했다. 배제된 자들은 토지를 장악하거나 점령하는
방식으로 대도시 가장자리에 정착촌을 구축했다. 대륙 전체에서, 수
백만 헥타르가 가난한 사람들에 의해 개간되고 정복되었으며 그것
은 제도적 토지소유권들의 위기를 야기시켰고 저항의 물리적 공간
을 재구축했다. 자신들의 영토에서 새로운 행위자들은 장기 기획을
발전시키는데, 그 기획에서는 삶을 생산하고 재생산하는 능력이 중
심적이다 …… .(Zibechi, 2008 : 25)


후자의 논점이 결정적이다. 왜냐하면 그것은 자치를 향한 운동의 물
질적 기초를 제공하기 때문이다(Zibechi, 2008 : 135).

다른 사회관계를 발전시킬 영토적 기초를 창출하는 것은, 이 기초
가 라깡도나 정글이건, 브라질의 무토지농민의 정착촌이건, 밀라노의
사회센터이건 부정-과-창조의 운동에 특별한 힘을 부여할 수 있다.
그렇지만 토지소유권을 배타적으로 강조하는 것에는 문제가 있다. 왜
냐하면 그것은 반란의 순간에는 열렬한 반란자들이지만 영토와의 강
한 연결은 전혀 갖지 않은 수많은 사람들을 배제하는 효과를 가져올
수 있기 때문이다. 반란성은 쉽게 연대로 전환될 수 있다. 왜냐하면
뮌헨이나 에딘버러나 뉴욕이나 혹은 내가 어쩌다 살고 있는 그 어떤
곳이 그 자신을 자치적인 반자본주의 도시로 선언하려 하지 않을 때,
나는 활기찬 일들이 벌어지고 있는 곳으로 가서 지지를 보낼 것이고,
사빠띠스따 공동체에서 3개월을 보낼 것이기 때문이다. 이것이 사빠

띠스따에 실질적 도움이 될 수 있을 것이고 국제적 운동을 구축하는 데 도움이 될 수 있을 것이다. 그러나 그것은 우리가, 우리가 어디에 살고 있건, 지금여기에서 자본과 단절할 책임을 어떻게 떠맡을 것인가라는 문제를 회피하는 것이다.

그렇지만 우리가 균열들을 공간적 파열들로만 생각해야 할 까닭은 없다. 일정한 유형의 활동을 탈상품화하여 그것을 대중적popular 통제 하에 종속시키기 위한 투쟁은 이와 유사하게 생각될 수 있다. 여기에서도 역시 활동의 영역을 자본주의의 작동으로부터 빼내서, 그것을 다른 노선을 따라 조직하기 위한 투쟁이 있다. 예를 들어, 꼬차밤바에서 물의 사유화를 저지하기 위해 싸웠던 〈물과 생명의 방어를 위한 조정자〉 Coordinadora de Defensa del Agua y de la Vida는 자신들이 '라틴아메리카와 세계에서 지배적인 신자유주의 모델에 균열'[1]을 열었다고 주장했다(Ceceña, 2004 : 19). 물, 천연자원, 교육, 보건, 소통, 소프트웨어[2] 혹은 음악 등과 같은 영역들을 자본주의의 작동으로부터 빼내기 위해 전 세계에서 진행 중인 중요한 투쟁들이 있다. 이 모든 것은 가지-않는 영역을 창출하기 위한, 어떤 영역을 절단하여 그 주위 모두에 '자본은 꺼져!'라고 말하는 기호들을 설치하려는 시도들로 간주될 수 있다.[3] 이 투쟁들은 다음과 같은 수많은 형태들로 나타난다 : (꼬차밤바에서처럼) 물의 사유화에 대한 민중적popular 반란으로, (그리스, 멕시코시티, 부에노스아이레스에서처럼) 대학의 사유화나 수업료 도입에 대항하는 학생 파업으로, (와하까 봉기에서 결정적으로 중요했고 세계 전역에서 더욱더 중요해진,) 소통의 다른 유형을 구축하기 위한 대안 라디오 방송국의 조직으로, (브라질의 무토지농민운동 MST이나 치아빠스의 사빠띠스따들에 의한) 존엄과 반란을 학습하기 위한 센터로서의 학교 건설로, 부에노스아이레스 거리에서 민중취사장ollas populares의 건립으로, 지적재산권 법이 진지하게 받아들여져서는 안 된다는 수많은 사람들의 일상적인 단순한 생각(예컨대 음악, 비디오, 소프트웨어의 다운로드, 책의 복사)으로.

때때로 그러한 투쟁들에서 가장 명백한 것은 단순한 아니오!이다. 그러나 그 아니오에는 종종 (혹은 아마도 늘) 다른 행위가 함축되어 있다. 아뗴꼬Atenco의 주민들은 그들의 땅에 멕시코시티를 위한 새로운 공항을 짓는 것에 반대하여 일어섰다(그리고 이겼다). 그들은 암암리에 '우리는 화폐의 논리를 받아들이기를 거부한다. 우리는 우리의 땅을 경작하면서 우리가 알고 또 좋아하는 것을 계속해서 할 것이다'라고 말하고 있었다. 북부 이탈리아에서 전개된 고속철도반대 투쟁(No-TAV)도 마찬가지다. 강조점은 고속열차에 대한 아니오에 두어져 있었지만 그 속에는 다른-행위에 대한 방어가, 토지 경작에 대한 방어가 함축되어 있었다. 그러나 반란들이 매우 분명하게, 자신들은 국가에 의해 제공되는 소외된 혹은 권위주의적인 교육을 대체할 다른 유형의 교육을 창출하고 있다고 말하는 대안학교들에서처럼, 때때로는 그 다른-행위가 전면에 나서는 경우도 있다.

이러한 종류의 활동관련적 혹은 자원관련적 균열은 때때로 '공유지'commons 혹은 '공통된 것'common의 창출을 방어하는 것으로 이해된다. 자본주의는, 그 시초 이래로, 울타리치기enclosure의 운동, 즉 공통적인 것으로 향유되던 것을 사적 소유로 전환하는 운동이었다. 초기 자본주의의 가장 명백한 사례는 토지의 울타리치기이다. 그러나 사적 소유의 모든 형태는 울타리치기, 전유, 공통적 향유나 사용으로부터 어떤 것을 분리시키기를 포함한다. 자본주의의 신자유주의적 국면은 이 울타리치기 과정의 가속화였고 또 그것은 공통적인 것에 속하는 것을 방어하고 확장하기 위한 매우 많은 수의 투쟁들을 낳았다. 다이어-위데포드는, 토지보다 세 가지의 공유지를 생각하는 것이 유익하다고 주장한다 : '오늘날 공유지는 다른 영역들에서의 사적 소유권보다 집단적인 것의 가능성을 명명한다. (물, 대기, 어장, 숲과 같은) 생태적 공유지; (복지, 건강, 교육 등의 공적 공급과 같은) 사회적 공유지, (통신수단에의 접근과 같은) 네트워크화된 공유지.'(Dyer-Witheford, 2007 : 28) 공유지는 새로운 사회의 맹아적 형태로 이해될 수 있다. '만약 자본주의의 세포 형태가 상품이라면, 자본을 넘어선 사회의 세포형태는 공통적인 것이다.'(Dyer-Witheford, 2007 : 28) 이 공통의 영역들은, 국가 소유만이 아니라 적어도 진정한 사회적 통제가 있는 한에서는 자본의 지배에 난 수많은 균열들로, 자본의 영장이 도달하지 못하는 수많은 가지-않는 영역으로, 지배의 직물에 난 깊은 상처로 이해될 수 있다. 아니 오히려, 만약 자본이 울타리치기의 운동이라면, 공유지들은 적어도 이 특수한 영역에서는, 해체된disjointed 공통되기이며 정반대 방향으로의 운동이고 울타리치기의 거부이다.

　균열에 대해 생각하기 위한 세 번째 차원은 시간의 차원이다. 이것은 투쟁의 결정적 차원이다. 왜냐하면 도시에 살고 있는 우리들에게, 적어도 단기간에는, 공간적 방식으로 균열을 생각하는 것이 종종 매우 어렵기 때문이다. 우리의 도시나 우리의 지역이 자율지대라고 선언하는 것은 우리들 대부분에게는 머나먼 꿈이다. 많은 도시공간들에는 단기간 내에 그것[자율지대 — 옮긴이]를 현실적인 것으로 만들 공동체의 감각이 존재하지 않는다. 분명히 도시들에는 사회센터들, 점거건물들, 공동체 정원들, 공적으로 향유되는 공간들 등 많은 공간적 균열이 존재한다. 그러나 종종 우리의 공동체는 시간적 기반 위에서 형성된다.4 우리는 어떤 사건, 어떤 회합, 일련의 회합에 함께 모여 모종의 기획을 공유한다. 혹은 우리는, 축제나 분노의 순간에 거리로 내려간다. 이후에 아마도 우리는 흩어져서 다른 길을 갈 것이다. 그렇지만 우리는 함께이며, 우리의 기획, 축제와 분노는 다름을, 행위와 관계와 다른 양식을 창조한다. 아르헨티나의 도시들에서 [2001년 — 옮긴이] 12월 19/20일에 열렸던 아르헨티나소argentinazo는 공간적 균열일 뿐만 아니라 시간적 균열이기도 했다. 사람들이 항아리나 냄비를 들고 거리로 나가 이제는 됐다고, 모든 정치가들은 꺼지라고, 근본적 변화가 있어야만 한다고 선언할 때 그것은 분노와 축제의 순간이었다.5 사회적 에너지가 해방되었고 상이한 관계 방식들이 창출되었다. 이것은 지배 양식에서의 시간적 균열이었다. 어떤 다른 봉기나 대중적 불만의 폭발에 대해서도 (예를 들어 우리가 일반적으로 1968이라고 부르는 거대한 세계적 사건에 대해서도) 같은 것이 이야기될 수 있을 것이다. 종종 그러한 폭발은 실패로 이해된다. 왜냐하면 그것들이 영속적인 변화에 이르지 못하기 때문이다. 그러나 그러한 이해는 잘못이다. 그것들은 그것들의 장기적 결과와는 무관하게 그 나름의 타당성을 갖는다. 섬광처럼, 그것들은 다른 세계를, 아마도 매우 짧은 시간 동안 창출된 세계를 밝힌다. 그러나 우리의 두뇌와 감각에 남는 인상은 우리가 창출할 수 있고 (또 창출했던) 세계의 이미지의 인상이다. 아직 존재하지 않는not yet exist 세계가 아직-아님으로 존재하는exists not-yet 세계로 자신을 드러내는 것이다.6

적어도 중세 세계에서 카니발은 지배의 패턴에서의 시간적 균열과 같은 것으로, 정상적 위계관계가 역전될 뿐만 아니라 폐지되는 시

간으로 이해될 수 있다. 이것은 지배의 재생산을 위한 증기배출일 뿐
만 아니라 그 보다 더 깊은 뭔가를 갖고 있다. 띠쉴러Tischler는 바흐찐
을 인용하면서, 카니발은 '일종의 과도적 해방의 승리였다'고 말한다.
그것은 '위계관계, 특권, 규칙, 금기 등의 일시적 폐지'를 함축한다. '그
것은 모든 영속화, 모든 완전화, 모든 규제에 대립했고 아직 불완전한
미래를 가리켰다.'(Tischler, 2008a : 22) 그러므로 균열은 지배관계가
붕괴되고 다른 관계가 창출되는 순간이다. 이것은 또한, 지배와 종속
업무의 심각성을 뚫고 웃음이 터져 나오는 시간이다. 그 웃음은 개인
적 웃음일 뿐만 아니라 다른 세계를 향해 열리는 집단적 웃음이다. '카
니발의 웃음은 카니발의 실재적이고 동시적인 유토피아적 시간 속에
서 집단적 인간화의 도구이다. 그것은 주체와 객체의 분리를 허용하
지 않는, 권력과 복종의 도구인 추상을 던져 버리는, 삶의 언어이다.'7
(Tischler, 2008a : 24) '혁명적 원리로서의 웃음'(Tischler, 2008a : 17)
이라는 생각은 최근의 많은 투쟁들에서 채택되었다. 예를 들어 런던
에서 있었던 '자본에 대한 J-18 카니발'8이나 유럽에서의 최근의 시위
에서 중요한 역할을 했던 〈비공개어릿광대반군〉 Clandestine Insurgent Rebel
Clown Army 같은 것이 그 사례이다.9 까파씨Cafassi(2002 : 79)는 아르헨
티나에서의 봉기를 '즐거운 분노'의 폭발이라고 말한다. 반란은 결코
카니발과 동떨어져 있지 않았고, 이러한 특징은 최근에 들어 더욱 명
시적으로 되었다. '1960년대 이래로, 봉기는 더욱 분명하게 카니발적
으로 되었다. 아마도 그 이유의 일부는, 반란이 지금 경제적·물리적
공유지의 울타리치기에 대항하는 것일 뿐만 아니라 문화적·사회적
공유지에 대항하는 것이기 때문일 것이다.'(Solnit, 2005 : 17)

　이상하게도 재앙들이 균열의 또 다른 사례를 제공한다. (지진, 허

리케인, 쓰나미, 전쟁 등등과 같은) 재앙들은 인간적 고통뿐만 아니라 기존 사회관계의 붕괴와 사람들 사이의 아주 다른 관계, 지지와 연대의 관계의 갑작스런 출현을 가져올 수 있다. 레베카 솔닛Rebecca Solnit (2005 : 1)은 핼리팩스, 노바 스코티아에서 허리케인 후안Juan의 결과를 겪었던 사람들 중의 한 사람을 인용한다. 그 사람에 따르면 '엄청난 소외의 경계들, 일상생활의 따분한 반복들, 미디어, 재산 등이 철폐되었고 그것이 편안하고 행복하게 느껴졌다.' 그녀는 덧붙인다.

> 재앙들이 일상의 시간을 유예시키고 그와 더불어 우리의 일상적 역할이나 운명도 유예시킨다. 한계들이 무너져 내린다. 줄거리가 무너진다. 우리는, 우리가 무엇을 할 수 있을 것인가, 우리가 누구에게 말을 걸 것인가, 우리의 삶이 어디로 갈 수 있을 것인가, 그리고 우리가 누구일 수 있는가 등의 다른 가능성으로 일깨워진다. 그리고 죽을 운명임에 대한 암시가 종종 살아 있는 존재의 기쁨을 강화한다. 일상의 불안이나 욕망은 더 이상 중요하지 않다. …… 가능성들에는 뭔가 유쾌한 것이 있다. 왜냐하면 이 경우의 기쁨은 지금 존재하는 것에 관한 만큼이나 앞으로 올 것에 관한 것이고 불확실성 속에 있는 미지의 쾌감이기 때문이다. 재앙의 여파는 종종 매우 희망적이다.(Solnit, 2005 : 5)

시간에 대한 우리 모두의 기대, 그리고 사태가 어떻게 돌아갈 것인가에 대한 우리 모두의 기대는 갑자기 산산조각이 나고, 국가는 종종 너무나 무능력해지며 (아니면 단지 부패한 장애물로 되며) 사람들은 서로를 돕고, 고통의 상황에 대처하기 위해 사회적 조직화의 대안적 형식들을 발전시킨다. 세계는, 그것이 카니발 속에 있는 만큼 확실하게, 거꾸로 뒤집어진다 : 물리적 세계뿐만 아니라 사회적 세계도.[10] 자연 재앙이 종종 정부에 위협을 가하는 이유가 이것이다. 고통을 통해, 그리고 고통을 넘어, 그들은 다른 세계의 가능성의 창을 열며 현존하는 것의 비참을 폭로한다. 솔닛은 파리코뮌에 대한 앙리 르페브르의 설명에 의지하면서, 재앙, 카니발, 봉기 사이의 밀접한 관계를 지적한다.

> 앙리 르페브르는 1871년 파리 코뮌에 대해 이렇게 쓴다. '근본적인 자발성이 …… 침전물의 속된 층들, 국가, 관료제, 제도들, 죽은 문화 등을 치워버린다. 그것은 스스로를 변형시켜 공동체로, 그 한가운데에서 노동, 기쁨, 쾌감, 필요 — 무엇보다도 사회적 필요, 사회성의 필요 — 의 충족이 결코 분리되지 않는 친교 속으로 도약한다.' …… 침전층들은 치워진다. 댐에 균열이 가고 홍수가 온갖 것을 실어 나르며 몰아친다. 재앙과 혁명은 서로서로 은유로 기능한다.(Solnit, 2005 : 8)[11]

지배 속의 시간적 균열의 개념은 하킴 베이Hakim Bey(1985)에 의해 주조된 '일시적 자율지대'temporary autonomous zone 혹은 TAZ라는 생각과 유사한 어떤 것이다. 그의 주장은, 우리가 미래 혁명을 기다릴 수 없다는 것,[12] 실제로 미래 혁명이라는 생각은 해방의 적이 되었다는 것이다. 그렇지만 우리는 지금 '자유로운 집단거주지enclave'를, '일시적인 자율지대들, "봉기"의 순간들'을 창출할 수는 있다. '봉기는 "일상적" 의식과 경험의 표준에 대립되는 "절정 체험"과 같다. …… 그러한 강렬함의 순간은 삶 전체에 모양을 부여하고 의미를 부여한다.'(Bey,

1985) 그러한 봉기들은 일시적이며 영속성을 추구하지도 않는다. 'TAZ는 국가와 직접 교전하지 않는 봉기이며 (토지의, 시간의, 상상의) 어떤 영역을 자유롭게 만드는 게릴라 행동이다. 그러고 나서 그것은, 국가가 그것을 부술 수 있기 전에, 그밖의어느곳elsewhere/그밖의어느때elsewhen로 변형되기 위해 해산된다.'(Bey, 1985) 자율의 추구는 경험의 자유와 강도가 일시적으로 나타나는 지대들 사이에서의 유목적 운동이나 혹은 그러한 지대들의 창조를 포함한다. 이 지대들 사이의 연결은 웹에 의해 '정보 교환의 대안적인 수평적·개방적 구조, 비위계적 네트워크'(Bey, 1985)에 의해 제공된다. 베이가 제시하는 사례는 광범한 스펙트럼을 갖는다.

> 저녁 만찬은 이미 '낡은 것의 껍질 속에서 모양을 갖추고 있는 새로운 사회의 씨앗'(IWW Preamble)이다. 1960년대 식 '부족모임', 생태파괴자의 숲속회의, 신新이교도의 전원 벨테인Beltane 축제tribal gathering 13, 아나키스트 회의, 동성애자 요정서클14 …… 1920년대 할렘의 렌트파티rent parties 15, 나이트클럽, 연회, 옛날 자유의지주의자libertarian들의 소풍 — 우리는, 이 모든 것들이 이미 일종의 '자유지대'이며 적어도 잠재적 TAZ들임을 깨달아야 한다.(Bey, 1985)

TAZ 개념은 때때로 1980년대와 1990년대의 광란 운동과 연결된다(예컨대 Gibson, 1997). 그러나 이보다는 평화지향적인 우리에게, 아마도 그것은, 연극 관람이나 콘서트 참가는 말할 것도 없고 공원에서 보내는 하루나 좋은 책을 읽는 조용한 오후나 친구들과의 잡담에 해당할 수 있을 것이다. 호르크하이머도 그러한 마법적 순간들을 환기시키지만 그것들을 과거의 찌꺼기로 본다. '그러한 현대 문명의 표면에서 그을려지고 있는 낡은 삶의 형식들은 여전히, 많은 경우에, 기쁨 속에 내재하는 온기, 다른 것에 대한 사랑보다 자기목적적인 사물에 대한 사랑을 제공한다.'(Horkheimer, 2004 : 24) 나는 그것들을 불만족스런 기억들로, 잠재적 미래에 대한 현재의 기대로, 우리가 일상의 자본주의의 압박에 맞서 창조하는 순간들로 본다.

어쩌면 우리는 한 걸음 더 나아갈 수 있을지 모른다. 그리고 호르크하이머에 의한 제안을 따라가면서 우리는, 어떤 것을 그 자신의 목적을 위해서 행하는 것은 반자본주의적 균열로 간주될 수 있다고 말할 수 있을지도 모른다. 왜냐하면 그것은, 모든 것이 목적을 달성하기 위한 수단으로 정당화되어야만 하는, 자본주의에 전형적인 도구적 추론사슬을 부수기 때문이다.

> 그 자신의 목적을 위해 행해지는 것은 점점 적어진다. 어떤 사람을 도시로부터 강둑이나 산 정상으로 인도하는 하이킹은, 공리주의적 기준에서 보면, 비합리적이고 우둔한 것일 것이다. 그가 어리석고 파괴적인 오락에 자신을 바치고 있으니까 말이다. 형식화된 추론의 관점에서 보면, 어떤 활동은, 그것이 다른 목적에, 예를 들어 자신의 노동력을 재충전하는 데 도움이 되는 건강이나 휴식에 봉사할 때에만, 합리적이다.(Horkheimer, 1946/2004 : 25)

하이킹을 가거나 앉아서 좋은 책을 읽는 것, 혹은 야생적인 밤샘 파티에 가는 것은 사빠띠스따 반란이나 2001년 12월 아르헨티나 봉기와 나란히 놓일 수 있는가? 이것은 거듭해서 반복되는 결정적 문제이다.

좋은 책을 읽으며 조용한 오후를 보내는 것이, 수많은 원주민 농민들이 여러 마을들towns의 점거를 조직하는 것만큼의 사회적 파장을 갖지 않는다는 것은 분명하다. 그래서이겠지만 우리는 위험하게도 그 연속성의 선들을 무시한다. 부사령관 마르꼬스가,

마르꼬스는 샌프란시스코의 동성애자gay이고, 남아프리카의 흑인이고, 유럽의 아시아인이며, 산이시드로의 치까노Chicano [16]이며, 스페인의 아나키스트이고, 이스라엘의 팔레스타인인이며, 산크리스토발 거리의 원주민이며, 네자Neza의 갱단의 조직원이며, [대학] 캠퍼스의 록커이며, 독일의 유대인이며, 방위청의 고충처리원이고 정당 속의 페미니스트이고, 탈냉전 시대의 코뮤니스트이고, 씬딸라빠Cintalapa [17]의 수인이며, 보스니아의 평화주의자이고, 안데스 산맥의 마뿌체Mapuche [18]이며, 〈국립교육노동자연합〉CNTE의 교사이고, 갤러리도 포트폴리오도 없는 예술가이며, 토요일 밤 멕시코 모처 모도시 이웃의 주부이고, 20세기 말 멕시코의 게릴라이며, 〈멕시코 노동자연맹〉CTM의 파업자이고, 페미니스트 운동에서의 성차별주의자이고, 오후 10시에 지하철 정거장에 홀로 서 있는 여성이고, 쏘깔로Zócalo 부근에 서 있는 은퇴한 사람이고, 땅 없는 농민이며, 지하출판물 편집자이며, 실업자이고, 직책이 없는 의사이고, 비타협적 학생이며, 신자유주의에 대항하는 반체제인사이고, 책도 독자도 없는 저자이며, 멕시코 동남부의 사빠띠스따이다. 달리 말해, 마르꼬스는 이 세상의 한 인간이다.[19]

라고 말할 때 이와 연관된 것을 언급하고 있는 것이다. 그러나 좌파의

실천은 이 연속성의 선들을 무시하고, 부정하고, 파괴함으로써 거듭해서 자살을 해 왔다. 개혁주의를 비난함으로써, 전수자만이 이해할 수 있는 언어를 사용함으로써, 많은 사람들을 소외시키는 방식으로 폭력을 사용함으로써 말이다.[20] (예를 들어 게릴라 지도자와 토요일 밤에 혼자 있는 주부 사이에) 첨예한 구분을 하기보다, 우리는, 종종 너무나 감추어지는 이 연속성의 선들을 가시화하고 강화하는 방법을 찾는 것이 필요하다. 우리의 다양한 반란들과 대안적 창조들을 사회 속의 가시적인 혹은 거의-비가시적인 (그리고 빠르게 변화하는) 단층선에 의해 연결되고 있는 것으로 이해하는 것, 이것이 균열에 대해 말할 바로 그 지점이다.

균열의 개념은, 베이의 TAZ라는 생각과는 달리, 사회의 총체적 변형에 대한 관점을 살아 있게 한다. 각각의 반란은 그 고유의 타당성을 갖고 있고 미래 혁명에 대한 그것의 기여에 의한 정당화를 필요로 하지도 않지만, 자본주의의 실존은 우리 자신의 삶을 결정할 가능성에 대한 항상적 공격이라는 것은 여전히 사실이다. 비록 어떤 균열이 목적을 달성하기 위한 수단으로 간주되어서는 안 되지만, 언제나 그 것[균열 — 옮긴이] 주변에는 불충분성이, 불완전성이, 불안정성이 있다. 균열은 혁명의 길로 가는 한 걸음이 아니라 바깥으로의 열림이다. 그것은 어두운 밤을 비추는 존엄의 등대이며 누구인지를 아는 사람에게 반란을 알리는 라디오 송신기이다. 그것이 폭력적으로 진압될 때조차 그것은 결코 완전히 닫히지는 않는다. 파리 코뮌은, 그 참가자들의 상당수가 학살당했음에도 불구하고, 계속 살아 있다. 그것은 영감이며 상환되지 않은 부채이다. 1968혁명도 계속 살아 있다. 그것은 갈망으로 되는 자유의 맛이다. 아주 많은 과거의 투쟁들이 지나가지 않고 이행되지 않은 희망의 진동, 가능한 미래의 약속으로 공중에 매달려 있다. 가능한 세계를 위한 너무나 많은 미완의 실험들이 있다.

이 균열들로부터 바깥으로 향하는 충동이 있다. 그것들은, 어떤 미리 결정된 모델을 따르지 않고(왜냐하면 이것들은 작동하지 않기 때문이다) 언제나 실험적이고 창조적인, 위반의 중심들이고 방출하는 반란의 파도들이다. 우리의 균열들은 자폐적 공간들이 아니라 서로를 인정하고 친밀성을 느끼며 서로를 향해 뻗어나가려 하는 반란들이다. 자본주의를 추방할 필요, 사회의 지속적이고 급진적인 변형의 필요는 이전보다 더욱 긴급하다. 그러나 이것을 달성하는 유일한 방법은 지배의 구조 속의 모든 종류의 균열들의 지금여기에서의 인식, 창조, 확장, 그리고 증식이다.

균열의 힘은 차원성을 부순다. 여기에서 우리는 세 가지 차원을 언급했다. 공간적 차원, 활동중심적 혹은 자원중심적 차원, 그리고 시간적 차원이 그것이다. 그렇지만 그 목적은 유형학을 수립하거나 분류를 하려는 게 아니다. 중요한 것은 오히려 일상생활에서 반란의 다양한 형태들을 이해하는 것이다. 우리는 자본주의 사회에 산다. 우리는 자본에 의해 지배된다. 그러나 항상 그리고 엄청나게 다양한 방식으로, 우리는 자본의 논리를 깨뜨리려 애쓴다. 다양한 차원들을 나열하는 것이 우리가 이 일을 하는 많은 다양한 방법들을 생각하는 데 도움을 줄 수 있다. 하지만 자본에 반란을 일으키는 것은 차원성 그 자체에 반란을 일으키는 것이다.[21] 이런 의미에서 초현실주의는 균열의 양상이다 : 차원성을 부수기, 다른 세계로의, 자본주의를 넘는 세계로의 투사.[22] 존 버그가 말한 아름다운 구절이 있다. 이 속에서 그는 균열의 다른 차원성을 제안한다.

그러나 그것은 갑작스럽게, 예기치 않게, 그리고 아주 자주 흘낏 쳐다 보는 어슴푸레한 빛 속에서 발생할 수 있기 때문에, 우리는 우리들의 것과 교차하는 다른 가시적 질서를 찾아낼 수 있다. 영화 필름의 속도 는 일초에 25프레임이다. 신은, 1초에 얼마나 많은 프레임이 우리의 일상적 지각에서 빠르게 반짝이는지를 안다. 그러나 그것은, 내가 말 하고 있는 짧은 순간에, 우리가 프레임들 사이에서 갑작스럽게 그리 고 당황스럽게 보는 것과 마찬가지다. 우리는, 우리를 향하고 있지 않 은 가시적인 것의 일부를 우연히 만난다. 아마도 그것은 밤의 새들, 순록, 흰족제비, 뱀장어, 고래를 향하고 있었다 ⋯⋯.(John Berger, 2001 : 4~5)[23]

나는 반자본주의적 균열이 흰족제비와 고래들만을 향하고 있다고 주 장하고 있는 것이 아니라, 종종 그들의 실존이 오직 특유한 감수성에 의해서만 탐지될 수 있다고, 그리고 그들이 우리를 삶의 일상적 차원 들과 단절하는 세계 속으로 데려간다고 주장하고 있는 것이다. 아마 도 자본에 대항해 반란한다는 것은 거울을 통과해서 걸어가는 것과 같을 것이며 아직 존재하지 않는 (그러므로 아직-아님으로 존재하 는) 세계 속에서, 전혀 다른 차원성을 갖는 세계 속에서, 우리가 겨우 이해하기 시작하고 있는 세계 속에서 살기 시작하는 것과 같다.

단지 대항하기 위해서가 아니라 대항하고-넘어서기 위해서 투쟁 하는 것은 언제나 너머로, 일종의 대항-세계[24]로 가는 문지방을 가로 지르는 것이다. 그것은 실험이자 도박이며 그것이 우리를 현존하는 실재 너머로 투사한다는 의미에서 초현실적인 너머이다. 〈프리 어소 시에이션〉 Free Association(2007 : 26)은 이 점을 분명하게 표현한다.

다른 세계를 상상함으로써, 다른 세계 속에서 행동함으로써, 우리는 저 세계를 실제로 불러온다. 다른 세계가 그 나름의 의미를 만들기 시작할 수 있는 것은, 우리가 적어도 부분적으로, 낡은 세계에서 '의미'를 만드는 것의 바깥으로 이동했기 때문이다. 단지 버스 뒤로 이동하기를 거부했을 뿐인 로자 파크스Rosa Parks의 예를 들어보자. 그녀는 어떤 요구도 하고 있지 않았다. 그녀는 심지어 대립하고 있지도 않았다. 그녀는 단지 다른 세계 속에서 행동하고 있었을 뿐이다.

미국에서의 시민권 운동에 불을 지핀 저 행동은 지금 우리에게 인권의 단순한 단언으로 다가온다. 그러나 그 순간에 그것은 대담하고 실험적인 도박이었고, 존재하게 될 수도 있고 그렇지 않을 수도 있는 세계로 들어가는 문지방을 건너기였다.[25] 그것은 우리들의 균열들의 성격에 속한다. 그것은 존재하지 않는 세계에서, 그렇게 행함으로써 우리가 실제로 그것을 소생시킬 수도 있으리라는 희망 속에서, 아니 오히려 이것이야말로 우리가 그것을 소생시킬 수 있는 유일한 길이라는 앎 속에서 나오는 행동이다.

# 7
# 균열들은 존엄성의 반정치에 대한 탐구이다.

균열들은 아직 존재하지 않는 세계에 대한 탐구이고 창조이다. 우리는, 탐구가 창조와 구분될 수 없는 대항-세계로 들어가는 문지방을 걸어 넘는다. 유일한 길은 우리가 걸음으로써 만드는 그 길뿐이다.[1]

균열이나 대항세계에서 중요한 것은 **무엇을**이 아니라 **어떻게**이다. '아니오, 우리는 화폐가 우리에게 하라고 하는 무엇을 하지 않을 것입니다. 우리는 우리가 필요하다고 혹은 바람직하다고 생각하는 무엇을 할 것입니다.' 이 두 경우들에서 '무엇'은 내용이 없다. 중요한 것은, 외적 부과나 강제로서인가, 아니면 우리가 무엇을 해야 할 것인가를 스스로 결정하려는 시도로서인가를 둘러싸고 결정이 내려지는 방식이다. 균열은 단지 자기결정을 향한 노력일 뿐이다. 이것은 분명히 균열의 내용에 대한 사전결정을 배제한다. 왜냐하면 핵심은, 관련된 사람들이 내용을 결정하는 것이기 때문이다. 유토피아에 관한 상세한 서술이 흥미로울 수 있다. 하지만 만약 그것이 사회가 어떻게 조직되어야 하는가를 둘러싼 모델로서 받아들여진다면, 그것들은 곧장 억압적으로 될 것이다.2 아마도 우리가 균열의 내용에 대해 말할 수 있는 최상의 것은, 그것이 이미 실존하는 투쟁들로부터 수집될 수 있는 것이며, 이미 우리가 살펴보았듯이, 이 투쟁들이 거대한 범위의 다양한 활동들을 포함한다는 점일 것이다.

균열들의 내용에 대해 말하기보다 우리는 **어떻게**에 초점을 맞춰야 한다. 일반적으로 말해, 내용은 특정한 방식으로, 즉 자기결정에 의해 채워져야 할 텅 빈 내용일 뿐이다. 그러나 자기결정이란 무엇을 의미하며 그것은 어떻게 조직되는가?

언급된 몇몇 예들(공원에서 책 읽기, 텃밭 정원으로 가기)은 우리를 개인적 자기결정(자유주의적 의미의 '자유')으로 인도한다. 개인적 선택의 이 경험은 간단히 무시되어서는 안 되지만, 그것이 우리를 아주 멀리 인도하지 못한다는 것은 분명하다. 왜냐하면 단적으로 말해 우리가 하는 것이 무엇이든 그것은, 한 사람의 행위를 다른 사람들의 행위로부터 분리하는 것이 어려운, 행위의 사회적 흐름의 일부이기 때문이다. 만약 행위의 이 사회적 흐름의 운동이 의식적으로 조형되지 않으면, 그것은 언제나 외적 제약(일반적으로 화폐형태로 표현되는, 우리의 '자유로운 자기결정'을 조롱하는 외적 제약)으로 나타날 것이다. 유일하게 실제적인 자기결정은 행위의 사회적 흐름에 대한 사회적 통제일 것이다. 그리고 행위의 사회적 흐름은 전지구적 흐름이기 때문에, 이것은 반드시 전 세계적 코뮤니즘을, 즉 세상 사람들이 세상의 행위 흐름을 능동적으로 결정하는 조직형식을 의미한다. 당분간 이것은 상상하기조차 어렵다. 지금 문제인 것은 자기결정을 완성하는 것이 아니라 자기결정을 향한, 사회적 과정으로 이해될 수 있을 뿐인 자기결정을 향한 끊임없는 노력이다.

자기결정을 향한 노력으로서의 균열들에 대해 말하는 것은, 만약 그것이 그것들의 내적 조직화에 반영되어 있지 않다면 아무런 의미도 없을 것이다. 균열은 우선 자본주의적 사회관계와의 단절이다. 거기에는 적용되어야 할 모델은 없지만, 자본주의적 사회관계와의 근본적 비대칭의 원리가 있다. 만약 자본이 자기결정의 부정이라면, 자기결정 혹은 자율을 향한 노력은 그 조직화의 형식에서 근본적으로 달라야만 한다. 만약 우리의 투쟁이 그 형태에서 자본과 비대칭이 아니라면, 그것은 그 내용이 무엇이든 단지 자본주의적 사회관계를 재생산할 뿐일 것이다.[3]

그러므로 균열은 비대칭에 대한 탐구이며 존엄의 반정치학에 대한 탐구이다. 투쟁의 비대칭의 극적 사례는, 수많은 거대 반자본주의 시위의 특징으로 된, 어릿광대와 경찰의 대치이다. 존엄은 부정된 주체성의 직접적 긍정이며, 우리를 대상으로 취급하며 우리 자신의 삶을 결정할 수 있는 능력을 부정하는 세계에 대항하여, 우리가 스스로 결정할 수 있고 결정할 가치가 있는 주체들임을 단언하는 것이다. 이런 의미에서의 존엄은 우리 자신의 존엄에 대한 단언을 의미할 뿐만 아니라 다른 사람들의 존엄에 대한 인정을 함축한다. 균열에 중심적인 것은, 상호인정이 역사의 종말까지 기다려야만 할 필요가 없으며 우리는, 사람으로서의 우리의 상호인정에 대한 끊임없는 부정과 싸움으로써, 이미 그것에서 즉시 출발할 수 있다는 생각이다. 자본주의가 사람을 목적에 대한 수단으로, 혹은 추상으로, 혹은 딱지를 붙일 수 있는 집단으로 취급하는 곳에서, 상호인정을 향한 노력은 성차별주의,

인종주의, 연령차별을 받아들이기를 거부하는 것을 의미하며 사람들을 사람들로서가 아니라 딱지들, 정의들, 분류들의 현신embodiment으로서 취급하는 다른 모든 실천들을 거부하는 것을 의미한다. 비록 늘 실천 속에서 관찰되지는 않지만, 이 딱지 형식에 대한 거부는 세계 전체에서 반자본주의 운동의 보편적 원리로 되었다. 상호인정과 존경에 기초를 둔 사회관계의 창출은, 사빠띠스따 운동과 세계의 여타의 많은 운동들이 발전시키려고 투쟁하고 있는 '다른 정치[학]'의 핵심에 놓여 있다. '다른 정치[학]'은 우리 자신과 타자들을, 대상으로보다는 행위자들로, 주체로 취급하는 것을 의미한다. 그리고 이 다른 정치[학]은, 이것을 표현할 적절한 조직형식을 발견하는 것을 의미한다. 부단히 우리의 존엄을 부정하는 세상에서, 이것은 끊임없이-갱신되는 탐구과정을, 그리고 조직적 형식의 창출과정을 의미한다.

조직형식의 늘 새로운 이 창조는, 그렇지만, 오랜 전통 위에 구축된다. 우리의 조직형식이 그들의 조직형식과 근본적으로 다르다는 생각은, 반자본주의의 역사 전체에 깊이 뿌리박혀 있다. 자본주의 조직은 위계와 효율성의 추구에 의해 특징지어진다. 우리가 말하는 반자본주의 전통은 연루된 모든 사람들에 대한 존중에 의해, 능동적 참여의 증진, 직접민주주의, 그리고 동지애 등에 의해 특징지어진다. 이것은 코뮌, 평의회, 소비에트, 총회의 전통이다. 이것은 『프랑스에서의 내전』에서 파리코뮌에 대한 맑스의 논의에서 찬양된 조직형식이다. 그리고 자본주의에 대항하는 주요한 모든 봉기들에서 (러시아 혁명의 소비에트에서, 이탈리아와 독일의 노동자 평의회에서, 스페인 내전에서, 최근에는 사빠띠스따의 공동체 평의회에서, 볼리비아의 까빌도스 cabildos 4에서, 아르헨티나의 아쌈블레아스 바리알레스asambleas barriales 5

에서 그리고 전 세계의 여러 그룹들에 의해 채택된 수평적 (혹은 반-수직적) 조직형식에서 다르게 반복되는 조직형식이다. 이것들은 투쟁에 연루된 모든 사람들의 의견들의 절합에 초점을 맞추는 비도구적 조직형식이다. 이것들은, 달성될 목표로부터 소급해서 작업하는 것이 아니라 그 의견들로부터 출발해서 밖으로 향해 작업하는 조직형식이다. 그러므로 평의회는, 어떤 목적(국가권력의 획득이라는 목적)의 수단으로 생각되는 조직형식인, 당과 아주 다르다. 평의회에서 중요한 것은 집단적 자기결정의 효과적인 절합이다. 당에서 중요한 것은 미리 결정된 목표를 달성하는 것이다.

평의회는 혁명적 상황에서 발생하는 어떤 것에 불과한 것이 아니다. 평의회의 기저에 놓인 관계유형은 모든 투쟁에, 말하자면, 일상생활에 깊이 뿌리박고 있다. 우리가 일군의 친구들과 식사를 하러 갈 때 우리는 모든 사람의 선호를 존중할 목적으로 토론을 통해 어디로 가야 할지를 결정한다. 이러한 종류의 의사결정은 일상생활의 구성부분일 뿐이다. 우리는 그것을 우정 혹은 동료애로 생각한다. 물론 동료애는 코뮤니즘적, 사회주의적, 아나키즘적, 그리고 반자본주의적 전통 모두에 깊고 강한 뿌리를 두고 있는 개념이다. 그것은 중추적 개념이면서도 종종 부차화되고 경시되는 종류의 개념이다. 자본에 대항하는 투쟁들에 비해, 동료애는 종종 부차적 자리를 배정받는다. 그래서 혹자는 이렇게 말할 수 있을 것이다 : '영국에서의 광부 대투쟁에서, 광부들은 갱도 폐쇄에 대항해 싸웠고 그 과정에서 거대한 동료애 감각이 형성되었다.' 달리 말해 동료애는 투쟁의 부산물로 간주된다. 그러나 만약 당신이 참가자들의 말을 경청해 보면, 강조점이 자주 다르다[는 것을 알 수 있을 것이다.] 그들이 체험의 가장 중요한 일부로 강조하는 것은 파업자들 사이에 형성된 동료애 감각과 공동체 감각이며 파업이 파괴되고 공동체들이 분할될 때의 상실감이다. 실제로, 어떤 파업은 새로운 우정과 연대의 관계를 발생시키며 파업자들에게 사장 없는 세계에 대한 실천적 경험을 준다. 다른 사회적 관계의 세계를 창조하는 것은 갈등의 폭발시에 예견된 것을 넘어선다.

사회적 관계의 질이 갖는 중심성(달리 말해, 동료애)은 새로운 것은 아니다. 그러나 최근에 그것은 새로운 인정을 받았다. 사람들의 관심은 권력 장악이라는 도구적 목적으로부터, 지금여기에서 자본주의와 양립불가능한 사회관계를 창조하고 강화하는 것으로 이동했다. 존엄은 핵심적 개념으로 되었다. '연정'amorosity, amorosidad은 이 투쟁들에서 창출되는 관계를 표현하기 위해 사용되는 다른 말이다. 발생되는 관계는 운동에 힘을 주고, 참가자들에게 자신들 사이의 불화를 극복하고 서로를 존중하게 하는 사랑의 관계이다. 어떤 피께떼로가 지적하듯이 이것은 쉽지 않다. '그것은 어렵다. 라마딴사la Matanza 지역의 이웃들을 생각해 보라. 강한 남성주의machismo를 가지고 폭력적인 상황을 통과해야만 하는 건장한 남자들을 상상해 보라. 연정戀情, amorosity에 대해 말하는 것은, 혹은 그것을 실천하는 것은 쉽지 않다.'(Sitrin, 2005 : 58~9; 2006 : 64) 낡은 동료애가 무대의 중앙으로 이동했다. 그러나 그것은 그것의 남성적 이미지를 벗었고 사랑이라는 그것의 이름을 선언했다.6

이것은 많은 투쟁에서 강조되고 있는 것이다. 여기에는 직접적 목표들과 그것들의 달성(혹은 미달성)을 넘어서, 창조된 혹은 되찾은 상이한 사회적 관계들의 결정적 잔재가 있다. 그래서 도시의 주민들이 물의 사유화를 막기 위해 모인 꼬차밤바에서의 물전쟁 이후로, 그 참가자들 중의 한 사람은 이렇게 말한다.

> 우리는 실제로 많은 교훈을 배웠다. 나는 꼬차밤바의 주민들을 위해
> 물을 정복하는 것을 넘어서, 그것이 삶의 재발견이었고 연대성, 우애
> 의 재발견이었다고 생각한다. 우리는 매우 가치 있는, 매우 지속적인
> 우애를 발전시키고 있었다. 때때로 이웃들 사이에서 우리는 서로를
> 바라보며 말한다. '어떻게 지내세요?' 그러나 지금은 우리의 아이들
> 에 대해, 문제들에 대해 말할 기회를 갖는다. 보초를 서는 오랜 시간
> 속에서 우리는 다시 인간이 되었다.(Ceceña, 2004 : 123)

2001년 12월 19/20일 아르헨티나 봉기의 참가자들 중의 한 사람은
또 이렇게 말한다.

> 중요한 단절이 있습니다. 다시 말해 나는 내 이웃을 만나고 이웃한 광
> 장이나 거리 구석에서 잡담을 나눕니다. 그리고 우리는 우리의 문제
> 를 서로 이야기합니다. …… 상실되었던 연대성의 낡은 공간들의 회
> 복이 있습니다. …… 19/20일을 통해 회복된 가장 중요한 것 중의 하
> 나는 대면 상호작용입니다. 그것은 공동체 자체입니다.(Sitrin, 2005 :
> 5; 2006 : 29)

우리가 창조하려고 하는 세계는 때때로 현저히 다른 가치체계에 의해
서술된다. 우리는, 자본이 구체화하는 탈인간화하는 가치들을 거부하
며 다른 가치들에 따라, 좋고 나쁜 것에 대한 다른 생각에 따라 세상
을 만든다. 맛시모 데 안젤리스는 2005년 7월 글렌이글스Gleneagles에

서 있었던 G8 반대행동의 경험을 이렇게 서술한다 : '스털링 캠프 Stirling camp 7는, 다른 가치가 사회적 협력과 공동생산을 지배하는 장소가 되었다.'(De Angelis, 2007 : 19) 그리고 또 그는 이렇게 말한다 : '대안 정치는 궁극적으로 가치의 정치, 가치실천이 무엇인지를 확립하는 정치, 즉 개별적 몸들과 전체의 사회적 몸들을 절합하는 사회적 실천들과 그에 상응하는 관계들을 확립하는 정치이다.'(De Angelis, 2007 : 25)

가치에 대한 강조는 우리가, 이 '다른 정치'의 힘이 윤리와 정치의 구분을 극복하는 데 놓여 있다는 것을 이해하는 것을 도와준다. 정치에 대한 레닌주의적 개념에 매우 특징적인, 수단과 목적 사이의 마키아벨리적 구분은 폐기된다. 우리가 '사회적 실천과 상응하는 관계들'을 가지고 창출하고 싶어 하는 세계를 지금 사는 것은 목적과 수단 사이의 도구적 분리를 깨뜨린다 : 수단은 목적이다. 투쟁에 대한 이러한 견해는 종종 소박하고 비현실적인 것이라고 비판된다. 하지만 최근의 경험들은, 그것이 거대한 힘을 갖고 있음을 알려준다. 그것들이 그들 자신을 엄청나게 약화시키는 것은 오히려, 운동들이 수단과 목적의 분리, 윤리와 정치의 분리로 미끄러질 때이다.

동료애, 존엄, 연정amorosity, 사랑, 연대, 우애, 우정, 윤리, 이 모든 이름들은 자본주의의 상품화되고 화폐화된 관계들과 대립한다. 이 모든 것은 자본주의에 대항하는 투쟁 속에서 발전된 관계를 서술한다. 그리고 그것은 자본주의를 넘어서는 사회를 예상하고 창조하는 것으로 이해될 수 있다. 그것들은, 무시간적 대안으로서가 아니라 그것에 대한 투쟁으로서, 자본주의의 상품화된 관계와 대립한다. 존엄에 어떤 초역사적 질이 있기 때문이 아니다. 존엄은 그 자신에 대한 부정에 대항하며 그것을 넘어서는 투쟁 이외에 다른 어떤 것도 아니다. 또 그로부터, 존엄의 반정치에 대한 탐구로서의 균열에 대해 말하는 것은, 우리가 언젠가는 현행적인 존엄에 도달하기를 바라는 것을 의미하는 것이 아니라 존엄 자체가 탐구이고, 자본에 대항하고-그것을-넘어서는 사회관계를 창출하는 변화하는 과정임을 의미한다.

그러므로 이 원리들이 어떻게 조직(화)로 번역되어야 하는가에 관한 명확한 규칙들은 없다. 그러나 실제로 많이 강조되는 하나의 이념은 '수평성'이다. 수평성은 우리 자신의 주체성에 대한 단언의 일부이고 우리에게 무엇을 할 것인지를 지시하는, 우리를 타인(그 타인이 누구이든)의 의사결정의 대상으로 만드는, 수직적 구조, 명령 사슬에 대한 거부의 일부이다. 수평성의 이념은, 모두가 평등한 기반 위에서 의사결정 과정에 참가해야 한다는 것이며 어떠한 지도자도 없어야 한다는 것이다. 실제로 이 작업을 절대적 조건에서 관철하는 것은 어렵다. 왜냐하면 어떤 공식적 구조도 없는 곳에서조차 비공식적 유형의 지도력이 종종 성장해 나오기 때문이다. 그래서 아마도 수평성을 절대적 규칙으로서가 아니라 수직성에 대한 부단한 투쟁으로 생각하는 것이 더 유익할 것이다. 라껠 구띠에레스Raquel Gutiérrez는, 2009년 볼리비아에서 있었던 투쟁에 대한 자신의 연구에서, 중요한 것은 어떤 특수한 모델의 채택이 아니라 집단적 심의라는 효과적 과정을 통해 공유된 의미 지평을 생산하는 것이라고 강조한다. 아니, 〈상황 집단〉Colectivo Situaciones이 마리나 시트린Marina Sitrin과의 인터뷰에서 표현한 대로, '수평성은, 그것이 문제일 때는 대항권력의 도구이다. 수평성은, 그것이 대답일 때에는 권력의 도구이다.'(Sitrin, 2005 : 49; 2006 : 55)

이와 연관된, 그러나 약간 다른 이념은 '복종하면서 명령하기'mandar obedeciendo라는 사빠띠스따의 원리 속에서 표현된다. 그것은 권위 있는 위치에 있는 사람들은 언제나 자신들이 그 권위를 행사하는 사람들에게 복종해야만 한다는 원리이다. 여기에서도 일정한 정도의 비수평성이 받아들여진다. 하지만 책임성accountability과 즉각적인 소환 가능성이라는 고전적 평의회의 원리는, (일시적으로) 책임 있는 위치를 차지한 사람들이 공동체의 요청wish에 복종해야만 한다고 분명히 주장한다. 많은 경우에 (예를 들어, 원주민 공동체들의 전통에서) 이것은 책임의 순환이라는 생각에 의해 보충된다. 공동체에 속한다는 것의 몫은, 일정 기간 동안 특정한 공동사회적 책임을 떠맡도록 공동체에 의해 호출되는 것을 받아들이는 것이다. 그러나 언제나 공동체의 요청에 복종하면서 말이다.

이 모든 것은 대의되는 사람들을 배제하는 조직형식인 대의민주주의에 대한 거부를 표현한다. 우리가 언급한 모든 조직형식들은 직접민주주의의 발전으로, 즉 일군의 규칙들의 집합이 아니라 민주적 형식들을 실험하는 부단한 과정으로, 사람들이 겪는 억압감을 극복하는 방식으로, 사람들의 공격성이나 성차별주의적, 인종주의적 생각들을 통제하는 방식으로 이해될 수 있다. 중요한 것은, 우리가 행한다we do를 어떻게 효과적으로 표현할 것인가이며 바로 그것이 균열의 핵심이다. 우리we, 운동의 주체인 우리를 어떻게 응집되면서도 개방된 우리로 표현할 것인가, 그리고 행하다do, 즉 우리가 주체인 우리를 어떻게 행위자로 표현할 것인가가 균열의 핵심이다. 사빠띠스따의 '복종하면서 명령하기'는 이 물음들에 대한 해결책을 제시할 뿐만 아니라 긴장과 도전의 실재적 장을 모순어법으로 나타낸다.[8] 그 과정이 탐구적이고 개방적인 것으로 이해되어야 한다는 것은 '걸으면서 묻기'preguntando caminamos라는 사빠띠스따의 또 다른 중심 원리에 의해 강조된다.

이 모든 것은 예상적pre-figurative 정치학의, 즉 다른 사회를 위한 투쟁이 그것의 투쟁형태를 통해 그 사회를 창조해야만 한다는 생각의 사례로 이해될 수 있다. 그 용어는 '만약 당신이, 당신이 쟁취하려는 변화를 구체화할 수 있다면, 당신은 투쟁에 의해서가 아니라 생성에 의해서 이미 승리한 것이다. 〈거리를 되찾자〉RTS; Reclaim the Streets는 이것을 아름답게 실현했다. 만약 〈거리를 되찾자〉의 활동가들이 반대한 것이 사유화, 소외, 그리고 고립이었다면, 거리 축제는 이 조건들에 대한 항의였을 뿐만 아니라 그것들에 대한 일시적 승리였을 것이다.'(Solnit, 2005 : 23)

거대한 양의 경험이, 특히 최근에, 이 예상적 정치 혹은 '다른' 정치, 존엄의 정치 속에서 축적되었다.9 이것은 대안세계화 운동의 거대한 반정상회담 사건들의 조직 및 세계사회포럼 및 지역사회포럼의 조직에서의 경험뿐만 아니라 저항, 거리극장 등등에서 공동체 정원들, 대안학교들, 라디오 방송국들의 덜 장관적인spectacular 방식의 창조를 포함한다. 세계를 바꿀 유일한 길은 우리 스스로 그것을 행하는 것이며10 그리고 그것을 지금여기에서 행하는 것이라는 생각이 확산되고 있다. 그러나 우리가 가능하다고 말하는 다른 세계를 지금 창조하려는 시도는 결코 순탄하지 않다. 존엄성의 부정에 기초한 사회에서, 존엄의 정치는 언제나 투쟁이다.

# 3부 불가능성의 가장자리에 있는 균열들

8. 존엄은 파괴의 세계에 대항하는 우리의 무기이다.

9. 균열은 자본주의의 사회적 종합과 충돌한다.

10. 균열들은 불가능성의 가장자리에 존재한다. 그러나 그것들은 실제로 존재한다.

그것들은 움직이면서 존재한다. 존엄은 발 빠른 춤이다.

# 8
# 존엄은 파괴의 세계에 대항하는 우리의 무기이다.

균열은 자본주의 사회의 논리와 단절한다. 우리는 그 논리에, 뭔가를 행하는 다른 방식을 대립시킨다. 우리는, 우리를 붙잡고서 특정한 방식으로 행위하도록 강제하는 체제를, 사회적 응집체를 부수기를 원한다.

존엄은 자본주의적 지배의 단단하고 질기며 빽빽한 직조를 잘라내는 칼날이다. 존엄은 얼음-깨는 자이다. 그것은 거대한 크기의 단단히 언 얼음을, 우리가 자본주의라고 부르는 저 파괴할 수 없을 것 같은 공포를 파고 들어가는 날카로운 화살이다. 존엄은 인간성을 모조리 파괴하겠노라고 협박하는 저 침략적인 장벽들에 맞서 휘두르는 손도끼이다. 존엄은 우리를 붙들어 매는 거미줄의 가닥들을 자르는 칼날이다.

존엄이라는 무기는 다름, 다른-삶, 다른-행위이다. 존엄의 다름은 무기이며 대항하는-다름이고, 우리가 끼워 맞춰질 수 없는 것(착취와 파괴의 세계)에 (명시적으로건 아니건) 대립하는 부적응misfitting 1이다.

우리가 균열이라고 불렀던 공간들과 순간들은 종종 자율적 공간들, 탈주나 도주의 공간들이라고 묘사된다. 우리는 여기에서 이 용어들을 피해 왔는데 그 이유는 그것들이 결정적 문제로부터, 즉 이 공간-순간들과 그것들을 둘러싼 세계 사이의 갈등의 문제로부터 주의를 딴 데로 돌리기 때문이다. 창출되고 있는 세계, 새로운 사회관계들, 새로운 행위 방식들의 영광을 노래하는 것은 중요하다. 그러나 우리는, 이 존엄들과 그것이 대립하는 세계와의 충돌에 대해 말하지 않고서 아주 멀리까지 나갈 수는 없다. 우리를 둘러싸고 있는 사회의 거대한 응집력에 그 다름을 굴복시키려는 부단한 적대, 부단한 압력이 있다. 그 공간들은, 아무리 그것들이 자율적이고자 해도, 자율적이지 않다. 그것들은 오히려 균열들, 사회적 갈등의 첨단들이다.

존엄은 자본주의에 대한 공격이지만 반드시 그것에 대한 대립은 아니다. 자본과 대립하게 되면, 자본이 의제를 설정하는 것을 허용하게 된다. 존엄은 우리 자신의 의제를 설정하는 것에 있다. 이것은, 자본과는 무관하게, 우리가 하려고 하는 것이다. 만약 자본이 우리를 억압하려고, 우리를 흡수하려고, 우리를 모방하려고 하면, 그렇게 하게 하라. 하지만 우리가 그 춤을 이끌고 있다는 점을 분명히 하도록 하자. 이것은 물론, 우리가 자본주의에 대해 투쟁하기를 멈춘다는 것을 의미하지 않으며 그럴 수도 없다. 이것은, 가능한 한 우리가 주도권을 갖고 의제를 설정하며, 우리에 대해, 우리의 삶에 대해, 우리의 기획들에 대해, 우리의 인간성에 대해 투쟁하고 있는 것이 바로 자본주의

임을 분명히 하는 것을 의미한다.

존엄은 거부하고-창조하기이다. 존엄은 자본주의를 만드는 것을 거부하며 새로운 세계를 창조하는 것이다. 와하까에서의 운동에 대한 논문에서 구스따보 에스떼바Gustavo Esteva는 말한다 : '수천, 수백만 명의 사람들은 지금, 우리 자신의 길을 걸을 시간이 다가왔다고 생각한다. 사빠띠스따가 말하듯이, 세계를 바꾸는 것은 불가능하지는 않지만 매우 어렵다. 좀더 실용적인 태도는 새로운 세계의 구축을 요구한다. 그것이야말로 우리가 지금 하려고 하고 있는 것이다. 마치 우리가 이미 승리하기라도 한 것처럼.'(Esteva, 2008 : 7)[2] 새로운 세계를 건설하는 것은 물론 현존하는 세계를 바꾸는 것을 의미한다. 그러나 강조점에서의 변화가 결정적이다. 그것은, 우리의 주의를 자본주의의 파괴에 두지 말고, 뭔가 다른 것을 건설하는 것에 집중하는 것이다. 이것은 자본주의의 파괴를 첫머리에 두고 새로운 사회의 구축을 그 다음에 두는 전통적 혁명 관점을 역전시키는 것이다.

새로운 세계를 만든다는 것은 자본주의 사회의 응집력 속으로 우리를 엮어 넣는 거미줄을 자르는 것을 의미한다. 그리하여 우리가 다른 뭔가를 창조할 수 있게 되는 것을 의미한다. 그 적은 자본주의 사회의 사회적 종합이다.

# 9
# 균열은 자본주의의 사회적 종합과 충돌한다.

1. 우리의 균열들은 자본주의적 종합의 아교질적 흡입에
취약하다.

우리는 침략적인 파괴의 벽을 찍는 손도끼처럼 우리의 존엄을 휘
두른다. 그 후에 그것이 얼룩지고 철벅거리며 끈적끈적한 젤리로 가
라앉을 때 우리는 조금 당황하고 낙담한 느낌을 갖는다.

모든 은유는, 어떤 지점에서는 포기되어야만 하는, 위험한 게임이
다. 그러나 지금은 아니다. 우리는 파괴하기를 원한다. 균열의 이념이
가장 먼저 표현하는 것이 바로 그것이다. 우리는 그것을 잃지 말아야
한다. 파열은 그것의 전부이다. 우리는, 사태를 조금 낫게 만들기를
원하는 것만이 아니다. 부시의 자리에 오바마를 앉히기를 원하는 것
만이 아니라, 메넴 대신에 끼르츠네르Kirchner를 앉히기를 원하는 것만

이 아니라, 깔데론 대신에 로뻬스 오브라도르[1]를 앉히기를 원하는 것만이 아니라, 우리는 부수기를 원한다. 우리는 운동을 구축하기를 원할 뿐만 아니라 물이나 석유의 사유화를 멈추기를 원한다. 그것은 확실하다. 하지만 우리는 그 이상을 원한다. 우리는 자본주의를 부수기를 원한다. 우리는 우리를 파괴하고 있는 체제의 동학을 파괴하기를 원한다. 파괴의 이념이 너무나 무기력해서 우리가 그것을 재천명해야 하는 때가 바로 지금이다.

때때로 그것은 아주 끔찍할 정도로 어려워 보인다. [체제의 동학을] 부수려는 우리의 모든 시도들은, 노골적으로 억압되거나 다시 체제 속으로 빨려 들어간다. 균열을 찬미하는 것만으로는 충분치 않다. 우리는 그것들의 문제점들에 대해서도 말해야 한다.[2]

쟁점은 분명하다. 혁명에 대해 생각할 수 있는 유일한 길은 자본주의적 지배 속에 균열들을 창출하고 확장하고 증식시키는 것에 의해서다. 이것은 공허한 추상이 아니다. 왜냐하면 반란-과-다른-행위의 계기들과 공간들은 이미 도처에 존재하고 있기 때문이며 그것들이 최근에 반자본주의 투쟁의 전선에 놓여 있기 때문이다. 그러나 지난 수년 동안, 이 균열들이 커다란 문제들에 직면하고 있다는 것도 점점 명백해졌다. 그리하여 사빠띠스따들에 의해 주도된 다른 캠페인Otra Campaña/Other Campaign(자신들의 운동을 치아빠스 외부에까지 조직적으로 확산시키려는 시도)은 우리들 대다수가 바라는 만큼 빠르게 진전되지 못했다. 2001년과 2002년 아르헨티나에서의 대안적 투쟁의 거대한 분출은 흡수와 범죄화라는 끼르츠네르 정부의 전략 앞에서 그 운동력을 유지할 수 없었다. 볼리비아에서 '대중적-코뮤니테리안적' 투쟁은 '민족적-민중적' 투쟁과 에보 모랄레스 정부에 의해 압도되었다.3 다른 세계를 추구하는 가지각색의 운동 형태들은 2001년 9·11에 뒤이어 전 세계에 나타난 점증하는 국가억압에, 그리고 제노바에서의 잔혹한 경찰폭력에 직면했다. 수많은 소규모의 대안적 그룹들은 길을 잃고 해체되었다. 국가권력을 장악하는 것만이 세상을 바꾸는 유일한 길이라고 주장하는 사람들이 (아니 심지어 자본주의를 파괴할 가능성은 전혀 없다고 말하는 사람들이) 예들을 들면서 '거봐, 내가 그렇다고 했잖아'라고 말할 수 있는 여지는 확실히 많다.

균열들이 어려움들에 직면하지 않을 수 없다는 것은 거의 놀랍지 않다. 왜냐하면 그것들은 모두 기존의 사회적 종합에 대항하는 반란들이며, 지금 인간성[인류]를 파괴하고 있는 사회적 응집 체제를 돌파하려는 시도이기 때문이다. 어떠한 사회든 일종의 사회적 응집에, 서로 다른 많은 사람들의 활동들 사이의 일정한 관계형태에 기초한다. 그 사회적 응집에 특수한 힘을 부여하는, 그리고 그것을 부수는 것을 매우 어렵게 만드는 체제적 폐쇄가 있다. 자본주의 사회의 사회적 응집의 잘 짜인 성격을 강조하기 위하여, 나는 그것을 하나의 **사회적 종합**이라고 부른다.4

모든 반란에는 깊은 딜레마가 있다. 반란은 언제나 비합리적이며 지배적 합리성에 의해 판단된다. 그리고 지배적 합리성은 생존의 물질적 조건에 의해 후원된다. 그 합리성의 수용은 합당한 조건 속에서 살 수 있는 조건이거나 혹은 많은 경우에 어떻게든 살아갈 수 있는 조건이다. 자본주의적 세계화[지구화]에 대항하는 운동은 종종 보편적[전지구적] 정의를 위한 운동이라고 불려진다. 그러나 우리 모두는, 그저 형식적 의미 이상의 차원에서, 자본주의 현실세계에서 보편적 정의를 찾는 것이 넌센스nonsense라는 것을 안다. 아르헨티나의 피께떼로는,

자신들이 의미 있는 활동을 원한다고, 그리고 그들 자신을 스스로 필요하고 바람직하다고 생각하는 일에 바치기를 원한다고 말한다. 하지만 우리 모두는, 자본주의 현실세계에서는 그 역시 넌센스적이며 문자 그대로는 의미가 없다는 것을 안다. 그렇다면 이 넌센스가 자본주의의 합리성에 의해 압도되지 않게 하는 것이 가능하겠는가?

순응에의 보편적 압력은 자본주의적 사회관계의 사회적 응집에서 나온다. 우리는 저항할 수 있고, 절규할 수 있고, 돌을 던질 수 있다. 그러나 자본주의적 사회관계의 총체성은 우리 주변을 흐르면서 우리를 다시 체제 속으로 빨아들이는 것처럼 보인다. 우리는 G8 회의로 돌진하여 우리의 분노를 표출할 수 있다. 그 다음에는 무엇이? 우리는 여전히 먹어야 하고 우리는 여전히 우리의 노동력을 팔아야 한다. 그렇지 않으면 음식을 살 돈을 벌기 위해 자본에게 허리를 굽혀야 한다. 우리는 공장을 점거할 수 있다. 그 다음에는 무엇이? 우리가 생산을 계속하려면 우리는 여전히 우리가 만든 생산물을 팔 방법을 찾아야 하고 우리는 여전히 시장력들에 허리를 굽혀야 한다. 우리 모두가 거리로 나가서 충분히 저항을 하면 아마도 우리는 정부를 무너뜨릴 수 있을 것이다. 그런데 그 다음에는 무엇이? 우리들의 반란의 순간, 우리들의 초과의 순간이 지나고 나면 무엇이 일어나는가? 우리는 여전히 세계질서 속에 우리 자신을 다시 삽입할 방법을 찾아야 한다. 그 세계질서는 자본주의적이다.

'그 다음에는 무엇이?'와 싸우는 것은 특수한 것을 위해, 순응하기를 거부하는 특수한 것을 위해 싸우는 것이다. 그것은 특수자들의 세계를 위해, 많은 세계들의 세계를 위해 싸우는 것이다. 우리는 총체성에 대항하여 특수자들을 표출하고 있다. 그러나 종종, 총체성, 사회적 종합이 그것 모두를 흡수하면서 즉각 우리를 조소하는 것처럼 보인다. 우리가 어떻게 저것을 피할 수 있을까? 우리가 어떻게 일상적인 자본주의 기능 속으로 재흡수되기를 피할까? 우리는, 우리들이 만든 균열들이 단지 자본주의의 긴장들과 모순들을 해소할 수단으로 되는 것을, 단지 체제를 위한 위기해소의 요소로 되는 것을 어떻게 피할까? 우리가 만든 균열들이 화산의 측면에 난 균열들과는 달리, 전체의 안정성을 보장할 밸브로 되지 않으리라는 것을 우리가 어떻게 알까?

우리는 우리의 적이 자본주의적인 사회적 종합이라고, 자본주의 사회의 매우 단단한 사회적 응집의 논리라고 말했다. 이 응집은 우리를 다양한 방식으로 자본주의의 권력 속으로 끌고 들어간다. 아마도 그 중에서 가장 분명한 것은 국가와 우리 자신의 개인적 '약점'일 것이다. 하지만 가장 잠복적이고 강력한 것은 가치이다. 이제 이것들 하나하나를 살펴보자.


## 2. 균열들은 국가와 충돌한다.

균열들에 대립하는 가장 명백한 사회적 응집력은 국가이다. 국가에 의한 폭력적 억압의 위협은 항상 현존한다. 『라 호르나다』2008년 6월 7일자 13쪽에 실린 보고서는 이 점을 오늘날의 뉴스에서 극적으로 표현한다.

소총으로 무장한 연방경찰 약 120명이 지난 밤, 1와트의 전력으로

도시 서부 민중거주지 약 4킬로미터 반경에 송출하는 송신기가 있는 공동체 라디오 〈토지와 자유〉 Tierra y Libertad 건물로 난입했다. ……
검사장 사무소는 회보에서, 그 작전이 수행된 것은, 그 송신기가 몬테레이에서 법적 허가 없이 송출을 했기 때문이라고 썼다.

이 사례의 폭력은 기괴하다. 그러나 그것은 멕시코 국가뿐만 아니라 모든 국가들의 점증하는 잔인성과 불관용을 밝혀준다. 비폭력적 균열들에 대한 폭력적 억압은 법과 질서의 이름으로 세계 모든 곳에서 일상적으로 일어나고 있다. 코펜하겐에 오랫동안 세워져 있었던 코뮌인 웅돔슈세트 Ungdomshuset의 철거는 2007년 3월에 세계 헤드라인을 장식했다. 2006년 6월에, '대부분 멕시코 이민자들로 구성된 농부들에 의해 헌신과 사랑과 고된 노동으로 14년 이상 동안 경작되어 왔던 옥수수, 꽃, 의료작물, 식물, 과일, 그리고 6백여 그루의 나무들을 파괴하기 위해' 불도저들이 난입했던 로스앤젤레스 남부중앙농장의 파괴가 그랬듯이 말이다.[5] 이와 비슷한 운명이 불과 몇 개월 전에 부에노스아이레스 중부의 오르가즘 과수원 Orgazmic Orchard을 덮쳤다. 그리고 이런 일은 무수히 열거할 수 있다. 일을 다른 방식으로 수행하려는 시도, 자본주의적 사회관계에 균열을 내려는 시도는 (실제로 그것이 균열내기를 목표로 하기 때문에) 어디서나 사회에 대한 위협으로 간주되며 다양한 수준의 폭력적 억압에 직면하기 쉽다.[6]

이것은 합법성과 자기방어의 문제를 제기한다. 균열이라는 개념 자체는 법에 대한 경멸을 의미한다. 왜냐하면 그것은 우리가 거부하는 사회의 응집력이기 때문이다. 법은 그 내용이 어떠하든 형식 그 자체로 낯선 강제이다. 그렇지만 어떤 주어진 상황에서 법에 불복종하는 것이 의미를 갖는가 아닌가는 특수한 투쟁의 맥락에서만 판단될 수 있다. 반자본주의적 반대의 중심으로서의 사회센터를 구축하기 위해 결집하는 사람들은 건물을 불법적으로 점거할 것인가 (그래서 폭력적 퇴거를 무릅쓸 것인가) 아니면 (임대에 의해서 혹은 일정한 형태의 국가양보를 얻어냄으로써) 그것을 합법적으로 행할 것인가를 결정해야 한다. 이것은 추상적인 문제가 아니다. 우리가 법에 복종해야 하는가 아닌가는 추상적인 문제가 아니라 억압을 피할 것인가 아닌가 (혹은 타인을 다치게 할 것인가 아닌가) 라는 실제적 문제이다. 어떤 맥락에서 점거는 아주 실천적인 선택사항이다. 다른 맥락에서 그것은 직접적인 경찰 억압에7, 센터의 폐쇄와 체포에, 그리고 심지어는 가담자들에 대한 고문에 직면할 것이다. 아마도 모든 종류의 반자본주의 행동에 대해 이와 똑같은 것이 이야기될 수 있을지 모른다. 법에 복종하는 것은 원칙적으로는 납득될 수 없는 것이다. 하지만 어떤 특수한 행동의 실제적 결과들은 언제나 맥락에 의존한다.

합법성은 언제나 폭력적인 국가 억압을 정당화하기 위한 준거점으로 사용된다. 합법이건 불법이건 자본에 심각한 위협을 주는 모든 균열은 질서의 세력들로부터 폭력적 반응을 이끌어 내기 쉽다. 적어도 사회적 맥락이 그것을 허락한다면 말이다. 우리가 국가폭력에 어떻게 대처할 것인가? 혁명은 불가피하게 자본주의에 대한 폭력적 전복을 의미하는가? 우리는 무장조직을 구축할 필요가 있는가?

확실히 폭력은 점점 폭력적으로 되어가는 자본주의와 대결하는 수단으로 더욱더 매혹적으로 되고 있다. G8 회담과 같은 사건들에 대항하는 시위가 최근에, 경찰로부터 시작되는 폭력뿐만 아니라 시위대들에 의해 시작되곤 하는 폭력들로 인해, 더욱더 폭력적으로 된 것은 결코 놀랍지 않다.8 그러나 폭력을 가지고 자본에 대항하는 우리의 투쟁들을 사유하는 것에는 많은 문제가 있다. 우선, 우리는 폭력에 능숙하지 않다. 폭력은 우리가 창조하고자 하는 사회의 일부가 아니다. 그리고 우리는 폭력 속에서 자본주의적 세력들과 대항할 수 있을 것으로 보이지 않는다. 폭력은 중립적 지형이 아니라 지배세력의 지형이다. 그것은 우리를 우리가 거부하는 사회관계 및 행동형식 속으로 끌고 들어간다. 인간에 의해 지배되는 위계적 구조가 그것이다.9 존엄은 우리의 근거이고 폭력은 그것이 어디에서 나오건 존엄의 부정이다.

아마도 핵심문제는 폭력이 아니라 주도권을 잡는 의제설정일 것이다. 균열의 요점은, 그것이 파열이라는 것이다. 그것은 자본주의적 공격에 대한 반응일 뿐만 아니라 그것을 넘어서 나아가려는 시도이며 다른 집합의 사회관계를 창출하려는 시도이다. 주도권을 잡는다는 것은 대치를 넘어서 나아가는 것을 의미한다. 우리는 우리 자신의 필요에 따라 우리의 행동을 결정한다. 자본과 국가로 하여금 우리의 뒤를 따르게 만들자. 그들이 우리를 흡수하거나 혹은 우리를 억압하려고 애쓰도록 하자. 주도권을 잃지 않으면서 혹은 낯선 지형에로 끌려들어가지 않으면서 우리가 우리의 균열을 어떻게 방어하고 확장할 것인가 하는 문제는 매우 어려운 문제이다. 국가폭력은 종종, 우리로 하여금 반란을 멈추도록 그리고 수감자들의 석방을 위한 캠페인을 멈추도록 강제하면서, 주도권을 되찾으려는 방법이다.10

여기에서의 주장은 완전히 평화주의적인 주장이 아니다. 왜냐하면 우리는 우리가 국가폭력에 대항하여 우리 자신을 어떻게 방어할 것인가에 대해 생각해야만 하기 때문이다. 나는 와하까에서 있었던 멕시코 국가에 의한 끔찍한 억압이 오래 지나지 않은 시점에 이 글을 쓰고 있다. 이 문제는 피할 수 없는 것이다. 만약 우리가 자본주의적 사회관계를 깨뜨리는 것에 대해 생각하기를 원한다면 우리는 자기방어의 문제에 대해 생각해야만 한다. 많은 경우에 적어도 현존하는 환경에서는 직접적 국가억압의 위험은 없을지 모른다. 그러나 세계에서 나타나고 있는 경향은 폭력적 억압이, 현존하는 지배체제에 대한 모든 종류의 도전에 더욱더 일반적인 반응으로 되고 있다는 것을 보여준다.

그렇지만 자기방어는 무장방어와 같은 것이 아니다. 그리고 그것은 분명히 자본주의에 대한 '폭력적 전복'과 같은 것이 아니다. 비록 어떤 경우에 일정한 형태의 무장조직에 대한 강력한 옹호가 있을 수 있겠지만, 무기를 자기방어의 핵심이라고 생각하는 것은 아마 실수일 것이다. 분명히 사빠띠스따들이 무장을 했고 군대로 조직되었다는 사실은 치아빠스의 반란에 대한 대규모의 군사적 억압을 억제함에 있어서 중요한 요소였다.[11] 그러나 가장 효과적인 방어형태는 멕시코와 세계 전역에서 울려 퍼지는 그들 운동에 대한 반향의 힘이었다. 어떤 운동에서건 자기방어의 가장 강력한 형태는 운동 그 자체의 질, 즉 운동을 통해 일상생활을 변형하는 그 질이다. 그리고 이것은 무장조직 및 무장폭력에 직접적으로 대립한다. 라울 버네겜이 표현했듯이, '혁명이 모든 사람의 일상생활을 풍요롭게 하는 과제를 자신의 첫 번째 목표로 생각하지 못했을 때, 그것은 억압에 무기를 제공했다.'[12]

국가폭력은 우리에게 특정한 사회관계를 부과한다. 그리고 우리가 폭력으로 응답하는 방식으로 그것의 행동을 모방하면 그럴수록 그만큼 효과적으로 그것은 그렇게 한다. 폭력은, 우리를 일정한 방식으로 행동하게끔 함으로써, 또 사유의 특정 범주들이나 조직화의 형식들을 받아들이도록 함으로써, 국가가 우리를 자본주의의 사회적 응집 속으로 항상 끌어넣는 방법들 중의 단지 하나의 양상일 뿐이다. 국가는, 그것의 모든 다른 행동들에서와 마찬가지로 폭력의 행사에서도, 사회관계의 형식이며 일을 수행하는 방식이다.

국가가 자본주의의 사회적 관계를 깨뜨리려는 시도들에 반작용하는 것은 단지 직접적인 물리적 억압에 의해서만은 아니다. 법을 통해, 그리고 자신의 모든 활동형식들을 통해 국가는 우리를 일정한 행동양식 속으로 밀어 넣고 우리를 일정한 한계 속에 가둔다. 이 모든 것과의 접촉을 피하는 것은 어렵다.[13] 비록 우리가 국가를 통해 사회를 근본적으로 바꿀 수 없다는 것을 분명하게 알고 있다할지라도, 국가와의 모든 접촉을 피하는 것은 여전히 매우 어렵다. 우리는 국립학교나 국립대학에 가야 하고 그것은 우리를 일정한 유형의 교육 속으로 끌어당긴다. 우리는 연구나 또 다른 목적을 위해 국가의 인정을 받아야 하고 그리고 국가 역시 일정한 조건을 부과하는 경향이 있다. 점거 공장은 자신의 위치에 대한 법적 인정을 받음으로써 억압을 회피할 방법을 찾는다. 그러나 그렇게 하기 위해서 그것은 일정한 요구를 만족시켜야 하고 일정한 형식을 지켜야 하며 일정한 언어를 채택해야 한다. 우리는 빈 창고를 점거해서 사회센터를 세운 후에, 그 건물을 향상시킬 국가보조에 응모할 수 있다는 것을, 그리고 지방정부에 너무 많이 대립하지 않는 것이 국가보조금을 받기에 더 용이하다는 것을 발견한다. 기타 등등. 어떤 경우에 어떤 종류의 국가기금은 대안적 행위doing를 위한 우리의 집단적 기획을 실현하기 위해 필요한 것처럼 보인다. 그렇다면 우리는 국가나 국가기금과 어떻게 관계를 맺을 것인가?

사빠띠스따들은, 예컨대 그들 자신의 학교를 만들고 보건체제를 만듦으로써, 가능한 한 모든 국가보조를 거부하며 국가와의 모든 접촉을 피하는 급진적 입장을 취한다.[14] 일부의 다른 급진 그룹들(예컨대 아르헨티나 피께떼로의 전부가 아닌 일부)은 반대되는 견해를 취한다. 그들은, 국가로부터 화폐를 받는 것은 단지 우리가 창출한 사회적 부의 작은 일부만을 회복하는 것이며, 중요한 문제는 그 돈이 어디에서 오는가(왜냐하면 모든 부는 노동자들로부터 나오기 때문이다)가 아니라 (국가조건을 거부하고 화폐의 이용에 관한 직접적으로 민주적인 통제의 형태를 조직하면서) 화폐에 대한 효과적인 사회적 통제를 행사할 방법을 찾는 것이라고 주장한다.[15] 이 견해들 중의 어떤 것도 반드시 그릇되거나 올바르다고 말할 수 없다. 중요한 것은 아마도, 결정이 내려지는 (그리고 부단히 문제에 대면하는) 방식일 것이다. 문제의 균열을 열고 닫는 그것의 관계는 투쟁의 맥락에 의존할 것이며 도그마의 문제로 되지 말아야 한다. 무엇보다도 그것은 순수성의 문제일 수 없다. 자본주의 속에서-대항하며-넘어서는 투쟁 속에, 순수성이란 없다. 중요한 것은 투쟁의 방향, 대항하며-넘어서는 운동 그 자체이다.

그러면 문제는 국가를 통제하는 것인가? 그리고 그것을 중립화하는 것인가? 아니면 우리의 균열들을 확산시키기 위해 그것을 이용하는 것인가? 우리는 국가 자체를 반자본주의 균열로 전환시킬 수 없는가? 실제로 우리는 우리의 활동을 국가에 대한 통제권을 획득하기 위해 조직하는 것에, 그리하여 그것을 반자본주의 균열로 전환시키는 것에 집중하지 말아야 하는가? 예컨대 쿠바, 베네수엘라, 볼리비아에서 일어나고 있는 것이 바로 이것이지 않은가?

국가는 어떤 조직일 뿐만 아니라 특수한 조직형식이다. 그리고 변화를 위한 투쟁의 초점을 국가에 맞추는 것은 자본에 대항하는 투쟁에 심오한 의미를 갖는다. 국가는 일을 수행하는 하나의 방식이다.[16] 국가는 자본주의 체제의 통합적 일부로, 수 세기에 걸쳐 발전된 조직형식이다. 자본은 무엇보다도 분리의 과정이다. 창조대상의 창조주체로부터의 분리, 창조주체의 그 자신 및 그녀를 둘러싼 사람들로부터의 분리, 그리고 창조된 것의 창조과정에서의 분리 등등.[17] 국가는 이 분리과정의 일부이다. 그것은 사적인 것으로부터 공적인 것의 분리이며 공동체의 공동업무의 공동체 자체로부터의 분리이다. 국가는 사회로부터 분리된 조직인데 여기에서는 주로 전일제 관료들이 책임을 맡고 있다. 국가의 언어와 국가의 실행은 저 분리를 표현한다. 관료제 언어와 집합적 절차와 공식들을 따르는 실행들이 그것이다. 사회로부터의 분리는, 기존의 행동형식들의 유지를 보장하는 규율들과 위계들에 의해 다스려진다. 국가의 사회에 대한 관계는 외적 관계이다. 그것은 시민(혹은 비시민)으로서의, 사회적 맥락과 그들의 행위doing의 특수성들에서 추상된 개인들로서의 사람들과 관계한다. 시민들이 대표될 수 있는 것은 그러한 추상적 원자로서뿐이다. 실제 사람들의 열정과 특수성들은 '대표될' 수 없다. 국가는, 그 활동의 형식 자체에 의해서 그것의 내용과는 별개로, 자본이 기초한 주체성의 부정을 승인하고 재생산한다. 그것은 주체로서의 사람들과 관계하는 것이 아니라 객체로서의 사람들과 관계한다. 아니, 같은 이야기지만, 단순한 추상물의 지위로 환원된 주체들로서의 사람들과 관계한다.

그 활동을 국가에 집중시키는 정치조직은 반드시 관계형식으로서의 국가의 이러한 특징들을 재생산한다. 국가 내부에서 영향력을 획득하기 위해서 혹은 국가에 대한 통제력으로 보이는 것을 장악하기 위하여, 그 조직은 국가에 특징적인 행위와 사유의 형식들을 채택해야만 한다. 그래서 정당들은, 아무리 좌익적이고 심지어 '혁명적'이라 할지라도, 위계구조에 의해 특징지어지며, 국가의 언어형식과 행동형식에 들어맞는, 특정한 언어형식들과 행동형식들을 취하는 경향이 있다. 사회에 대한 외부적 관계는, 능력이 제한적이어서 지도부의 필요를 갖는 많은 무차별적이고 추상적인 원자들을 의미하는, '대중들'이라는 개념 속에서 재생산된다.

이 좌파정당들은 그들의 의도에서 반자본주의적일 수 있다. 하지만 그들의 조직형식과 활동형식에서 그들은 자본주의적 사회관계의 핵심인 인간person의 객체화를 재생산하는 경향이 있다. 이것은 존엄의 정치[학]이 아니다. 왜냐하면 그것은 억압당하는 주체의 창조력에 대한 승인에서 출발하지 않기 때문이다. 다른 한편, 급진적 변화에 대한 기여는 종종 매우 성실하다. 이 기여는 민중(외적 타자로 간주되고 있는 '민중')의 해방을 위한 투쟁으로 이해된다. 국가의 눈을 통한 혁명 혹은 국가중심적 조직의 눈을 통한 혁명은 타자들을 위한 혁명, 민중을 위한 혁명일 수 있지만 민중 자신에 의한 혁명은 아니다. 이것은 존엄의 정치[학]이 아니라 빈곤의 정치[학]이며 대화의 정치[학]이 아니라 (예를 들어 정치적 지도자들의 연설의 길이 속에 반영되는) 독백의 정치[학]이다. 민중은 행위자로 이해되지 않고 희생자[18]로, 가난한 사람들로 이해된다.

이 개념의 매력은 과소평가되어서는 안 된다. 그것은 끔찍하고 섬뜩한 빈곤과 치욕의 세계에 대한 진정한 지각에서 출발한다. 그리고 그것은 자본주의의 희생물들을 위해 혁명을 함으로써 이 문제를 해결하려고 나선다. 그래서 그것의 적합한 조직형식은 반드시 국가가 된다. 세계자본주의 안에서조차 빈곤과 그것의 효과를 경감하기 위해 많은 일이 이루어질 수 있다는 것은 의심할 수 없는 사실이다. 오늘 아침 신문[19] 헤드라인은 나에게, 쿠바가 라틴아메리카에서 가장 낮은 유아 치사율을 보인다고 말한다. 이것을 중요하지 않은 것으로 기각하는 것은 기괴한 일일 것이다.

그러나 그것은 충분치 않다. 자본주의와의 실제적 단절이 고통받는 대중들을 위해서 수행될 수 있을 것 같지는 않다. 그리고 그것이 설령 가능하다고 해도, 그 결과는 아마 그다지 매력적인 사회가 아닐 것이다. 민중을 위해서, 민중의 이익을 위해서 행동하는 것은 일정한 정도의 억압을 포함한다. 만약 민중이 국가와 동일한 이념을 갖지 않는다면, 민중의 복지를 강제하기 위해서 그들의 희망에 반하는 몇몇 수단들조차 발견되어야 한다. 혁명적 운동은 억압적으로 되며 그것이 적극적 지지를 잃을수록 혁명적 운동은 약화된다. 그런 이야기가 여러 차례 반복되어 왔음을 더 이상 말할 필요는 없을 것이다.

그러면 우리가 볼리비아나 베네수엘라에 대해서는 뭐라고 말할 것인가? 그 나라들은 자본주의적 지배 속의 균열들로 간주될 수 있는가?

아마도 모든 혁명적 운동들은 많은 운동들의 합류일 것이다. 그것들은 변화를 위한 민중들의 다양한 방식, 다양한 이유에 걸친 투쟁들의 합류일 것이다. 우리는 이 다양성을 투쟁의 두 가지 형식을 강조함으로써 단순화했다. 존엄의 정치와 빈곤의 정치, 평의회 및 총회의 정치와 국가에 초점을 맞춘 당의 정치. 이 두 투쟁은 동일한 조직 내부에서, 심지어 동일한 개인 내부에서 종종 결합되고 혼합된다. 그러나 그것들이 상호작용하는 방식은 변화를 위한 운동에 심각한 결과를 가

저울 것이다. 예컨대 러시아 혁명은 평의회(소비에트) 조직과 국가중심 조직의 복잡한 혼합이었다. 두 가지 조직형식 사이의 긴장은 소비에트에 대한 억압으로, 그리고 소비에트연방이라는 가짜<sup>mocking</sup> 이름 하에서 억압적 체제의 발전으로 이끌었다. 다른 경우들에서 그 발전은 덜 재앙적이고 덜 유혈적이었다. 그러나 독백의 정치[학]이 틀림없이 지배했다. 쿠바는 그러한 한 사례이다.

볼리비아와 베네수엘라의 경우에, 그 과정은 이 글을 쓰는 시간에 아직 열린 문제로 남아 있지만 국가의 명백한 지배가 나타나고 있다. 라껠 구띠에레즈는 볼리비아에서의 투쟁에 대한 자신의 심오한 분석 (Gutiérrez, 2009)에서, '민족-민중적 투쟁'과 '공동체주의적-민중적 투쟁'을 구분한다.[20] 후자는 직접민주주의의 전통적 공동체주의적 형식으로부터 나와서 그것을 발전시킨다. 그리고 그것의 중심에 존엄에 대한 긍정과 외국인의 지배를 받아들이기를 거부하는 태도가 놓여 있다. 2000년에서 2005년까지 투쟁의 추동력은 바로 이것이었다. 그러나 이 존엄의 투쟁은 국가에 초점을 맞추며 새로운 정부의 형태 속에 투쟁의 성과를 집약하려 하는, '민족-민중적 투쟁'에 의해 중첩되었다. 이것은 투쟁들을 당형태(MAS) 속으로 흐르게 하는 것을 의미했으며 결국 에보 모랄레스를 볼리비아의 대통령으로 선출하기에 이르렀다. 이것은 국가에 중대한 개혁들을 가져오지만 원래 운동의 탈동원과 탈급진화를 내포하기도 한다. 민중들 자신의 원래의 봉기는 민중들을 위한 운동으로 전환되었고 이것은 필연적으로 국가실행들의 재생산으로, 자본의 이해관계의 수용으로 이끈다.

베네수엘라의 경우에, 투쟁의 과정은 달랐다. 그러나 거기에도 역시 두 운동은 공존했다. 아래로부터의 공동체에-기반을-둔 투쟁의 운동과 위로부터 국가-중심적인 투쟁의 운동. 여기에서 그 투쟁은 처음부터 훨씬 더 명백하게 국가지배적이었다. 그러나 적어도 2002년에 차베스에 대항하여 시도된 쿠데타 이래로, 전체로서의 운동의 힘이 아래로부터 운동의 힘에 크게 의존적이라는 점이 분명해졌다. 변형의 과정은 위와 아래, 두 측면으로부터의 운동으로 간주될 수 있다. 그리고 지도자들은 부르주아 국가를 극복하고 '공동자치적 유형의 국가'를 창출할 필요에 대해 말한다.[21] 공동자치적 평의회들의 창출과 촉진은 이 운동의 핵심에 놓여 있다.[22]

이것은 국가의 폐지나 해체에 대해 어떻게 생각하는가라는 문제를 제기한다. 그것은 국가 외부에 비국가 형태의 조직(공동자치적 혹은 평의회적 조직)을 건설함으로써 발생해야만 하는가? (이것은 기본적으로 사빠띠스따가 하려고 노력하고 있고 또 어느 정도는 아르헨티나, 볼리비아, 그리고 에콰도르에서 일어났던 것이다.) 아니면 우리는 국가 그 자체 내부에서 일어나고 있는 것으로서의 국가의 해체(내부로부터 국가를 해체하기 위해 혁명가들이 국가권력을 장악하는 것)에 대해 생각할 수 있을 것인가? 아니면 이 두 과정의 어떤 조합에 대해서 생각할 수 있을 것인가? 많은 사람들은 베네수엘라에서의 볼리바르 혁명을 이런 맥락에서, 즉 위와 아래로부터의 운동의 결합으로 이해한다.

이것이 이루어질 수 있을까? 이것은 베네수엘라뿐만 아니라, '참여민주주의'의 촉진을 통해 (뽀르또알레그레, 베니스, 동 맨체스터 등등) 세계의 나머지 부분들에서 국가를 극복하기 위해 국가 내에서 이루어지는 시도들과 관련되는 중요한 문제이다.[23] (Nicanoff(2007 : 12)가 표현했듯이) 국가를 재기표화하는 것이 가능한가? 혹은 주권의 동학과 자율의 동학을 조화시키는 것이 가능한가(Mazzeo, 2007 : 28)? 이러한 접근법은 '민중권력'이라는 술어 속에서, 그리고 권력이 민중으로부터 나온다는 주장 속에서 종종 논의된다.[24] 이것은 매력적인 정식화이다. 하지만 '민중'이라는 범주는 실제로, 권력의 원천이 행위doing라는 것을 감춘다. 그것은 인간 활동의 조직화와 그것의 적대적 실존을 추상한다. 위로부터의 운동과 아래로부터의 운동의 손쉬운 결합을 찾는 정식화 속에서 간과되는 것은 이 적대이다.

국가가 내부로부터 해체되어야 한다는 것, 혹은 내부로부터의 압력과 외부로부터의 압력의 결합에 의해 해체되어야 한다는 것은, 물려받은 행동의 구조와 형태의 무게 때문에, 봉급 받는 국가공무원의 인구의 나머지 부분으로부터의 분리 때문에, 그리고 '경제'(이것이 착취 체제가 아니라 할지라도)의 작동을 보장하려는 압력 때문에, 어렵다. 만약 그것이 가능할 수 있다면, 결정적 요소는 국가공무원들이나 정치가들 자신의 혁명적 기여가 아니라 사회조직화의 다른 형태를 찾는 국가기구 외부에서의 투쟁들의 힘일 것이다. '위로부터의' 운동과 '아래로부터의' 운동은, 비록 적대의 윤곽이 제도적 경계선을 따르지 않을지라도, 필연적으로 적대적인 과정이다. 그 적대의 윤곽은 국가기구 자체 속으로 자리를 옮길 수 있다. 분명히 역사의 운동은 부단히 이론을 거역하지만, '민중권력'이라는 용어는 이 실재적인 적대들과 난점들을 감춘다.

하나의 반란은 그것이 국가를 향해 흐르는 흐름으로 회로화된다고 해서 반란이기를 멈추는 것은 아니다. 자기결정을 향한 추동력은 살아남는다. 비록 그것이, 국가 구조들이 강화되는 정도만큼 점차로 억제되는 것으로 보인다 할지라도 말이다. 국가중심적 혁명은 매우 자기적대적인 과정이다. 그것은 확장되면서 동시에 그 스스로를 회반죽으로 메우는 균열이다. 회반죽을 칠해 메우는 손이 균열을 열어젖히는 손을 억제하는 데 성공하는가 실패하는가, 어떤 지점에서 성공하는가는 언제나 투쟁의 결과이다. 한편에 자기결정을 위한 투쟁이, 다른 한편에는 소외된 결정형태 내부에 그것을 다루려는 투쟁이 있다. 이 글을 쓰고 있는 지금 내가 보기에 베네수엘라의 과정은 여전히 열린 과정이다. 하지만 쿠바의 경우에 회반죽을 바르는 손이 균열을 여는 손보다 훨씬 더 강하다. 그렇지만 이것을 최종적 폐쇄로 생각하는 것은 크게 잘못된 일일 것이다. 국가중심적 반란들을 비판함에 있어서 우리는, 모든 반란들은 자기모순적이며, 국가와 유사한 실천들이 쉽게 반국가 운동 내부에 출현할 수 있고 또 어떤 순수성도 없으며 주어진 해답도 없다는 것을 분명히 명심해야 할 것이다.

결국 문제는 의도의 문제가 아니라 조직형식의 문제, 즉 조직화의 실제적 실천들의 문제이다. 노동자들(가난한 사람들, 민중들 등등)을 위해 사회를 변화시키는 것에 초점을 맞추는 모든 조직형태는, 그것이 선언하는 의도가 무엇이든, 반란행동을 자본주의적인 사회적 종합으로 되돌려 짜는 경향이 있다. 국가는 그러한 조직화의 가장 분명한 예이다.[25]

반자본주의 혁명을 일종의 틈새적 과정으로서만 사고할 수 있다는 주장은 논쟁의 여지가 없다. 전통적 혁명이론에서 그 문제는 국가를 사회관계의 총체성과 동일시함으로써 모호해졌다. 그러나 일단 하나의 자본주의 사회를 지탱하는 많은 국가들이 있다는 사실이 인식되고 나면, 국가중심적 혁명들도 틈새적임이 분명하게 된다. 문제는 그러므로 혁명이 (그것이 틈새적이어야만 하기 때문에) 틈새적인 것으로 이해되어야 하는가, 아닌가가 아니라 적절한 틈새의 형식이 무엇인가 하는 것이다. 위에서의 논의는 우리로 하여금, 국가는 적합한 틈새적 형태가 아니라고 결론 내리도록 만든다. 왜냐하면 사회관계의 형식으로서 국가는 우리가 거부하고 있는 사회적 종합의 일부이기 때문이다. 국가는 자본의 응집적 흡입의 일부이다. 그러므로 유일한 해답은 비국가적·틈새적 형태들이라는 술어 속에서 사고하는 것이다. 그것이 바로 균열들이다.


## 3. 우리 자신 내부의 균열들

우리는 우리의 균열을, 우리의 존엄의 공간들을 창조한다. 그리고 그것들은 즉각적으로 우리 외부의 세계에 의해 위협받는다. 그러나 외부 세계는 외부적인 것에 그치는 것이 아니다. 우리는 그것을 우리 내부로 옮겨온다.

우리는 라깡도나 정글에 우리의 자치적 공동체를 건설한다. 우리는 에든버러에 우리의 사회센터를 만든다. 우리는 베를린에서 밤샘 파티에 간다. 우리는 말한다, '여기 아니오가 있다. 여기에서 우리는 자본의 규율을 받아들이지 않는다. 여기에서 우리는 다른 것을 할 것이다. 여기서 우리는 존엄, 수평성, 사랑의 공간을 건설할 것이다.' 하지만 분명히 그것은 그렇게 단순하지 않다. 우리는 자본주의로부터 한 조각을 잘라 낸다. 하지만 우리의 조각은 순수성의 조각이 아니다. 우리의 비-성차별주의적, 비-인종주의적 공간들 내부에 성차별주의적이고 인종주의적인 관습들이 살고 있다. 우리의 수평적 모임 내부에, 더욱더 교란적이어서 규제되지도 않고 심지어 인식되지도 않는 권력의 패턴들이 출현한다. 가장 명료한 사람들은 그들의 의지를 부과할 방법을 발견한다. 커다란 모임 내부에서 그들의 노선을 부과할 수 있는 사람들은 구좌파 당들 내부에서 정치적 투사 경험을 가진 그룹들이다. 우리의 공유된 책임성의 영역 내부에서, 일은 단지 소수의 사람들에게만 계속해서 떨어진다.[26] 낡은 패턴들이 재확립된다.

> 우리는 우리들 자신이 동일한 실행들 속으로 다시 떨어지는 것을 발견한다. 마치 그것은 우리의 내적 삶에서 솟아나오는 문제인 것처럼 보인다. …… 거의 무의식적으로 작동하는, 재현, 대의의 수직성의 기억이 지속하는 것처럼 보인다. 우리가, 우리는 자율적이라고 아무리 말해도, 언제나 누군가가 대신해서 행동해주고 누군가가 대신해서 말해주고 다른 사람에 의해 받아들여지는 것을 기다리는 어떤 때가 온다.[27]

새로운 사회적 관계들은 포고령에 의해 창출되지 않는다. 구성원들 사이의 다른 사회적 관계의 창출을 자신들의 의제의 꼭대기에 설정했던 그룹들조차도 때로는 쓰라린 불화나 강도 높은 환멸감으로 끝나곤 한다. 때때로 뭔가 다른 것을 창출하려는 노력의 강도가 생겨난 원한의 강렬한 쓰라림 속에 반영되곤 한다.

우리의 균열들은 순수한 균열들이 아니다. 우리의 존엄은 순수한 존엄이 아니다. 우리는 자본주의 사회와 단절하려고 노력한다. 그러나 우리의 단절은 여전히 그것의 모반母斑을 갖고 태어난다. 우리가 뭔가 다른 것을 하려고 아무리 애쓸지라도, 자본주의의 모순들은 우리의 반란 내부에 그 자신을 재생산한다. 우리가 아무리 반란적이라 할 수 있다 해도 우리는 순수한 주체들이 아니다. 자유화의 공간이자 고통스런 파열로서의 균열들은 우리 내부조차도 횡단한다.

이 문제들은 아마도 필연적일 것이다. 균열들의 목적은 성자들의 공동체를 건설하는 것이 아니라 사람들 사이의 상이한 관계 형식을 만들어내는 것이다. 그것들은 순수성이나 청교도주의에 기초할 수 없다. 그것들을 자기희생의 이념에 정초하려는 시도는 재앙적이다. 만약 그것들이 매혹적 공간/순간이 아니라면, 만약 그것들이 자석같은 인력을 행사하지 못한다면, 그것들은 결코 균열들이 될 수 없다. 왜냐하면 그것들은 확산되지 않을 것이기 때문이다.[28] 이 문제들은 어느 정도는 조직적 수단들에 의해 다루어질 수 있다. 많은 혹은 아마도 대부분의 대안적 그룹들이나 자율적 그룹들은, 권위주의적 방법에 의지하지 않고서 인간적 모순들을 고려하는 조직화의 다른 형식들을 실험해 봤을 것이다. 그래서 사빠띠스따는 〈좋은 정부 평의회들〉Juntas de Buen Gobierno을 구성하면서, 더 많은 사람들을 공동체들의 자치에 끌어들이기 위해서 그리고 부패의 위험을 제거하기 위해서, 빠른 순회rotation 체제를 실험했다. 협업적 생산물의 분배를 조정하고 민중시장을 조직하는, 베네수엘라의 바르끼시메또Barquisimeto에 있는 오래된 협업체인 쎄꼬세솔라Cecosesola는 성차별주의, 인종주의, 권위주의 등등에서 생겨나는 문제들에 대한 집단적 토론에 아주 많은 시간을 할애하며 믿음을 핵심적 조직 원리로 받아들인다.[29] 그 문제들은 매우 실제적이고 또 간과되어서는 안 된다. 그러나 그것들은 물론 모종의 불변적인 '인간성' 개념으로 확립되어서도 안 된다.[30]

# 4. 균열들은 가치의 지배와 충돌한다.

국가를 넘어서, (우리가 거부하는) 사회관계의 인격적 재생산을 넘어서, 우리의 단절 시도를 재흡수하면서 우리를 뒤로 끌어당기는 또 다른 힘이 있다.

우리를 둘러싸고 있는 사회적 종합을 창출하는 것은 국가가 아니다. 비록 국가가 종종 그렇게 하는 것처럼 보이지만 말이다. 국가는 뭔가 다른 것을 방어하기 위해 억압하며 흡수한다. 우리는 국가와는 다른 뭔가 속으로 억압되거나 흡수된다. 응집의 실제적 힘은 국가 뒤에 서 있다. 그것은 화폐의 운동이다. 화폐는 말 그대로 세계가 회전하게 만든다. 더 정확하게 말하면, 사회적 종합은 화폐 속에서 표현되는 것, 즉 가치를 통해 확립된다.[31]

가치는 자본주의 하에서 사회를 결합시키는 것이다. 그것은 어느 누구도 통제하지 못하는 힘이다. 자본주의는, 시장에서 판매하는 상품을 생산하는 거대한 수의 독립적 단위들로 구성된다. 사람들의 활동들의 사회적 상호연결은 상품들의 판매와 구매를 통해, 달리 말해 화폐를 통해 표현되는 상품들의 가치를 통해 확립된다. (화폐에서 표현되는) 가치는 자본주의 사회의 사회적 종합을 구성하며 그것은 수많은 상이한 조정되지 않은 활동들을 결합한다.[32] 국가는 그 자신을 사회적 응집의 초점으로 나타낸다. 하지만 국가는 화폐에 의존하며 그것의 운동에 거의 아무런 영향도 미칠 수 없다.[33]

자본주의를 아교풀처럼 끈끈하고 스폰지처럼 흡수력 있게 만드는 것은 종합하는 힘으로서의 화폐의 실재이다. 화폐는 우리를 덫에 걸리게 하는 미세한 거미줄이다. 우리가 그것을 때려도, 그것은 산산조각이 나지 않고 우리 주먹 주위에 분비물을 흘리며 우리를 조롱한다.

화폐 뒤에는 가치가 서 있다. 싼 상품의, 가장 적은 시간량으로 생산된 상품의, 모든 것을 정복하는 운동<sup>drive</sup>이 서 있다. 이것은 저항하기 힘든 것이다. 맑스와 엥겔스(1848/1976)[34]가 썼듯이 '[부르주아지] 상품들의 싼 가격은 만리장성을 무너뜨리는 중화기이다.' 우리가 이것을 이해하기 위해서 맑스와 엥겔스의 시대로 되돌아갈 필요가 없다. 40년 전에 세계를 고무시켰던 베트남 혁명에 무슨 일이 일어났는가? 베트남 혁명은 지구상에서 가장 강력한 군대로도 패퇴시킬 수 없었다. 하지만 그것은 가치에 의해 효과적으로 침식되었다. 위대한 중국혁명은 싼 상품의 전 세계적 상징으로 전환되었다. 20세기 모든 혁명들이 가치에 의해 파괴된 것은 선명한 경고로 남아 있다. 우리는 스코틀랜드, 바스크<sup>Euzkadi</sup> 혹은 다른 나라의 독립을 선언할 수 있다. 하지만 가치가 도전받지 않는 한, 그것의 효과는 매우 제한적일 것이다. 우리는 공장을 점거할 수 있고 대안적 생산체제를 세울 수 있다. 하지만 우리는 자본주의적 상품의 가격들과 맞서 싸울 수 없을 것이다. 우리는 가능한 한 싸게 그리고 빨리 물건들을 생산할 수 없을 것이다. 기껏해야 우리는 아마도 자본가들과 똑같은 방식으로 그것들을 생산하고 있을 것이다.

가치는 자기결정과 양립불가능하다. 아니 심지어 어떤 의식적 결정형태와도 양립불가능하나. 가치는 필요한 노동시간의 지배, 상품을 생산하는 데 필요한 가장 짧은 시간의 지배이다. 가치는 어느 누구에 의해서도 통제되지 않는다. 자본가들은 그들이 가치를 통제하기 때문에 자본가인 것이 아니라 가치에게 봉사하기 때문에 자본가이다.

우리가 싼 상품의 지배에, 그리고 그것이 수반하는 모든 것에 어떻게 저항할 수 있을까? 특히 살아남고자 하는 투쟁이 세계의 수많은 사람들의 삶을 조형하고 있는 때에 말이다. 전통적 대답은, 유일한 길은 자본주의보다 훨씬 더 효율적일, 그리고 사람들의 실제적 필요에 반응할 계획된 생산체제를 구축하는 것이라고 말한다. 전통적 사회주의 분석은 시장의 무정부성을 중앙집권적 계획의 합리성과 대비한다. 그러나 실제로 중앙집권적 계획은 결코 합리적이거나 중앙집권적이지 않다. 그리고 그것은 분명히 자기결정의 사례가 아니었다.[35]

자본주의에서 나타나는 균열들의 다양성이라는 관점에서 볼 때, 우리가 어떻게 계획의 체제를 사고할 수 있겠는가? 그러나 가치는 파편들을 먹고 자란다. 그것이 진정한 문제이다. 만약 어떠한 중앙집권적 계획도 존재하지 않는다면, 그렇다면, 시장을 통하지 않고서 어떻게 우리가 우리의 다양한 창조와 생산의 과정을 조정할 것인가? 그리고 만약 우리가 시장을 위해 생산한다면, 무엇이 우리를 여타의 자본주의 기업으로부터 구분할 것인가?

균열이 무엇이든, 자본주의와 단절하는 투쟁의 형태가 무엇이든, 가치는 외적 힘으로서뿐만 아니라 화폐의 부식시키고 파괴하는 힘을 통해 포위를 한다. 화폐는 반란의 비-의미에 대립하는 자본주의적 합리성을 체현한다. 자본주의에서 무엇을 해야 하는가를, 그리고 어떻게 그것이 수행되어야 하는가를 결정하는 것은 가치의 운동이다. 어떤 인간도, 심지어 자본가 계급조차도 그 결정을 내리지 못한다.

가치는 우리의 등 뒤에서 작동하는 힘으로서, 조용한 화폐의 권력으로서, 싼 상품을 도입하면서, 사람들을 빈곤에서 벗어나고자 하는 희망 속으로 불러내면서(예를 들어, 일자리를 찾아 칸쿤으로 이주하는 사빠띠스따), 공격을 한다. 시장으로서 그것은 또 우리가 할 수 있는 것에 대한 촉각가능한 한계로서 우리에게 대립한다.

몇 해 전 아르헨티나에서 점거된 수백 개의 공장들과 같은, 점거 공장들은, 시장과의 관계라는 문제에 즉각적으로 직면한다. 일반적으로 점거된(혹은 '회복된') 공장들은 점거 전에 폐쇄 — 시장에 자신들의 상품들을 내다 파는 그 소유주들의 무능력에 의해 초래된 폐쇄 — 에 직면한다. 노동자들이 공장을 장악할 때, 그들은 시장에서 팔 동일한 상품들을 생산해야만 하는 딜레마에 직면한다. 그것이 그들 자신의 신체적 생존을 보장할 수 있는 유일한 길이다. 공장이나 작업장에 다른 작업관계를 도입하는 것이, 위계를 제거하는 것이, 혹은 업무 순환을 도입하는 것이 가능할 수는 있다. 작업시간이 끝나고 나서 작업장을 정치회합이나 문화활동을 위해 사용하는 것도 가능할 수 있다. 하지만 그러한 모든 변화(물론 그것들은 중요하다)는 생산물들을 시장 상품으로 팔아야 할 필요에 의해 발생하는 압력의 맥락 속에서 발생한다. 생산된 상품들의 성질을 바꾸는 것은, 더욱더 분명히 사회적으로 유익한 것들을 생산하는 것은 가능할 수 있을 것이다. 그러나 이것은 노동자들의 솜씨에, 그들이 다룰 수 있는 설비에 의존할 것이며 어떤 경우이든 모든 대안적 생산물들은 일반적으로는 시장에서 상품들로 판매되어야 한다.

가치의 움직임은 매우 미묘하고 점진적일지 모른다. 그것과 싸우는 것은 경찰에게 돌을 던지는 것보디 훨씬 더 어렵다. 많은 급진적 그룹들은 자본주의적 회사를 위해 일하는 것의 대안으로서 시장을 위해 협력적으로 생산하는 것을, 혹은 국가로부터 기금을 받는 것을 모색했다. 그것은 하나의 대안이다. 하지만 어떤 지점에서는 시장이 여느 자본주의 기업체에 존재하는 바와 같은 종류의 압박을 가할 것이다. 거기에 어떤 도피처가 있는가?

시장 일반만이 아니라 노동시장이라는 특수한 것도 우리를 빠져나올 수 없는 덫에 빠뜨리는 것으로 보인다. 자본주의적 고용에 아니오라고 말하는, 그리고 그들 자신을 스스로 의미 있다고 생각하는 활동에 바치기로 결심한 모든 개인들과 집단들은 이와 유사한 압력에 직면한다. 만약 우리가 우리의 노동력을 팔지 않는다면 우리가 어떻게 생존할 것인가? 어떤 나라들에서는, 사회보조라는 국가제도를 이용함으로써 그렇게 할 수 있을지 모른다. 그러나 이것은 대부분의 나라들에 해당되는 경우가 아니며 최상의 경우라고 해야 빈곤과 감시의 삶을 받아들이는 것을 의미한다. 더 많은 가시적인 균열들을 가진 수많은 거주민들은, 적어도 도시들에서, 임시직, 국가보조, 부모보조금 등을 결합해서 살아간다. 그러나 이 모든 것들은 분명히, 일을 다르게 행할 능력을 발전시킬 우리의 역량에 제한을 가한다.

이 문제들 중의 일부가 다루어질 수 있는 방법이 있다. 가장 명백한 방법은 국가나 모종의 비국가재단에서 모종의 기금을 구하는 것이다. 예를 들어, 라틴아메리카의 많은 급진 그룹들은 가톨릭이나 여타의 교회와 연결된 재단들에서 약간의 지지를 얻는다. 그러한 지지가, 기금수령 집단들의 활동에 직간접적인 제한을 부과할 수 있다는 의미에서, 혹은 그룹들 내부에 (가령 기금증식에 필요한 기술을 갖고 있는 집단과 그렇지 못한 집단 사이에) 일정한 사회적 관계를 창출할 수 있다는 의미에서, 위험을 수반한다는 것은 분명하다.[36] 반자본주의 활동들에 자금을 조달하는 좀더 전통적인, 아마도 피상적으로는 더욱 급진적인 방법은 은행 강도나 납치를 통하는 것이다. 그러나 그러한 화폐가 일반적으로는 공짜이지만 실제 기금증식 자체는 우리가 맞서 싸우고 있는 자본주의를 재생산하는 경향이 있는 행동양식과 조직양식을 창출할 수 있다. 요점은, 여기에 분명히 어떠한 순수성도 없다는 것이다. 다른 세상을 창출하기 위해서 우리는 신체적으로 살아남아야 하고, 만약 우리가 우리의 토지로부터 우리가 먹을 곡식을 경작하는 경우(혁명적 농민그룹의 경우에 이것은 실제로 가능한 것이지만 도시에서는 어려운 일이다)가 아니라면, 우리는 어떻게든 화폐에 접근해야 한다. 그리고 화폐는, 그것이 외부 기금에서 나오든, 범죄에서 나오든, 아니면 모종의 고용에서 나오든, 언제나 한계와 모순을 수반한다.

기금은 상호부조 조직을 구축하는 특수한 방식으로 이해될 수 있다. 이것을 수행하는 좀더 직접적인 방법은 다른 균열들 사이에 상호부조의 연결망을 구축하는 것이다. 이탈리아의 〈이제는 그만!〉¡Ya basta! 그룹은 사빠띠스따 공동체에 발전소를 건설하는 일에 금융적·실천적 지원을 조직한다. 아르헨티나의 재가동된 공장들 중에서 가장 큰 공장인 사논Zanón의 노동자들은 원료를 칠레의 마뿌체 협동조합에서 산다.37 이 세계에서 일어나는 반란들 사이의 상호연결은, 종종 중요한 실질적 지원을 제공하는, 비공식적이고 부단히 변화하는 네트워크 형태를 취한다.38

이러한 종류의 연결은 종종 모순적이다. 만약 지원이 한 방향으로 흐르면, 그것은, 반드시 그렇다고 할 수는 없겠지만, 지원을 받는 집단의 자기결정을 잃게 하는 결과를 가져올 수 있다. 더욱 일반적으로, 연대는 희석을 의미할 수 있다. 만약 그것이 다른 사람들의 투쟁을 위한 지지로 이해되면 그것은 일정한 한계 내부에 그 투쟁을 가두는 것으로 되기 십상이다. 균열들의 실질적인 결합이 있을 수 있는 것은,

그 투쟁이 우리 자신의 투쟁으로 이해될 때뿐이다.[39]

자본주의적 지배에 생긴 다양한 균열들 사이의 상호지지의 고리를 구축하는 것은 때때로 대안경제의 건설 혹은 연대경제의 건설이라는 맥락에서 이해된다. 이것은 가치에 의해 지배되지 않는, 이윤 추구에 의해 지배되지 않는 경제의 구축을 지시한다. 이것은 중요한 발전이다. 그러나 여기에 문제들이 있다. 첫째로 대안경제라는 관념은 활동들의 조직화에 어떤 정의를 이미 부과하는 것으로 보인다. 만약 내가, '아니오, 나는 자본의 논리를 따르지 않을 것이오. 나는 뭔가 다른 것을 할 것이오'라고 말한다면, 나는 나의 다른-행위가 경제적이라는 것을 고려하지 않는 것이고 오히려 경제적인 것으로부터의 도피를 고려하는 것이다. 게다가 대안경제 혹은 연대경제라는 관념은, 우리의 다른-행위가 반란의 활동이고 대항하며-넘어서기라는 사실을 쉽게 흐린다. 만약 이 대항-성이 간과된다면, 대안경제는 단지 자본주의적 생산의 보완물이 될 수 있을 뿐이다. 만약 사정이 그러하다면, 자본주의적 사회관계들에 파열을 일으키기는커녕, 그것들에 버팀목을 대주는 결과를 가져올 것이다.[40] 분명히, 궁극적으로 우리가 원하는 것은 가치의 사회적 종합 대신에 믿음, 연대, 관대함, 선물에 기초를 둔 사회적 관계이다. 그러나 당분간 이것은 가치생산에 대한 보완물로서가 아니라 단지 가치에 대한 공격으로서만 존재할 수 있다.

가치는 적이다. 그러나 그것은 보이지 않는 적, 자본주의를 결합시키며 세계를 갈가리 찢는 보이지 않는 손이다. 가치는 자본주의와 단절하기 위한 우리의 모든 시도들 주위에 강력하고 복잡한 긴장의 장을 만든다. 그 속에서는 무엇이 '혁명적'이고 무엇이 '개량적'인가 사이에 분명한 선을 긋기가 어렵다. 국가를 넘어서, 우리의 인격적 모순

을 넘어서, 항상 우리의 균열들의 기를 꺾으려고 위협하는 것은 가치,
즉 시장의 권력, 싼 상품의 권력, 화폐의 권력이다.

# 10

균열들은 불가능성의 가장자리에 존재한다.
그러나 그것들은 실제로 존재한다.
그것들은 움직이면서 존재한다.
존엄은 발 빠른 춤이다.

한편에, 자본의 논리를 깨뜨리려는 충동이, 거부-와-창조의 순간 및 공간을 창조하려는 압력, 즉 존엄들이 있다. 다른 한편에, 자본의 거대한 응집력이, 우리를 순응으로 이끄는, 단절하려는 우리의 노력을 재흡수하는, '당신이 원한다면 달려라, 이것은 자유로운 사회이다, 하지만 거기에는 어떠한 도피구도 없다. 어떤 도피구도 없다, 어떤 도피구도 없다'고 우리에게 반복해서 말하는 거대한 흡입이 있다.

실제적이고 항상적인 충돌. 우리는 우리 쪽으로 다가오는 벽들에 우리 자신을 거듭해서 내부딪친다. 우리는 상처를 입는다. 우리는 얼음에 균열이 날 때까지 비명을 지른다. 그리고 나서 그것이 다시 얼어 붙는 것을 본다. 우리의 균열은 존재한다. 그러나 그것들은 불가능성의 가장자리에 존재한다. 환멸과 실망은 결코 멀리 떨어져 있지 않다. 그것들은 다른 세상을 창출하려는 시도 속에 기입된다.[1] 우리는, 이러한 사실에 놀라지 말아야 한다. 왜냐하면 객관적으로 바로 그것이 우리가 놓여 있는 곳이기 때문이다. 언제나 한계를 향해 밀어붙이면서, 언제나 불가능한 것을 행하려 노력하면서, 언제나 체제의 논리를 깨뜨리려 애쓰면서, 그들이 옳고 어쩌면 우리가 미쳤는지 모른다고 반쯤은 늘 두려워하면서 말이다. 우리는 대안적 공간을 구축하면서 세월을 보낸다. 그러고 나서 그것이 그렇게 대안적이지 않음을, 우리가 구축하고 있는 다른 사회관계들이 결국은 그렇게 다르지 않음을 깨닫는다. 우리는 자본의 논리를 단절하는 데에 우리의 에너지를 쏟아 붓는다. 그 후 3년쯤 지나서 주변을 돌아보고는 '그 단절이 어디 있지?'라고 묻는다. 환멸의 가장자리에서의 이러한 걷기는 부정에 기초한 사회에서 존엄이 무엇을 의미하는가를 보여준다.

자본의 논리, 사회적 종합의 저 거대한 파괴력은 우리에게, 존엄에 대한 부정에 기초한 사회에서 존엄을 위한 여지는 없다고 말한다. 모든 것은 적합해야[들어맞아야]fit 한다. 그리고 그것이 화폐의 영예이다. 화폐는 사물들이 서로 적합하게[들어맞게] 하는 너무나 유연한 형식이라서 모든 종류의 활동들이 그것의 지배에 굴복할 수 있다.

그러나 그렇지 않다. 세계는 부적합misfitting으로 가득 차 있다. '우리는 적합하지 않아, 우리는 적합하지 않을 거야.' 우리는 자본의 거대한 응집력을 보았다. 자본은, 국가를 통해, 우리 자신의 실천들을 통해, 무엇보다도 화폐를 통해 우리를 자신의 논리 속으로 끌어들이며 우리의 반란들을 체제의 무자비한 실톱 속으로 집어넣을 방법을 찾는다. 그러나 거기에, 모든 곳에, 들어맞지 않는 조각들이 있다. 논리는 우리에게 우리의 반란들이 쓸모없다고, 우리가 복종해야 한다고 거듭해서 말한다. 그러나 거기에, 도처에, 다른 세상을 향해 밀어붙이는 광기가, 혁명 이후까지 기다리지 않으려는 이 존엄들이 있다.

그리고 거기에 그것들이 있다. 그것은 그렇게 있으며 또 그렇게 있어야만 한다. 왜냐하면 자본의 논리만이 있는 것이 아니라 자본 속에서-대항하며-넘어서는 인간성의, 거부의, 운동의 반논리가 있기 때문이다. 반란은 복종에서 분리할 수 없으며 부적합은 적합으로부터 분리할 수 없다.

우리는 분노와 희망과 창조성의 운동량에서 출발한다. 우리는 우리를 억압하는 사회의 제약들을 깨뜨리려고, 우리를 질식시키는 지배를 넘쳐흐르려고, 뭔가 다른 것을 창조하려고 노력한다. 그것은 순수성의 문제가 아니다. 왜냐하면 어떠한 균열도 그 내부에 균열된 것을 재생산할 것이기 때문이다. 그것은 운동의 문제이며 방향의 문제이다. 중요한 것은 운동이다. 균열들의 가능성은 그것들의 움직임 속에 있다.

예컨대 점거 공장이나 협동조합을 생각해 보라. 공장을 노동자들의 통제 하에 두는 것은, 고립 속에서 이루어지면, 제한된 의미만을 갖는다. 시장의 온갖 압력이, 노동자들이 공장이나 기업 내부에서 그들의 활동의 성격을 근본적으로 바꿀 수 있는 범위를 한정하는 제약들을 부과하는 경향이 있기 때문이다. 공장점거가 중요하게 되는 것은 투쟁의 진전의 일부로서이다. 왜냐하면 그때에야 그것은 생산물의 사용자들과의 새로운 관계형식을 열어낼 수 있게 되기 때문이고 또 그럼으로써 노동이 익명의 시장을 위해 존재하는 것을 넘어 특정한 사회적 필요의 충족을 지향할 수가 있기 때문이다. 노동자들의 공장점거는 안정된 비자본주의 공간을 창출하지 못한다. 그렇지만 그것은 자본에 대항하는, 그리고 자본주의적 훈육의 부과에 대항하는 운동의 중요한 일부일 수 있다. 중요한 것은 이 현존하는 강렬함인 공장점거를 닫혀 있고 고립된 순간으로서가 아니라 움직이고 열려 있는 현재로서 이해하는 것이다. 노동자들은 공장을 통제한다. 나중에 무슨 일이 일어날 것인가와는 상관없이, 그것이 중요하다. 그러나 만약 일련의 공장점거들이 발생한다면, 그러면 그 경험은 새로운 차원을 획득할 것이다. 우리가 성냥불을 켜면 빛이 나고 열이 발생한다. 그러나 불꽃이 날아 숲 전체가 불붙으면, 그때 그 불길은 다른 의미를 획득할 것이다. 나는 노동하러 가기를 거부한다, 그리고 공원에 앉아 책을 읽는다. 이것은 어떤 정당화도 필요로 하지 않는 기쁨이다. 그러나 만약 그 밖의 모든 사람이 이와 같은 일을 하기로 결정한다면, 그러면 자본주의는 붕괴할 것이다.

파열rupture의 정당성은 미래에 의존하는 것이 아니다. 그것이 운동의 일부라는 사실이 오히려 그것의 의미를 바꿀 수 있다. 우리는 가능성의 호수를 덮고 있는 얼음장에 돌을 던진다. 그 돌은 얼음에 구멍을 낸다. 하지만 그 얼음은 두껍고 날씨는 차고 그것은 다시 얼어붙는다. 우리는 아름다운 무엇인가에 대한 감격적 기억과 더불어 뒤에 남겨진다. 우리는 가능한 미래를 흘낏 보았다. 우리는 다른 돌을 던진다. 그리고 이번에 우리는 구멍을 만드는 데 그치지 않는다. 균열들은 다른 방향으로 뻗어나간다. 그것들 중의 일부는 다른 사람들이 던진 돌에 의해 만들어진 구멍에서 뻗어나는 균열들과 연결된다. 얼음이 완전히 깨어질 수 있으려면, 여러 사람들이 돌을 던지고 그것들이 때때로 연결되어야 한다. 그것만이 유일한 방법이다.

반란은 적대의 파도들을 확장하면서 충격파를 불러일으킨다. 이에서 기인하는 균열들은 결코 직선적이지 않다. 그것들의 운동은 거의 예측할 수 없다. 그것들은 다소간 비가시적인 단층선들을 따라, 얼음 구조 속의 취약지점들을 따라 달린다. 사회가 조직되는 방법과 관련해 거기에 뭔가가 있다. 그것은, 거기에 일정한 취약성의 선들 혹은 특수한 유약성이 있음을 의미한다. 우리의 일상활동이 화폐(자본)의 지배에 종속된다는 것은, 우리의 일상생활을 관통하는 좌절이, 수많은 형식을 취하는 적대들이, 상호연결된 단층선들의 다양성으로 존재하는 적대들이 있다는 것을 의미한다. 이것은 우리가 건드리고자 하는 단층선들의 네트워크이며 우리가 내기를 원하는 균열들 및 잠재적 균열들이다.

벽의 균열을 보라. 한쪽 끝에서 그것은 뚜렷이 가시적이지만 다른 쪽 끝에서는 너무나 가늘고 너무나 작아서 그것이 어디서 끝나는지를 보기 위해서는 우리의 눈을 긴장시켜야 한다. 그러나 균열은, 우리가 거의 볼 수 없는 저 미세한 선을 따라 연장되고 확장된다. 우리가 뚜렷이 가시적인 한쪽 끝에만 초점을 맞추면 우리는 균열의 잠재력에 대해, 그것이 어떻게 확장되는가에 대해 아무 것도 이해할 수 없다. 뚜렷이 볼 수 있는 것과 거의 볼 수 없는 것 사이에는 연속의 선이 있다. 연속의 선들은 잠재적 운동과 가능한 합류의 선들이다. 균열의 명백한 끝은 사빠띠스따 봉기나 거대한 정상회담 반대시위들이다. 미세한 끝은 자신의 부엌 탁자에 앉아 가장 최근의 반제국주의 시위에 대한 열광을 다룬 책을 읽고 있는 주부이거나, 오직 책읽기가 자신에게 주는 쾌감 때문에 일하러 가지 않고 공원에 앉아 책을 읽고 있는 소녀이다. 이 미세한 균열들은 커다란 균열로 확장될 잠재력을 갖고 있는가? 우리는 알지 못한다. 그리고 미리 알 수도 없다. 부엌에 앉아 책을 읽는 주부가 밖으로 나가 다음 시위에 결합할 수도 있고 그렇지 않을 수도 있다. 공원에서 책을 읽는 소녀가, 원리상 기쁨을 주지 못하는 사회에 뭔가 근본적으로 잘못된 것이 있다고 결론 내릴 수도 있고 그렇지 않을 수도 있다. 그러나 이것들은, 세계의 미래가 의존하는 연속의 선들이다. 이것이 전쟁에 대항하는 싸움이 벌어지는 장소이다. 자본은 이 연속성들을 저지하며, 사람들을 블록들로 나눈다. 자본은, 부엌 탁자에 앉아 있는 그 주부에게 그녀의 좌절은 G8에 반대하는 시위자들의 분노와는 아무런 상관도 없다고 말하는 부단한 과정이다. 그리고 이 과정에서, 그 나름의 정의와 분류를 가진 좌파는 종종 적극적인 역할을 수행한다.

그러나 여기에 문제가 있는가? 우리는 구분을, 분할선을 그어야 하지 않는가? 이 책은 '우리가 무엇을 할 수 있는가? 세상을 바꾸기 위해 우리가 무엇을 할 수 있는가?'라고 고뇌에 찬 외침에서 시작했다. 그에 대한 대답은 '공원으로 가서 앉아라'인가? '지역 성가대에 참가하라'인가? '산으로 등산을 가라'인가? 아니다. 대답은 오히려 우리가 어떤 방식으로건 행할 수 있는 반란이다. 하지만 가장 중요한 것은 자본주의에 대한 혁명적 증오의 외침만이 아니다. 자본주의적 활동의 응집적 흡입에 순응하지 않으면서 우리의 일상적 실천에서 우리가 발전시키려고 노력하는 것들도 중요하다.

그러나 우리의 활동이 하나의 불화misfit인지 아니면 단순히 자본주의 발전을 보완하는 것인지를 우리가 어떻게 알겠는가? 어려운 것은, 우리가 그것을 알지 못한다는 것이다. 우리는 그것을 분석하고 그것에 대해 생각한다. 하지만 우리는 확실히 알지 못한다. 더구나 무엇이 자본주의를 깨뜨리는 것이고 무엇이 보완하는 것인지에 대한 우리의 평가는 늘 변하고 있다. 지난 세기에 수천, 아니 수백만의 사람들이 자신의 삶을 자본의 논리를 깨뜨리기 위한, 그리고 다른 사회를 창조하기 위한 투쟁에 바쳤다. 그리고 지금 우리는 그 결과를 안다. 소련, 중화인민공화국 등등. 그리고 우리는 그들의 투쟁의 삶이 자본주의를 손상시키기보다 자본주의를 강화시키기 위해 더 많은 것을 한것이 아닌가 의심을 갖는다. 때때로, 자본주의는 무한히 유연하며, 무한히 흡수적인 것처럼 보인다. 그래서 어떠한 반란도 재흡수를 피할수 없을 것으로 보인다. 1968을 보라. 그들은 말한다 : 저 모든 분노, 저 모든 창조성은 단지 자본주의의 새로운 스타일을 위한 기초를 놓았을 뿐이다.[2] 자본주의에 대한 반란으로 출발하여, 약간의 고상한 보조금과 약간의 전문적 자문 및 훈련의 도움을 받은 후에 비정부기구로, 신자유주의적 거버넌스의 핵심요소로 끝나고 마는, 저 모든 자치적 그룹들을 보라.[3] 노동시간에 대한 엄격한 시간관리에 대행하는 저모든 반란들이, 노동시간의 유연화에 의해, 그리고 사람들의 삶 전체에로의 노동시간의 확장을 통해 흡수된 것을 보라. 너무 순진하지 말라, 어떤 도피구도 없다고 그들은 말한다.

그러나 사실은 그렇지 않다. 우선 우리 반란의 타당성과 필요성은 그것의 미래에 의존하지 않기 때문에, 그렇지 않다. 우리가 1968로 알고 있는 사건은, 그것의 귀결에 의해 어떠한 정당화도 필요로 하지 않는, 기쁨과 창조성을 풀어놓았다. 그리고 둘째로 자본주의가 무한히 유연하다는 것은 사실이 아니기 때문에, 그렇지 않다. 그것은 우리의 사회적 상호관계와 우리의 활동을 조직하는 특수한 방식이며 우리가 이미 살펴본 많은 사례들은, 그것이 더욱더 경직되어 가고 있고, 덜 관용적으로 되어 가고 있고, 반란을 흡수하는 능력이 줄어들고 있음을 보여준다. 불화misfitting는 일상적 실존의 더욱더 중심적인 부분으로 되고 있다. 그리고 비록 우리가 어떤 특수한 행동이 자본과 단절하는 것이라고 확실하게 말하기는 어렵지만, 우리는, 우리가 거부하는 것에 대한 명확한 그림을, 분명히 자본의 재생산에 기여하는 활동들 및 행위형식에 대한 명확한 그림을 갖고 있다. 사람을 이윤형성이라는 목적의 수단으로 취급하는 것, 사람을 주체가 아니라 객체로 취급하는 것, 사람을 그 자체 목적으로서가 아니라 어떤 목적의 수단으로 취급하는 것 등이 그것이다. 우리의 존엄은 언제나 대항하여-나아감이고 너머를-탐구하기이다. 그 속에서 우리는 우리가 거부하는 것과 단절하기 위해 확실하게 우리의 삶을 걸며, 우리가 열망하는 것을 불확실하게나마 창조한다. 우리 창조의 불확실성은 [우리가 창조를] 포기해야 할 이유가 되지 않는다. 왜냐하면 그것은 우리의 거부의 확실성에 정초하고 있기 때문이다.

그리고 셋째로, 비록 자본이 시간이 흐르면서 대부분의 것을 흡수할 수 있다고 해도 그것은 중요하지 않기 때문에, 그렇지 않다. 왜냐하면 그때쯤이면 우리는 이미 앞으로 이동했기 때문이다. 우리가 춤을 이끌며 자본은 뒤따른다. 존엄은 발 빠른 춤이다. 그리고 그 발이 더 빠를수록 자본이 뒤따르기는 더욱 어렵다. 정체성은 비정체성의 부단한 정체화이다. 그러나 비정체성은 언제나 한발 앞서 있다. 존엄은 도약이며 미끄러지기이고 헤엄치기이며 춤추기이지 결코 행진하기가 아니다. 그리고 자본에게 그것은, 뒤따르고 흡수하기 어려운 것이다.

우리는 단단한 선을 필요로 하지 않는다. 왜냐하면 단단한 선과 분명한 구분은 존엄의 춤을 방해하기 때문이다. 확실히 거대한 민중 봉기와 공원에 앉아 책을 읽는 소녀 사이에는 차이가 있다. 전자의 경우에 그것은 개방되고 공적인 반란의 선언임에 반해 후자의 경우에 그것은 아주 사적이고 탈정치화된 기쁨의 순간이다. 그러나 만약 우리가 공적이고 개방적인 것에만 우리의 응시를 제한한다면, 우리는 단지 우리 자신의 비전을 제한하는 일만을, 그럼으로써 우리 존엄의 영향력을 제한하는 일만을 할 뿐이다. 이럴 때 사실상 우리는 공적인 것과 사적인 것 사이의 자본주의적 구분을 재생산하고 있는 것이다. 반면 우리의 목표는 저 구분을 깨뜨리는 것이다. 아마도 우리는 공원의 소녀가 떨쳐 일어나서 다른 사람들과 함께, 우리 모두가 책을 읽거나 우리가 원하는 바의 것을 하면서 공원에서 더 많은 시간을 보낼 수 있는 세상을 위해 싸우기를 원할지 모른다. 그러나 만약 우리가 소녀의 저 책읽기에 들어 있는 투쟁의 현재적 잠재력을 인식하고 존중할 수 없으면, 우리는 실제로 저 균열의 잠재적 운동에 대해 우리의 눈을 닫는 것이다. 널리 퍼져 있는 우리의 균열의 잠재력을 닫아버리고 우리가 게토에 우리 자신을 가두는 것이다.

이것은 전투성 혹은 행동주의의 위험이다. 반란과 존엄의 가장 공적인 표현들(글렌이글스4, 하일리겐담Heiligendamm 5 등)은 물론 헌신적 전투성과 행동주의의 결과이며, 자신들의 삶의 많은 부분을 반자본주의 활동에 바친 많은 사람들의 활동의 결과이다. 그들의 대부분은 낡은 스타일의 전문적 혁명가가 아니었고 자본에 대항하는 투쟁을 조직하는 일에 자신들의 삶 속에서 높은 우선순위를 두었던 사람들이었다. 그러한 헌신이 없었다면 이 위대한 항의들의 상당수는 발생하지 못했을 것이다.6 그렇지만 위험은 전투성과 행동주의의 자기준거적 세계가 창출될 수 있다는 것에 있다. 이것은 당 건설이나 다른 항구적 조직의 건설에서와 같이 명백히 제도화된 형식을 띨 수 있다. 하지만 이러한 유형의 제도화가 거부되는 곳에서도 위험은 존재한다.

존엄의 거대한 공적 표현에 초점을 맞추는 것은, 감수성의 결여로 혹은 덜 가시적인 반란의 표현에 대한 존중의 완전한 결여로 쉽게 나아갈 수 있다. 만약 그런 일이 일어나면, 우리는, 그 투사들의 반전위주의적 헌신이 아무리 강하더라도, 전위주의의 상황 속에 놓이는 것이다.7 한편에 변화를 위해 싸우는 사람들의 세계, 그리고 다른 한편에 설득되어야 할 거대한 대중들이 있는 세계, 이 두 개의 세계로 세계가 나누어진다. 이 주장은 활동가들이 행하는 것의 중요성에 대해 반대하는 주장이 아니다. 그것은 활동들에 반하는 주장이 아니라 명백히 ' "활동가"와 "비활동가"의 구분을 철폐'(Trott, 2007 : 231)하기 위한 주장이다.8

가시적 반란과 비가시적 (혹은 거의 비가시적인) 반란 사이의 관계는 두 가지 방식으로 사고될 수 있다. 첫째로 진지하게 다루어져야 할 것은 오직 가시적이며 공적인 반란뿐이라는 방식이다. 그 너머에 장벽이나 간극이 있고 그 바깥에는 엄청난 수의 사람들이 남아 있다. 이 사람들은 교육, 설명, 연설 등에 의해 도달될 수 있다. 이때 중심 문제는 의식이 있는가 아니면 그것이 없는가의 문제이다. 이 문제를 사고하는 다른 방식은, 장벽이나 간극이 있는 것이 아니라, 거대한 불복종들에서부터 작고 아주 미미한 불복종들에 이르는 연속의 선이 있다고 생각하는 것이다. 이 때 중심 문제는 의식이 아니라 감수성이다. 즉 명백하지 않은 불복종들을 인식할 수 있는 능력, 저 불복종들에 접촉할 수 있는 능력이 중심적 문제이다. 의식과 이해는 분명히 역할을 한다. 하지만 그것은 외부로부터 의식을 주입하는 문제일 수 없고 미발전된 형태로 이미 존재하는 것으로부터 의식을 끌어내는 문제이며 상이한 경험들을 상호간의 공명 속으로 가져가는 문제이다. 이것은 우리를 말하기[연설]의 정치[학]이 아니라 듣기[경청]의 정치[학]으로, 혹은 듣고-말하기의 정치[학]으로, 독백의 정치[학]이 아니라 대화의 정치[학]으로 인도한다.

경청의 정치[학]은 당이든 아니든 모든 형태의 제도화와 불편한 관계를 맺는다. 제도들은 기대들을 정의하거나 (다른 목소리들을 외면하면서) 특정한 목소리들에만 맞춘 규칙들과 실천들을 갖는 경향이 있다. 제도들은 그것들이 경청을 하려고 할 때조차도 경청에 매우 능숙하지 못하다. 적대의 선들(당신이 원한다면, 계급투쟁)은 어떤 제도보다도, 그것들을 제도화하려는 어떤 시도보다도 더 빨리 움직인다. 아니 이 선들을 묶으려는 것은 그러한 운동에 장애물을 세우거나 난청증을 일으키기 쉽다. 현재를 미래에 투사하고 정의와 한계를 부과하는 것으로서의 제도화와 개방적이고 효과적인 행위의 조정을 그 핵심으로 갖는 조직화를 구분하는 것은 중요하다.[9] 확실히 우리는 조직화의 형식을 필요로 한다. 그러나 조직화의 형식이 가능한 한 개방적이고 수용적이어야 한다는 것이 중요하다. 우리들의 존엄들의 합류는 중요하다. 하지만 그것은 공명의, 같은 음조로 연주를 하려는 노력의 합류로 사고되어야 할 것이다 : 지휘자 없이 재미를 위해서 결합하여 같은 선율에 맞추는 것을 배우는, 각자가 주제와 변주를 연주하는 자기 나름의 특유한 스타일을 가지면서도 각기 다른 화음으로 함께 나아가는 재즈 음악가들.

경청을 하려는, 혹은 (예컨대 공원에서 책을 읽는 소녀와 같은) 미세한 균열들의 경험에 접촉하려는 모든 시도가 급진성의 상실을, 혁명을 부드럽고 하찮은 무엇으로 전환시키는 것을 의미한다고 생각될 수도 있을 것이다.[10] 전혀 그렇지 않다. 미세한 지하의 반란들은 가장

소란스러운 시위보다 그 잠재력에서 훨씬 더 급진적일 수 있다. 공원에서 책을 읽는 소녀가 조용히 말하고 있는 것은, '고통이 아니라 기쁨을 위해서 살자'라는 것이다. 이것은 동시에 일어나고 있는 거대한 반미 시위의 슬로건보다 훨씬 더 급진적인 슬로건이다. 이 문제는, 급진성의 정도의 문제가 아니라 아픔을 자극하는 문제, 분노와 꿈을 흐르게 하는 문제, 공명을 발견하는 문제이다.

우리의 존엄들은 운동 속의 존엄이며 확산하는 균열들이다.[11] 그러나 그 확산은 구성원을 늘리고 더 많은 지지자를 등록시키는 문제가 아니다. 그것은 또 무엇보다도 설교나 연설의 문제가 아니다. 비록 그것들이 일정한 역할을 한다고 할지라도 말이다. 오히려 감화, 모방, 공명에 대해 생각하는 것이 아마 더 유익할 것이다. 사회센터 운동은 기본적으로 이런 방식으로 확산되었다. 어떤 사회센터의 구성원이 다른 타운으로 가서 그곳의 사람들에게 사회센터를 세우라고 설득하는 방식을 통해서가 아니라 다른 타운의 사람들이 앞 타운의 사회센터를 보거나 그것에 관해 듣고 감화되어 그들의 타운에서도 그와 유사한 뭔가를 세우려고 결정하는 방식을 통해 확산되었다.[12] 이러한 감화의 과정에서, 연단의 연사는 거리 연극에 의해 보완되거나 대체되고 있다. 만약 중심적 문제가 설득하거나 설명하는 것이 아니라 이미 거기에 있는 불만들에 접촉하는 것이라면, 예술, 극장, 그리고 음악이 매우 중요한 역할을 할 것이다. 반란을 표현하는 미적 요소가 최근에 들어 매우 중요한 역할을 수행하게 된 이유가 이것이다.[13] 연극, 시, 그리고 유머는 사빠띠스따와 여타 운동들의 효과에서 핵심요소였다. 그것은 운동의 도구라기보다는 운동 자체의 중심적 요소였다.

자본주의적 지배의 균열들은 존재한다. 논리적으로는 아마도 그들은 존재하지 않거나 존재할 수 없을 것이다. 그러나 그것들은 실제로 존재한다. 그것들은 정말로 존재하며 우리를 이해와 인식의 새로운 차원으로 이끌면서 종종 비상한 에너지와 창조성을 발휘한다. 나는 이 글을 오벤틱의 사빠띠스따 마을에서 반란의 새로운 세대들인 청년들과 이야기하며 아주 인상적인 몇 주간을 보내고 나서 쓰고 있다. 우리는 도로의 균열들이며, 도로를 뚫고 올라오는 잡초들이다. 차가운 세계에서 우리는, 전례 없이 빠른 속도로 움직일 수 있는 균열들을 창출하면서, 얼음을 비추는 태양이다. 안 그런가?

낡은 혁명적 확실성들은 사라졌다. 우리는 더 이상, 우리의 승리가 필연적이라고 확신 있게 말할 수 없다. 우리는, 우리가 불확실성과 혼돈의 세계에 산다는 것을 받아들인다. 하지만 우리가 우리의 불확실성과 혼돈을 이해할 방법을 발견할 수 있을까? 역사에 확실성은 없다. 그러나 우리가 균열들의 증식을 이해할 수 있는 어떤 방법이 있을까? 우리가 여기서 강력한 역사적 혹은 반(反)역사적 저류의 일부로서의 균열들에 대해 말하고 있다는 사실까지 이해할 수 있는 어떤 방법이 있을까? 우리가 그 균열들을 자본주의의 사회적 종합에 대한 무한연쇄적인 공격들로서뿐만 아니라 저 종합의 위기로서 이해할 수 있을까?

# 4부 노동의 이중적 성격

11. 균열들은 다른 행위형식에 대항하는 어떤 행위형식의 반란이다 :
노동에 대한 행위의 반란

12. 행위의 노동으로의 추상은 자본주의를 엮어짜는 것이다.

13. 행위의 노동으로의 추상은 자본주의의 사회적 종합을 창출하는,
역사적 변형과정이다 : 시초축적

4부 노동의 이중적 성격

# 11
# 균열들은 다른 행위형식에 대항하는
# 어떤 행위형식의 반란이다 :
# 노동에 대한 행위의 반란

균열들에의 초점맞춤은 우리를 앞뒤로 움직인다. 의기양양에서 절망으로, 절망에서 희망과 결심으로, 그리고 다시 거꾸로. 그 파열들은 사회적 종합과 충돌한다. 그리고 그것들은 흡수되거나 억압된다. 우리는 기계에 대해 분노한다. 하지만 우리는 그 이상을 원한다. 우리는 그것을 깨뜨리기를 원하며 뭔가 다른 것을 창출하기를 원한다.

정통 맑스주의 전통은 우리에게, 전진하는 유일한 길은 전체로서의 체제를 깨뜨리는 것이고 국가권력을 장악하는 것이고 자본주의를 해체하고 사회주의를 건설하는 것이라 말한다. 그러나 그것은 작동하지 않으며 또 작동하지 않았다. 우리의 유일한 선택은 특수한 것으로부터 싸우는 것이다. 그러나 그때 우리는 전체의 힘과 충돌하게 된다. 전체의 힘에 대해 잊어버리는 것은 유쾌한 일일 것이다. 하지만 그것은, 사회적 종합의 실재적이고 압도적인 힘으로서 거기에 있다.

우리는 절망과 희망 사이를 왔다 갔다 한다. 우리는 반란에 미쳤는가? 아니면 자본주의에 대항하는 우리의 충동에 어떤 실제적 힘이 있는가? 우리는 역사적 현실과의 접촉에서 벗어난 비극적 돈키호테인가? 아니면 우리는 새로운 여름을 알리는 첫 번째의 제비들인가? '시간이 파열하여 움직이기 전에 그것은 능력 있고 믿음직스런 사람들을 그에 앞서 보내 새로운 지대를 탐지하게 한다. 만약 이 사자使者들이 그들의 길을 갈 수 있게 되면, 사람들은 곧 시간이 어디로 향하고 있는지를 안다. 그러나 그렇지 못하면, 이 선구자들은 말썽꾸러기들, 유혹자들, 광신자들로 불리고 강제로 소환된다.'[1] 그러나, 새로운 시대의 사자이고자 하는 우리가, 우리 자신이 미친 말썽꾸러기들이 아니라는 것을 어떻게 알겠는가? 어쩌면 그들이 옳을지도 모른다. 어쩌면 이런 식의 책이 단지 넌센스에 불과하고 심지어 실제로 해로울지도 모른다.

이것은 실제적이고 긴급한 딜레마이다. 균열이 존재한다. 수많은 사람들이 지배규칙들을 깨뜨리는 데에 그들의 삶을 바치고 있다. 자본주의적 사회관계 유형들에 적합하지 않은 방식으로 살기 위해 노력하고 있다. 우리가 그들에게 뭐라고 말할까? 우리는 그들에게, 조만간 체제가 압도할 것이므로 그들이 그다지 멀리가지 못할 것이라고 경고할까? 유일한 전진의 길은 순응하거나 그렇지 않으면 전체로서의 자본주의 체제의 폐지를 위해 싸우는 것이라고 말할까? 아니면 균열들이 체제의 위기이고 체제가 폐지될 수 있는 유일한 길이므로 가능한 한 그 균열들을 크게 만들라고, 계속 밀어붙이라고 말할까? 이것은 무서운 질문이다. 왜냐하면 사람들은 그 대답에 따라 자신들의 삶을 살고 있기 때문이다. 머리를 현실에 부딪치는 것은 고통스러울 수 있다.

노력해서 전진할 길을 찾기 위해서 우리는 균열의 핵심이라고 이미 강조된 것으로 되돌아가야 한다 : '균열은 우리가 상이한 유형의 행위를 주장하는 공간 혹은 순간의 완전히 일상적인 창조이다.'[2] 우리는 행위의 두 가지 적대적 유형들에서 시작한다. 하나는 우리가 거부하는 유형이며 또 하나는 우리가 창조하려고 하는 유형이다. 균열들은 행위의 다른 유형에 대항하는 어떤 행위 유형의 반란들이다.

'우리는 자본이 요구하는 것을 하지 않을 것이다. 우리는 우리가 필요하다고 혹은 바람직하다고 생각하는 것을 할 것이다.' 이것이 자본주의 지배에 난 균열의 핵심이다. '우리는 a를 하지 않을 것이고 b를 할 것이다.' 그러나 아니다. 이 정식화는 완전히 틀렸다. 첫 번째 선택(a, 자본이 필요로 하는 것)은 두 번째 선택(b, 우리가 필요하고 또 바람직하다고 생각하는 것)과 근본적으로 다르다. 첫 번째 경우에서 '하다'(자본이 필요로 하는 것을 하다)는 두 번째 경우에서의 '하다'(우리가 필요하고 바람직하다고 생각하는 것을 하다)와는 절대적으로 다르다. 우리가 어떤 통제력도 갖지 않은 어떤 것을 하는 것은 우리가 하려고 선택한 어떤 것을 하는 것과는 완전히 다른 경험이다.

우리는 실제로 두 가지 행위형태들에 대해 두 가지 다른 단어를 필요로 한다. 영어에서 우리는, 불유쾌하거나 외적 강제 및 지배에 종속되는 행위를 지시하기 위한 말로 'labour'란 단어를 갖고 있다.[3] 자기결정된 아니 적어도 자기결정을 향해 나아가는 활동에 적합한 단어를 찾는 것은 더욱 어렵다. 그래서 우리는 소외된 결정에 반드시 종속되지는 않는 활동을, 잠재적으로 자기결정적인 활동을 지시하기 위한 일반적 용어로 행위doing를 사용할 것이다.[4]

우리의 균열의 본질은 이렇게 풀어쓸 수 있다 : '우리는 자본의 명령 하에서 **노동**labour하지 않을 것이다. 우리는 우리가 필요하고 또 바람직하다고 생각하는 것을 할 것이다.' 균열은 노동에 대한 행위의 반란이다.

노동에 대한 행위의 반란은, 우리가 거부하는, 활동의 다른 형태에 대한, 우리가 선택하는, 활동의 어떤 형태의 반란이다. 우리는 노동을 거부한다. 왜냐하면 외적 강제의 결과로서 뭔가를 하는 것은 불유쾌하기 때문이다. 그리고 또 우리는 자본을 창조하는 것이, 다시 말해 인간성을 파괴하는 부정의의 세계를 창조하는 것이 노동이라는 것을 알 수 있기 때문이다. 우리가 선택하는 행위는 우리가 그것을 선택한다는 사실 때문에 더 즐거울 수 있다. 그리고 또 그것은 자본주의를 창조하기를 멈추고 다른 세계를 창조하려는 시도이다.

균열들의 이야기는 노동에 의해 지배되는 세계에 순응하지 않는 행위의 이야기다. 그 균열들은 탈-순응mis-fittings, 탈-행위들mis-doings이다. 균열들은 아주 일상적인 반란들이라고 말하는 것은, 그 탈-순응misfit이 사회의 주변부에 속하는 누군가 혹은 무엇이 아니라 그것의 핵심에 있는 누구 혹은 무엇이라고 말하는 것이다. 탈-순응mis-fit하기는 일상 경험의 중심 부분이다. 우리는 거기에서 출발한다. 왜냐하면 우리가 세상을 바꿀 수 있으리라고 희망할 수 있는 기초는 억압적 사회에 순응하지 못함 혹은 순응하기에 대한 거부이기 때문이다. 만약 우리가 지배의 눈으로 들여다보거나 자본의 분석에서 출발하면, 이 탈순응misfittings은 존재하지 않을 뿐이다. 균열들을 중심에 놓는 것은 다른 시점을 제공한다. 우리는 순응하지 않는 것, 넘쳐흐르는 것, 가두어지지 않는 것, 내부에 존재할 뿐만 아니라 대항하고-넘어서는 것에서 출발한다. 우리는 동일성의 고용에서 출발하지 않고 비동일성, 아니 오히려 반동일성의 움직임에서 출발한다. 우리는 변증법적으로 출발한다. 하지만 상호작용으로 이해되는 변증법이 아니라 탈순응[부적합]misfitting, 부적당의 부정적 부단함으로 이해된 변증법에서 출발한다.[5]

이 모든 것에서, 중심축pivot, 즉 중심적 지주는 우리의 행위, 즉 인간적 창조이다. 행위의 한 형태인 노동은 자본을, 즉 우리를 파괴하고 있는 사회의 기초를 창조한다. 우리가 '행위'라고 부르는 행위의 다른 형태는 자본의 창조에 대항하며 다른 사회의 창조를 향해 나아가는 경향이 있다. 두 경우에 우리의 행위는 핵심에 놓여 있다. 행위에 초점을 맞춤으로써 우리는 우리 자신의 권력을, 우리의 행위할-권력(따라서 행위하기 위한 우리의 권력이 아니라, 다르게 행위할 우리의 권력)을 사회에 대한 우리 이해의 중심에 놓는다. 행위에 초점을 맞춤으로써 우리는 또, 이 책의 주장이 '더 많은 민주주의'를 옹호하는 것이 아니라, 그것이 없다면 '더 많은 민주주의'에 대한 요구가 아무 것도 의미하지 않는, 우리의 일상활동의 근본적 재조직화를 옹호한다는 것을 분명히 밝힌다.[6]

우리의 균열들의 해결불가능한 딜레마, 희망과 절망의 전진-후퇴 운동은 외부의 힘들에 의해 구성되는 것이 아니라 우리 자신의 실천의 조직화와 관련된다. 우리는, 우리가 제거하기를 원하는 사회를 창조한다. 그것은 끔찍하다. 하지만 그것은 또한 희망의 원천이다. 우리가 자본주의를 창조한다면, 우리는 또한 그것을 창조하기를 멈출 수 있으며 그 대신 그 밖의 다른 것을 할 수 있다. 희망은 인간 행위의 이중적, 자기적대적 성격에 놓여 있다.

# 12
# 행위의 노동으로의 추상은
# 자본주의를 엮어짜는 것이다.

여기에서 우리는 맑스로 돌아간다. 그리고 그래야만 한다. 이것은 변명이 아니다. 오히려 (독자가 있다고 가정할 때) 어떤 독자들은 맑스 읽기를 주저할 수 있을 것이라는 사실에 대한 인정이다. 자본주의적 지구화[세계화]에 대한 투쟁의 현재적 파도는 맑스주의 이론에 비교적 적은 주의를 기울였다. 그리고 맑스주의 전통 내부에서 이루어진 글쓰기의 많은 부분은 투쟁의 운동으로부터 유리되었다. 지금까지의 논의에서, 나는, 맑스주의 전통에 속하는 대부분의 작업들이 그랬던 것처럼, 전체로서의 자본주의에 대한 분석에서 출발하기보다, 특수한 투쟁들(자본주의적 지배에서의 균열들)에서 출발하는 것의 중요성에 대해 주장했다. 이것은, 내가 맑스주의를 거부하기 때문이 아니다. 오히려 반대로 내가 맑스주의를, 우리가 대면하는 사회적 경직성을, 다시 말해 우리가 계속해서 충돌하는 (언뜻 보기에 요지부동으로 보이는) 체제를 용해시키는 산<sup>酸</sup>으로, 용해제로, 비판으로 이해하기 때문이다. 논의의 현 단계에서, 우리가 정말로 필요로 하는 것은, 반복해서 우리를 좌초시키는 사회적 종합의 견고함을 해체시킬 산<sup>酸</sup>이다. 이하에서 나는 맑스주의의 용해적 힘의 열쇠는 행위의 이중적 성격이라고 주장할 것이다.

(맑스가 말했듯이) '노동의 이중적 성격'은 자본주의에 대한 그의 비판에 핵심적이다. 『자본론』 1권 1장의 2절 첫 부분에서 그는 아주 분명하게 말한다 : '이 점[상품에 포함된 노동의 이중적 성격]은 정치경제학에 대한 명백한 이해가 귀착하는 중심축<sup>pivot</sup>이다.'(Marx, 1867/1965 : 41; 1867/1990 : 132;『자본론 I (상)』, 52)[1] 1권의 출판 이후에, 그는 엥겔스에게 이렇게 썼다(Marx, 1867/1987 : 407)[2] : '내 책에서 최상의 지점들은 다음과 같다네 : 1) 노동이 사용가치로 표현되는가 교환가치로 표현되는가에 따른 노동의 이중적 성격. (사태들에 대한 모든 이해는 이 점에 의존한다네 …… 그것은 1장에서 직접적으로 강조되었네).'[3] 맑스가 이 점을 강하게 강조했음에도 불구하고 맑스주의 전통에서 그것은 거의 언급조차 되지 않았다. (그러므로 그것의 중요성을 강조하는 것은 필연적으로 맑스에 대한 재해석을 제안하는 것이다.)

맑스는 청년기 저작인 『1844년 경제학-철학 수고』에서 노동의 이중적 성격이라는 생각을 소개한다. 그의 저작들에서 가장 유명하고 (또 중요한) 단락들 중의 하나는 소외된 노동에 관한 절이다. 자본주의 사회 현상들 사이의 '내재적 연관'(Marx, 1844/1975b : 271;『경제학-철학 수고』, 84)을 이해하기 위하여, 맑스는, 그가 낯선 노동 혹은 소외된 노동이라고 설명하는, 자본주의 사회에 존재하는 바대로의 노동에 주목한다. '노동이 생산하는 객체, 즉 노동 생산물은 노동에 낯선 무엇으로서, 생산자로부터 독립적인 권력으로서 생산자와 대면한다.'(Marx, 1844/1975b : 274;『경제학-철학 수고』, 85) 이 소외는 노동의 귀결일 뿐만 아니라 노동과정 자체에 내재한다.

> 그러나 소원화는 결과에서만이 아니라 **생산활동** 속에서, **생산하는 활동** 그 자체 내부에서 나타난다. 노동자가 자신의 활동의 생산물을 어떻게 낯선 것으로서 대면할 수 있을까? …… 만약 그때의 노동 생산물이 소외라면, 생산 그 자체는 활동적 소외, 활동의 소외, 소외의 활동이지 않을 수 없다.(Marx, 1844/1975b : 274;『경제학-철학 수고』, 89)

소외된 노동으로서의 노동은 우리 자신의 우리 자신으로부터의 분리이며 우리 자신과 우리 활동의 갈가리-찢김이다.

우리가 우리의 주인을 생산하는 것은 소외된 노동을 통해서이다. 맑스는 소외된 노동을 수행하는 노동자에 대해 이렇게 말한다.

> 그가 그 자신의 생산활동을 그의 실재성의 상실로, 그에 대한 처벌로 만들 듯이, 그 자신의 생산물을 상실로서, 그에게 속하지 않는 생산물로 만든다. 이렇게 해서 그는 생산과 생산물에 대한 생산하지 않는 사람의 지배를 창출한다. 그가 그 자신의 활동을 그 자신으로부터 멀어지게 하듯이, 그는 그 고유의 것이 아닌 활동을 그 낯선 사람에게 부여한다. …… 노동자의 노동에 대한 관계가 노동자의 자본가(혹은 사람들이 노동의 주인이라고 부르게 되는 그 누군가)에 대한 관계를 창출한다.(Marx, 1844/1975b : 279;『경제학-철학 수고』, 99)

노동자는, 활동의 어떤 형태에 의해서만이 아니라 소외된 혹은 소원한 노동을 수행하는 것에 의해, 주인을 생산한다.

맑스는 소외된 노동에 초점을 맞춘다. 그러나 그 개념 자체는 소외되지 않은 노동(또는 소외되지 않은 행위라고 말할 수도 있겠다)과의 대조를 함축한다. 맑스는 '소외되지-않은' 노동 혹은 '소외되지-않은' 행위라는 용어를 사용하지 않았지만 그는 소외를 인간의 의식적 삶-활동life-activity의 소외라고 말한다.

> 자유롭고 의식적인 활동은 인간의 특징이다 …… 의식적 삶-활동은 인간을 동물적 생명활동으로부터 직접적으로 구분한다 …… . 물론 동물도 생산한다. 벌, 해리, 개미 등과 같은 동물은 자신들의 보금자리, 살 곳을 짓는다. 그러나 동물은 단지 그 자신이나 그 아이들이 직접 필요로 하는 것만을 생산한다. 동물은 일면적으로 생산한다. 하지만 인간은 보편적으로 생산한다. 동물은 직접적인 물리적 필요의 지배 하에서만 생산하지만, 인간은 자신이 물리적 필요로부터 자유로울 때조차도 생산한다. 다시 말해 인간은 실로 자유 그 자체로부터 생산한다. …… 인간이 실제로 그 자신을 유적 존재로 증명하는 것은 그러므로 대상적 세계에 대한 자신의 노동 속에서 만이다. 이 생산은 그의 적극적인 유적 삶이다 …… . 그러므로 인간으로부터 그의 생산의 대상을 박탈하면서 소외된estranged 노동은 그로부터 그의 유적 삶을, 유의 구성원으로서의 그의 실제적 대상성을 박탈하며 동물에 비해 그가 갖는 이점을 불리함으로 변형시킨다. 그의 유기적 신체인 자연이 그로부터 박탈되는 것이다.(Marx, 1844/1975b : 276~277; 『경제학-철학 수고』, 94~5)

맑스는 의식적인 삶-활동에 대해 자세히 논하지 않는다. 그것은 달의 뒷면, 어두운 면이며 소외된 노동 개념의 필연적 준거점이다. 그러나 그것은 오히려, 인간성의 상실된 진실로서, 잠재적 미래로서, 현재적 투쟁으로서, 어둑한 실존을 갖는 준거점이다. 전경에 놓여 있는 것은 소외된 노동이다. 노동(소외된 노동)은 우리가 거부하는 것이다. 그것은 우리가 통제하지 못하는 활동이며 주인을 생산하는, 자본을 생산하는 활동이다. (소외된) 노동은 적이다. 우리는 노동하기를 원치 않는다. 그러나 그 배경에는 다른 가능성(잠재력, 꿈?)이 있다. 자유롭고 의식적인 활동에 참가하기 위한, 의식적인 삶-활동이 그것이다. 여기, 소외된 노동과 의식적 삶-활동 사이에는 대비contrast뿐만 아니라 적대antagonism가 있다.

맑스는 의식적인 삶-활동(성)의 현재적 상태에 대해 논하지 않는다.[4] 소외된 노동은 자본주의 사회의 현실로서 분명히 가시적이다. 그러나 의식적 삶-활동(성)의 상태란 정확히 무엇인가? 그것은 잠재적 미래(코뮤니즘 속의 삶)인가 현재적 투쟁인가? 분명히 우리의 균열들의 특징인 노동에-대항하는-투쟁은 의식적인 삶-활동(성)이 되기를 열망한다. 노동과 비-노동 사이의 구분을 극복하고 의식적인 결정의 방향으로 나아가는 삶-활동(성)이기를 열망한다.

『자본론』에서 맑스는 소외된 노동과 의식적인 삶-활동(성)에 대해 더 이상 말하지 않는다. 그러나 우리가 살펴보았듯이 그는 '노동의 이중적 성격'을 그의 정치경제학 비판의 바로 그 중심에 놓는다. '노동의 이중적 성격'은 유용한 구체노동과 추상노동 사이의 구분을 지시한다.

유용한 (혹은 구체적인) 노동은 사용가치를, 유용한 사물들을 생산한다. 유용한 노동은 그것의 특유한 질로부터 분리불가능하다.

코트는 특정한 필요를 충족시키는 사용가치이다. 그것의 실존은 생
산적 활동의 특수한 종류의 결과이다. 그것의 결과는 그것의 목적, 작
동양식, 주체, 수단과 결과 등에 의해 결정된다. 그것의 유용성이 그
생산물의 사용에서 나타나는 가치에 의해 재현되는 노동, 혹은 자신
의 생산물을 사용가치로 만듦으로써 그 자신을 표현하는 노동을 우
리는 유용노동이라고 부른다.(Marx, 1867/1965 : 41; 1867/1990 :
132;『자본론 I (상)』, 52)

유용노동은 '특정한 목적을 가지고 수행되는 특정한 종류의 생산적
활동'이다(Marx, 1867/1965 : 42; 1867/1990 : 133;『자본론 I (상)』,
53). 이러한 유형의 노동은 '모든 사회형태로부터 독립적으로, 인류의
실존에 필요한 조건이다. 그것은 자연강제적인 영원한 필연성이다.
그것 없이는 인간과 자연 사이에 어떠한 물적 교류도 있을 수 없고 그
래서 어떠한 삶도 있을 수 없다.'(Marx, 1867/1965 : 42~3; 1867/1990 :
133;『자본론 I (상)』, 53) 이후에 맑스는, 노동과정(유용노동의 과정)
에 대해 말하면서, 다음처럼 더 정확하게 말한다.

노동과정 …… 은 유용가치들의 생산을 목적으로 하는 인간활동이
며 자연적 실체들을 인간적 필요에 전용하는 활동이다. 그것은 인간
과 자연 사이의 물질교류를 가져오기 위한 필수적 조건이다. 그것은
자연강제적이며 항구적인 인간 실존의 조건이다. 따라서 그것은 인
간실존의 모든 사회적 국면에서부터 독립적이다. 아니 오히려 모든

사회적 국면에 공통적이다.(Marx, 1867/1965 : 183~4; 1867/1990 : 290;『자본론 I (상)』, 244)

이 자기교정은 매우 중요하다. 만약 유용노동 혹은 구체노동이 모든 사회적 국면에서 **독립적**이라면, 이것은 초역사적 개념을, 즉 유용노동이 역사적 형식들에서 독립적으로 연구될 수 있는 무엇이라는 생각을 암시할 것이다. 다른 한편에서 만약 유용노동과 구체노동이 모든 사회적 국면들에 **공통적**이라면, 이것은 **역사적** 개념을 암시한다. 즉 유용노동이 각각의 역사적 국면에서 변하며 또 그 역사적 맥락 속에서만 이해될 수 있다는 생각을 암시한다. 모종의 유용노동 혹은 생산적 활동은 어떠한 사회에서도 필수적이지만 그것은 상이한 사회에서는 상이한 형태를 취한다. 그것은 상이한 사회적 국면들 외부에 놓여 있지 않다.

자본주의 사회에서 생산물들은 단지 사용가치들로만 생산되는 것이 아니다. 그것들은 상품들로 생산된다. 즉 그것들은 교환을 위해 생산된다. 생산자의 관심을 끄는 것은 생산물의 유용성(혹은 사용가치)이 아니라 그것의 교환가능성 혹은 가치이다. 재봉사는, 그가 그것을 입고 싶기 때문에 코트를 생산하는 것이 아니라 그가 그것을 교환하기를 원하기 때문에 그것을 생산한다. 코트와 린넨의 교환 과정에서, 두 가지 질적으로 다른 구체적 유용노동들이 접속하여 그들 사이에 확립된 비례적 척도(가령 한 벌의 코트 = 20야드의 린넨) 속으로 들어간다. 이 등식에서 측정되는 것은 두 개의 상이한 유형의 활동 사이의 질적 관계가 아니라 그것들의 특유한 질로부터의 **추상** 속에서 고찰된 두 노동 사이의 양적 관계이다. 교환의 관점에서, 즉 가치의 관점에서 볼 때, 노동과 관련하여 중요한 유일한 것은 그것의 질이나 특수한 특징이 아니라 그것의 양이다. 가치를 생산하는 노동은 유용하거나 구체적인 노동이 아니라 추상노동, 즉 그것의 구체적 특징의 추상 속에서 이해된 노동이다. 상품은 '더 이상 목수, 벽돌공, 직조공 혹은 어떤 다른 특정한 종류의 생산적 노동의 생산물로 간주되지 않을' 수 있다.

> 생산물 자체의 유용한 질과 더불어, 우리는 그들 속에 구현된 다양한 종류의 노동의 유용한 특징과 저 노동의 구체적 형식을 보지 않는다. 그들 모두에 공통적인 것 외에 아무 것도 남지 않는다. 모든 것은 유일한 종류의 노동, 추상적인 인간노동으로 환원된다. …… 가치의 실체를 이루는 …… 노동은 동질적 노동이며 단일한 노동력의 지출이다.(Marx, 1867/1965 : 39; 1867/1990 : 132; 『자본론 I (상)』, 47~8)

이것은 '생산의 사회적 과정에서 매일매일 이루어지는 추상'(Marx, 1859/1971 : 129)[5]이다.

그러므로 유용한 또는 구체적인 노동은 모든 사회에 존재한다. 자본주의 사회에서 (혹은 더 일반적으로는 상품생산 사회에서) 그것은 특수한 사회적 형태를, 추상노동 형태를 필요로 한다.[6] 유용노동은 계속 존재한다. 하지만 그것은, 그 특유한 질이 추상된 일정한 노동량으로서 단지 양적으로만 계산되는, 다른 노동들과의 관계 속에만 존재한다. 상품들이 교환될 때, 중요한 것은 (내가 만든 코트 값으로 내가 받은 돈의 양에 의해 정상적으로 측정되는) 그것들 사이의 양적 관계이다. 이 양적 관계는 해당 상품을 생산하는 데 필요한 노동량에 의해 결정된다. 그 노동량이란, 내가 그것에 실제로 소모한 시간량만이 아니라 그 상품을 생산하는 데 사회적으로 필요한 노동시간의 양이다. 상품가치의 양은 그것을 생산하는 데 요구되는 사회적으로 필요한 노동시간에 의해 결정된다 : 사회적으로 필요한 노동시간은, 상이한 노동들이 비교되는 **척도**를 확립한다. 노동자는 자신의 작업을 사랑과 보살핌과 진정한 헌신을 가지고 수행할지 모른다. 하지만 생산된 그 작품이 팔리지 않으면 (혹은 그 노동자의 생존을 보장할 가격으로 팔리지 않으면) 그녀는 자신의 작업에 대한 자신의 관계를 바꿔야만 하고 팔릴 것을 자신의 재생산을 보장할 리듬과 방식으로 생산해야 한다. 시장을 통해서, 상품을 생산하는 데 요구되는 사회적으로 필요한 노동시간을 부과하는 것은 동시에 노동의 추상화이며 노동자를 자신의 생산과정에서 분리시키는 것이다. 교환과정(시장의 작동)은 구체적 노동이 수행되는 방식에 반작용하는 추상을 부과한다.

나는 케이크를 굽는다. 나는 케이크를 굽는 것을 즐긴다. 나는 그것을 먹기를 즐긴다. 나는 내 친구들과 그것을 나누는 것을 즐긴다. 나는 내가 만든 케이크를 자랑한다. 그러고 나서 나는 케이크를 구우면서 살겠노라고 결심한다. 나는 케이크를 굽고 그것들을 시장에 내다 판다. 점차 케이크는 내가 살기에 충분한 소득을 얻는 수단이 된다. 내가 그것을 팔기에 충분히 낮은 가격을 유지할 수 있기 위해, 나는 일정한 속도와 일정한 방식으로 케이크를 생산해야 한다. 즐김은 더 이상 그 과정의 일부가 아니다. 얼마 후에 나는 내가 충분한 돈을 벌지 못하고 있다는 것을 깨닫는다. 그리고, 나는 케이크 만들기가 어쨌든 하나의 목적을 달성하기 위한 수단이고 충분한 돈을 벌기 위한 수단에 불과한 이상, 더 잘 팔릴 다른 뭔가를 만들 수도 있겠다고 생각한다. 나의 행위는 그 내용과는 완전히 무관하게 되었다. 그것의 구체적 특징으로부터의 완전한 추상이 있었다. 내가 생산하는 대상은 이제 나로부터 완전히 소외되어서 나는 이제 그것이 팔리는 한에서는 그것이 케이크인지 쥐약인지 상관하지 않는다.

이 사례는 소외나 추상화의 맥락에서 논의될 수 있다. 나의 행위 (굽기)는 소외되거나 추상화된다. 그리고 이 소외나 추상화는 행위를 노동으로 전환시킨다 : 행위는 노동으로 소외되거나 추상된다. 그러므로 본질적으로 『자본론』에서 논의된 노동의 추상화는 『1844년 초고』에서 논의된 노동의 소외이다.7 소외된 노동의 모든 특징들, '노동자는 그의 노동의 생산물과, 낯선 객체로서 관계를 맺는다.'(Marx, 1844/1975 : 272; 『경제학-철학 수고』, 86), '노동자의, 그의 활동에 대한, 그에게 속하지 않는 낯선 활동으로서의 관계'(Marx, 1844/1975 : 275; 『경제학-철학 수고』, 91), 자신의 유적 존재(그를 인간적으로 만드는 것)로부터 노동자의 소원화, 다른 노동자들로부터 노동자의 소원화 등등 – 이 모든 것은 『자본론』의 추상적 노동에 대한 맑스의 비판에서 반복된다. 『자본론』의 주장은 『1844년 초고』에 너무나 중심적인, 인간과 동물의 구분에 똑같이 의존한다. 우리를 동물로부터 구분 짓는 것은 목적의식적 행위이다 : '꿀벌은 집을 짓는 일에서 수많은 건축가보다 뛰어나다. 그러나 최악의 건축가를 가장 훌륭한 꿀벌로부터 구분 짓는 것은, 건축가가 실제로 건축물을 짓기 전에 그것의 구조를 상상 속에서 미리 그려본다는 것이다.'(Marx, 1867/1965 : 178; 1867/1990 : 284; 『자본론 I (상)』, 236) 자본주의는 우리에게서 기획과 수행의 통일성을, 목적과 행위의 통일성을 빼앗는다. 그러므로 그것은 우리에게서 우리의 고유한 인간성을 빼앗는다.8

그러나 소외된 노동에서 추상노동으로의 이행에는 어떤 중요성이 있다. 추상노동의 관념은 우리를 우리에게 핵심적인 문제에 더욱 직접 대면하게 한다. 우리가 하는 것의 질과, 그것의 사회적 맥락 속으로의 통합 사이의 관계가 그것이다. 소외는 우리의 주의를 경험 자체에 기울이도록 하는 경향이 있다. 반면 추상은 우리의 주의를 노동의 사회적 성격에 기울이도록 이끈다. 그것은 우리를 사회적 응집의 문제로 인도한다.

우리 행위의 질은 그것의 사회적 성격과 밀접하게 연관된다. 추상은 활동 그 자체에 외적이지 않다. 우리의 특수한 활동이 다른 활동들과 관계를 맺는 방식은 우리의 활동에 반작용하여 그것을 그 핵심에 조응하게 만든다. 우리는 케이크의 사례를 들어 이것을 살펴보았다. 여기에는 점진적인 추상과정, 케이크 굽는 활동의 (그 내용에 완전히 무차별적인) 노동으로의, 화폐에 대한 추구에 의해 조형되는 활동으로의 점진적 변형이 있다. 이것은 도덕적 문제가 아니라 가치의 문제이며 사회적으로 필요한 노동시간의 문제이다. 내 케이크를 팔기 위해서, 나는 그것을 다른 케이크-굽는-사람만큼 빠르고 효율적으로 생산할 수 있어야 한다. 만약 그렇지 못하면, 나는 동일한 질의 케이크를 위해 다른 케이크-굽는-사람들보다 더 많은 부담을 (내 자신의 생존하고자 하는 필요 때문에) 지지 않을 수 없을 것이고 나의 잠재적 고객들은 다른 곳에서 케이크를 살 것이다. 내가 시장력들을 위해 생산하고 있다는 사실은 나로 하여금 특정한 방식으로 생산하도록 강제한다. 그 추상은 활동 그 자체의 추상이며, 내가 내 자신의 활동에 무차별적으로 되는 과정이다. 추상은 교환-추상일 뿐만 아니라 실재적 추상이다. 교환에 함축된 추상과 활동 그 자체의 추상노동으로의 변형 사이의 관계는 완전히 자동적인 과정이 아니다(예컨대 시장을 위해 생산하면서도 자신들의 노동과정을 변형하기 위해 싸우는 협동조합들을 생각하라). 그러나 그것은 분명히 강력한 경향 혹은 압력으로 존재한다.

나는 케이크를 만들어 그것들을 판다. 그리고 그 돈으로 코트를 산다. 케이크-굽는-사람으로서의 나의 활동과 코트를 만드는 재단사의 활동은 결합된다. 하지만 그것들은 추상의 과정을 통해, 케이크 굽기나 재단과 같은 특수한 특징의 부정을 통해 결합된다. 이것은 화폐를 통해 매개되는 추상이다. 그것은 케이크 굽기나 재단의 미묘함들[과 같은 구체적인 것들]에는 완전히 맹목적이다. 기타 등등. 우리는 여기에서 케이크 굽기와 재단 사이의 관계에 대해서만 말하고 있는 것이 아니라 모든 사람들의 활동이 서로 관계하게 되는 방식에 대해서, 그러므로 그 활동들 자체가 어우러지는 방식에 대해서 말하고 있다. 자본주의에 구멍을 내는 것을 너무 어렵게 만드는 것은 우리의 활동들(우리의 삶들)이 서로 엮어짜이는 방식이다. 이 엮어짜임은 (얼핏 그렇게 보이듯이) 국가를 통해 이루어지는 것이 아니라 노동의 추상을 통해 이루어진다. (국가는 추상의 엮어짜임에 추가적으로 시멘트를 바르는 일종의 보호적 피복가공coating 이상이 아니다.) 이것이, 사회관계의 총체성이 형성되는 방식이다 : 사회적 종합은 행위의 노동으로의 추상을 통해 이루어진다.

추상은 사회관계의 특유하게 자본주의적인 엮어짜임, 즉 특수한 것의, 총체성으로의, 특유하게 자본주의적인 엮어짜임이다. 그것은 아무도 통제하지 못하는 과정이다. 그것을 깨뜨리는 것이 절대적으로 필요하도록 만드는 것은 아무도 그것을 통제하지 못한다는 사실이다. 그것은 인간의 자기결정의 부정이다. 그리고 또 그것의 동학이 인간의 자기폐지를 향하여 나아가고 있다는 것도 명확하다. 동시에 그것을 깨뜨리는 것을 그토록 어렵게 만드는 것 역시 아무도 그것을 통제하지 못한다는 사실이다. 왜냐하면 그것은 우리와, 솔기 없는 거미줄로서 대면하기 때문이다. 추상노동의 수행에 의해 엮어짜이는 사회관계의 이 총체성은 부단히 우리의 균열이 대면하는 사회적 종합이다. 즉 부단히 우리를 실천에서 순응으로, 우리가 깨뜨리고자 하는 체제의 재생산으로 되끄는 종합이다.

그러나 중심에 놓여 있는 것은 우리의 행위, 우리의 창조성이다. 사회관계의 총체성을 구성하는 것은 추상노동이다. 우리는, 우리의 활동들을 결합시키는 것이 교환이라고 말할 수 있다. 가치나 화폐와 같은 것이 그렇게 한다고 정식화해도 맞을 것이다. 그러나 맑스가, 이해의 '중심축'pivot은 노동의 이중성이라고 주장했을 때 그것은 옳다. 그것은 아주 단순하게 중심축이다. 왜냐하면 우리가 중심축이기 때문이다. 우리의 활동은 자본주의 사회 현상들 사이의 '내재적 연관'(Marx, 1844/1975b : 271;『경제학-철학 수고』, 84)이다. 우리 인간이 우리가 사는 사회를 창조하는 것은 우리의 활동에 의해서이다. 그래서 사회와 그 잠재력을, 우리가 창조한 사회관계들(가치, 화폐, 자본 등)에 의해서가 아니라 우리의 창조적 활동(성)에 따라, 그리고 그것의 조직화에 따라 이해하는 것은 중요하다. 가치이론을 넘어서 가치를 창조하는 것에 대한 이론, 추상노동에 대한 이론으로 나아가는 것이 중요하다. 이것이 바로 맑스가 대인적 비판9, 모든 현상들을 인간 주체에게로, 인간 활동이 조직되는 방식에게로 가져가는 비판이라고 부른 것이다. 만약 우리가 그것을 만든다면 우리는 그것을 깨뜨릴 수 있다.10

사물들의 뿌리로 들어가는 것, 그리고 저 뿌리를 우리의 활동으로 이해하는 것이야말로 결정적이다. 가치의 힘에 대한 이전의 논의로 돌아가 그것이 우리에게 사회적 종합을 부과하는 방법에 대해 생각해 보자(앞의 9장의 4절). 그 절은 쓰기에도 매우 침울했다. 읽기에도 침울할 것이다. 왜냐하면 우리는 출구가 전혀 없다고 느끼게 되기 때문이다. 출구란 우리가 가치를 개방해서, 가치를 생산하는 것이 무엇인지 묻고 그것이 우리 자신의 활동임을, 우리의 추상노동임을 이해하는 때이다. 그러고 나서 하늘이 열리기 시작하고 우리가 앞길을 이해하기 시작하는 때이다. 왜냐하면 중심에 놓여 있는 것이 사물(가치)이 아니라 우리 자신의 활동이기 때문이다. 그러므로 가치를 중심축으로 취하는 분석과 (이 책처럼) 노동의 이중성을 그 중심에 놓는 분석 사이에는 차이의 세계, 다른 세계가 있다.

그러나 모든 것을 인간 행동에 의해 분석하는 것은 우리에게 다른 세계를 창조할 수 있는 우리의 능력에 대한 감각을 부여한다. 그러나 그것은 (아직) 우리를 자유롭게 하지 않고 있다. 우리가 수행하는 추상노동은 실재적이다. 그것은 실제로 우리를 함정에 빠뜨리는 사회를, 커다란 응집력을 가지고 있어서 자동적으로 가동되는 것으로 보이며 '자본주의적 발전 법칙들'에 따라 작동하는 것으로 보이는 사회적 종합 혹은 사회관계의 총체성을 창출한다. 자본주의적 노동의 추상적 질은 사회적 상호관계가 사회통제의 모든 형태를 넘어 형성된다는 것을 의미한다. 사회적 종합 혹은 총체성은 그 나름의 자율성을 획득하며 낯선 힘으로 우리와 대면한다. 그것의 통제되지 않은 그리고 통제불가능한 성격은, 자본의 총체적인 사회적 성격이 표현되는 매체인, 화폐의 끊임없고 광적인 운동 속에서 가장 뚜렷하게 나타난다. 이런 의미에서의, 즉 모든 의식적인 인간적 지향에서 독립적인 법칙구속적인 응집력으로서의 사회적 총체성의 실존은 자본주의에 고유하다.11 우리는 이 총체성을 창조한다. 우리는 우리를 수인囚人으로 가두는 거미줄을 엮어짠다. 이 점을 이해하는 것은 우리로 하여금, 우리가 거미줄을 엮어짜기를 멈출 수 있고 뭔가 다른 것을 할 수 있음을 이해할 수 있도록 돕는다. 그러나 그 총체성은 그 힘을 여전히 보유하고 있고 또 거미줄도 여전히 거기에 있다.

우리가 우리를 함정에 빠뜨리는 사회를 창조한다는 주장을 반복해 보자. 자본주의에서 우리가 그렇게 하게 되는 이유는, 교환을 통해서 우리의 활동들이 결합되는 방식이, 우리 자신을 비롯해서 그 어느 누구도 통제하지 못하는 특정한 행위양식을 우리에게 부과하기 때문이다. 우리의 활동들이 결합되는 방식은 우리에게 자유의 환상을 제공한다. 그러나 사실상 우리의 활동들은 누구에 의해서도 통제되지 못하며, 사회적으로 필요한 노동시간에 따라 가능한 한 효율적으로 물건들을 생산할 필요성에 의해 지배되는 (우리가 사회적 응집 혹은 사회적 종합이라고 부른) 거미줄을 엮어짠다. 그것이, 맑스가 추상노동(그것은 분명히 정신노동이나 비물질노동의 개념과는 아무런 관계도 없다)에 대해 말할 때 지시하는 바의 것이다.

그러나 우리의 활동에는 이 사회적 종합의 창조 이상의 것이 있다. 우리는 그 사회적 종합과 부합하지 않는, 그것에 반란하는, 그것에 순응하지 않는, 그것과 충돌하는 방식으로 행동하기도 한다. 우리의 행위가 완전히 추상노동에 포섭되지는 않는다. 때때로 삶에는 자본주의의 추상노동 이외의 아무 것도 없는 것처럼 보인다. 그러나 우리는 그렇지 않다는 것을 안다. 그리고 우리가 균열들과 관련하여 논의한 모든 것은 우리에게 그렇지 않다고 말한다. 맑스는 추상노동에 대해서 주장할 뿐만 아니라 노동의 **이중적** 성격에 대해서도 주장한다.[12]

　　우리가 이 책의 나머지 부분에서 탐구해야 하는 결정적 문제는 노동의 두 양상 사이의 관계, 추상노동과, 우리가 더 나은 세계를 위한 행위라고 부른 것 사이의 관계이다. 청년 맑스는 소외된 노동과 의식적 삶-활동 사이의 대조에 대해 언급한다. 이 대조는 다양한 방식으로 이해될 수 있다. 의식적 삶-활동은 과거(잃어버린 천국)로 혹은 미래(코뮤니즘적 활동)로 이해될 수 있다. 이 해석들 중의 어느 것도 충분하지 않다 : 소외라는 개념 자체는, 우리가 소외 너머를 가리키는 어떤 것에 대한 현재적 경험을 갖고 있지 않다면 아무런 의미도 갖지 않을 것이다. 달리 말해, 의식적 삶-활동은 어떤 방식으로건 현재적 경험을 지시해야만 한다. 소외된 노동과 의식적 삶-활동 사이의 대조는 살아 있는 적대이다. 그렇지만 현재와 관련하여 삶-활동은 충분히 의식적일 수 없다. 왜냐하면 우리는 자본주의 사회에서 우리의 삶-활동을 통제하지 못하기 때문이다. 오히려, 반대방향의 운동, 즉 우리의 활동으로부터 의식적 자기결정을 박탈하는 소외와 충돌하는 것은 의식적 삶-활동에 대한 열망이다. 청년 맑스에 의해 표현된 적대는, 이렇게 이해되면, 자기결정을 향한 충동과 사회적 종합 사이의 충돌로 이해될 수 있다. 우리는 이것이 균열들에 전형적임을 살펴보았다.

　　『자본론』에서 소외로부터 추상노동으로 이동하면서, 우리는 한 걸음 앞으로 나아간다. 여기에서 추상노동이 사회적 종합의 구성이라는 점은, 그리고 추상이 동시에 우리 활동의 소외이며 사회적 연계의 구성이고, 자본주의 사회의 엮어짜임이라는 점은 명백하게 되었다. 그렇지만 [『자본론』에서 ― 옮긴이] 이것의 이면에 대한 정식화는 청년 맑스 시기의 '의식적 삶-활동'보다 덜 강력하다. 그는 그것을 이제 '유용한 혹은 구체적 노동'이라고 부른다. 이 노동은 '인간 실존의 모든 사회적 국면에 공통적'이며 '인간 실존의 항구적인 자연강제적 조건'이다. 이것은 우리를 즉각 용어문제에 직면하게 한다. 왜냐하면 우리는 여타의 삶-활동들로부터 구분되는 변별적 활동으로서의 노동은 모든 사회들에 특징적이지 않다는 것을 알기 때문이다. 변별적 활동으로서의 노동은 사실상 자본주의에 전형적인 추상에 의해 구성된다. 만약 그렇다면 우리는 인간 실존의 모든 형태에 공통적인 인간 활동이라는 관념을 유지하고 싶을 것이고 **행위**와 같은 좀더 일반적인 술어를 채택해야만 할 것이다. '유용한'이라는 용어도 비슷한 문제에 직면한다. 왜냐하면 유용한 활동과 유용하지 않은 활동 사이의 명백한 구분은 자본주의에 전형적인 도구적 이성의 특징이기 때문이다. 그래서 맑스가 말한 노동의 이중적 성격을 추상노동과 **구체적 행위** 사이의 대조를 구성하는 것으로 생각하는 것이 더 나은 것으로 보인다. 따라서 구체적 행위는 인간 실존의 모든 국면에 공통적인 활동이지만 상이한 국면들에서 상이한 형태로 존재한다. 자본주의 사회에서 구체적 행위는 추상노동의 형태로 존재한다.

중심문제는 우리가 사용하는 용어가 아니라 인간 활동의 두 양상 사이의 구분 및 그것들 사이의 관계이다. 여기에서 발전되어야 할 주장은, 노동(혹은 행위)의 두 양상 사이의 관계가 비-정체성, 비순응 misfitting의 관계, 살아 있는 적대의 관계라는 것이다. 추상노동과 구체적 행위 사이에는 항상적으로 살아 있는 적대가 있다. 이 점이 이 책의 주장에 중심적이며, 우리가 나중에 살펴보게 되듯이, 이 관계를 문제적이지 않은 것으로 간주하는, 전통의 압도적 무게에 대립하는 것이다. 한편에서 그 점은 추상노동의 제약에 대한 인간 활동의 항구적인 반란의 경험에, 우리의 행위할-힘과 그 힘이 가치(사회적으로 필요한 노동시간)의 지배를 통해 주형鑄型되는 방식 사이의 항상적 긴장의 경험에 의존한다. 다른 한편, 그것은 맑스에게서 그리고 삶에서, 형식과 내용의 변증법적 관계에 대한 이해에 의존한다. 어떤 것이 다른 어떤 것의 형식으로 존재한다고 말하는 것은, 그것이 그 형식 속에 존재하지만 잔여 없이 그것에 담기지는 않는다는 것을 의미한다. 그것은 형식을 흘러넘치며 형식-속에서-그것에-대항하며-그것을-넘어서 존재한다. 구체적 행위가 단지 추상노동 형식 속에만 존재한다고 가정하는 것은 그 변증법적 관계를 부정하는 것이며 또한 일상적 경험의 적대에 대해 우리의 눈을 감는 것이다.

우리는 구체적 행위와 추상노동 사이의 관계가 탈자脫自적ecstatic이라고 말함으로써 이것을 다른 말로 표현할 수 있다.[13] 구체적 행위는 추상노동의 탈자ecstacy이다 : 탈-자脫-自, ek-stasis로서의, 추상노동 내부에 존재하면서 추상노동 바깥에 서기로서의, 현실적이고 잠재적인 타자성으로서 바깥에 서기로서의 탈자ecstacy. 나는 교사teacher이고 시장에서 팔 노동력을 생산한다. 그러나 이와 동시에 나는 사회에 대해 비판적으로 생각하도록 나의 학생을 가르친다. 나는 민간병원의 간호사이며 내 고용주를 위해 이윤을 생산한다. 그러나 이와 동시에 나는 나의 환자들이 그들 삶의 가장 어려운 어떤 순간들을 살아내도록 도우려 한다. 나는 자동차 공장의 조립라인에서 일한다. 하지만 내 손가락이 자유로울 때에는 언제나 오늘밤 밴드에서 기타로 연주할 코드를 연습하느라 바쁘다. 나는 청바지를 만드는 바느질 기계에서 일한다. 그러나 내 마음은 언제나, 나 자신과 나의 아이들을 위한 새로운 방을 만들면서, 딴 곳에 있다. 나는 시험에서 좋은 성적을 얻으려고 열심히 공부하는 학생이다. 그러나 나는 내 공부를 자본주의에 대항하는 것으로, 그리고 더 나은 세계를 창조하기 위한 것으로 전환시킬 방법을 찾길 원한다. 이 모든 경우에 자본주의적 노동 바깥에 서기가 있다. 추상노동 내부에 갇히는 것에 대항하고 그것을 넘어서려는 기획이 있다. 기획으로서뿐만 아니라 실천으로서, 내부에서-그것에-대항하여-그것을-넘어서 존재하는, 추상노동과의 탈자적 관계 속에 존재하는, 이미 추상노동 너머로 나아가는, 구체적 행위가 있다. 이 탈자적 관계는 일상경험의 문제이지 좌파 지식인들의 발명이 아니며 헌신적 투사들의 특권적 경험이 아니다. 다른 세계가 태어날 것은 이 바깥-너머에-서기(이 탈자<sup>ek-stasis</sup>)로부터이다. 그렇지 않다면 그것은 결코 태어나지 못할 것이다.[14]

다음에서 우리는, 다른 면으로 넘어가기 전에 먼저, 추상노동의 의미에, 즉 그것이, 우리를 함정에 빠뜨리는 사회적 응집을 엮어짠다는 것에 초점을 맞출 것이다.

# 13
## 행위의 노동으로의 추상은<br>자본주의의 사회적 종합을 창출하는,<br>역사적 변형과정이다 : 시초축적

노동은 늘 존재하는 것이 아니다. 그것은, '노동'이라고 간주되는 특유한 활동이 사람들의 일반적 행위로부터 제거된 모든 사회에서는 존재하지 않는다. 분명히, 음식을 공급하고 여타의 기본적인 생필품을 공급하기 위해 어떤 종류의 활동이 요구되는 것은 사실이다. 그러나 이것이 반드시 성가신 것으로 혹은 다른 활동들과 시간적으로 분리된 것으로 간주되는 것은 아니다. 그래서 마셜 살린스<sup>Marshal Sahlins</sup>는 자신의 저서 『석기시대 경제학』에서, '하루 이틀 일하고 다음 하루 이틀을 쉬는(이때에는 캠프에서 하릴 없이 보낸다) 구석기시대에 특징적인 리듬'에 대해서 쓴다. '비록 음식수집이 일차적인 생산적 활동이지만, …… "대부분의 사람들"의 시간(일주일에 4, 5일)은 캠프에서 쉬거나 다른 캠프를 방문하거나 하는 식으로 다른 일을 하는 데 사용된다(Lee, 1969 : 74).'(Sahlins, 2004 : 23) 그는 오스트레일리아의 원주민에 대한 어떤 19세기 관찰자의 말을 인용한다. '모든 평범한 계절에 …… 그들은 두세 시간 안에 하루에 필요한 충분한 음식공급을 획득한다. 하지만 그들의 일반적 관습은, 이리저리 돌아다니면서 음식물을 게으르게 수집하며 이곳저곳 느리게 배회하는 것이다.'(Grey, 1841, Vol. 2. : 263) 그런 사회에는 노동과 여가 사이의 어떠한 선명한 분리도 없다. 그것은 노동도 여가도 존재하지 않는다는 것이다. 전자본주의 사회에서, 사회적 재생산을 위해 필요한 활동들은 **노동**이라 불리는 무엇으로 경직되어지지 않았고 또 그것들이 동일한 양의 시간을 잡아먹지도 않았다. 15세기 프랑스에서는, 연중의 매 4일마다 하루는 모종의 공식적 축제일[휴일]holiday이었다. 에런라이크Ehrenreich는, '흔히 "중세"라고 불리는 시대를 비참과 공포의 시대로 평가하곤 하지만, 13세기에서 15세기까지의 시기는 (적어도 그에 이어진 청교도 시대와 비교하면) 한 바탕의 고된 노동에 의해 중단되곤 하는 긴 실외 잔치로 이해될 수 있다.'(Ehrenreich, 2007 : 92)고 말한다. 〈크리시스〉Krisis 그룹은 이렇게 말한다.

현대의 화이트칼라 노동자나 공장 '피고용자'의 노동시간은 유럽 내외부에서 어떤 전자본주의 혹은 비자본주의 문명이 사회적 재생산에 사용한 연간 혹은 일일 시간보다도 더 길다. 그러한 전통적 생산은 효율에 바쳐지지 않았고 오히려 여가의 문화 혹은 상대적 '느림'의 문화에 의해 특징지어졌다. 자연 재앙을 별문제로 하면, 그 사회들은 그 구성원들의 기본적인 물질적 필요를 (사실상 심지어 근대 역사의 긴 시기 동안보다, 혹은 오늘날 세계 위기의 공포 슬럼들의 경우에서보다 더 낮게) 제공할 수 있었다.(Krisis, 1999/2004 : 24, s.9)[1]

전 자본주의 사회들에서, 사회관계는 다양한 방식으로 엮어짜인다. 사람들의 활동들은 수행된 활동들의 특유하고 구체적인 특징들의 질에 기초하여 사회적으로 결합되지, 그 특유성들로부터의 추상에 기초하여 결합되지 않는다. 가령 우리가 단순한 공동체 사회를 생각해 보면, 거기에는 활동들의 사회화가 있다. 업무들은 분배되고 사람들은 타인들의 이익을 위해 일을 한다. 하지만 사회성의 원리는 목수, 금속 세공인, 요리사의 특수한 숙련들이다. '이 경우에 노동의 사회적 성격은 분명히 보편적 노동의 추상적 형식을 띠는 개인 노동이나, 보편적 등가물의 형식을 띠는 그의 생산물에 의해 야기되지 않는다.'(Marx, 1859/1971 : 33~4) 봉건 사회나 노예제에 기초한 사회도 이와 마찬가지이다 : 업무의 분배는 위계적이지만 그것은 담당한 활동의 특수한 질에 기초한다.

노동과, 노동의 추상적 사회성은 자연에 의해 주어지지 않는다. 그것은, 때때로 공공연한 갈등 없이도 발생하는, 사회관계의 화폐화나 시장의 확산을 포함하는, 역사적 과정의 결과이다.[2] 그러나 그것은 그 핵심에서는 유혈적이고 심지어 대량학살적인 과정이었다.[3] 맑스 (Marx, 1867/1965 : 760; 1867/1990 : 926; 『자본론 Ⅰ (하)』, 1046)가 표현했듯이, 자본은 '머리끝에서 발끝까지, 모든 털구멍에서 피와 쓰레기를 흘리면서' 세상에 나왔다.

그 과정은 『자본론』 1권 끝부분, 시초적 혹은 기원적 축적에 관한 분석에서 맑스에 의해 서술된다. 거기에서 그는 자본주의의 기원에 대해 말한다. 봉건제에서 자본주의로의 이행의 본질은 분리의 운동이다. 토지의 울타리치기 과정을 통해, 사람들은 (생산과 소비의) 생존 수단으로부터 분리된다. 그들은 매우 제한된 수의 사람들을 위해 생산했고 또 매우 제한된 사람들에게 의존했던 사회화의 낡은 봉건적 형태들로부터 찢겨 나와, 생존을 위해 시장에 직간접적으로 의존한 사회화의 새로운 형태 속으로 들어간다. 토지로부터 사람들의 이 분리과정은 종종 매우 잔혹하게 수행된다. 비록 때때로 그것이 봉건적 공동체로부터 농노들이 도망친 것의 결과이기도 하지만, 농노들은 영주들이 농노들을 추방한 바로 그때 영주들로부터 도망쳤다. 양자는 모두 낡은 사회관계의 형식들로부터 도망쳤다. 그 어느 쪽이건 그것의 결과는 사회화의 새로운 형식의 틈새적 창조와 확장이었고 그 새로운 형식 속에서 사람들은 서로 시장을 통해, 상품교환을 통해 관계를 맺는다.

이것은 사람들의 활동의 변형을, 다시 말해 행위의 노동으로의 추상을 의미했다. 토지로부터 사람들의 분리는 동시에 행위의 다른 형식들로부터 노동의 분리였고 '노동'이라고 불리는 새로운 활동형식의 학습이었다. 이것은 쉬운 문제가 아니었다. '추상적·체제적 질서들 하에서 대부분의 삶시간[일생]을 소모하도록 하는 강제가 항상 오늘날 만큼 내면화되어 있었던 것은 아니다. 오히려, 그것은 사람들을 노동 우상에 무조건 복종하도록 글자 그대로 고문하기 위한 수 세기에 걸친 잔혹한 강제력과 폭력을 필요로 했다.'(Krisis, 1999/2004 : 21, s. 9) 공유지의 폐쇄, 사냥을 한다거나 물고기를 잡는다거나 나무를 모은다거나 하는 전통적 권리의 폐지, 방랑을 금지하는 일련의 법들, 빈민법과 노동수용소의 창출, 반란들에 대한 일련의 무력진압, 이것들은 노동에 기초한 사회를 창출한 발걸음들이었다. 이것은 추상노동의 창출에 포함된 추상의 실재성이었다. 토지의 울타리치기는 몸을 공장에 감금한 것이었고 노동 감옥을 창출한 것이었다.

노동강제는 종종 인구 전체의 제거를 포함했다. 네스또르 로뻬스(López, 2006)는, 유럽인들이 도착하기 전 1만년 동안 물고기를 잡고 사냥을 하면서 거기서 살았던 띠에라 델 푸에고Tierra del Fuego의 원주민들인 야마나Yámana 4의 사례를 언급한다. 유럽인들은 야마나 음식물의 주성분이었던 바다표범을 죽였고 토지에 양을 쳐서 사유재산으로 규정했다. 많은 야마나는, 이러한 전개를 방해한다는 이유로 죽었고 또 다른 야마나는 노동자들로 바뀌었다. 그렇지만 살린스(Sahlins, 2004 : 28)가 인용하는 이 보고서는 이들이 '노동'에 그다지 뛰어나지 않았다고 주장한다.

> 야마나들은, 그들을 고용한 유럽의 농부들이나 고용주들에게는 억울한 일이겠지만, 일상적으로 계속되는 고된 노동을 감당할 수 없었다. 그들이 일하는 방식은 폭발적이었고 이 이따금씩 하는 노력 속에서 그들은 특정한 시간을 위한 상당한 에너지를 발전시킬 수 있었다. 그렇지만 그 후에 그들은 큰 피로감을 보이지 않는데도 아무 것도 하지 않으면서 빈둥빈둥 지냈다. …… 이런 종류의 반복된 불규칙성은 유럽의 고용주를 절망스럽게 만들었다. 하지만 인디언들은 그를 도울 수 없다. 그것이 그들의 천성이다.(Gusinde, 1961 : 27)

20세기 후반에 야마나는 완전히 멸종되었고 전 주민이 노동 폭력에 의해 파괴되었다.

일반적으로 노동강제는 임금 노동의 강제라는 형식을 띠었다. 토지에서 쫓겨난 농노들은, 자신들이 살아남을 수 있는 유일한 방법은 시장에 물건들을 내다 파는 것뿐인데, 그들이 내다 팔 수 있는 것은 노동을 수행할 수 있는 그들 자신의 능력뿐이라는 것을 발견했다. 그들은 코트나 아마포를 파는 것이 아니라 노동력을 살 충분한 돈을 가진 사람들에게 자신의 노동력을 파는 것을 통해 자신들을 시장에 통합시켰다. 그들은 새로운 자본가들에 의해 고용된 노동자들이 되었다. 이것은 그들을 새 고용주들의 직접적 명령 아래에 놓았다 : 그들은 자본가의 명령에 복종하지 않을 수 없게 되었다. 자유주의 이론이 농노 해방이라고 추켜세우는 것은 [사실은 — 옮긴이] 그들의 예속의 성격에서의 변화였다. 그들은 영주 지배 하에서 농노였다가 자본가 지배 하에서 노동자가 되었다. 그들이 한 자본가에서 다른 자본가로 [자신을 지배할 자본가를 — 옮긴이] 바꿀 수 있다는 것은 사실이다. 하지만 노동력을 팔지 않고서 오래 살아남는 것은 대부분의 사람들에게는 어려웠고 (또 지금도 어렵다). 역사적으로 이것은 — 수 세기에 걸친 자본가 투쟁을 통해, 노동을 규제하는 법률제정을 통해, 경찰폭력의 사용을 통해, 종교와 교육에 대한 지원을 통해, 좀더 세련된 경영 기법의 사용을 통해 — 작업장에서 새로운 훈육을 부과하는 것을 의미했고 노동을 사회적 습관으로 창출하는 것을 의미했다.

노동은 임금노동의 확장을 통해 부과되었다.5 포스톤Moishe Postone이 이해하지 못한 것은, 임금노동 범주의 명백히 갈등적인 성격은 또한 (덜 명백하게 갈등적인) 추상노동 범주 속에서 읽혀야 한다는 사실이다. 이 점은 중요하다. 왜냐하면 그의 책이, 사람들의 활동의 형성만이 문제인 것이 아니고 사회화의 전체 구조도 문제임을 분명히 설명하기 때문이다. 내가 나의 노동력을 자본가에게 팔 때, 나의 노동력은 상품이 된다. 그러나 이것은 그 뒤에 사회관계의 모든 측면들의 발본적인 상품화를 수반한다. 나는 내 자신이 먹을 음식을 키울 시간(혹은 수단)을, 내가 입을 옷을 만들 시간을 더 이상 갖고 있지 않다. 그래서 내가 그것들을 획득할 수 있는 유일한 방법은, 돈을 주고 음식을 생산하거나 파는 일을 전문으로 하는 사람으로부터 그것들을 사는 것뿐이다. 사회관계의 일반적 상품화가 전개되는 것은, 노동력이 상품이 되어 자본주의적 생산이 탄생할 때이다. 사회의 모든 것은 상품으로 되는 경향이 있다. 노동의 상이한 과정들 사이의 연관은 화폐로 측정된 순수하게 양적인 연관이다. 그 연관은 각각의 활동의 특수성들로부터의 추상을 통해 확립된다. 우리 행위의 노동으로의 변형은 사회화의 새로운 복합체의 중심에 놓여 있다.

노동이 임금관계를 통해 강제되었다는 사실은 여러 가지 점에서 매우 기만적이다. 우리의 주장과 관련하여 가장 중요한 것은, 그것이 자본주의의 문제가 노동 그 자체가 아니라 임금관계라는, 반자본주의 전통 내부의 환상을 만들어 냈다는 것이다. 〈크리시스〉 그룹이 주장했듯이, '추문으로 간주되었던 것은 노동이 아니라 자본에 의한 노동 착취였다'(Krisis, 1999/2004 : 16, s. 6). 고전적 코뮤니즘 전통에서, 혁명적 투쟁은 노동폐지를 위한 투쟁으로서가 아니라 임금관계의 폐지를 위한 투쟁으로 이해되어 왔다. 정반대로 (이에 대해서는 우리가 나중에 좀더 자세히 살펴볼 것인데), 그 투쟁은 자본에 대한 노동의 투쟁으로 이해되어 왔다. 반면 여기서 우리의 주장은 그것과 반대이다. 노동의 창출과 자본의 창출은 동일한 과정이다.6 그리고 자본에 대한 투쟁은 그것을 생산하는 것에 대한 투쟁, 즉 노동에 대한 투쟁이다.

노동은 자본을 창조하며 그것은 자본주의를, 노동 위에 구조화된 세계를 창조한다. 노동은 잔인하고 비인간적이다. 그것은 잠재적으로 우리 인류의 기초인 의식적인 삶-활동과 정반대이다. 그런데 노동은 그 이상이다. 노동은 사회관계의 복잡한 거미줄을 엮어 짜는 거미이다. 우리가 노동을 수행할 때 우리는 우리 스스로 복잡한 감옥을 엮어 짠다. 이 때문에 자본으로부터 간단히 벗어나는 것이, 더 이상 그것에 봉사하지 않고 압제자들이 거꾸러지도록 만드는 것이 그토록 어려운 것이다. '추상적'이라는 용어는 우리에게 그 점을 환기시킨다. 우리가 공장에서, 사무실에서, 대학에서 수행하는 노동은 단순한 마약이 아니다. 그것은 거미줄을-짓는 활동이며 스스로-함정에 빠지는 과정이다. 그러나 추상노동이라는 용어는 또 우리에게 그 이상의 것을 환기시킨다. 그것이 행위의 이중적 성격의 한 얼굴이며, 다른 얼굴이 여전히 어둠 속에서 우리를 기다리고 있다는 것을 환기시킨다. 이하에서 우리는 어둠으로, 우리 자신으로 돌아가기 전에 추상노동의 거미줄을 살펴볼 것이다. 추상노동의 지배의 다른 얼굴을 살펴봄에 있어서, 다른 면이 있다는 것, 힘을 모으고 있는 다른 면이 있다는 것을 명심하는 것이 중요하다.

# 5부 추상노동 : 거대한 울타리치기

14. 추상노동은 우리의 몸과 마음을 울타리친다.

15. 행위의 노동으로의 추상은 인격화의 과정이며 성격마스크의 창출이고 노동계급의
형성이다.

16. 행위의 노동으로의 추상은 남성 노동자의 창출이며 성의 동질이상화이다.

17. 행위를 노동으로 추상하는 것은 자연을 객체로서 구성하는 것이다.

18. 행위의 노동으로의 추상은 우리의 행위할-힘의 외부화이며 시민, 정치, 그리고
국가의 창출이다.

19. 행위의 노동으로의 추상은 시간의 동질화이다.

20. 행위의 노동으로의 추상은 총체성의 창조이다.

21. 추상노동이 지배한다 : 행위의 노동으로의 추상은 노동착취에 의해 지탱되는
응집적이고 법칙구속적인 총체성의 창출이다.

22. 노동운동은 추상노동의 운동이다.

# 14

## 추상노동은 우리의 몸과 마음을 울타리친다.

그 주장은 단순하다. 우리는 자본주의를 만든다. 우리는 그것을 만들기를 멈추어야 하고 뭔가 다른 것을 해야 한다. 이것은 추상노동에 행위를 대립시키는 것을 의미한다. 우리는 이것을 해야만 하고 할 수 있으며 또 이미 하고 있다.

그 주장은 단순하다. 그러나 그것은 그 나름의 복잡성을 갖는다. 추상노동은 복잡한 세계를 엮어짠다. 그리고 현존하는 세계에 대한 (외관상 무관해 보이는) 투쟁들의 기저에 깔린 통일성을 이해하기 위해서는, 그리고 우리가 해체해서 다르게 짜려고 하고 있는 것이 무엇인지를 이해하기 위해서는 이 엮어짜임의 복잡성을 인식하는 것이 중요하다. 이 책의 이 부(5부)에서 우리는 그 엮어짜임의 해체로 나아가기 전에 그것의 복잡성에 초점을 맞춘다.

노동은 우리의 몸들을 명백하게 감금한다. 그것은 우리가 깨어있는 삶의 대부분 동안 몸들을 공장이나 사무실이나 학교에 가둔다. 혹은 그것은 몸들을 컴퓨터나 휴대전화에 묶는다. 그러나 덜 명백한 방식으로지만, 자본주의 노동에 포함된 추상은 마찬가지로 심각한 감옥을, 우리의 마음을 가두는 감옥을, 즉 우리가 생각하는 방식, 우리가 사용하는 개념을 가두는 감옥을 만든다. 우리의 실존의 핵심에 찢김이, 우리가 무엇을 할 것인가에 대한 결정으로부터 우리 자신의 분리가 존재한다. 그리고 이 찢김은 우리 삶의 모든 측면에 영향을 미친다.

맑스는 이 울타리치기를 물신주의라고 말한다. 그리고 그는 그 비판을 『자본론』의 중심 주제로 삼았다. 우리가 상품을 생산할 때, 우리는 시장에 내다 팔 무언가를 생산한다. 우리가 생산하는 것, 그리고 우리가 그것(예컨대 우리의 케이크)을 생산하는 방식은 시장에 의해 결정된다. 시장은 자기결정의 부정이다. 내가 나의 생산물을 시장에서 팔 때 그리고 누군가의 생산물을 살 때, 나는 우리의 두 가지 다른 창조적 활동들 사이의 관계를 확립한다. 하지만 나는 그 관계를 직접 확립하지는 않는다. 그 관계는 사물들을 통해, 사물들의 관계로서 확립된다 : '한 개인의 노동을 다른 사람의 노동과 연결하는 관계는 노동하는 개인들 사이의 직접적인 사회적 관계로 나타나지 않고 그것들이 실재하는 바대로의 개인들 사이의 물적 관계로, 사물들 사이의 사회적 관계로 나타난다.(Marx, 1867/1965 : 73; 1867/1990 : 166; 『자본론 Ⅰ (상)』, 94) 말하자면, 내가 자동차를 살 때, 그것을 만든 사람들과 나의 관계는 내 화폐와 그 자동차의 관계이지 자동차를 만든 사람들과 그들의 주의 깊은 활동의 이익을 향유할 수 있는 나 사이의 사랑과 감사의 관계가 아니다. 우리는 사람들 사이의 관계에 의해서가 아니라 사물들 [사이의 관계—옮긴이]에 의해서 세계 전체를 사고하기 시작한다.

내가 나의 자동차를 만든 노동자들과 나의 관계를 사물들의 맥락 속에서 이해할 때, 그것이 실수나 단순한 환상은 아니다. 나의 행위와 그들의 행위의 관계는 실제로 사물들 사이의 관계라는 형태로 존재한다. 사회관계는 실제로 사물들의 형태로 존재한다. 이 경우에 자동차는 자동차 노동자들의 활동과 나의 활동 사이의 사회적 관계이다. 내가 자동차를 사기 위해 지불하는 돈은 마찬가지로 나의 행위와 그들의 행위 사이의 사회적 관계이다. 우리는 우리를 가두는 것으로 보이며 실제로 가두는 사물들에 둘러싸여 있다. 세계를 바꾸는 것에 대해 생각하기 위해서, 우리는 이 사물들의 사물성을 해체하고 그것들을 사회관계로 이해하며 그것들을 우리의 주체성, 우리의 행위의 실존형태로 이해할 필요가 있다. 이것은 이 사물들을 사회적 관계의 **형태**로서 비판하는 것을 의미한다. 이것은, 맑스가 모든 것을 인간적 행위와 그것의 조직에로 되돌리는 비판이라고 불렀던 것에 그것들을 회부시키는 것을 의미한다.

인간 행위자들 사이의 관계가 사물들로 실존하는 것은, 우리 주위의 세계가 고정성, 항상성을 획득하고 있음을 의미한다. 사회관계들은 경직성을 획득한다. 반면 우리는 우리의 일상적 삶에서, 친구들 및 연인들과 우리의 가장 강렬한 관계가 더 일반적 수준에서 항상 변하고 있음을 알고 있다. 일단 저 관계들이 사물들로 바뀌면, 일단 그것들이 사물화되거나 물신화되면 그것들은 항상적인 것으로 나타난다. 그것들은 바로 거기에 있음의 성격을 획득한다. 그리고 그것들 없는 사회를 상상하는 것조차 어렵게 된다. 예를 들어 화폐나 국가나 자본 같은 것이 그렇다. 화폐와 국가는, 우리가 만들어 낸 (그리고 우리가 만들어 내는, 매일 다시 만들어 내는, 만들어 내기를 멈출 수 있는), 타인들과의 사회적 관계로 이해되기보다, 삶의 피할 수 없는 사실로 나타나며 우리는 그것들 없는 삶을 상상하기조차 어렵다고 생각한다. 또 다른 예로, 노동은, 행위의, 그리고 타자들과 관계 맺기의 역사적으로 특유한 형식으로보다는 영원한 초역사적 범주로, 지상에서 우리 실존의 불가피한 부속물로 이해된다.[1] 이 외관상 영원한 사물들이 우리의 마음을 사로잡고 우리가 생각할 수 있는 것을 제한한다. 마치 공장이나 사무실이 혹은 우리 노동의 생산물을 팔아야 할 필요가 우리의 몸을 구속하고 매일 우리가 할 수 있는 것을 제한하는 것과 마찬가지로 말이다.

사물화는 동일화의 과정으로, 동일성의 창조과정으로 이해될 수 있다. 행위의 노동으로의 추상은 우리가 무엇을 할 것인가를 제약한다. 우리는 한다. 하지만 우리의 행위는 엄격한 선을 따라, 현재를 연장하는 선을 따라 흐른다. 우리는 행위자들doers에서 존재들beings로 바뀐다. 사물들의 세계는 존재하는is 세계이다. 삶의 모든 측면들은 '임'is-ness을, 즉 동일성을 획득한다. 동일성은 세계를 개념화하는 기본 범주로, 부르주아적 사유의 기본 범주로 된다. 동일성은 우리를 단단하게 붙드는 감옥의 핵이며 우리 자신이 엮어짜는 덫의 거미줄의 기본적 구성요소이다.

행위는 흐름, 삶의 흐름이다. 그 속에는 명확한 분할선이 없다. 그 속에서 한 개인의 행위는 다른 개인의 행위 속으로 흘러들어가며 다른 개인들의 행위 없이는 생각할 수가 없다. 당신이 이 책을 읽는 것도 (정말로 당신이 읽고 있다면) 저자(나)의 행위 없이는 불가능하다. 그러나 저자의 행위는 선행하는 읽기, 쓰기, 컴퓨터-만들기, 전기발생, 책상-만들기, 언어교육 등등의 모든 세계가 없다면 가능하지 않다. 노동의 추상화는 그 행위의 일부를 분리된 행동 속으로 역전시키며 그 행위의 흐름을 파괴한다. 그것은 또, 행위의 사회적 흐름을 깨뜨림으로써 사회적-행위자를, 우리We를, 다양한 개별 주체들로, 다양한 동일성들로 깨뜨린다. 사회적 협력의 상품교환 체제로의 해체는 저 상품들을 교환하는 개인들을 생산한다. 교환이 발생하기 위해서는,

> 사람들이 암암리에 서로를 저 낯선 대상들의 사적 소유자로 간주하는 것이, 서로를 암묵적으로 독립된 개인들로 간주하는 것이 필요할 뿐이다. 그러나 그러한 상호독립의 상태는, 공동 소유에 기초한 원시사회에서는 (그러한 사회가 가부장적 가족의 형태를 띠든지, 고대 인디언 공동체의 형식을 띠든지, 페루의 잉카 국가의 형태를 띠든지 간에) 전혀 존재하지 않는다.(Marx, 1867/1965 : 87; 1867/1990 : 182;『자본론 I (상)』, 112)

개인이라는 개념 자체는 상품교환의 확산 및 자본주의 사회의 성장의 산물이다. 그러나 자본주의는 개인을 생산하는 데 그치는 것이 아니라 우리-행위자We-Doer를 해체하며 사회적 행위의 흐름을 해체한다. 사회적 행위들의 합류는 사회적 응집의 특정한 형태와 더불어 명사名辭로서의 사회Society로 바뀐다. 그리고 사회Society는 이제 다수의 파편화된 존재하는-개인들persons-that-are로, 자신들의 행위에서 제한되고 한정되는 동일성들로 구성된다.

동일성들은, 동일성들의 불문의 실존에서 시작하며 행위보다는 존재에 기초하여 구축되는, 동일성주의적 사상을 낳는다. 동일성들에

서 시작한다는 것은 사유를 위한 긍정적 기초를 창출하는 것을 의미한다. 반면 저 동일성들을 사회관계의 역사적으로 특유한 형식들로 이해하는 것은 즉각적으로 사유를 부정적 발판 위에 놓는다. 동일성들로부터 출발하는 것은 우리가 혹은 그들이 여성이고 노동자이고 아일랜드인이고, 동성애자이고 유태인이고 자본가이고 기타 등등이다라는 생각에서 출발하는 것이다. 그리고 이것은 즉각적으로 우리로 하여금 이 동일성들 너머를 보도록 이끈다. 무엇이 우리를 여성, 동성애자, 노동자로 구성했는가를 묻도록, 그리하여 이 형식들의 부적합성inadequacy과 그 이상의 존재의 가능성을 제기하도록 이끈다. 그것의 부적합성을 동시에 단언함이 없이 동일성을 단언하는 것은, 즉 우리가 저 동일성 속에서-대항하며-넘어 존재한다고 동시에 말하지 않으면서 우리 자신에게 동일성을 부여하는 것은 자본주의 감옥의 벽을 강화시키는 것이다.

동일성주의적 사유는 구조주의적 사유에서, 즉 세계를 이 구조들의 '담지자들'(그들의 역할에 따라서만 이해되는 사람들, 그들의 사회적 기능의 인격화personification로서만 이해되는 사람들)에 의존하는 구조들에 따라 이해하는 사유에서 특수한 경직성을 획득한다. 이러한 접근법은 억압 구조의 복잡한 초상을 제공한다는 점에서 매력적일 수 있다. 하지만 그것은 어떠한 출구도 제공하지 않는다. 왜냐하면 그 주체는 자본주의적 사회관계의 담지자로 환원되기 때문이다. 구조주의는 카산드라2의, 다시 말해 세계와 그것의 운명을 탄식하지만 어쩔 도리가 없다고 가정하는 좌파 지식인의 이데올로기이다.

동일화와 물화는 일상의 투쟁에서 매우 파괴적인 힘이다. 우리는 우리의 항의에 이름을, 라벨을 붙이고 한계를 부여한다. 우리의 투쟁은 여성의, 동성애자의, 노동자의, 실업자의 투쟁이다. 그것은 원주민 권리를 위한, 오염되지 않은 음식을 위한, 평화를 위한 투쟁이다. 우리는 우리의 투쟁들이 더 폭넓은 전체의 일부임을, 그리고 그것들이, 인간 행위가 이 세상에서 조직되는 방식의 산물이라는 것을 적어도 막연하게나마 알고 있다. 그러나 조직화의 그 형식이 항구적으로 보이기 때문에 우리는 우리의 투쟁을 한계 속에, 동일성 속에 가둔다. 그리고 우리는 항의로 가득 찬 세계를, 사회가 조직되는 방식에 근본적으로 잘못된 뭔가가 있음을 어떤 방식으로건 지각하는 사람들의 세계를 갖는다. 그러나 너무나 많은 벽들이 이 투쟁들을 분리시키고 있으며 너무 많은 둑들이 이것들이 서로 흘러드는 것을 가로막고 있다. 그리고 이 모든 벽들은 동일화들, 즉 현재-있고-또-언제나-있을-자본주의의 거대한 동일화의 틀이거나 '우리는 동성애자다, 우리는 여성이다, 우리는 원주민이다, 우리는 바스크인이다, 우리는 사빠띠스따들이다, 우리는 아나키스트들이다, 우리는 코뮤니스트들이다'라는 그보다 작은 동일화들이다. 그리고 이 모든 동일성들은 너무나 쉽게 종파주의의 기초가 되며 경찰이 일하기 쉽도록 만드는 좌파의 해묵은 자기파괴로 된다. 동일성은, 비밀경찰의 어떤 체계보다도 훨씬 효과적으로, 반자본주의 투쟁 속에서 자본을 재생산한다.[3]

# 15

## 행위의 노동으로의 추상은 인격화의 과정이며 성격마스크의 창출이고 노동계급의 형성이다.

노동의 창출은 노동자의 창출이다. 그것은 다른 것일 수 없다. 노동은, 그것을 수행할 노동자가 없다면 수행될 수 없다.

띠에라 델 푸에고의 야마나를 생각해 보자. 이들은 며칠 집중해서 노력한 후에 오래도록 아무 것도 하지 않고 빈둥댄다. 그들은 노동을 수행할 수 없었다. 왜냐하면 그들은 노동자들이 아니었기 때문이다. 19세기 초에 한 야마나 그룹을 영국으로 데리고 가서, 그들에게 영어 말하기, 차 마시기, 차려 입기를 가르쳐서 그들을 문명화하려 했던 노력은 아무런 결실도 거두지 못했다. 왜냐하면 그들은 고향으로 돌아와서는 곧장 옷을 벗어 버리고 그들의 야만적 관습으로 되돌아갔기 때문이다.[1]

노동자는 노동처럼 수 세기에 걸친 투쟁의 산물이다. 행위자들, 야만인들은 기아에 의해, 억압에 의해, 교육에 의해, 훈육에 의해 특정한 행위방식을 받아들이도록, 노동을 배우도록 강제되었다.[2] 그들은 노동자, 즉 하루 몇 시간을 노동하는 사람, 고용주의 명령에 복종하는 사람, 혹은 시장이 요구하는 것을 수행하는 사람이 된다. 사람들은 사회화의 새로운 형식에 의해 그들에게 가해지는 기능에 적합하게 개조되도록 강제되었다. (야마나인들처럼) 그것에 적응하지 않은 사람들은 멸종되었다.

우리에게 가해지는 사회적 기능에의 이 적응은 인격화로 이해될 수 있다.[3] 우리는 사회적 관계를 인격화하게 된다. 맑스는 자본가와 노동자를 자본과 노동의 인격화로 볼 것을 주장한다. '자본가는 인격화된 자본으로, 인격으로서의 자본으로 기능한다. 이와 마찬가지로 노동자는 인격화된 노동 이상이 아니다. 그 노동이 부를 창조하고 증가시키는 실체로서 자본가에게 속하는 한에서 노동은 그에게 단지 노력이고 고통일 뿐이다.'(Marx, 1867/1990 : 989~90) 자본가는 그의 아이에게는 매우 멋지고 친절한 사람일 수 있다. 하지만 그가 그 자신을 자본의 기능에, 그의 이윤을 극대화하는 데에 (궁극적으로 노동 착취를 통해 잉여가치를 극대화하는 데에) 바치지 않는다면, 그는 폐업하지 않을 수 없을 것이고 자본가이기를 그만두게 될 것이다. 노동자의 경우도 이와 유사하다. 만약 그가 노동하지 않고 고용주의 명령에 복종하지 않는다면 그는 곧 일자리를 잃을 것이고 노동자이기를 그치게 될 것이다. 우리의 인격적 기호嗜好가 무엇이든, 우리는 어떤 역할, 어떤 페르소나persona를 받아들이도록 '성격 마스크'를 쓰도록 강제된다.[4]

특정한 역할을 맡도록 강제되는 것은 노동자와 자본가만이 아니다. 노동의 추상은, 우리가 살펴보았듯이, 활동들이 그 맥락으로부터 분리되는 것이며, 행위의 사회적 흐름이 파열되는 것이다. 그리하여 각각의 활동은 특수한 동일성을 획득하고 각각의 수행자들은, 교사, 학생, 관료, 사회적 노동자, 경비원 등등으로서 각각의 상응하는 성격 마스크를 띠는 경향이 있다.[5]

이 역할들은 실제적 힘을 갖는다. 그것들은 개인적 선택의 문제일 뿐만 아니라 사회관계에 의해 우리에게 부과된다. 자신의 학생들의 성적을 재지 않는 교사는 곧 문제에 직면할 것이다. 뭔가가 도난당했을 때 경보를 울리지 않는 경비원이나 국가에 내재하는 배제 과정에 참가하지 않는 공무원도 이와 마찬가지일 것이다. 그래서 사회관계의 구조에서 생겨나는 강제가 종종 우리에게 개인적 선택으로 받아들여지는 것이다. 우리는 성공적인 자본가, 유능한 관료이기를 원한다 등등. 우리는 우리의 역할을 확인한다, 우리는 그것을 정체성으로 받아들인다, 우리는 그것을 우리 얼굴에 쓴 마스크와 혼합한다. 당신은 무엇인가? 나는 대학교수다, 나는 학생이다, 나는 사회적 노동자다.

이러한 인격화는 우리를 제한한다. 내가 대학교수인 한에서 나는 특정한 것만을 하지, 다른 것을 하지 않는다. 우리의 정체성은 제한되고 또 분류가능하다. 대학교수로서의 나의 한계 속에서 나는 특정한 계급 내부에, 대학 교수라는 계급 내부에 떨어진다. 인격화의 세계는 질서 지워진 세계이며 분류될 수 있는 세계이고, 사람들이 자신들의 사회적 기능을 수행하는 세계이며 기능주의적 맥락에서 이해될 수 있는 세계이다. 그것은, 혁명이 어떠한 자리도 갖지 않는 세계이다.

그래서 우리는 문제를 갖는다. 사람들이 각자 그들의 사회적 기능의 인격화인 세계에서 그 세계를 근본적으로 바꾸기를 우리가 어떻게 생각할 수 있는가? 만약 우리가 자본주의에 의해 발생된 역할 속에 가두어져 있다면, 우리는 그 역할들에 의해 형성된 사회관계들의 패턴을 깨뜨리기를 어떻게 생각할 수 있는가? 이것은 계급 문제 및 노동계급의 혁명적 성격 문제와 특별히 연관된다. 만약 우리가 노동계급을 (임금소득자, 잉여가치 생산자와 같은) 특정한 분류에 맞아떨어지는 사람들로 생각한다면, 그러면 우리는 그들을 내재적으로 제한된 존재로, 그들이 차지하는 사회적 위치의 인격화로, 특정한 사회적 관계들, 즉 자본주의적 사회관계의 담지자들로 취급하는 것일 것이다. 노동의 인격화로서의 노동자들이 어떻게 혁명적 계급을, 노동을 폐지할 계급을 구성할 수 있는가?

이 딜레마에는 세 가지의 간단한 대답이 있다. 그러나 그 어느 것도 만족스럽지는 않다. 첫째는 구조주의적 주장이다. 세계에 대한 구조주의적 개념은 사회를 이 성격마스크들의 상호작용으로, 사회관계의 이 담지자들의 구조적 적대로 본다. 사람들은, 자본주의가 그들을 만드는 바에로 환원된다. 아니 오히려, 구조주의 관점에서 보면, 여기에는 어떠한 환원도 없다. 사람들은, 자본주의가 만드는 바대로 존재한다. 우리는 자본주의에 의해 만들어진 주체들이다. 노동계급은 추상노동의 변화하는 얼굴이며 자본주의적 조직의 변화하는 형식들에 의해 발생된 성격character이다. 그러므로 혁명의 유일한 가능성은, 사회적 페르소나personae의 의미에 변화를 가져오는, 전체 구조의 변화 속에 놓여 있다. 따라서 자본주의의 위기가, 근본적 변화를 가져올 노동계급의 성격에 변화를 가져올 수 있다. 노동계급은 이런 식으로 자본주의를 폐지하는 자신의 역사적 기능을 수행할 수 있을 것이다. 이 주장의 난점은, 사람들이 자본주의 내에서의 그들의 위치에 의해 규정되는 존재로 이해되는 한에서, 그들이 자신들의 운동을 통해 어떻게 저 규정들로부터 단절될 수 있는지를 아는 것이 어려운 일로 남는다는 것이다.

두 번째 응답, 즉 고전적 레닌주의의 주장[6]은 훨씬 더 단도직입적이다. 그것도 여전히 노동자들을 구조적 위치에 의해 결정되는 존재로 본다. 노동계급은 그것의 이해理解와 의식에서 제한된다. 왜냐하면 그것은 노동이라는 성격마스크 내부에 효과적으로 갇히기 때문이다. 그러므로 우리가 혁명을 생각할 수 있는 유일한 길은 외부의 힘, 즉 이러저러한 이유 때문에 자본주의의 페르소나에 갇히지 않은 집단의 개입에 의해서일 뿐이다. 달리 말해 우리는 혁명정당을 필요로 한다. 그것은 완전히 논리적인 해결책이다. 만약 노동자들이 추상노동의 인격화라면, 그들을 혁명적 세력으로 생각할 수 있는 유일하게 가능한 길은 이 인격화에 종속되지 않은 집단의 지도력 하에서일 뿐이다.[7] 여기에서 문제는, 첫째로, 추상노동의 제약들로부터 단절한 이 혁명가들이 어디에서 나오는지가 분명하지 않다는 것이며 둘째로, 그것은, 노동자들('대중들')을 혁명의 주체로보다는 객체로 이해하는, 위계적 혁명 관념이라는 것이다. 이 유형의 혁명의 역사적 경험은 고무적이지 않다.

세 번째 응답은 간단히, 노동계급은 혁명적 계급이 아니라고 (혹은 더 이상 아니라고) 말하는 것이다. 마르쿠제의 인상적인 구절에서, 추상노동에 내재하는 인격화는, 노동자가 '일차원적 인간'이 되었다고 하는 지점에까지 이르렀다. 일차원적 인간은 분명히 혁명을 수행할 수 없다. 그래서 근본적 사회변화의 행위자를 생각하는 유일한 방법은 다른 곳을, 사회의 주변을 살피는 것이다. 이 견해는 최근의 반자본주의 투쟁에서 레닌주의적 입장보다 더 영향력이 있는 것으로 보인다. 그러나 여기에서 문제는, 그것이, 노동자들을 그들의 계급적 페르소나와 동일시하는, 똑같은 출발점을 공유한다는 것이다. 이것은 반자본주의 정치학에 열렬히 헌신하는 집단들 속에서조차 엘리뜨주의적이고 전위주의적인 입장이 재연되도록 할 수 있다.[8]

이 모든 응답들 속에서는, 사람들과, 그들이 사회 속에서 차지하는 구조적 위치 사이에 동일성이 있다는 생각이, 사람들이 실제로 그들의 성격마스크 속에 포섭된다는 생각이 다른 방식으로 가정되어 있다. 앞으로 나아갈 다른 유일한 길은 인격화의 힘을 의문시하는 것이고 마스크 착용자들의 얼굴에서 그 성격마스크를 분리시키려고 애쓰는 것이다. 그리고 그 마스크 뒤에 무엇이 있는지를 보고, 그 마스크의 착용자를 마스크 내부에 있을 뿐만 아니라 그것에 대항하며-넘어서 존재하는 것으로 보는 것이다. 그러면 노동계급은, 그것이 노동계급으로서 자신 내부에 존재할 뿐만 아니라 자신에 대항하며-넘어서 존재하는 정도만큼, 그것이 자신의 성격마스크를 내던지는 데 성공하는 정도만큼, 그것이 노동계급으로서의 그 자신의 실존에 맞서 싸우는 정도만큼, 혁명적인 것으로 간주될 수 있을 것이다.

# 16

# 행위의 노동으로의 추상은 남성 노동자의 창출이며 성의 동질이상화<sup>同質異像化</sup>이다.

노동은 삶-활동으로부터의 분리 혹은 추상에 의해 구성된다. 이 분리는 삶-활동이 노동의 필요에 근본적으로 종속되는 것에 의해 지탱된다. 삶-활동(아이 낳기와 키우기, 음식 조달과 그것의 준비 등등)은 가치생산의 **직접적** 지배 외부에 계속 존재한다. 그러나 삶-활동의 노동에의 종속은 그것이 노동자 임금(혹은 생산된 다른 상품의 판매)에 의존하는 것에 의해 확고해진다.

노동의 구성은 노동과 다른 활동 사이의 새로운 위계의 구성이다.[1] 노동자를 창출하는 것은 재생산의 다른 활동들의 수행을 일차적 책임으로 삼는 사람과 그[즉 노동자 — 옮긴이] 사이에 새로운 위계를 창출하는 것이다. 달리 말해, 시초축적은 여성과 남성 사이의 새로운 위계의 잔인하고 유혈적인 창출이다.

가부장제는 전자본주의 사회에 존재하지 않았다고 말하려는 것이 아니다. 하지만 노동과 다른 활동들 사이의 그와 같은 분리는 존재하지 않았고 다른 활동들이 노동임금에 그와 같은 식으로 의존하는 경우도 존재하지 않았다. 그래서 페데리치Federici 2는 봉건 마을에 대해 말한다.

> 여성 농노는 그들의 남성 친족에 덜 의존적이었고 물리적·사회적·심리적으로 그들과 덜 차별되었고 이후에 자본주의 사회에서 '자유로운 여성'이 그랬던 것보다 남성의 필요에 덜 굴종적이었다. …… 봉건적 촌락에서는 상품 생산과 노동력의 재생산 사이에 어떠한 사회적 분리도 존재하지 않았다. 모든 노동은 가족의 생계에 기여했다. 여성은 들판에서 일할 뿐만 아니라 아이를 키우고, 요리를 하고, 빨래를 하고, 옷감을 짜고 정원에서 허브를 키웠다. 그들의 가내 활동은, 이후의 화폐 경제에서 그렇게 되었던 것과는 달리, 평가절하되지 않았고 남성의 사회관계와는 다른 사회적 관계를 포함하지 않았다. …… 만약 우리가, 중세 사회에서 집단적 관계와 가족적 관계를 지배했다는 것을, 또 남성 농노가 수행한 대부분의 업무가 …… 다른 여성과의 협력 하에 이루어졌다는 것을 고려하게 되면, 우리는, 당시 노동의 성적 분업이 여성에게는 고립의 원천이기는커녕, 권력의 원천이자 보호의 원천이었음을 알게 된다.(Federici, 2004 : 25;『캘리번과 마녀』, 51~2)

이것은 이후의 세기에 근본적으로 바뀐다. 특수한 하나의 활동(노동)은, 일반적으로 다른 장소(공장)에 자리 잡으면서, 다른 활동들로부터 분리되었다. 그리고 이것은 남성을 위한 활동으로 간주되었다. 여성은 계속해서 재생산의 활동을 담당한다. 하지만 그들은 더 이상 농작물을 키우기 위해서 토지에 직접 접근하지 못하며 동물에게 풀을 뜯게 하기 위해 공유지에 직접 접근하지도 못한다. 화폐경제에서, 남자의 임금이 가족의 조건을 규정했으며 재생산 노동은 중요하지 않은 것으로 간주되게 되었다. 여성은 다양한 방식으로 임금에서 배제되었다. 지불받는 고용에서 배제됨으로써, 그들이 임금노동을 수행할 때 훨씬 낮은 임금을 받음으로써, 그리고 심지어 많은 경우에 여성의 임금이 직접 그녀의 남편에게 지불됨으로써(Federici, 2004 : 98;『캘리번과 마녀』, 159~60).

새로운 위계의 창출은 쉽게 달성되지 않았다. 그것은 사회 속에서 여성의 역할에 대한 재정의를, 여성임의 의미에 대한 재정의를 의미했다. 이것은 여성의 권리를 제한하기 위한 법을 통과시키기, 교회들의 개입, 둔감함, 잔혹성, 그리고 최상의 경우에는 남성적 (혹은 남성화된) 임금노동자들의 공모, 그리고 결정적으로는 마녀로 낙인찍힌 십만 명이 넘는 여성들의 학살, 그보다 훨씬 더 많은 여성들에 대한 고문, 수백만 명의 여성들에 대한 협박 등을 포함하는 수 세기의 투쟁을 요구했다. 이런 방식으로 여성은 보이지 않는 비인간들로 수축되었다. 자본주의는 잔인하고 유혈적인 여성혐오증 위에 건설되었다.

이것 역시 하나의 울타리치기였다. 그것은 여성의 몸뿐만 아니라 그들의 행위에 대한 울타리치기였다.3 이렇게 만들어진 여성/주부의 행위가 직접 임금노동에 가두어졌던 것은 아니다. 그것은 임금노동에 봉사하고 그것을 재생산하는 제약 속에 효율적으로 가두어졌다. 시초축적은 이중의 인격화를 포함했다. 노동의 인격화와 노동 보조자의 인격화가 그것이다. 이 이중의 봉쇄는 이중의 불구화였고 (또 불구화이며)4 두 개의 페르소나의 창출이며, (받아들여지거나 거부되는) 두 개의 정체성의 창출이다.

불구화는 위계적이다. 노동의 창조는 남성 노동자의 창조이다. 이것은 노동력의 성적 구성을 지시하는 것이 아니라 자본주의적 노동자의 창출에 포함된 불구화의 과정을 지시한다. 임금노동의 세계에 들어가는 여성은 남성 논리와 자본 논리가 종종 구분하기 어렵게 뒤섞인 세계에 들어간다.

불구화는 훨씬 더 멀리까지 나아간다. 그것은 남성과 여성 사이에 위계를 세울 뿐만 아니라 여성과 남성 자체를 창출한다. 성sexuality은, 자본주의로의 이행에서 아주 중요한 요소였던 마녀사냥에 핵심적이었다. 이것의 한 요소는 여성이 자신의 몸을 통제하고 자신의 수태능력을 통제하는 것에 대한 전쟁이었다. 피임이나 낙태에 관한 모든 것, 심지어 허브나 그것의 사용에 관한 지식조차도 마법으로 추궁할 근거가 되기에 충분했다. 성적 도착도 주로 마녀들에 대해 가해졌던 추궁 속에서 이해되었다.5 우리는 이 추궁을 그토록 수많은 여성(남성도 있었지만 주로는 여성이었다)에 대한 끔찍한 학살의 광경 및 그 합법화의 일부로 이해할 수 있다. 그러나 또, 성적 도착에 대한 억압은 행위의 노동으로의 추상의, 자본주의로의 이행의 중요하고 필수적인 일부였다고 주장될 수도 있다.

도착perversion은 비정상적인 것으로 간주된 것이라면 뭐든 지칭한다. 그래서 도착에 대한 기소는 폭력에 의한 새로운 정상성의 구성을 의미하기도 한다. 이 정상성은 생식 혹은 잠재적 생식으로서의 섹스에 초점을 맞추었다. 그리하여 어떤 다른 형태의 섹슈얼리티도 도착으로 정의될 수 있게 된다.

마녀 재판은, 동성애, 청년과 노인 사이의 섹스, 다른 계급의 사람들 사이의 섹스, 항문성교, (불임에 이른다고 알려져 있었던) 뒤에서 하는 성교, 노출, 춤 등등 '비생산적'인 것으로 낙인찍혀 금지된 섹슈얼리티의 형태들에 관한 지침목록을 제공한다. 또 이교도 출신들의 봄 축제에서처럼 중세에 유행했던 공적·집단적 섹슈얼리티(이것은 16세기까지는 여전히 유럽 전역에서 널리 행해졌다)도 금지되었다.(Federici, 2004 : 194;『캘리번과 마녀』, 288~9)

새로운 성적 정상성은 물론, 노동력을 풍부하게 공급할, 생식을 촉진하는 일과 연관되었다(Federici, 2004 : 85ff.;『캘리번과 마녀』, 138 이하). 그러나 그것도 **노동자**의 창출과정의 일부였고 추상노동의 불구적 인격화의 일부였다. 노동자의 창출은 쾌락원칙의 현실원칙에의 필수적인 종속을 의미했다. 나아가 그것은, 어떤 사회적 맥락에서도 삶의 일부인 현실원칙에의 종속뿐만 아니라 노동에 기초한 사회와 불가분한 (마르쿠제가 명명했던) 강화된 현실원칙 혹은 '수행원칙'에의 종속을 의미했다. '쾌락원칙은, 그것이 [단순히] 문명의 진보를 방해하기 때문만이 아니라 지배와 노고를 영속화하는 문명의 진보를 방해하기 때문에 폐위된다.'(Marcuse, 1956/1998 : 40)[6] 이런 맥락에서 볼 때, 성적 도착 [담론]과 관련하여 중요한 것은 그 행동들의 특수한 내용이 아니라 오히려 그것이 쾌락을 섹스의 종말이라고, 또 이것이 노동자의 창출과 양립불가능하다고 선언한다는 것이다. '섹슈얼리티를 유용한 목적을 위한 수단으로 채택하는 사회에 반하여, 도착들은 섹슈얼리티를 그 자체 목적으로 삼는다. 그것들은 그들 자신을 수행원칙의 지배 외부에 놓으며 그 원칙의 기반에 도전한다.' (Marcuse,

1956/1998 : 50)

성의 생식으로의 정상화[표준화]는 필연적으로 섹슈얼리티의 성기화를 의미한다. 섹스는 잠재적으로 생식에 이르는 성기접촉으로 정의된다. 섹슈얼리티는, 원래 다형적이고 신체 전체에 확산되어 있었는데 이제 성기들에 집중된다. '신체의 탈성화'가 있다. '리비도는 신체의 일부에 집중되고 신체의 나머지 부분은 노동 도구에 사용할 수 있도록 해방된다.'(Marcuse, 1956/1998 : 48)

섹슈얼리티의 성기화는 성적 동질이상론dimorphism, 同質二像論으로, 즉 두 개의 성이, 오직 두 개의 성만이 있다는 생각으로 이끈다.7 만약 섹슈얼리티가 다형적 쾌감으로, 예컨대 피부 대 피부의 접촉으로 사유된다면 (또 향유된다면), 사람들이 두 개의 성으로 나누어지는 것으로 생각할 아무런 이유도 없을 것이다.

인간의 신체를 정확히 두 개의 범주로, 더도 덜도 아닌 두 개로 해석하는 것은 논리적으로 보면 신체의 성적 영역들에 대한 지각을 재생산 활동에 기능적인 영역으로 환원하는 것의 효과이다. 재생산과 무관한 신체 영역들의 성적 반응성은 부정되고 또 금기시된다. 이 '탈성화된' 신체 영역들도 또한 신체의 성적 구분과는 무관한 것으로 된다. '두 개의 성'이라는 개념, 하나의 성이 있고 그와 다른 성이 있다는 개념은 그러므로 사회적 규범으로서의 이성애의 효과이다. 근대 이전의 유럽 사회에서 섹슈얼리티는 이성애와 동성애로 명확히 양분되지는 않았던 것 같다. 모든 사람은 이성애와 더불어 동성애를 행하는 것으로 가정되었다(아니 오히려 의심되었다). 동성애는 다소간 엄혹하게 박해받거나 처벌되었다. 그렇지만 19세기 이래로, 동성애 행위들은 자동적으로 유죄의 동성애 (아니 오히려 '남색') 행위를 범하는 인간으로 간주되지는 않았지만, '한 사람의 동성애자', 즉 특수한 인종의 구성원인 어떤 행위자의 동성애적 성질을 표현하는 것으로는 간주되었다. 담론은 동성애 행위가 처벌될 필요가 있는가, 없는가, 어떻게 처벌되어야 하는가라는 것에서부터 다른 종으로서의 동성애 그 자체가 박해되어야 하는가, 아닌가, 정신과 치료에 맡겨져야 하는가, 아닌가, 관용되어야 하는가, 아닌가로 이동한다.(Stoetzler, 2009 : 165~6)

이것은, 여성과 남성이 초역사적 범주로서가 아니라 가치, 화폐 혹은 국가와 같은 사회관계의 특유하게 자본주의적인 형식으로 이해되어야 한다는 것을 의미한다.[8] 남성과 여성(그리고 실제로 동성애와 이성애)은 동일화(정체화)이고 동일성 사회의 측면들이며 추상노동의 수행자인 노동자의 창출 속에 포함되는 불구화의 일부이다. 그것은 맞서 싸워야 할 구획이다.

노동은, 행위 및 삶-활동의 세계로부터 추상되고 분리된 활동이다. 우리의 삶-활동의 이러한 파편화는 우리의 삶의 모든 측면에서의 파편화이다. 섹슈얼리티가 전체로서의 신체로부터 분리되어 성기로 집중된 것도 역사적으로 노동의 추상으로부터 부과되었고 노동을 위한 기계로서의 신체의 창출에 근본적으로 기여했다. 그것은 추상 혹은 분리라는 일반적 과정의 일부이며, 제한, 구획, 동일화의 과정의 일부이다.[9]

그러므로 특수한 지배유형들은 우리에게 우연히 발생하는 무엇도, 그들(남자들, 자본가들 혹은 그 누구든)이 우리에게 부과하는 무엇도 아니다. 오히려 그것들은 우리의 활동을 통해 그리고 그것이 조직되는 방식을 통해 우리가 창출하는 지배의 유형들이다. 이것이 대인적ad hominem (혹은 여성적인ad mulierem, 혹은 인간적인ad humanum) 비판의 중요성이다. 우리가 '우리가 어떻게 다르게 행할 것인가'의 문제를 열어젖힐 수 있는 것은, 모든 것을 우리 자신의 행위에로, 우리 자신의 창조력으로 되돌림으로써만이다. 우리가 여성이거나 남성이거나, 동성애자이거나 이성애자인 것이 아니다. 우리는, 단지 개인적 선택으로서만이 아니라 사회적 실천으로서, 여성을 행하고 남성을 행하며 남성성과 여성성을 행하고 동성애와 이성애를 행한다. 이 사회적 실천은 실천의 복잡한 엮어짜임, 추상의 거미줄의 일부이다. 그러나 그것이 아무리 복잡하더라도 핵심은 우리가 행한다는 것이다. 우리는 우리를 살해하고 있는 세계를 창조한다. 그리고 만약 우리가 그것을 창조한다면 우리는 그것을 창조하기를 멈출 수도 있을 것이고 그 대신에 다른 무엇을 할 수도 있을 것이다.

# 17
# 행위를 노동으로 추상하는 것은
# 자연을 객체로서 구성하는 것이다.

사람들을 토지에서 몰아낸 것이 생산수단과 생존수단으로부터 단절된 프롤레타리아트를 창출한 기초를 놓았고 그와 더불어 추상노동의 일반화와 자본주의의 발흥의 기초를 놓았다. 시초축적에 관한 맑스의 논의의 핵심에, 15세기 마지막 3분의 1 동안에 시작된, '토지로부터 농민의 강제적 추방'과 '공유지의 강탈'이 놓여 있다(Marx, 1867/ 1965 : 718;  1867/1990 : 878;『자본론 Ⅰ (하)』, 986).[1] 이것은 폭력적 과정이었고 지금도 그렇다. 맑스는 저 악명 높은 스코틀랜드의 고지대 정비를 인용한다.

19세기에 행해진 방법의 한 예로, 여기에서는 서덜랜드 공작부인에 의해 시행된 '정비'가 만족을 줄 것이다. 경제를 잘 아는 이 사람은 정부에 들어가자마자 급진적 해결책을 발효시키려고 마음먹었다. 그것은 이미 앞서 시행되었던 유사한 종류의 과정에 의해 1만 5천 명으로 인구가 줄었던 지역 전체를 양*방목장으로 만드는 것이었다. 1814년에서 1820년까지 이들 약 3천 가구의 1만 5천 명의 주민들은 체계적으로 사냥되었고 뿌리 뽑혔다. 마을들은 모두 파괴되었고 불태워졌다. 그들의 들판은 모두 목장으로 바뀌었다.(Marx, 1867/1965 : 731; 1867/1990 : 891;『자본론 I (하)』, 1002~3)

아마도 여러 세대 동안 도시 거주자일 우리들은 지금, 이 대목을 읽고 충격을 받을 것이다. 우리는 '가난한 사람들, 그들이 어떻게 고통을 당했는가'를 생각하지만 이해하지 못한다. 우리는 그 '가난한 사람들'이 바로 우리라는 것을 이해하지 못한다.

사람들을 토지로부터 떼어 낸 것은 아마도 자본주의의 기원적이고 갚을 길 없는 원죄일 것이다. 그것은 갈기갈기 찢어냄이며 인간들을 그들의 자연적 실존조건들로부터 폭력적으로 분리시킨 것이다. '사람이 자연에 의존해서 **산다**는 것은 자연이 사람의 **몸**이라는 것을, 그가 죽지 않으려면 부단히 [그것과] 상호교류하고 살아야만 하는 몸이라는 것을 의미한다. 인간의 신체적·정신적 삶이 자연에 연결되어 있다는 것은, 자연이 그 자신에 연결되어 있다는 것을 의미할 뿐이다. 왜냐하면 인간이 자연의 일부이기 때문이다.'[2] 인간과 자연 사이의 부단한 상호교류 혹은 신진대사 관계는 인간의 실존에 핵심적이다. 맑스가 유용노동(가치화 과정에 대립되는 것으로서의 노동과정)에 대해 말할 때, 그는 '노동은 무엇보다도 인간과 자연 사이의 과정, 인간이 그 자신의 활동을 통해 그 자신과 자연 사이의 신진대사를 매개하고 조절하고 통제하는 과정이다'(Marx, 1867/1990 : 283;『자본론 I

(상)』, 235~6)라고 말한다.3 자연과의 상호작용은 인간 행위의 핵심적 측면이다.

전자본주의 사회들에서는, 우리 주위의 살아 있는 세계와 살아 있지 않은 세계에 대한 태도는 일반적으로, 그것이 모종의 균형을 유지하는 데 중요하다는 생각에 기초를 두고 있었다. 나무를 잘라 내기 전에, 나무꾼은 나무에게 용서를 빌 수도 있다. 그것이 우리에게는 불합리하게 보이지만, 이것은 이 땅에서 서로 다른 생명형식들 사이의 상호의존에 대한 인정이었다. 종종 이러한 태도는 마법적이거나 종교적인 맥락에서 이해되었다. '마법의 기초에는 자연에 대한 물활론적 관념이 있었고 그것은 물질과 정신 사이의 어떠한 분리도 인정하지 않았다. 이것은 우주를, 눈에 보이지 않는 힘들이 살아가는, 살아 있는 유기체로 상상했다. 이곳에서 모든 요소는 나머지 요소들과 "공감적" 관계를 맺는다.'(Federici, 2004 : 142;『캘리번과 마녀』, 209) 이것은 분명히, 신들, 여신들 및 여타의 정령들을 인간세계와 비인간세계 사이의 관계를 매개하는 매개자로 설정하는 마법적이고 물신화된 사유형태였다. (그리고 이것은 이 사회들의 지배양식의 구성부분이었다.) 그럼에도 불구하고 이 마법적이고 종교적인 형식은 인간과 환경세계 사이의 일정한 균형을 정초했다. 자본주의적 노동의 발흥 이전의 인간 행위는 일반적으로 이 균형에 대한 존중에 기초를 두고 있다.

토지로부터 농민을 몰아낸 것은 인간을 그들의 자연환경으로부터 강제적으로 분리시킨 것이며 인간 생존에 필요한 균형을 파괴한 것이다. 이것은 맑스가 인간과, 우리가 그 일부인 자연 사이의 '신진대사의 단층'4(이제 너무나 분명하게 인류의 실존 자체를 위협하는 신진대사의 단층)이라고 불렀던 것의 창출이다.5 이 단층은 행위의 노동으로의 추상에서 분리할 수 없다. 토지로부터 쫓겨난 이전의 농민들은 그들의 노동력을 생산수단의 소유자들에게 파는 것 외에는 어떠한 대안도 갖고 있지 않았다. 인간 활동의 의미 자체가 변형된다. 그것은, 자연과의 일상적 대화로부터 지시의 공허한 수행으로 변형되며 행위는 노동으로 변형된다. 노동의 소외는 동시에 자연으로부터의 소외이기도 하다(Foster, 2000 : 72).

그 단층은 자연의 탈마법화이다.[6] 자연은 마법과 종교에서 분리되어, 인간을 위한 대상, 과학적 연구의 대상, 노동의 대상이 된다. 이것은 사유에서의 이행일 뿐만 아니라 실제로 여성 억압과 여성에 대한 재정의와 밀접하게 연결된 길고 폭력적인 과정이었다. 시초축적의 매우 중요한 일부였던 마녀사냥은 세계에 대한 마법적 비전 및 그와 연결된 실천들에 대한 공격이었다(Federici, 2004 : 200ff.;『캘리번과 마녀』, 297 이하). 이것은, 그 기초에서 자연을 인간으로부터 완전히 분리된 대상으로 구축한, 즉 자연을 이성에 의해 발견될 수 있는 법칙에 의해 지배되는 대상으로 구축한, 새로운 과학적 합리주의의 발흥을 수반했다.[7] 우리를 둘러싼 세계에 대한 우리의 관계는 분리의 관계, 거리의 관계, 무엇에-대한-앎knowledge-about의 관계 그리고 사용과 착취의 관계로 이해되게 된다.

이것은 심오한 결과들을 가져온다. 맑스와 엥겔스는 결과적으로 나타나는 '농촌 생활의 백치성'(Marx and Engels, 1848/1976 : 188)에 대해, 그리고 '전 세계적 상호교류로부터, 그리고 결과적으로 모든 문화로부터 농촌 인구의 절연'(Marx and Engels, 1845/1976 : 401)[8]에 대해 말한다. 그러나 더욱 심각한 문제는 아마도 그 분리가 농촌 주민들에게 낳은 것이라기보다, 그것이 토지와의 접촉을 박탈당한 도시 주민들에게 낳은 것이다. 그 분리는 '어떤 사람은 제한된 도시-동물로 만들고, 또 어떤 사람은 제한된 시골-동물로 만든다'(Marx and Engels, 1845/1976 : 64)[9]. 그리고 더 큰 손상을 입히고 또 더 큰 상실을 경험하는 것은 저 제한된 도시-동물이다.[10] 에런라이크(Ehrenreich, 2007 : 129ff.)는 17세기 유럽의 '우울증이라는 전염병'에 대해 말한다. 그녀는 그것을 집단적 기쁨에 대한 억압의 양상으로 본다. 하지만 저 광범위한 우울증과 집단적 기쁨에 대한 억압을 토지로부터 사람들의 분리와, 다른 생명 형태들과의 접촉이 가져오는 치료효과의 상실과, 그리고 농촌 공동체들의 생명력의 상실과 연결하는 것은 환상적인 것이 아닌 것으로 보인다. 토지의 울타리치기는 발생기 자본주의에 필요한 유용가능한 풍부한 노동력을 제공하는 데 그친 것이 아니다. 그것은 자연과의 접촉의 상실로 인해 의기소침해지고 궁핍해지고 둔감해진 도시 주민들의 세계를 창출한다.

토지의 울타리치기는 지난날의 에피소드가 결코 아니다. 세계적 수준에서, 농민들의 토지로부터의 추방이 오늘날처럼 맹렬했던 적은 결코 없다.

시골에서 사람들을 '밀어내고 있는' 전지구적 세력들 — 자바, 인도에서의 농업의 기계화, 멕시코, 아이티, 케냐에서의 식량 수입, 아프리카의 내전과 가뭄, 그리고 도처에서 일어나고 있는 소토지소유의 대토지소유로의 경화와 산업적 규모의 영농의 경쟁 — 은, 부채와 경제침체로 도시의 '인력'引力이 약화될 때조차도, 도시화를 지지하는 것으로 보인다. (Davis, 2006 : 17)

이 모든 것은 연루된 사람들에게 비참을 의미할 뿐만 아니라 인간과 자연 사이의 신진대사의 단층이 부단히 증대하고 있다는 것을 의미한다.

인간과 나머지 자연 사이의 분리를 생산하고 재생산함으로써 우리는 우리 자신의 실존 조건의 파괴를 생산하고 재생산한다. 달리 말해 우리는 우리 자신의 파괴의 조건을 생산하고 재생산한다. 이 과정에서, 인간은, 우리를 다른 생명 형태들로부터 분리시키는 것에 특별한 책임이 있다. 우리의 실존뿐만 아니라 매우 많은 (아마도 모든) 다른 생명 형태들을 위협하는 신진대사의 단층은 인간 행위의 결과이고 또 인간이 살아가는 방식의 변형을 통해서만 극복될 수 있다.

다른 생명 형태들 및 우리의 자연환경과 우리의 신진대사적 상호작용이 인간 실존의 전제조건이라는 것, 그리고 인간성의 미래는 우리가 창출한 저 단층을 극복할 수 있는 우리의 능력에 달려 있다는 것은 매우 분명하게 되었다. 그렇지만 이것은 우리가 다른 동물들과 동일하다는 것을 의미하지는 않는다. 인간과 다른 생명 형태들 사이에는 아무런 본질적 차이도 없다고 주장하는 것이 대중적으로 되었다. 이것은 내가 보기에 잘못일 뿐만 아니라 위험하기도 하다. 지구상의 생명의 전망들을 파괴하고 있는 것은 (돼지들이나 개미들이 아니라) 우리 인간들이다. 그리고 이것은 우리의 특유한 창조적 능력과 파괴적 능력을 반영한다. 이 책에 핵심적인 행위는 분명히 인간의 행위이지 동물의 행위가 아니다. 신진대사적 단층을 극복함에 있어서 우리의 특유한 책임을 충분히 떠맡기 위해서는 동물과 우리의 차이를 인지하는 것이 필요하다. 이 일을 하는 데 우리가 돼지나 개미에게 의존할 수는 없다.[11]

그러므로 최근 몇 해 동안의 많은 운동들이 인간과 다른 생명형식
들 사이의 분리의 극복을 투쟁의 중심에 놓았던 것은 그다지 놀랍지
않다. 이것은 수많은 균열들의 실체이다 : 자연과의 다른 관계에 기초
한, (유기농법, 퍼머컬쳐[호주인 빌 모리슨이 창안한 지속가능 농법 — 옮
긴이], 식물정원, 건조화장실 등등의 창출을 통한) 생활형식, 행위형식
의 발전.[12] 추상노동에 대항하는 행위의 반란은 16세기 혁명가 토마
스 뮌쩌의 외침을 반향한다 : '모든 살아 있는 것들은 자유롭게 되어야
만 한다.'[13]

# 18
## 행위의 노동으로의 추상은
## 우리의 행위할-힘의 외부화이며
## 시민, 정치, 그리고 국가의 창출이다.

추상은 제거, 대체, 박탈이다. 게다가 더욱 끔찍한 것은, 추상이 무상양도라는 것이다.

나는 나 자신과 나의 친구를 위해 케이크를 굽는다. 행위가 기쁜 이유 중의 하나는 그것이 나의 힘을 느끼게 한다는 것이다. 나는 내가 맛있는 케이크를 만들 수 있음을 깨닫는다. 그리고 나는 내가, 내가 즐길 뭔가를 할 힘을 갖고 있다는 것을 깨닫는다. 내가 친구들을 이다음에 불렀을 때에는 우리는 함께 케이크를 만든다. 다시 우리는 우리의 능력, 우리의 행위할-수-있는-힘을 느끼며 기뻐한다. 우리는 우리의 힘을 동사로서, 할 수 있음으로서 느낀다.[1] 그리고 나서, 이미 우리가 살펴보았듯이, 나는 시장에 내다 팔기 위해 케이크를 만들기로 결정한다. 얼마 후에 나는 살기 위해서 특정한 방식으로, 일정한 리듬에 따라 생산할 필요가 있다는 것을 깨닫는다. 시장은 나의 케이크 굽기를 측정하며 그 측정은 나의 활동을 다시 구속한다. 나의 행위가 노동으로 변형되었고 또 동시에 나의 행위할-수-있는-힘이 뭔가 다른 것으로, 우리를 지배하는 비인격적 권력power으로 변형되었음을 우리는 보았다. 우리는 더 이상 우리 자신의 행위에 대한 권력power을 행사하지 못한다. 우리는 우리 자신의 힘power을 외부화했고 또 그럼으로써 우리는 우리의 행위할-수-있는-힘을 그것의 대립물로, 우리를 지배하는 권력으로 역전시켰다. 동사로서의 우리의 힘, 우리의 할-수-있음은 명사로서의 권력으로, 우리 외부의 사물로 변형되었다. 우리가 무엇을 했는지를 우리가 알 때, 우리는 비통해 하며 이를 악문다. 하지만 끔찍한 것은, 우리가 그것을 계속 행한다는 것이다. 우리는 반복해서 우리의 힘을 외부화하며 우리의 창조력을, 우리를 지배하는 비인격적이고 소외된 권력으로 전환시킨다. 우리는 반복해서 그렇게 한다. 왜냐하면 우리는 살아남을 다른 길을 알지 못하기 때문이다.[2]

행위의 추상노동으로의 전환은 대개 임금노동의 확장을 통해 발생한다. 힘의 외부화도 이와 마찬가지지만 훨씬 더 명백하게 발생한다. 나는 빵굽기를 즐기면서 빵을 굽는다. 나는 나의 행위-할-수-있는-힘을 느낀다. 나는 이번에는, 내가 만든 케이크를 시장에서 직접 팔지 않고, 케이크를 구울 나의 능력을, 케이크를 구울 수 있는 나의 힘을 커다란 베이커리에 팔기로 결정한다. 그리고는 그 대가로 나는 임금을 받는다. 이번에는 내 노동을 측정하는 것이 시장이 아니라 나의 고용주이다. 그가 시장에서 케이크를 팔 수 있도록, 필요한 리듬을 부과하는 그 고용주이다. 지배권력power-over은 인격적 얼굴을 가진다. 하지만 자본가는 단지, 그가 통제하지 못하는 비인격적 힘의 인격화일 뿐이다. 다시 우리는 우리 자신의 힘을 외부화했으며 이렇게 함으로써 우리는 우리의 행위할-수-있는-힘을, 우리를 지배하는-권력으로 전환시켰다. 다시 우리는 매일매일 반복해서 그것을 행한다. 우리는 우리의 행위할-수-있는-힘을 외부화하여, 그것을, 우리를 지배하는 소외된 권력으로 전환시킨다. 우리가 생산수단으로부터, 생존수단으로부터 단절되었을 때, 우리가 할 수 있는 것이 이것 외에 무엇이 있는가?

그리고 얼마 후에 우리는 창조적 행위의 기쁨을 잊는다. 우리는 심지어, 우리의 행위할-수-있는-힘이 지배권력power-over의 실체라는 것을, 자본의 지배권력power-over이 전적으로 우리의 행위할-수-있는-힘에 의존한다는 것을, 우리에게 행사되는 권력을 창조하는 것이 바로 우리라는 것을 망각한다. 우리의 행위할-수-있는-힘은 보이지 않게 된다. '권력'power은 힘 있는 자들의 권력, 자본의 권력, 체제의 권력 등과 동의어인 명사가 된다.

우리의 힘의 반복적이고 복합적인 외부화는 (그리고 그에 의한 power-to[지향력]의 power-over[지배권력]으로의 변형은) 사회적 응집의 복잡한 거미줄(자본주의적 사회관계)을 창출한다. 사회적 응집의 이 그물망은 우리의 행위를 추상하는 무수한 과정에 의해, 우리의 행위할-수-있는-힘의 외부화에 의해 생산되고 재생산된다. 그리고 그것은 지배권력power-over의 복잡한 그물망을, 의무의, 강제의, 지배의 거미줄을 구성하게 된다. 이것이 바로 우리에 대립하는 자본주의 사회이다. 그리고 이것이 바로, 다른 뭔가를 하려는 우리의 시도를 조롱하는, 우리의 균열들이 광기의 균열들이라고 우리에게 말하는, 사회적 응집 혹은 종합이다.

추상노동에 의해, 우리의 할-수-있음의 우리에 대한 권력으로의 반복된 변형에 의해 구성되는 사회는 적대적 사회이다. 그것은 우리 행위의 좌절에, 우리가 필요하다고 혹은 바람직하다고 생각하는 바를 하려는 우리의 경향의 좌절에 기반을 둔다. 이 근본적인 좌절은 동시에 계급 적대, 다시 말해 추상노동에 의해 창출되고 또 그것에서 이득을 얻는 사람들(즉 자본가들)과 그 추상노동을 수행하도록 강제되는 사람들(즉 노동자들) 사이의 적대이다. '경제관계의 단조로운 강제' (Marx, 1867/1965 : 737; 1867/1990 : 899; 『자본론 I (하)』, 1013)는 결코 이러한 적대를 충분히 봉쇄할 수 없다. 그것은 무력의 사용에 의해 지지되어야 한다. 우리의 힘의 외부화는 다른 차원을 필요로 한다. 지배권력, 즉 우리의 행위할-수-있는-힘의 변형에 의해 창출된 이 괴물은 자신을 복제한다. 그것은 경제적 형태와 정치적 형태라는 두 개의 분명한 형태로 실존하게 된다. 추상노동의 지배에 필요한 사회질서를 공고화하기 위해서는 사회로부터 분리된 심급이 추가로 발전한다. 이 심급이 바로 국가다.

언제나 그렇지는 않다. 예컨대 봉건사회에서는 우리 힘의 그와 같은 외부화도 없었고 경제적인 것과 정치적인 것의 그와 같은 분리도 없었다. 농노는 처벌의 고통 아래에서 자신의 역량을 영주를 위해 사용하도록 강제되었다. 그러나 거기에서는 활동의 특유성의 상실도 없었고 착취와, 착취를 유지하는 데 필요한 힘의 사용이나 그 힘을 사용하겠다는 협박 사이의 어떠한 분리도 없었다. 지배는 직접적으로 인격적이었고 공공연하게 위계적이었다. 봉건사회는 '꾸러미 지어진' 사회이다. 그 속에서 사회적 응집은 공동체 속에서 영주의 인격적 지배나 전통적 지배 하에 확립된다.

이것은, 영주들이 양을 키우기 위해 농민들을 몰아냄에 따라, 농민들이 영주들의 전제를 피해 도망감에 따라 변화했다. 인격적 구속은 더 이상 사회를 결합시키지 못했다. 행위의 노동으로의 추상에 중심을 둔 새로운 응집은 새로운, 추상적 주체를 창출했다. 영주에게 집단적으로 종속되었던 농노들은 개인들로, 상품(특히 핵심 상품인 노동력의) 판매자들로 바뀌었다. 상품의 개별적 판매자들로서 그들은 결과적으로 동등한 권리를, (그것이 없다면 교환계약이 불가능할) 동등한 사적 소유자로서의 권리를 향유했다. 그들은 법적 주체들로 바뀌었다.3 그들은 (투쟁과정을 거쳐) 동등한 권리를 향유하는 동등한 시민들로 되었다. 이것은, 그들 삶의 실제적 상황에 대해서는 아무 것도 말해주지 않는, 형식적이고 추상적인 평등이다. 시민은 하나의 추상, 즉 행위의 노동으로의 추상에 내재한 추상적 개인성의 통합체이다. 추상적 노동자들로서 우리는 모두 동등하며 우리는 모두, 의미나 특수성에의 무관성無關性에 즉 추상에 기초한 사회인, 상품사회의 사회적 생산에의 참여자이다. 추상적 개인들로서 (그리고 단지 추상적 개인들로서만) 우리는 시민이며 대의될 수 있다.

국가는 사회로부터의 분리에 의해 특징지어진다. 그것은 사회적 응집을 확립하지 않으나 교환과정을 통한 저 사회적 응집을 확립하는 필수적 보완물로 기능한다. 그것은, 행위의 노동으로의 추상에 의해 구성된 추상노동으로부터의 파생형식이다. 국가의 구성은 이와 동시에 분리된 영역들로서의 경제적인 것과 정치적인 것의 구성이다. 이 두 가지로 인해 행위의 노동으로의 추상, 우리의 할-수-있음의 우리에 대한 지배권력으로의 변형은 시야에서 사라진다.

정치적인 것은 우리의 불을 빨아들이며 우리의 주의를 우리의 할-수-있는-힘이라는 근본문제로부터 분산시킨다. 국가는 바로 그 실존을 통해서 결과적으로 이렇게 말한다 : '나는 사회적 응집의 힘이다. 나는 사회적 결정의 중심이다. 만약 당신이 사회를 바꾸고자 한다면, 당신은 내게 집중해야 한다. 당신은 나에 대한 통제력을 획득해야만 한다.' 이것은 진실이 아니다. 사회의 참된 결정인은 국가와 경제 뒤에 숨어 있다 : 그것은, 우리의 일상활동이 조직되는 방식, 즉 우리가 행위의 추상노동(다시 말해 가치, 명령, 이윤)의 명령에 종속되는 것이다. 요컨대 국가의 실존의 실제적 기초가 바로 이 추상이다. 만약 우리가 사회를 바꾸기를 원한다면 우리는 우리 활동의 추상노동에의 종속을 멈춰야 하며 다른 뭔가를 해야 한다.

그러나 국가의 유혹 소리는 매우 강력하다. 만약 우리가 어떤 것을 달성하기를 원한다면, 만약 우리가 사회를 바꾸기를 원한다면 우리는 그것을 바라보아야 한다고 하면서 그것은 거듭해서 우리를 부른다. 분리되고 특수한 심급으로서의 국가의 실존은 우리를 부단히 호명하는 것이며 우리를 정치라는 분리된 영역 속으로 부단히 유혹하는 것이다. 비록 우리가 조직형식으로서의 당을 거부하더라도, 비록 우리가, 우리는 권력을 장악하기를 원치 않는다고 말할지라도, '중요한 것은 정치적인 것이야, 당신의 일상활동의 내용은 잊어버려, 중요한 것은 정치야'라고 말하는 멈추지 않는 목소리가 여전히 있다. 심지어 많은 자율주의적 그룹들도 이 속으로 끌려들어갔다. 그들은 '다른 정치'의 구축에 초점을 맞춘다. '다른 정치'가, 우리의 일상활동의 나머지로부터 정치의 분리라는 사실 자체에 대한 비판에, 정치의 행위로부터의 분리의 극복에 기초를 두어야 한다는 점을 보지 않고서 말이다. '다른 경제'라는 관념에 대해서도 똑같이 말할 수 있다. 그것이 삶으로부터 경제의 분리라는 사실의 극복에 초점을 맞추는 정도로만 의미가 있다고 말이다.

국가는 우리를 거짓 지형으로 끌고 간다. 그러나 그것은, 정치가 우리를 거짓 지형으로 끌고 가는 것을 의미한다. 별개의 영역으로서의 정치를 받아들이는 것 자체가 우리를 잘못된 길로 이끈다. 우리의 활동, 우리의 행위, 그것이 조직되는 방식에 있어서, 매일 우리가 무엇을 하는가가 중요하다는 것을 자각하자. 우리의 주장에서 전진하면 그럴수록, 우리는 인간 활동의 관점에서 세계를 이해하고 변화시킨다는 대인적 비판에 대한 맑스의 주장이 갖는 중요성을 알 수 있다.

국가, 따라서 별개의 영역으로 이해된 정치는 다른 세계를 위한 우리 투쟁의 제거, 전위轉位, 박탈이다. 그러나 그것은 그 이상이다. 그것은 우리에 의한 창작이며 우리에 의한 양도이다. 국가의 실존은, 행위의 노동으로의 추상 속에 내재하는, 힘의 외부화의 일부이며 우리의 행위할-힘의 지배권력으로의 변형의 일부이다. 우리는 세금을 냄으로써, 법에 복종함으로써, 선거에서 투표함으로써뿐만 아니라 일상생활로부터 분리된 정치적인 것이라는 별개 영역을 구성함으로써 그것을 창조하고 또 재창조한다. 우리에 대한 그것의 지배력은 우리의 행위할 힘의 변형이다. 그러므로 국가 비판은 우리의 힘의 외부화에 대한 비판이며, 우리가 국가를 우리 외부에 서 있는 권위로서 부단히 창조하고 재창조하는 것에 대한 비판이며 우리가 정치를 우리의 일상적 삶으로부터, 우리의 행위, 먹기, 사랑하기로부터 분리된 별개의 영역으로 창조하고 재창조하는 것에 대한 비판이다.[4]

# 19

## 행위의 노동으로의 추상은 시간의 동질화이다.

우리가 우리 자신을 걸려들게 하기 위해 짜는 거미줄의 가장 미묘한, 그러나 가장 강력한 요소들 중의 하나는 시간 자체이다. 추상노동은 추상시간을 생산한다. 추상노동은 시계를 생산한다.

시계는 지속에 대해, 시간의 동질화에 대해 말한다. 시계의 관점에서 보면, 1분은 다음 1분과 똑같다. 시계는 시간을 양화하면서, 행복의 분들을 절망의 분들과 똑같이 취급하면서, 과거를 미래로 투사하면서 돌고 돈다. 시계에게 내일은 오늘 혹은 어제와 똑같은 것이다. 시계에게 가능한 유일한 혁명은 아무 것도 바꾸지 않으면서 돌고 도는 것이다.[1]

지배의 모든 체제는 지속에, 어떤 것이 어떤 순간에 존재하면 다음에도 계속 존재할 것이라는 가정에 의존한다. 주인은, 자신이 어제 지배했기 때문에 내일도 계속 지배할 것이라고 가정한다. 노예는 다른 내일을 꿈꾼다. 그러나 종종 그것은 죽음 너머에, 하늘에 그것을 위치시킨다. 그 경우에 그녀[노예─옮긴이]는 상황을 변화시키기 위해 자신이 할 수 있는 것은 아무 것도 없다고 가정한다. 행위의 힘은 존재하는 것에 종속된다. 그녀는 노예이고 내일도 여전히 노예일 것이다. 그리고 내일도, 또 내일도.

우리는 우리 주위를 둘러본다. 우리는 정치가들과 자본가들을 본다. 우리는 그들의 큰 건물들과 그들의 경찰, 그리고 그들의 군대를 본다. 우리는 매우 복잡하고 부패한 세상을 본다. 우리는 그것이 부정의하고 폭력적이고 파괴적임을 안다. 그리고 우리는 그것이 달라지기를 원한다. 그러나 우리는, 그것이 여전히 내일도 거기에 그렇게 있으리라고 가정한다. 그리고 내일도, 또 내일도.

그리고 시계는 똑딱댄다. 우리에게 그렇다고 말하면서, 시간은 온통 오늘의 반복일 뿐인 내일들의 삶이라고 말하면서. 삶은 그런 것이라고, 사물들도 그런 것이라고, 그것이 사물들이 존재하는 방식이라고 말하면서. 시계에게는 현재와 다른 과거가 존재하지 않는다. 어떤 미래도 현재와 다를 수 없다. 시계는 영속하는 현재에 대해 말한다. 하지만 그것은 완전히 공허한 현재이다. 왜냐하면 그것은 다른 미래의 가능성을 전혀 포함하고 있지 않기 때문이다. 시계시간에는 어떤 행위도 없다. 오직 공허한 존재만이, 무한히 반복되는 것만이 **존재한다**.

시계는 우리에게 지속에 대해, 연속성에 대해, 급진적 변화의 불가능성에 대해 말한다. 지속은 우리 마음속으로 침투한다. 우리는 사물들이 현재 있는 그대로 지속할 것이라고 생각한다. 어쩌면 우리는, 전쟁이나 거울이미지의 테러, 그리고 사회적 재앙들과 같은 그 재앙들이 우리가 통제할 수 없는 것을 우리에게 덮어씌운다는 것이 사실이 아니라는 것을 알지도 모른다. 시계는 우리를 무디게 만든다. 우리가 재앙의 위험을 느끼지 못하도록 만든다. 그러나 무엇보다도 우리가 사물들을 근본적으로 바꿀 수 있는 가능성을 느끼지 못하도록 만든다.

언제나 그렇지는 않았다. 시계는 영원히 지배하지는 못했다. 시계가 부상하기 전에, 행위는 시간의 중심에 있었고 시간을 측정하는 제일의 수단이었다. 이것은 때때로 과제지향성task-orientation이라고 불린다. 그래서 톰슨Thompson은 우리에게 다음과 같이 말한다.

> 마다가스카르에서 시간은 '밥짓기'(약 반 시간)에 의해서나 혹은 '메뚜기 튀기기'(한 순간)에 의해 측정될지 모른다. 크로스강[아프리카의 강 — 옮긴이] 원주민들은 '사람은 옥수수가 완전히 구워지는 것보다 짧은 시간에(15분이 안 되는 시간에) 죽는다'고 말하는 것으로 보고되었다. …… 옥스퍼드 영어 사전은 우리에게 주기도문 외는 시간pater noster wyle 2, 애원의 시간miserere whyle (1450)과 같은, 그리고 옥스퍼드 영어사전이 아닌 *New English Dictionary* 에서는 '오줌 누는 시간 동안'pissing while과 같은, 다소 임의적인 측량법에 관한 영어 사례를 제공한다.(Thompson, 1967 : 58)

행위시간(혹은 과제지향성)은 행위가 아직 노동으로 변형되지 않은 사회에서 시간의 지배적 형식이다. '과제지향성이 공통적인 공동체는 "노동"과 "삶" 사이의 최소의 경계를 보여주는 것으로 나타난다. 사회적 교류와 노동은 뒤섞이고 노동일은 과제에 따라 늘어나거나 줄어든다. 그리고 노동과 "소일" 사이의 갈등에 대한 특별한 감각이 존재하

지 않는다.'(Thompson, 1967 : 60)

시계의 등장은 행위의 노동으로의 추상의 등장을 수반한다. 그것은 수 세기의 투쟁을 포함하는 오랜 과정이다. 14세기 이후 시계의 확산은 무엇보다도, 중세교회 시간과는 구별되는 '상인 시간'과 더불어, 상품교환의 확산과 연결되어 있다.3 시계의 확산, 그리고 더 큰 정확성을 갖는 회중시계의 확산(분침은 18세기가 되어서야 일반화되었다)4은 (먼저 시골에서, 후에 공장에서) 노동훈육의 부과와 긴밀히 연결되어 있었다. 과제지향성 혹은 행위시간은, 행위가 다른 누군가를 위한 행위일 때는, 즉 저항감을 불러일으키는 행위일 때는 적합하지 않다. 행위가 노동이 될 때, 활동이 행위자와 피강요자에게 외적인 것이 될 때, 시간도 외적으로, 강제된 것으로 된다. 더 이상 시간은 행위로부터 생겨나지 않지만 행위가 수행되도록 하기 위해서 행위에 강제되어야만 한다. 시계는, 바로 이것이 수행되도록 할 수단이다. 톰슨은 시계의 확산이 점점 복잡해지는 시간의 동시화의 필요에 대한 표현일 뿐만 아니라 동시에 훈육 부과이기도 했다고 주장한다 : '우리는 기술적 조건 하에서의 시간감각에 관심을 가질 뿐만 아니라 노동착취의 수단으로서의 시간척도에도 관심을 갖고 있다'(Thompson, 1967 : 80).

시계시간의 부과는 쉽게 완수되지 않았다. 그것은, 노동 훈육의 부과, 지각에 대한 처벌뿐만 아니라 도덕가들 및 설교자들에 의한 시간엄수의 미덕에 대한 끊임없는 지지를 포함하여, 그것을 예찬하는 것, 일찍부터 좋은 습관을 주입하는 것, 공교육을 도입하는 것 등의 오랜 투쟁을 필요로 했다. 무찔러야 할 적은 시간낭비, 시계의 똑딱거림의 긴급성을 받아들이는 것에 대한 거부였다. 18세기의 어떤 성직자는 '교회와 거리가 결혼식과 장례식을 구경하는 수많은 구경꾼들로

가득차고 …… 구경을 하느라고 하루의 최상의 시간들을 낭비하는 것
에 어떤 양심의 가책도 받지 않는 것'(Thompson, 1967 : 83)을 공포
의 눈으로 바라본다. 그러나 톰슨은, 노동자들이 자본에 대항하여 조
직되기 시작하면서 시간에 대한 저항에 점차적 변화가 있음을 주목
한다 : '사람들의 낡은 노동습관에 수많은 방향에서 가해진 맹습은 물
론 도전받지 않았던 것이 아니다. 첫 단계에서, 우리는 단순한 저항
을 발견한다. 그러나 다음 단계에, 새로운 시간 훈육이 부과되자, 노
동자들은 시간에 대해서가 아니라 시간훈육에 대항해 싸우기 시작했
다.' (Thompson, 1967 : 85) 달리 말해 노동자들은, 더 이상 자신들의
시간을 구경에 낭비할 권리를 위해서, 혹은 자신들의 하루를 단지 자
신들이 하고 싶어 하는 것에 따라 측정할 권리를 위해서 싸우지 않고,
더 짧은 노동시간을 위해 싸우기 시작한다. 이것이 추상노동의 투쟁
의 탄생이라는 것은 분명하다. 거기에는 공장 혹은 다른 작업장에서
의 노동의 형식과 리듬에 대한 수용이 있다. 자본에 대한 투쟁은 계속
된다. 하지만 그것은 이제 자본에 의해 만들어진 기본규칙 속에서이
다. 톰슨은 이렇게 결론짓는다.

> 공장 노동자의 첫 세대는 그들의 주인들로부터 시간의 중요성을 배
> 웠다; 두 번째 세대는 열 시간 노동제 쟁취를 위한 운동을 전개하면
> 서 노동시간단축위원회를 만들었다; 세 번째 세대는 초과시간 혹은
> 50% 초과수당을 위해 파업했다. 그들은 고용주들의 범주를 받아들
> 였고 그 속에서 싸우는 법을 배웠다. 그들은 시간이 돈이라는 교훈을
> 아주 잘 학습했다.(Thompson, 1967 : 86)[5]

새로운 시간은 소외된 추상적 노동의 시간이다. 추상시간은 추상노동으로부터 분리불가능하다. 다른 생산물들이 시장에서 비교될 때, 그것들 사이에 양적 관계(상품들의 교환가치)가 확립되며 이 관계는 그 상품을 생산하는 데 필요한 사회적 필요노동시간에 의해 결정된다. 행위의 노동으로의 추상에 대해 말하는 것은, 필연적으로, 행위시간의, 외적인 탈주체화된 사회적 필요노동시간으로의 추상에 대해 말하는 것이다. 사회적 필요노동시간의 지배는 필연적으로 우리 외부의 시간, 우리의 행위의 질로부터 추상된 시간의 지배이다. 우리가, 추상노동이 자본주의 사회를 엮어짠다고 말할 때, 우리는 추상적 시계시간이 저 엮어짬의 본질적으로 필수적인 일부임을 인정하는 것이다.[6]

이것은 지속의 시간, 우리의 행위로부터 시간의 분리이다. 시계는 노동훈육이나 시간엄수만을 나타내는 것이 아니라 생활 및 세계 이해의 총체적 방식도 나타낸다. 시계시간, 지속의 시간은 주체의, 객체로부터의 분리의 시간이며, 구성의, 실존으로부터의 분리의 시간이고, 행위의, 행위된 것으로부터의 분리의 시간이다. 우리는 뭔가를 창조하며 우리가 창조한 것이 우리로부터 분리된다. 그것은, 우리에 의한 그 사물의 구성 혹은 창조가 부정되고 우리의 행위시간이 말소되는 새로운 실존을 얻는다. 우리는 사랑과 헌신으로 의자를 만든다. 그런데 그 의자는 거기에 팔릴 상품으로 놓여 있다. 우리의 애정 넘치는 창조는 망각되고 우리가 그것을 창조하는 데 사용한 시간은 그것의 가격 속에서 말소된다. 구성의 시간은 망각되고 실존의 시간이 그 자리를 차지한다. 그 의자는 만들어진 지 2년, 10년, 100년이 되었다는 식으로. 이것은 구성으로부터-분리된-실존의 시간이며 사물의 시간이다. 여기에서 하루는 지난 하루 혹은 다음 하루와 같다. 의자는 창조하지 않으며 사랑에 빠지지 않으며 분노하거나 절규하지 않는다. 의자시간은 시계시간, 사물시간, 객체시간이다. 사물시간은 인간시간의 부정이며 객체시간은 주체시간의 부인否認이다. 시계시간은 우리의 무기력의, 사물에 대한 우리의 종속의 시간이다. 그것은 삶living의 시간이 아니라 생존survival의 시간, 이 날에서 저 날로 터벅터벅 걷는 시간, 단조로움의 시간이다.

시계시간은 우리가 그 안에서 사는 시간이다. 우리는 시간 속에서 살고 행동한다. '똑에서 딱으로 흐르면서, 시계시간은 인간 활동을 그 특수한 내용과는 무관하게 측정한다. 시계시간 속에서, 노동의 지출은 시간에 맞춰in time 일어나지 않는다. 그것은 시간 속에서within time 일어난다.'(Bonefeld, 2010) 시간은 우리의 삶을 포함한다. 그것은 우리가 어떤 통제력도 갖지 않은 틀이다. 운 좋게도 우리는 80년 혹은 90년까지 살 수 있다. 그것은 우리가 살아가는 측정된 기간이다. 이것은 동일성의 시간이다. 행위로부터 분리된 시간은 동일한 단위들로, 동일성의 단위들로 구성된다. 그것들은 서로 분리된 자기포함적인 단위들이며 우리가 포함된 단위들이다.7

시계시간은 제도화의 시간이다. 제도화는 구성으로부터 실존의 분리의 연장이다. 우리는 뭔가를 창조한다. 그것은 우리로부터 독립적인 실존을, 그 자신의 '삶'을 획득한다. 우리는 정당을 구성한다. 그 당은 계속 실존하면서, 그것이 우리를 대표한다고, 지금도 그것이 만들어진 때와 똑같은 관계를 우리와 갖고 있다고 주장한다. 우리는 국가를 만든다. 국가는 우리로부터 독립적으로, 그 자신의 시간, 역사, 기억을 가지고 실존한다. 우리는 결혼한다. 그리고 우리의 사랑의 관계는 그 순간의 감정과는 분리된 그 고유의 실존을 획득하며 커다란 파열가능성의 시간들에 의해서가 아니라 기념일들에 의해 측정되는 시간성을 획득한다. 감옥은 의미로부터 시간의 분리의 최고의 표현이다 : 수인들은 단순히 '시간을 행한다.' 그들이 '행하는' 시간은 완전히 그들의 통제 밖에 있다.

시계시간은 우리가 통제하지 못하는 세계, 우리의 열정과 강렬도에 반응하지 못하는 세계의 시간이다. 그것은 우리-밖의-시간이다. 그것은 역사적 시간, 하지만 우리-밖의-역사의 시간, 우리에게는 낯선 세계사이다. 이것은 실재적 역사, 우리가 실제로 통제하지 못하는 실재적 세계사이다. 햇수로 측정되는 역사, 연속적 구조들의 역사, 처음과 끝을 갖는 시간들로 분할된 역사, 과거·현재·미래의 명확한 구분을 갖는 역사이다. 이것은 진보의 시간, 미리결정된 궤도를 따라 앞으로 달려가는 시간이다. 이것은 실재적 시간이며, 실재적 역사이다. 하지만 그것은 우리의 시간이 아니며 우리의 역사가 아니다.[8]

이것은 지연된 만족의 시간이다.[9] 시계는 우리에게, '지금은 거리에 서서 구경을 할 시간이 아니야'라고 말한다. 만약 우리가 노동시간 동안에 열심히 일한다면, 아마도 그 후에 우리는 우리 자신에게 구경할 즐거움을 허용할 수 있을 것이다. 그 시간 동안에 우리는 우리의 욕망을 희생시켜야 한다.[10] 먼저 희생하고, 그 후에 즐겨라. 그러나 시계는 무엇보다도 지금 희생의 시간, 측정된 노동의 시간, 그것이 시계에 의해 측정된다는 바로 그 사실 때문에 즐거울 수 없는 노동의 시간이다. 지연된 만족은 시계 너머에, 무지개 위에 있으며 그림의 떡과 같다. 이것은 미래혁명Future Revolution의 시간이다. 그것은 논리적 부조리이다. 왜냐하면 그것은 추상노동의 추상시간에 기초를 두고 있기 때문이다.

# 20
# 행위의 노동으로의 추상은 총체성의 창조이다.

어떤 사회든 사람들의 활동들의 모종의 상호접속에 의존한다. 거기에는 사람들이 행하는 것에 대한 모종의 결합이 있어야만 한다.

그들의 활동들이 사회에 적합하기 위해서는 상호연관되어야 한다. 그리고 사회가 총체로서 기능하기 위해서는 그 활동들은 적어도 최소한의 균일성을 포함해야 한다. 이 일관성은 의식적일 수도 있고 무의식적일 수도 있다. 그러나 그것은 있어야 한다. 그렇지 않으면 사회는 생존할 수 없을 것이며 개인들은 서로에 대한 복합적 의존들로 인해서 파멸을 면치 못할 것이다.(Sohn-Rethel, 1978 : 5)

전자본주의 사회에서, 이 결합은 그 활동의 구체적 성격을 기초로 이루어졌다. 그것은 관습을 기초로 할 수도 있고 공동결정을 기초로 할

수도 있고 명령을 기초로 할 수도 있다. 그러나 그 관습, 명령 혹은 공
동결정은 특유한 활동에 관련된다 : 노예 소유주는 노예에게 벽을 세
우라고 말하며 촌락의 관습에는 목각사woodcarver가 매년 교회를 위해
조각상을 만들어야 한다고 되어 있고, 기타 등등. 활동들의 사회적 결
합은 인지된 사회적 필요와 실존하는 사회적 숙련의 일정한 조합을
기초로 발생한다.

자본주의 하에서 이 모든 것은 변한다. 그 결합은 관습, 명령 혹은
공동결정에 의해 이루어지지 않고 생산물의 교환을 통해 이루어진다.
확실히 자본주의 기업들에서 조정은 명령에 의해 이루어지지만, 전체
사회에서 유일한 명령은 통제되지 않고 무의식적인 화폐(교환매체)
의 운동뿐이다. 내가 다른 사람을 위해 케이크를 굽는다는 사실은 관
습, 명령, 공동결정의 결과가 아니라 단지 내가 그것들을 팔 수 있다
(그것들을 화폐와 교환할 수 있다)는 지각의 결과이다. 내가 더 이상
그것들을 화폐와 교환할 수 없다는 것을 발견한다면, 나는 다른 활동
을 선택하지 않을 수 없을 것이다. 활동들의 사회적 직조는, 그러므
로, 활동들의 구체적 성격을 기초로 발생하는 것이 아니라 그 성격들
의 추상을 기초로, 동질적인 추상노동으로 간주되는 온갖 상이한 활
동들을 기초로 발생한다. 사회적 응집은 모든 활동들을, 우리의 모든
특수한 행위들을 동질적이고 양화할 수 있고 측정가능하고 호환가능
한 노동으로 간주하는 것을 통해 이루어진다. 노동의 사회화는 또 이
전 사회에서와는 달리, 노동의 동질화이다.[1]

이것은 사회적 응집의 의미에 중요한 영향을 끼쳤다. 한 개인의
특수한 활동과 전체로서의 사회 사이에는 좀더 긴밀한 통합이 있다.
내가 자동차를 생산하는가, 케이크를 생산하는가 그렇지 않으면 아무

것도 하지 않는가 하는 것은, 내가 어떠한 통제력도 갖지 않은, 화폐운동(시장)의 결과이다. 맹목적 연관이 사람들을 이런 활동에서 저런 활동으로 내던진다. 자동차를 만들다가 컴퓨터를 조립하다가 햄버거를 만드는 식으로 말이다. 추상을 통한 사회적 응집의 확립은, 사회적 연관이 공간과 시간에 제약되어 있지 않음을 의미하기도 한다. 봉건 사회에서 사회적 연관은 제한된 공간에서 이루어짐에 반해, 교환이라는 매개는 어떠한 제한도 없다는 것을 의미한다. (냉동된) 나의 케이크는 내일이나 혹은 3주 안에는 중국이나 독일에서 소비될 수 있다. 중국에서 자동차를 생산하는 데 필요한 노동시간의 축소는 미국 자동차 노동자들을 실업에 빠뜨린다.

따라서 사회적 응집은 전자본주의 사회들에 존재했던 것과는 질적으로 다르다. 그것은 세계 전체를 뒤덮는다. 그것은 사람들의 활동 내용을 훨씬 더 철저하게 규정한다. 그것은 어떤 의식적 통제로부터 독립적인 외부적 힘으로 실존한다. 우리는, 자본주의에서 사회적 응집이 사회적 종합으로, 혹은 비자본주의 사회들에서와는 다른 **총체성**으로 존재한다고 말함으로써, 이 차이를 표시한다.

추상노동은 의식적 결정에서 독립적인 총체성을 구성한다. 그것은 그 나름의 논리를 갖고 있으며 그 나름의 발전 법칙을 갖고 있다. 요컨대 그것은 생산자들의 등 뒤에서 작용하는 법칙들을 가진 자본의 논리학을 갖고 있다. 나는 케이크를 굽지만, 만약 그 케이크를 굽는 데 요구되는 사회적 필요노동시간 이상이 걸린다면 나는 나의 케이크를 (나의 노동을 반영하는 가격에) 팔 수 없을 것이다. 내가 사회적 필요노동시간의 요구를 충족시켰는지 아닌지를 내가 어떻게 알 수 있을까? 오직 내가 나의 케이크를 팔 수 있는가 없는가를 가지고만 알 수 있다. 추상노동의 법칙은 나의 등 뒤에서 작동한다. 사람들의 활동들의 상호작용은 그들의 통제 너머에 있으며 그 고유의 논리학에 따라 작동한다.

행위의 추상노동으로의 변형의 다른 모든 측면들처럼, 총체성의 구성은 역사적 과정이며 극단적으로 폭력적인 것이다. 세계시장의 구성은 부드럽고 합리적인 과정이 아니었으며(지금도 그렇지 않다), 수많은 사람들을 비참과 사회적 상실감에 빠지게 한 과정이었고 모든 문화와 민중들을 파괴한 과정이었다. 총체성(즉 자본주의에 특유한 사회적 응집)은 대안적 행위방식과 대안적 생활방식을 제거하는 것이며 추상노동의 맹목적 법칙에 들어맞지 않는 것이면 그 무엇이건 제거하는 것이다.

추상노동은 총체성을 구성한다. 하지만 그것은 불명확한 방식으로 그렇게 한다. 사회적 응집이 어떤 의식적 과정의 결과가 아니기 때문에, 사회는 부정합적인 특수자들의 덩어리고, 무관한 현상들의 덩어리로 나타난다. 성적 동질이상sexual dimorphism과 다른 생명 형태들의 파괴 사이의 연관은 얼핏 보아서는 명백하지 않다. 그것들은 두 개의 무관한 현상처럼 보인다. 성적 동질이상에 대한 투쟁이 삶의 다른 형식들의 파괴에 대한 투쟁이나 추상노동의 폐지를 위한 투쟁과 어떻게 연관되는지를 우리가 이해할 수 있으려면 이 둘 다를 추상노동에 의해 형성된 사회의 일부로 이해해야만 한다. 그 자신을 특수자들의 덩어리로 제시하는 세계 앞에서, **총체성**은 비판의 근본범주이다. 이것이 결정적인 것은 그것이 자본주의 지배의 상호연관성(예컨대 발전원조와 무기판매 사이의 연관)을 밝혀주기 때문만이 아니라 우리들의 투쟁의 분리-속의-통일을 조명하기 때문이기도 하다.

그래서 **총체성**은, 자본주의 사회의 명백히 분리된 현상들 사이의 관계를 지시하는, 맑스주의적 비판의 중심범주였다. 그렇지만 여기에는 커다란 위험이 있다. 비판적 범주였던 총체성이 쉽사리 **긍정적 범주**로 변형될 수 있다는 것이 그것이다.[2] 이런 일은, 총체성이 초역사적 범주로 이해될 때 발생한다.

이것은 중요하다. 왜냐하면, 만약 우리가 총체성을 긍정적이고 초역사적인 개념으로 전환시킨다면, 우리가 그것을 그것의 무의식적이고 파편적인 자본주의적 형태로부터 해방시켜야 하는 무엇으로 간주하는 경향을 보이는 것이기 때문이다.[3] 비판적인 것으로서의 총체성으로부터 긍정적 개념으로서의 총체성으로의 이러한 미끄러짐은 특히 루카치와 그의 책 『역사와 계급의식』과 연관된다. 이 책에서 그는 맑스주의는 '총체성의 관점'이다라는 유명한 주장을 했다.[4] 총체성이 파편화에 대한 비판인 한에서, 그리고 인간 창조의 중심적 역할을 흐리는 모든 현상들에 대한 비판인 한에서, 이것은 매우 중요하다. 하지만 루카치는 여기에서 더 나아가 총체성을 역사의 주체-객체로서의 프롤레타리아트를 지칭하는 것으로 해석한다. 자본주의에 대한 투쟁은 총체성의 파편화로부터 총체성의 해방을 위한 투쟁으로 된다. 이것은 (총체성을 대표하는 것으로서의) 당 및 중앙집권적 사회주의 계획이라는 이념과 밀접하게 연관된다. 지금 총체성은 파편화되어 있고 무정부적이다. 필요한 것은 통합되고 사회적으로 통제되는 총체성이다. 많은 사람들이 그러한 관점을 경악스러운 것으로 간주한다는 사실은 그다지 놀라운 일이 아니다.

그렇지만 만약 우리가 총체성을 추상노동의 산물로 이해한다면, 자본주의에 대한 투쟁은 파편화와 사회적 통제의 결여에 대한 투쟁일 뿐만 아니라 총체성 자체에 대한 투쟁이다. 이것은 장기와 단기에 걸쳐 매우 다른 전망perspective을 연다. 우리가 말한 균열은 대안적 총체성을 확립하려는 투쟁이 아니라 현존하는 총체성을 깨뜨리려는 투쟁이다. 만약 추상노동이 총체화한다면 추상노동에 대한 투쟁은 총체화에 대항하는 투쟁이다.5 이것은 중요하고 실제적인 문제이다. 왜냐하면 바로 총체성에 대한 긍정적 개념이야말로 최근의 자율주의 운동에 대해 반복적으로 제기된 다음과 같은 이의제기이기 때문이다 : 당신의 강령, 당신의 국민국가적 계획은, 당신의 전략은, 당신의 이행이론은 어디에 있는가? 거듭해서 우리는 총체성의 관점에서 우리의 투쟁들을 개념화하도록, 다시 말해 우리가 거부하는 논리 속으로 그 투쟁들을 통합하도록 요구된다.

# 21

# 추상노동이 지배한다 : 행위의 노동으로의 추상은 노동착취에 의해 지탱되는 응집적이고 법칙구속적인 총체성의 창출이다.

이전의 장들에서 설명된 많은 이야기는 다른 방식으로도 말해질 수 있고 또 말해졌다. 노동, 합리적-과학적 사유, 동질이상화dimorphous의 남성 지배적 섹슈얼리티, 자연의 대상화, 시간의 동질화, 모든 것을 포괄하는 체제 속으로의 울타리치기 등의 맥락 속에서 그것이 함축하는 모든 것과 더불어 이루어지는 우리의 근대사회의 창출, 이 모든 것은 근대화로, 근대 산업사회의 창출로 이해될 수 있고 (또 이해되어 왔다.) 더 비판적으로 말해, 그것은 훈육 사회의 확립이라는 맥락에서 논의될 수도 있고[1] 계몽주의 비판의 맥락 속에서 논의될 수도 있으며[2] 더 매혹적으로 표현하면, 집단적 기쁨의 억압을 위한 '펜테우스[3]와 디오니소스의 투쟁'[4]으로 서술될 수도 있다.

여기에서 우리는, 우리가 살고 있는 사회의 확립은 추상노동(행위의 노동으로의 추상)에 의해 창출되고 있는 것으로 이해되어야 한다고 주장한다. 이것은, 우리가 매일 수행하는 우리의 활동을 분석의 중심에 놓는 것이 얼마나 중요한가를 우리로 하여금 깨닫게 하려는 시도이다. 이것은 대인적인ᵃᵈ ʰᵒᵐⁱⁿᵉᵐ 비판으로, 간단히 말해, 유물론으로 이해될 수 있다. 유물론은 아주 간단히 말하면 우리 인간이 우리가 사는 세계를 창조한다는 이해방식이다.[5] 우리를 파괴하는 사회를 창조하는 것은 외적 힘이 아니라 우리 자신이다. 우리 자신이 우리의 특유하게 기형화된 활동, 즉 추상노동을 통해 우리를 파괴하는 사회를 창조한다. '인간은 그들 자신의 노동을 통해 점점 그들 자신을 가두는 현실을 생산한다.'[6] 그리고 만약 이 사회를 창조하는 것이 우리라면, 우리가 그것을 멈출 수도 있을 것이고 뭔가 다른 대안적인 것을 할 수도 있을 것이다.

그러므로 추상노동이 지배한다.

우리는, 우리가 그것을 창조한다는 사실을 체계적으로 감추는 사회를 창조한다. 우리는, 우리도 다른 누구도 통제하지 않는 역동적 논리에 따라 움직이는 사회를 창조한다. 우리는 우리의 착취에 기반을 둔 사회를 창조한다. 이 진술들 각각은 절망의 원천이기도 하고 희망의 원천이기도 하다. 우리는 그것들을 하나하나 살펴볼 것이다.

첫째 우리는 우리가 그것을 창조한다는 사실을 체계적으로 감추는 사회를 창조한다. 우리는 이것을 이미 살펴보았다. 우리는 물신화되고 물상화된 세계를, 사물들의 세계를 창조한다. 주체들로서 우리는 우리를 대상으로 바꾸는 세계를 창조한다. 그리고 거꾸로 우리가 객체들로 취급되는 이 세계는 우리의 주체적 창조의 산물이다.

두 번째로 우리는, 우리도 다른 어느 누구도 통제하지 못하는 역동적 논리에 따라 움직이는 사회를 창조한다. 우리가 창조하는 물상화된 세계는 어떤 사람의 의지작용에 따라 움직이지 않는다. 그것은 그 고유의 논리를 따른다. 사회관계들이 사물들 사이의 관계로 변형되는 한도 내에서, 그것은 그 자신의 발전법칙을 따른다. 우리가 창조하는 총체성은 법칙구속적 총체성이다. 이 때문에 경제학 연구가, 그리고 사회발전의 법칙을 이해하려는 어떤 다른 분과가 가능해진다. 사회적 총체성은, '축적하라! 축적하라! 이것이 모세요 예언자다!'(Marx, 1867/1965 : 595; 1867/1990 : 742;『자본론 I (하)』, 811)라는 맑스의 외침 속에 요약된, 일정한 구조, 일정한 논리, 일정한 동학을 갖는다. 실존하기 위해서 자본은 축적해야만 하며 그 자신을 확장시켜야 한다. 우리가 창조하는 자본은 자기창조적이고 자기확장적인 가치이다. 그것은 자본가들에 의해 통제되지 않는다. 자본가들은 자본의 논리에 복종하는 데 성공하는 한에서만 자본가들이다. 자본(우리의 창조의 대상)은 (맑스가 말한 바처럼) '자율적 주체subject'7이며 자본주의 사회의 주체Subject이다. 그것은 프랑켄쉬타인의 이야기, 마법사의 도제의 이야기이다. 자본주의를 구성함으로써 우리는 우리가 통제하지 않는 체계를, 그 자신의 발전법칙을 가진 체계를 창조한다. 우리는 자본주의를 창조하며 우리 자신을 끔찍한 세계 속으로 밀어 넣는다. 우리는 죽음에 의해 지배되는 '마법에 걸린, 전도된, 물구나무선 세계'(Marx, 1894/1971 : 830;『자본론 III (하)』, 1006) 속에 우리 자신을 가둔다.

추상노동에 의해 구성된 총체성은 의미 없는 총체성이다. 거기에는 활동들의 연계가 있다. 그러나 활동들 그 자체는 의미를 잃는다. 활동의 내용은 (그것이 케이크를 만드는 것이든 쥐약을 만드는 것이든) 상관없는 문제다. 연결의 사슬은 화폐를 통해 확립된 양적 사슬이다. 각각의 활동들은 다른 활동과의 관계 속에서만, 즉 어떤 목적의 수단으로서만 의미를 획득한다. 추상노동의 세계에서 케이크 만들기는 그 자체로서는, 그것의 즐거움과 관련해서는 아무런 의미를 갖지 않는다. 이 세계에서 케이크 만들기는 오직 어떤 목적의 수단으로서만, 돈을 번다는 목적의 수단으로서만 의미를 갖는다. 그것의 목적은 무의미한 의미이며 의미를 갖지 않는 의미이다. (그래서 케이크 만들기는 독약을 만들기, 책을 쓰기 등 그 무엇에 의해서든 대체될 수 있다.) 활동들의 연계는 순수하게 도구적이다. 그러나 그 도구성은 공허하다. 연관들의 이 형식적·도구적 연쇄는 형식적·도구적 추론을 낳는다.8 추상노동은 도구적 추론, 추론의 형식화(이것은 계몽주의에서 출현하여 근대 부르주아 사상의 기초가 되었고, 그 속에서 진리는 목적을 달성하기 위한 수단의 효과를 측정하는 척도로서만 의미를 가지며, 또 그 속에서 민중들 자신은 단지 목적 달성을 위한 수단으로서만 이해된다)의 기초이다. 이 총체성 속에서 유일한 의미는 양적인 것이다. 경제성장율, 건설된 다리의 수, 고속도로의 총연장 킬로미터, 수감된 범죄자의 수 등이 그러하다. 다르게 표현하면 이것이 진보이다.9

자본주의가 법칙구속적 사회이며 발전법칙을 가진 사회라는 사실은, 그것이 경직성에 의해 특징지어진다는 것을 의미한다. 자본주의는 종종 무한정 유연한 사회인 것처럼 보이지만 그렇지는 않다. 종종 자본주의는, 우리가 그것을 향해 던지는 모든 것을 흡수할 수 있는 것처럼 보인다. 자본주의는 종종 체 게바라나 마르꼬스를 티셔츠 디자인으로 바꿀 수 있고, 1968의 거대한 반란을 새로운 스타일의 지배로 바꿀 수 있는 것처럼 보인다. 그러나 그렇지 않다. 자본은 한계를 갖는다. 자본은 일정한 규칙들을 따라야 한다. 그 중에서 기본적인 규칙은 '축적하라, 축적하라!'는 규칙이다. 그래서 자본을 파괴하기나 자본에 균열을 내기에 대해 말하는 것이 의미가 있다. 자본은 한 장의 유리창이 아니다. 하지만 그것이 일정한 경직성을 갖는다는 것은 사실이다. 그 경직성이 아무리 유연하고 융통성 있는 것처럼 보일지라도 말이다. 자본은 우리의 활동 흐름을 흘려보내는 일단의 규칙들이다. 자본을 깨뜨리기 위해서 우리는 그 규칙들을 깨뜨려야 한다. 우리가 그 규칙들을 어떻게 깨뜨릴까? 어떻게 그것을 깨뜨릴까에 관한 몇 가지 규칙들이 있곤 했다. 그러나 다행스럽게도 그것들은 깨졌다.

셋째로 우리는 우리 자신의 착취에 기초한 사회를 창조한다. 우리가 창조하는 세계는 그 중심에 자본에 의한 노동착취를 갖고 있다. 행위의 노동으로의 추상은 노동력 자체가 상품으로 되는 때에만 사회 전체에 일반화된다. 달리 말하면, 우리가 살펴보았다시피, 추상노동이 사회의 조직원리로 정립되는 것은 임금노동의 확장을 통해서다. 임금노동이란, 노동자들이 그[10]의 노동력을 임금(자신의 노동력 가치의 화폐적 등가물)을 받고 자본가에게 판매하는 것을 의미한다. 그 자본가는 노동자를 노동시키고 노동자는 그의 노동력의 가치 이상의 가치를 생산한다. 잉여가치는 자본가에 의해 전유된다. 이것이 자본주의적 착취의 과정이다. 추상노동의 일반화는 동시에 자본주의적 착취의 일반화이기도 하다. 착취는 전자본주의 사회들에도 존재했다. 예컨대 봉건사회에서 농노는 그 자신의 필요를 충족시키기 위해서만이 아니라 그의 영주의 요구를 충족시키기 위해 강제로 노동한다. 자본주의로의 이행(시초축적의 유혈적 과정)과 더불어, 착취는 추상노동을 기초로 재구성된다. 행위의 추상노동으로의 변형은 자본주의적 착취의 전제조건이다. 추상노동이 없이는 자본의 생산도 없다. 가치 생산이 없이는 자본의 생산도 없다. 가치 생산 없이는 잉여가치의 생산도 없다. 잉여가치와 자본의 생산이 이제 행위의 추상노동으로의 재생산에 필수적이다. 그러나 논리적으로 선행하는 것은 행위의 노동으로의 추상이다.

추상노동은 그러므로 계급분할 사회를 창조한다. 계급 적대는 착취와 마찬가지로 자본주의 이전에도 있었다. 그러나 그것은 추상노동을 기초로 재구성된다. 잉여가치 생산 과정은 두 개의 적대적 계급을 창조한다. 그의 노동이 잉여가치를 창조하는 사람들의 계급(프롤레타리아트, 노동계급)과 노동을 착취하는 사람들의 계급이 그것이다. 착취과정(자본주의적 생산과정)에 내재적인 적대는 사회 전체를 구조화하며 사회에 동일한 적대를 불어넣는다. 사회의 이 분할, 계급-화class-ification의 이 과정은, 우리가 이미 추상 과정의 계기들 중의 하나로 간주했던, 사회의 물신화/동일화/계급화의 한 측면이다.[11]

그러므로 추상노동은 우리의 통제를 벗어나는, 착취관계와 잉여가치를 핵심으로 삼는, 객관법칙에 의해 지배되는 사회적 응집 체계를 구성한다. 이 관계는 착취되고 있는 추상노동과 착취에 의해 생산되는 자본 사이의 적대관계이다. 이 적대는 추상노동의 인격화(프롤레타리아트)와 자본의 인격화(자본가들) 사이의 적대로 인격화된다. 이 두 차원을 붙잡고 놓지 않는 것이 중요하다 : 만약 우리가 추상노동을 법률구속적인 사회적 강제의 체제를 구성하는 것으로서만 이해하면, 우리는 이 체제의 중심에 놓여 있는 적대적 동학을 놓치기 쉽다.[12] 다른 한편에서 만약 우리가 오로지 착취관계에만 초점을 맞추면 우리는 전체 착취체제의 전제조건인 행위의 노동으로의 추상을 보지 못한다.

여기에 두 가지의 결정적 적대가 있다. 추상노동에 의해 창조된 이 자본주의 세계 속에는, 노동과 자본 사이의 적대라는 착취의 중심축이 있다. 그러나 이 세계를 창조하는 과정, 즉 행위의 노동으로의 추상도 적대적인 과정이며 유혈적이고 폭력적인 과정이다. 자본주의 의 실존(그 고유의 적대적 동학을 갖고 있으며 노동 착취에 기반을 둔 사회체제)은 행위의 추상노동으로의 적대적 역전이라는 전제조건에 기초해 있다.

이런 관점에서 볼 때, 전진할 수 있는 두 가지 길이 있으며 급진 적 사회변화에 대해 생각할 수 있는 두 가지 방식이 있다. 오랫동안 맑스주의 이론에 의해 (그리고 실제로 『자본론』에서의 맑스의 서술 에서도) 주변적 문제로 취급되어 온 시초축적의 의미가 중심적 문제 로 된다.

첫 번째 접근법은 시초축적을 과거지사로 본다. 지나간 것은 지나 간 것이며 우리는 지금 행위의 노동으로의 추상에 의해 구성된 세계 속에 살고 있다. 결과적으로 행위의 노동으로의 추상은 당연한 것으 로 받아들여질 수 있고 노동의 이중성에 대해 이야기할 필요는 없다. 왜냐하면 자본주의에서 유일하게 유의미한 노동은 추상노동이기 때 문이다. 우리는 노동에 대해서만 말할 수 있다. 그러니 노동의 이중성 의 중요성에 대해 맑스가 한 말은 잊자. 시초축적은, 과거의 폭력적 삽화이며 그것은 노동과 자본 사이의 적대라는 단 하나의 중심적 적 대가 존재하는 자본주의 세계를 창출했다. 우리가 변화의 가능성을 생각해야 하는 것은 바로 거기로부터다.

두 번째 접근법은, 만약 우리가 추상노동을 당연한 것으로 받아들 이면, 우리는 추상노동에 의해 구성된 세계 속에 우리 자신을 가두는 것이다. 그러므로 출구는 없게 된다. 논리나 비극적인 역사적 체험이 우리에게 그렇다고 말한다. 대안은 행위의 노동으로의 추상에 대해 문제를 제기하는 것이다. 시초축적은 닫힌 과정으로, 과거에 일어난 무엇으로 이해되어서는 안 되고 열려 있는 무엇으로, 현재 살아 있는 적대로 이해되어야 한다.

추상노동이 지배한다. 하지만 이야기되어야 할 것이 더 있다. 시작부터 추상노동은 자신의 반명제를 예고한다. 추상노동은 '노동의 이중성'의 한 얼굴이다. 그러나 우리는 다른 얼굴, 어두운 얼굴, 우리가 실제로 만족할 만한 이름조차 갖고 있지 않아서 당분간은 '구체적-창조적 행위'라는 말로 부를 수밖에 없는 그 얼굴에 대해서는 아직 이야기하지 않았다.

그 어두운 얼굴은 균열을 통해 살금살금 기어들어온다. 우리가 이미 살펴보았듯이 추상노동은 사회관계의 구성된 형식이며[13] 인간 활동의 구성형식이다. 수 세기의 투쟁이 추상노동의 구성으로 이끌었다. 만약 그것이 전부라면 우리는 그것을 비판할 수 없을 것이다. 우리가 그것을 비판적으로 바라볼 어떤 관점도 갖지 못할 것이다. 우리가 비판을 한다는 사실은, 거기에 추상노동 이상이 있다는 것을, 행위의 노동으로의 변형이 끝난 것이 아니며 완료되지 않았다는 것을 의미한다. 우리는 추상노동의 도착적 수행자들 이상이다. 희망의 원천은 이 '이상', 이 잔여, 이 부적응misfitting이다.

저 부적응misfit, 구체적-창조적 행위, 추상노동 속으로 집어넣어졌지만 아직 추상노동에 맞아떨어지지 않는 것, 추상노동 속에 가두어졌지만 여전히 추상노동을 흘러넘치는 것에 대해 말하지 않고 우리는 추상노동에 대해 말할 수 없다. 노동의 이중성의 다른 얼굴, 이것이 우리가 지금부터 이야기해야 할 것이다. 그러나 먼저 우리는 반자본주의 운동에 대한 추상노동의 저 끔찍한 장악부터 살펴보아야 한다.

# 22
# 노동운동은 추상노동의 운동이다.

1. 맑스주의 전통에서 유용한 행위와 추상노동 사이의 적대는 거의 사라지고 있다.

맑스가 노동의 이중성에 그러한 중요성을 부여했음에도 불구하고 그 문제가 『자본론』을 출발점으로 삼는 엄청난 양의 문헌들에서 거의 완전히 무시되고 있다는 것은 첫눈에도 이상하다. 이와 동일한 주장이 1920년대 초에 I. I. 루빈에 의해 이루어졌다.[1] '맑스가 추상노동 이론에 부여한 결정적 중요성을 우리가 이해할 때, 왜 이 이론이 맑스주의 문헌에서 그토록 주의를 끌지 못했는지 우리는 이상하게 여기지 않을 수 없다.'(Rubin, 1928/1973 : 131)[2] 하지만 루빈의 이러한 언급도 그 상황을 거의 바꾸지 못했다.

이것이 맑스의 방법론과 어떤 관계를 갖고 있는지 모른다. 맑스는 자신의 정치경제학 비판에서 비판의 대상에, 즉 추상노동과 그것이 산출하는 정치경제학 범주들에 관심을 집중했다. 그는, 추상노동이 부정하는 구체적 행위 혹은 의식적 삶-활동의 눈들을 통해 세계를 바라본다. 그러므로 그의 비판에서 구체적 행위가 크게 나타나지 않는다는 것은 분명하다. 주의는 비판의 대상인 추상노동을 향한다. 그러나 이것은 적절한 설명이 아닌 것 같다. 왜냐하면 1장 첫머리에서의 맑스의 언급은 충분히 분명하기 때문이다. '이 점이 정치경제학에 대한 명확한 이해를 위한 중심축이다'(Marx, 1867/1965 : 41; 1867/1990 : 132;『자본론 I (상)』, 52). 이 충격적인 진술을 간과하기는 어려운 것으로 보인다. 그러나 모든 맑스주의 전통, 특히 맑스주의 경제학 전통은 바로 이 진술을 간과해 왔다.

하워드와 킹의 두 권짜리『맑스주의 경제학사』(Howard and King, 1989 : 1992)에는 추상노동과 구체노동 혹은 유용노동의 구분에 대한 단 한 번의, 그것도 지나가면서 하는 언급이 있는데 이 논점은 전혀 발전되지 않는다. 이것은 (정치경제학 비판보다) 맑스주의 경제학을 발전시키려고 했던 사람들의 작업에 대한 정확한 반영인 것으로 보인다. 그래서 가령 에른스트 만델은, 그의 매우 영향력 있는 책『맑스주의 경제이론』에서 추상노동과 유용노동의 대조에 대해 전혀 언급하지 않는다. 그는 자유노동과 소외된 노동에 관한 조그만 절(節)을 배치하지만(Mandel, 1962/1971 : 172), 그것이 추상과는 관계를 맺지 않으며 그 논점이 그의 주장에서 중요한 역할을 하지도 않는다. 이와 유사하게 평의회 공산주의자이며 레닌주의에 대한 일관된 비판가였고 지난 세기의 뛰어난 맑스주의 경제학자들 중 한 사람인 폴 마틱도 노동의 이중성에 대해 전혀 언급이 없다.3 맑스주의 경제학 전통은 노동에 대한 일원적인unitary, 그리고 초역사적인 개념에 의해 지배되었다. 이것은 그다지 놀라운 일은 아니다. 왜냐하면 맑스주의 경제학이라는 관념 자체가 구체노동의 추상노동에의 총체적 종속을 함의하기 때문이다. 법칙에 의해 구속된 경제에 대해 말하는 것이 가능한 것은 이 종속이 실제로 일어나는 한에서다. 맑스주의 경제학이라는 생각 자체가 맑스가 열었던 노동 범주를 닫는다.

우리는, 노동의 이중성에 대한 얼마간의 언급을 발견하기 위해, 맑스의 작업을 정치경제학으로서가 아니라 정치경제학 비판으로서 이해하는 것의 중요성을 강조한 사람들에게 시선을 돌려야 한다. 그러나 여기에서도 이상한 일이 일어난다. 노동의 이중성이 단지 한 겹인 것으로, 단지 추상노동만을 지시하는 것으로 간주되는 것이다. 우리가 살펴보았듯이, 여기에서 그 현장field은 1920년대 초에 소련에서 『맑스의 가치론』을 출판했고 나중에 스탈린의 숙청으로 사라진, I. I. 루빈에 의해 이끌린다. 루빈은, '맑스는 구체노동과 추상노동의 차이에 결정적 중요성을 부여했다'(Rubin, 1928/1973 : 131)고 주장하면서, 하나의 장章 전체를 추상노동에 바친다. 그 장은 노동의 이중성에 바쳐지지 않고 추상노동에 바쳐진다. 그는, 구체노동이 사실상 추상노동에 종속된다고 가정하며 그 관계를 적대적 관계로 이해하지 않는다.

최근 몇 해에는, 다른 저자들이 노동의 이중성을 강조하면서도 오직 추상노동에만 초점을 맞추는 루빈과 같은 길을 따랐다. 데렉 세이어Derek Sayer는 『맑스의 방법론』*Marx's Method*(Sayer, 1979)이라는 자신의 책에서 한 절을 유용노동/추상노동에 바친다. 그러나 그는 유용노동에 대해서는 거의 아무 말도 하지 않는다. '이 개념[유용노동 — 존 홀러웨이은, 그것이 서술하는 것이 자연형태 속의 노동이라는 단순한 이유 때문에, 특수한 어려움을 낳는 것이 아니다. 그렇지만 그 구분의 다른 항[추상노동]에 대해서는 그런 식으로 말해질 수 없다.'(Sayer, 1979 : 18) 이와 유사하게 마이클 하인리히Michael Heinrich도 맑스의 정치경제학 비판에 대한 자신의 명료하고 영향력 있는 설명에서 맑스에게서 노동의 이중성이 갖는 중요성에 주의를 집중시킨다(Heinrich, 2005 : 45). 그러나 그러면서도 그는, 추상노동에 바쳐진 한 절에서, 이중성의 다른 측면인 구체노동과 유용노동에는 거의 아무런 주의도 기울이지 않는다.

우리는 추상노동의 위기라는 맥락에서 고려할 좀더 최근의 논의들 중의 일부를 젖혀 놓는다. 하지만 이것들을 고려하더라도『자본론』의 시작 페이지들에서 맑스의 명료한 진술과는 반대로 맑스주의 전통이 거의 예외 없이 노동을 일원적unitary 범주로 취급한다는 것은 여전히 사실이다. 노동의 이중성이 언급되는 곳에서, 노동의 두 가지 측면 사이의 관계는 비적대적이거나 비문제적인 것이라고 가정된다.[4]

정통 맑스주의의 주류 전통에서 문제로 여겨지지 않는 이 '노동'은 긍정적 힘으로, 희망의 원천으로 간주된다. 자본에 대항하는 투쟁은 자본에 대한 노동의 투쟁으로 이해된다. 노동은 일원적으로 간주될 뿐만 아니라 초역사적인 범주로 이해된다. 이러한 관점에서 노동은 '인간과 자연을 매개하면서 목표지향적 방식으로 물질을 변형시키는 활동으로, 사회적 삶의 조건으로' 이해된다. '그렇게 이해된 노동이 모든 사회에서 부의 원천으로 정립되며 진실로 보편적이고 진실로 사회적인 것을 구성하는 것으로서 정립된다.'(Postone, 2003 : 5)[5]

이것은 단지 단어의 문제일 뿐이라고, 즉 주류 전통은, 혁명이 유용노동을 그 추상에서부터 해방시킬 것이라 주장하는 것이라고 생각될 수 있을지 모른다. 그렇지만 노동의 이중성이 그 전통에서 간과되고 있기 때문에, 그러한 구분은 이루어질 수 없다. 그리고 실제로 그러한 구분은 이루어지지 않았다. '공산주의' 혁명은 노동을 변형시키기 위해 아무 것도 하지 않았다.

우리는 동일한 문제로 거듭해서 되돌아가지 않을 수 없다. 맑스가 그렇게 중요하게 여겼던 노동의 이중성이 왜 『자본론』에 대한 논의에서, 그리고 공산주의 운동에서 실제적으로 사라졌는가? 왜 유용노동(혹은 행위)의 범주가 실제적으로 억압되었는가? 이것은 문제의 저자들이 맑스를 충분히 세심하게 읽지 않았거나 그 텍스트를 성찰하지 않았기 때문이 아니다. 이에 대한 설명을 찾으려면 우리는 계급투쟁 그 자체의 발전을 살펴야 한다.


## 2. 행위와 노동의 적대에 대한 이론적 억압은 추상노동의 투쟁의 실천에서 우세의 계기이다.

추상노동에 종속되었으면서도 동시에 그것에 적대적인 활동을 묘사할 구체노동 범주는 이렇게 실제적으로 억압된다. 이 사실을 이해하기 위해서는 우리가 앞의 명제에서 이미 말했던 투쟁의 두 수준들을 구별하는 것이 필요하다.

먼저 우리가 이 책 전체에서 강조했던, 그리고 맑스가 '정치경제학에 대한 명료한 이해를 위한 중심축'(Marx, 1867/1965 : 41; 1867/1990 : 132; 『자본론 I (상)』, 52)이라고 묘사했던 갈등이 있다. 그것은 추상노동과 창조적이고 목적의식적인 행위 사이의 갈등이다. 이것은 화해불가능한 갈등이다. 의식적 행위는 추상노동의 부정이다. 반면에 추상노동은, 의식적 행위의, 시장을 위한 생산에의 종속이다. 한편에서 잠재적으로 사회적인 자기결정적 행위가 있고 다른 한편에는 소외된 결정에 종속된 노동이 있다.

행위의 노동으로의 이 추상은 두 번째 수준의 갈등을, 즉 노동과 자본 사이의 갈등을 발생시킨다. 노동력이 상품으로 전환될 때에만, 그리고 임금관계(그러니까 착취)의 일반화가 있을 때에만 추상노동은 사회활동의 원리로 일반화된다. 우리는 일반적으로, 시장에서 우리의 생산물을 파는 것의 직접적 결과로서가 아니라 우리가 임금을 받는 대가로 우리의 노동능력을 팔아야만 하며 우리에게 할당된 노동을 수행해야 한다는 사실의 결과로, 우리 자신의 활동에 대한 통제상실을 경험한다. 추상노동은 먼저 가치생산의 형식을 취하며 이제는 (우리의 고용주들이 이윤으로 실현하는 잉여가치를 생산함으로써) 잉여가치 생산이라는 형식을 취한다. 유용노동(행위)과 추상노동 사이의 애초의 갈등은 착취를 둘러싼, 임금노동과 자본 사이의 갈등에 의해 중첩된다. 자본의 이해관계는, 노동일을 연장하거나 임금을 낮추거나 생산성을 증가시키는 등의 방식으로, 가능한 한 많이 임금노동자들을 착취하는 것이다. 임금노동자들의 투쟁은 임금을 올리고 노동일을 단축시키고 더 나은 노동조건을 확보하는 것이며, 궁극적으로는 착취를 모조리 폐지하는 것이다.

우리는 여기에서 두 가지의 상이한 계급투쟁의 수준에 대해 말하고 있는가 아니면 계급투쟁의 두 가지 상이한 개념에 대해 말하고 있는가? 두 가지 다에 대해 말하고 있다.

실제로는 두 가지 다른 수준의 계급투쟁이 있다. 자본주의적 생산은 행위의 노동으로의 추상뿐만 아니라 추상노동에 대한 착취에 근거한다. 행위의 노동으로의 추상이 없다면 착취는 가능하지 않을 것이다. 다른 한편, 노동의 추상이 부과되고 재부과되는 것은 (혹은 경우에 따라서 부과되지 않거나 재부과되지 않는 것은) 착취과정을 통해서이다. 투쟁의 두 가지 형태들은 밀접하게 서로 엮어지지만 그러나 구분되는 것들이다. 그 구분은 중요하다. 왜냐하면 한 경우에서 우리는 노동에 대한 행위의 투쟁에 대해 말하고 있고 다른 경우에서는 자본에 대한 노동의 투쟁에 대해 말하고 있기 때문이다.[6]

실제로 두 가지의 다른 수준의 계급투쟁이 있다. 그러나 이 두 가지 다른 수준은 또한 계급투쟁에 대한 두 가지 다른 해석을 낳으며 자본주의에 대항하는 투쟁에 심원한 결과를 가져온다.[7]

물론 지배적 해석은 착취관계에, 자본에 대항하는 노동의 투쟁에 주의를 집중한다. 『자본론』을 읽으면서 이 해석은 잉여가치 생산에 대한 분석을 중심적인 것으로 간주하며 상품에 대한 논의와 노동의 이중성을 (만약 그 해석이 그것을 조금이라도 이해한다면) 중요한 논의의 서막으로만 간주한다. 이 접근법은 노동을 혁명적 주체로 이해하며 노동을 (잉여가치를 생산하는 사람들로 정의되는, 혹은 자신들의 노동력을 자본에게 파는 사람들로 정의되는) 노동계급으로 이해한다. '노동'이라는 용어는 추상노동과 유용노동 사이의 어떤 구분도 갖지 않는 일반적 용어로 사용된다. 이 관점에서 시초축적은, 즉 행위의 추상노동으로의 변형은 지나간 에피소드이며 이제 끝난 슬픈 이야기일 뿐이다. 그래서 이제 노동과 자본 사이의 모순이라는 단 하나의 모순만이 남아 있다.

훨씬 덜 보급되어 있고 덜 발전되어 있는 대안적 접근은 구체적 노동과 추상적 노동 사이의 갈등에, 즉 노동에 대항하는 행위의 투쟁에 초점을 맞춘다. 『자본론』을 읽으면서 그것은 1장에 커다란 중요성을 부여하며 잉여가치 생산에 대한 뒤의 분석을 행위와 추상노동 사이의 근본적 투쟁의 전개로 간주한다.8 이 접근법에서 행위의 노동으로의 변형은 까닭을 알 수 없는 일이 아니라 살아 있는 적대이다. 혁명적 주체는 행위(의식적 삶-활동)이며 폐지되어야 할 적은 추상노동이다. 행위의 투쟁은 노동계급으로서의 그 자신의 실존에 대항하는 노동계급의 투쟁이다. 그리고 노동계급을 정의하는 것은 가능하지 않다. 왜냐하면 행위와 노동 사이의 적대는 우리의 실존의 모든 측면을 횡단하는 것이기 때문이다. 그리고 실제로 정의definition의 과정은 노동의 추상과정의 한 계기이기 때문이다.9

어떤 의미에서 그 두 접근법은 정면으로 대립된다. 왜냐하면 어떤 사람들은 반자본주의를 노동의 투쟁으로 이해하는 반면 다른 사람들에게 반자본주의는 노동에 대항하는 투쟁이기 때문이다. 그러나 우리는 너무 성급하게 명확한 선을 그어서는 안 된다. 실제로 양자의 분리에 대한 부단한 날조가 존재한다. 좀더 엄격한 투쟁형태에서 좀더 광범한 투쟁형태로의 부단한 넘쳐흐름이 존재한다.

계급투쟁을 자본에 대항하는 노동의 투쟁으로 이해하는 것은 적어도 아주 최근까지 자본에 대한 투쟁의 이론과 실천 모두를 지배해 왔다.10 이것은 투쟁의 이론과 실천에 심대한 결과를 가져왔다. 무엇보다도 그것은 '노동의 이중성'에 대한 총체적 무시를, 유용한 행위에 대한 이론적·실천적 억압을 가져왔고 행위와 노동 사이의 적대를 역사적 과거에로, 시초축적의 옛 시절에로 귀속시켰다. 19세기 말과 20

세기 대부분의 맑스주의는 계급투쟁의 일부였지만 (행위와 추상노동 사이의 적대가 상대적으로 모호했던) 계급투쟁의 특수한 형태의 일부였다. 그 결과 이 투쟁의 이론은 노동의 이중성을 제대로 보지 못했다. 전통적 맑스주의(레닌주의의 다양한 변종들뿐만 아니라 그것을 넘어서는 모든 스펙트럼들)는 자본에 대항하는 노동의 투쟁에 대한 이론이었다.

지금 위기에 처한 것은 맑스주의의 이 형태이다. 왜냐하면 바로 이 투쟁형태가 위기에 처해 있기 때문이다. 이것이 바로 우리가 탐구해야 할 것이다. 계급투쟁의 형태들의 위기는 우리로 하여금 새로운 혁명적 이론을, 자본에 대항하는 노동의 투쟁에 대한 이론이 아니라 노동에 대항하는 (따라서 자본에 대항하는) 행위의 투쟁에 대한 이론을 탐구하도록 자극한다.

## 3. 추상노동의 지배는 반자본주의 운동의 자기감금이다.

자본에 대항하는 추상노동의 운동은 적절하게도 노동운동이라고 불린다. 노동운동에서 추상노동의 존재는 일반적으로 당연하게 받아들여진다. 그리하여 노동운동에서는 노동에 대한 일원적 개념이 지배한다. 유용노동과 추상노동 사이의 양분兩分은, 이론에서나 실천에서나 철저히 무시된다. 추상노동의 극복이 논의되는 경우에도 그것은 미래로 미뤄진다.

산업 자본주의의 초기부터 자본가들에 의해 고용된 노동자들은 더 나은 조건, 더 높은 임금, 더 짧은 노동시간 등을 쟁취하기 위해 연합해 왔다. 전형적인 조직형식은 노동조합인데 그것은 위계적이며 일반적으로 관료적인 조직형식이다. 추상노동의 투쟁은 일차적으로 그리고 무엇보다도 고용을 둘러싼 투쟁이다. 더 나은 고용조건을 위한 투쟁, 더 높은 임금을 위한 투쟁, 더 많은 고용을 위한 투쟁, 실업에 반대하는 투쟁 등이 그것이다. 이 투쟁들은 중요하다. 그것들은 전 세계의 수많은 사람들의 생활조건에 영향을 미친다. 그러나 그것들은 또한 자본주의 지배의 재생산을 당연한 것으로 여기는 투쟁들이며 우리의 행위를 낯선 통제 아래 종속시키는 것을 당연한 것으로 여기는 투쟁들이고 행위의, 노동으로의 지속적 추상을 당연한 것으로 여기는 투쟁이다.

노동조합 투쟁은 자본에 대항하는 노동의 유일한 투쟁형식이 아니다. 혁명가들은 언제나 노동조합 투쟁으로 충분치 않다고, 노동조합 투쟁은 임금노동의 조건을 방어하는 것 이상을 하지 않는다고, 그래서 임금노동과 착취의 폐지를 위해 투쟁하는 것이 필요하다고 주장해 왔다. 노동조합 투쟁은 정치투쟁에 의해 보완될 필요가 있는 경제투쟁이라는 것이다. 정치투쟁은 국가권력을 장악하는 투쟁이고 국가권력을 사용하여 생산수단을 사회화하고 임금노동을 폐지하는 투쟁이라는 것이다. 이것이 2차, 3차, 4차 인터내셔널의 고전적 혁명모델이다. 그것은 레닌의 모델일 뿐만 아니라 19세기 말과 20세기 초반의 모든 지도적 혁명가들의 모델이었다. 『무엇을 할 것인가』*What is to be Done?* (Lenin, 1902/1977)[11]에서 묘사된 대로, 한편에서의 노동조합 투쟁 혹은 경제투쟁과 다른 한편에서의 정치적·혁명적 투쟁 사이의 분리는 레닌의 혁명이론의 초석이다. 그러나 레닌에게서만 그런 것이 아니다. 로자 룩셈부르크도 흥미로운 사례라고 할 수 있다. 이렇게 말하는 것은 그녀를 비판의 도마에 올려놓기 위한 것이 아니다. 그녀가 아마도 (그리고 합당하게도) 고전 시대의 가장 널리 존경받는 혁명가라는 점 때문이다. 심지어 그녀의 팸플릿 『대중파업』(Luxemburg, 1906/1970)[12]에서조차도 룩셈부르크는 경제투쟁과 정치투쟁의 분리를 유지한다.

경제투쟁과 정치투쟁의 분리에서, 자본주의의 핵심에 놓여 있는 것인, 우리의 행위의 추상노동으로의 변형은 자취를 감춘다. 우선 그것은 경제투쟁이라는 생각 속에 존재하지 않는다. 왜냐하면 경제투쟁은 임금노동의 조건을 향상시키는 일에 관한 것이기 때문이다. 그리고 정치투쟁 속에도 그것은 존재하지 않는다. 왜냐하면 정치투쟁은 경제투쟁을 당연한 것으로, 혁명운동이 구축되어야 할 기반으로 받아들이기 때문이다. 정치투쟁에서 추상노동은 단지 (기껏해야) 미래에, 권력을 장악한 후에 폐지되어야 할 어떤 것으로 나타날 뿐, 현재적 투쟁으로 나타나지 않는다. 그렇지만 실제로 혁명적 운동들에 의해 권력을 장악하는 것은 결코 노동과정의 변형으로, 행위의 노동으로부터의 해방으로 나아가지 않았다. 사회주의 혁명이나 공산주의 혁명이라는 이념 자체가 행위를 자유롭게 한다는 생각으로부터 간단히 분리된다. 노동의 이중성이라는 개념은 이론으로부터뿐만 아니라 실천으로부터도 사라진다. 소련에서 레닌이 테일러주의의 채택을 지지했다는 것은 악명 높은 이야기이다. 그것은 사회적으로 필요한 노동의 지속적 지배를 공공연하게 천명한 것이었다.

경제투쟁과 정치투쟁으로 나뉜 투쟁은 추상노동에 문제제기를 할 수 없다. 왜냐하면 추상노동은 경제적인 것과 정치적인 것을 분리시키는 토대이기 때문이다. 우리가 경제투쟁과 정치투쟁을 구분할 때 추상노동은 이미 전제되어 있다. 그래서 경제투쟁에 의한 정치투쟁의 보완은 추상노동의 존재에 도전하지 못하며 단지 그것을 강화할 뿐이다. 그것은 노동조합 운동의 한계를 극복하지 못하며 그것을 강화한다. 추상노동은 경제적인 것과 정치적인 것의 분리가 기초하는 물신주의의 토대이다. 경제적인 것과 정치적인 것의 분리 자체가 노동의 추상화의 계기이다.

임금노동을 반자본주의 운동의 기초로 삼는 것은 그 운동을 자본 안에 아주 간단하게 가두는 것이다. 이전의 논의에서 추출되었던 추상노동의 모든 특징들은 노동운동의 특징이기도 하다. 사회관계의 물화, 남성과 여성 사이의 위계 재생산, 섹슈얼리티의 양형화兩型化, 자연의 대상화, 시간에 대한 자본주의적 개념의 수용, 무엇보다도 국가지향성, 국가에 영향을 미치거나 국가를 장악한다는 생각 등등이 그것이다. 우리는 이 목록을 계속 열거할 수 있다. 그러나 요점은 분명하다. 추상(혹은 임금)노동이 노동운동의 혹은 혁명운동의 이의 없는 기초로 받아들여지는 한에서, 그 운동은, 행위의 노동으로의 추상에서 비롯되는, 행동behaviour에 대한 물화된 개념들과 물화된 형태들을 이월하리라는 것이다.

우리는 이제, 노동의 이중성에 대한 몰지각이 맑스주의 전통에서 아주 커다란 문제의 핵심임을 이해할 수 있다. 추상노동이 사물들의 닫힌 세계와 발전 법칙들을 만들어 내는 것과 같은 방식으로, 행위의 노동으로의 추상을 당연한 것으로 받아들이고 그 자신을 노동의 일원적 개념 위에 정초하는 이론은 그와 동일한 세계 내부에 개념적으로 갇힌다. 이 개념적 세계 속에서 사람들은 사회관계의 담지자로 바뀐다. 계급들은 정의가능하고 정의된 사람들의 집단으로 된다. 화폐, 자본, 이자 등등은 자본주의 발전 법칙을 이해하는 데 집중하는 새로운 정치경제학의 핵심범주로 된다. 이것이 맑스주의 경제학, 맑스주의 사회학, 맑스주의 철학, 맑스주의 정치학 등의 맑스주의이다. 비판은 망각되고 맑스주의는 실증과학으로 간주되며, 자본주의 사회의 구조들 및 그것들 사이의 기능적 연관에 대한 연구에 바쳐진, 일종의 구조기능주의[13]로 취급된다. 노동이라는 결정적 범주가 일차원적이기 때문에, 우리는 자본과 그것의 논리에 대한 분석에, 혹은 자본주의 지배의 구조와 운동에 대한 분석에 초점을 맞추는 일차원적 맑스주의로 이끌린다. 투쟁이 망각되는 것이 아니라 투쟁이 맑스주의의 중심 범주들 외부에 놓여 있는 것으로 간주된다. 예를 들어 자본축적은 투쟁으로 이해되지 않고 투쟁이 발생하는 맥락으로만 이해된다. 자본주의의 위기는 투쟁의 강화로 이해되지 않고 투쟁을 위한 기회를 제공하는 것으로 이해된다. 범주들은 적대적 관계의 개념화로, 투쟁의 관계들로, 따라서 열린 범주로 이해되기보다 닫힌 범주들로 이해된다. 이 모든 것은 앞서 이야기된 것이다. 그리고 이것이야말로 '열린 맑스주의'의 주장에 핵심적이다. 나에게 새로운 것이 있다면 그것은, 이 모든 것에서 중심적인 범주가 노동이라는 깨달음이다. 노동에 대한 닫힌 개념, 일원적 개념은 모든 범주들에 대한 닫힌 이해를 발생시킨다. 반면 노동을 열린 적대로 이해하는 것은 모든 범주들을 열린 적대들로 이해할 수 있게 한다. 만약 노동이, 우리가 원하는 행위와, 자본의 명령 하에서 수행하는 노동labouring 사이의 생생한 적대를 숨기고 있는 것으로 이해될 수 있다면, 모든 범주들은 연관된 투쟁들을 숨기고 있는 것으로 이해되어야 할 것이다. 이 범주들이야말로 우리 모두가 살고 죽는 전장들인 것이다.

추상노동은 150년 동안 자본주의에 대항하는 운동을 감금해 왔다. 이렇게 말하는 것은, 자신들의 삶을 더 나은 세상을 위한 투쟁에 바쳤고 또 종종 희생한 사람들의 투쟁들을 과소평가하기 위한 것이 아니다. 오히려 정반대이다. 더 나은 세상의 꿈이 계속 살아나간다면, 그것은 바로 그들의 투쟁 덕분이다. 지금 쓰고 있는 것과 같은 책은 그들의 반란의 삶에 대한 깊은 감사와 존경의 표명이다.[14] 비극은, 그 반란들이 추상노동이라는 기반 위에서 형성된 조직적·개념적 틀 안에 갇혔다는 것이다.

그렇지만 언제나 반자본주의 운동은 노동운동을 넘쳐흘러 왔다. 언제나 '다른 노동운동'[15]이 있어 왔다. 자본주의에 대항하는 투쟁은 언제나 노동운동 속에서-그것에-대항하며-그것을-넘어서는 운동이었다. 그러나 최근에 이 대항하고-넘어서기는 더욱 중요하게 되었다. 추상노동이 행위의 힘을 가둘 능력은 줄어들었다. 그래서 추상노동에 기초한 운동, 즉 노동운동이 현존하는 세계에 대항하는 우리의 분노를 가둘 능력도 줄어들었다. 추상노동의 위기가 노동운동의 위기이다.

# 6부 추상노동의 위기

23. 추상은 과거일 뿐만 아니라 현재적 과정이기도 하다.

24. 구체적 행위는 추상노동을 흘러넘친다.
그것은 추상노동-속에-그것에-대립하며-그것을-넘어 존재한다.

25. 행위는 추상노동의 위기이다.

26. 노동에 대항하는 행위의 돌파는 우리를 투쟁의 새로운 세계 속으로 던진다.

# 23
## 추상은 과거일 뿐만 아니라 현재적 과정이기도 하다.

우리는 포위되어 있다. 우리는 감금되어 있다. 우리는 덫에 걸려 있다. 화폐에 의해 포위되어 있고 폭력에 의해 감금되어 있고 자본주의의 사회적 응집논리에 의해 덫에 걸려 있다.

감옥을 만드는 것은 우리 자신이다. 그것은 추상노동의 산물이다. 추상노동은 '자본주의로의 이행'의 결과로서, 다시 말해 사람들이 생각하고 행동하는 방식의 변형을 초래한 수 세기의 역사적 투쟁의 결과로서 우리가 수행하는 노동이다.

우리가 우리 자신의 감옥을 건설한다는 사실은 희망의 원천이자 심각한 우울의 원천이다. 우리가, 우리를 덫에 빠지게 하는 세상을 만든다는 사실은 우리가 그것을 원상 복구할 수 있다는 것을 의미한다. 화폐, 자본, 국가와 같은 얼핏 보면 인생의 영원한 사실들처럼 보이는 것들이 사회관계의 역사적으로 특유한 형식들이라는 것을 보여주는 것이 맑스에게 그토록 중요했던 이유가 바로 이것이다. 다른 한편에서 우리가 만약 우리 자신의 감옥을 만든다면, 분명이 우리에게 잘못된 뭔가가 있다. 아마도 이것이, 비판이론이 종종 깊은 염세주의와 연결되는 이유일 것이다. 우리는 추상노동에 의해 매우 심각하게 불구화된다. 그 때문에 급진적 변화를 위한 희망이 전혀 없는 것처럼 보인다.

추상노동에 초점을 맞추는 것은 일원적 노동이라는 단순한 가정과 비교하면 커다란 도약이다. 그것은, 무엇보다도 적이 어떤 외부적 힘이 아니라 자본을 창조하는 추상노동이라는 것을 이해할 수 있도록 해준다. 그리고 그것은, 우리가 이미 살펴보았듯이, 자본주의 지배의 훨씬 더 풍부한 그림을 열어줄 수 있다. 그러나 그 그림의 바로 그 풍부함이 우리를 가둔다. 우리가 이 감옥건설의 과정을 조사해 보면, 우리는 그것의 거대한 복잡성과 힘을 지각하게 된다. 우리 활동이 특정한 방식으로 조직된다는 사실(우리가 추상노동을 수행한다는 사실)은 동일성, 섹슈얼리티, 시계시간, 자연파괴 등등의 복잡한 직조를 창출한다. 사회관계를 변화시키는 것은 생산수단의 소유권을 변화시키는 것으로 환원될 수 없다. 그것은 우리 삶의 모든 측면들에 대한 변형을 의미한다. 지배의 그 복잡성이 우리를 압도하는 것처럼 보인다.

이 딜레마에서 벗어나는 유일한 길은 시간 자체를 공격하는 것이다.

우리가 지금까지 한 이야기는 시초축적에 대한 정통적 이야기다. 봉건제에서 자본주의로의 역사적 이행은 인간 활동을 추상노동으로 새롭게 조직했다. 이것은 시간의 변형, 섹슈얼리티의 변형, 인격의 변형, 삶의 모든 측면의 변형을 수반했다. 동일성의 사회, 일차원적 사회, 시계에 의해 지배되는 사회를 창조한 것은 과거의 과정이다. 사회관계의 자본주의적 형식들이 영원히 필연적으로 존재하지는 않을 것이다. 하지만 당분간은 그것들이 지배한다.

그러나 만약 그렇지 않다면? 만약 과거가 과거일 뿐만 아니라 현재이기도 하다면? 만약 시초축적이 과거의 과정일 뿐만 아니라 현재적 과정이기도 하다면? 그것은 매우 다른 정치[학]과 매우 다른 이론으로 가는 문을 여는 것일 것이다.

시초축적은 일반적으로 자본주의의 사회적 기초를 건설하기 위한 과거의 폭력적 투쟁과정으로 이해될 수 있다. 시초축적을 '자본의 전사前史 단계'(Marx, 1867/1965 : 715; 1867/1990 : 875;『자본론 I (하)』, 981)라고 말하면서, 또 자본주의적 조건들의 애초의 폭력적 구축은 '경제관계의 무미건조한 강제'에 양보를 한다고 주장하면서, 그리고 '직접적 폭력은 …… 물론 여전히 사용되지만 단지 예외적으로만 사용된다'(Marx, 1867/1965 : 737; 1867/1990 : 899;『자본론 I (하)』, 1013)고 주장하면서 맑스 자신은 그것을 그런 식으로 생각했던 것으로 보인다. 그러나 그것은 그럴 수 없다. 확실히 축적 형태에는 일정한 변화가 있다. 그러나 어떤 특정한 순간에, 초기 축적의 직접적 폭력이, '경제관계의 무미건조한 강제'가 자본주의 질서를 유지하기에 충분한, 새로운 단계에 의해 승계된다고 주장하는 것은 분명히 잘못이다.[1]

시초축적의 핵심은 생산자들을 생산수단으로부터 분리시키는 것이다(Marx, 1867/1965 : 714; 1867/1990 : 874~5). 그러나 이것은 닫힌[종료된] 과정이 아니다. 그것은 매일매일 반복되는 그 무엇이다. 한편에는 재산의 울타리치기를 확장하려는 부단한 투쟁이 있다. 가령 물이나 유전자 자원 혹은 지적 재산권 등을 생각해 보라. 지난 50년 동안 세계 전역의 토지로부터 농민의 대규모적이고 가속적인 추방과 도시들의 거대한 성장을 생각해 보라.[2] 그런데 이것은 새로운 사적 소유의 창출의 문제일 뿐만 아니라 분명히 시초축적과 상관있는 자본주의의 변두리에서 일어나고 있다.[3] 오래된 과거에 정착된 소유도 부단히 문제가 된다. 심지어 3백 년 전에 울타리쳐진 토지소유도 부단한 반복, 분리와 울타리치기의 부단한 재개의 과정을 통해서만 구축된다. 자본축적 자체, 즉 이윤의 누적은 생산자들을 생산물로부터, 따라서 생산수단으로부터 분리시키는 부단한 과정이다. 생산자들을 생산수단으로부터 분리시키고 다시 분리시키는 데 필요한 현실적이고 위협적인 폭력은 아마 맑스가 상상했던 그 어느 것보다도 지금이 훨씬 더 클 것이다. 토지의 울타리치기와 사적 소유에 대한 존중을 강제하려면 거대한 무리의 사람들을 필요로 한다. 우리가 경비원, 경찰과 군대뿐만 아니라 판사, 변호사, 사회적 노동자, (부모는 말할 것도 없고) 교사까지 셈한다면 세계 인구의 매우 큰 부분이 생산수단으로부터 사람들[민중]의 부단히 반복되는 분리행위에 참가한다. '경제관계의 무미건조한 강제'라는 말은 자본주의적 전유의 활동적인active 그리고 부단히 경합적인 성격을 정당하게 취급하지 않는다.[4]

　협의의 시초축적에 대해서만이 아니라 노동의 추상의 계기들인 모든 형태의 사회관계들에 대해 동일한 것이 이야기될 수 있다. 마르셀 스텟즐러(Stoetzler, 2009 : 169)가 여성과 남성의 분리의 창출에 대한 한 논문에서 표현했듯이, '헤겔이, 특정 신문을 매일 읽는 것을 가리켜 거기에 늘 있었던 것처럼 보이는 것을 생산하는 반복적 행동의 하나라고 말했을 때, 르낭의 "일상적 투표행위"나, 쥬디스 버틀러가 말한, 성에 대한 (실재적) 환상을 생산하는 "수행적 반복"의 일상활동에 대해서도 동일한 것이 이야기될 수 있다.' 시초축적은 아마도 수행적 반복이라고 이야기될 수 있을 것이다. 마찬가지로 소녀와 소년의 분리(와 그에 따른 정의)는 부단한 반복의 산물이라고 말할 수 있을 것이며 또 생산수단으로부터 사람들[민중]의 분리는 사적 소유 그 자체를 구성하는 일상적 반복의 결과라고 말할 수 있을 것이다.

그러므로 행위의 노동으로의 추상은 지나간 과정일 뿐만 아니라 현존하는 일상적 투쟁이며 자본의 실존이 의존하는 바의 투쟁이다.

구성과 실존에 대해서도 같은 이야기가 될 수 있다. 물신주의는 구성과 실존의 분리이다. 우리는 상품을 만든다. 그리고 일단 만들어지면 상품은 독립적 실존을 획득하며 그 자신의 고유한 구성 과정을 부정한다. 우리가 가게에서 사는 셔츠는, 그것이 어떻게 만들어졌는지에 대해 우리에게 아무 것도 말해주지 않는다. 구성과 실존의 분리는, 시간의 동질화에 중심적인, 과거와 현재 사이의 날카로운 단절을 확립하는 것이다. 이것은, 구성과 실존의 분리를 주어진 것으로 받아들이는 것 혹은 시간의 동질화를 주어진 것으로 받아들이는 것이 우리 자신을 곧장 물신화된 사유의 평면에 놓는 것임을 의미한다. 시초축적을 단순히 지나간 과거의 사건으로만 받아들이는 것은 바로 그 시초축적에 의해 생산된 실제적인 그러나 환상적인 역사관으로 추락하는 것이다. 시초축적을 비판하는 것은, 그것이 생산한 시간성을 비판하는 것이며 구성과 실존의 분리를 비판하는 것이고 과거의 현재로부터의 분리를 비판하는 것이다. 자본주의의 구성은 과거에 끝난 삽화가 아니다. 자본주의는 그것의 부단한 재구성을 통해 실존한다.

이것이 이 책의 주축이므로 조금 다른 방식으로 논점을 한 번 더 반복한다면, 사회관계의 형식들이 형식–과정들form-processes로 이해되어야 한다고 말할 수도 있다. 우리가 언급한 사회관계의 모든 다른 형식들(화폐, 국가, 자본, 상품, 시계시간, 여성, 남성, 등등)은 단지 자본주의로의 이행 과정에서 확립된 관계들일 뿐만 아니라 끊임없이 활동하고 있고 또 끊임없이 문제가 되고 있는 사회관계들을 형성하는 과정이기도 하다. 화폐는 이미 확립된 형식일 뿐만 아니라 부단히 반복되고 또 (어린아이이든 들치기들이든 간에 대가를 지불하지 않고 상품들을 취득하는 사람들에 의해) 부단히 계쟁되는 사회관계들의 화폐화 과정이다. 국가는 단지 거기에 있을 뿐만 아니라 사회적 갈등을 특정한 형태로 흐르게 하는 부단한 국가화의 과정이며 다른 형식들을 유지하거나 발전시키려는 투쟁 속에서 나타나는 형식들처럼 부단히 쟁점에 부쳐지는 하나의 과정이기도 하다.5 인간은 사회관계의 확립된 형식이 아니라 부단히 반복되는 실천의 결과이다. 그리고 그 결과는 또한 부단히 공격당하는 과정 속에 있다. 모든 사회관계는 활동적인 전장이며 살아 있는 적대이다.

그러므로 형식-결정form-determination은 결코 총체적이지 않다. 그것은 언제나 하나의 투쟁이다. 자본주의적 사회관계의 형식들에 의한 우리 활동의 결정은 주어진 것이 아니라 끊임없는 전투이다. 반란은 언제나, 어떤 상황에서건 하나의 선택사항이다. 교사는 언제나 자본이 강제하려는 것을 가르치는 행위를 거부할 수 있다. 노동자는 언제나 복종하기를 거부할 수 있다. 병사는 언제나 살인하기를 거부할 수 있다. 자본이, 그런 일이 일어나지 않도록 하는 일에 그토록 많은 에너지와 자원을 투자하는 이유가 바로 이것이다. 그러나 결국 그 선택, 그리고 그 책임은 우리의 것이다. 그 선택과 책임은 개별적이고 자유로운 선택이라기보다 미래의 인류를 둘러싼 투쟁의 일부이다. 반란은 언제나 하나의 선택사항이지만 그 이상이기도 하다. 반란은 일상생활의 구성부분이다. 자본주의의 실존이 그 자신의 부단한 재구성에, 그 고유의 사회관계 형식들의 부단한 재창출에 기초를 두고 있는 이유가 이것이다.

사회관계의 모든 형식들은 과정이며 투쟁의 과정이고 살아 있는 적대이다. 우리의 창조적 행위는 소외된 형태 속에, 그들의 실존을 부정하는 형태 속에 실존한다. 리처드 건Richard Gunn이 지적했듯이, 어떤 것이 어떤 다른 것의 형식 속에 존재한다고 말하는 것은, 그것이 '거부되고 있는 양식 속에' 존재한다는 것을 의미한다(Gunn, 1992 : 14). 그러나 형식을 형식-과정으로 이해하는 것은, 거부되는 존재양식 속에 실존하는 것은 그 자신의 거부에 대항하는 부단한 반란 속에 존재한다고 주장하는 것이다. 행위와 추상적 노동의 관계는 긴장과 반란의 관계이다.

이 문제는 새로운 것이 아니다. 그것은 9세기의 아일랜드 출신 이교신학자 에리우게나Eriugena에 의해 신학적 술어로 제기되었다. 그는, 신은 인간을, 인간역사의 태초에 창조했을 뿐만 아니라 부단히 반복되는 과정으로서 창조했다고 주장했다. 그는 신이 인간을 창조하고 또 재창조한다고 주장했다. 신이 행하는 것은 우리의 삶 속에 거대한 파열가능성을 여는 것이다. 우리의 실존은 매순간 신성한 창조라는 활동적 과정에 의존한다.[6]

논점은 '기억의 **진리가치**'라는 말로 다시 서술될 수 있다(Marcuse, 1998 : 18). 추상노동의 부과는 수 세기에 걸친 폭력적 투쟁을 요구했다. 저항을 했던 여성들, 남성들, 그리고 또 다른 사람들의 투쟁은 과거의 일이지만 지금 기억으로 계속 살아 있다. 기억의 진리가치의 현존하는 힘은 개인의 것이건 사회의 것이건 '약속들을 지키고 잠재력들을 보존하려는 기억의 특유한 기능 속에 존재한다. 그 약속들과 잠재력들은 성숙하고 문명화된 개인들에 의해 배신되고 심지어 무효화되지만, 일단 그 어스레한 과거에 수행된 다음에는 결코 완전히 잊히지는 않는다.'(Marcuse, 1956/1998 : 18) 프로이트의 정신분석은, 기억을 통해서 과거가 현재 속에 살아간다는 것을 잘 보여준다. 사회적으로도 마찬가지다.7 엘리티스Elytis가 썼듯이 '죽은 자의 분노를 두려워하라.'8 이와 마찬가지로 우리는, 아직 존재하지 않으나 있을 수 있는 세계가 과거와 현재의 투쟁들 속에서 실재하는 예상의 아직-아님not-yet으로 실존한다고 말할 수도 있다.9 마녀들은 계속해서 산다. 마녀들은 단지 수사적 구절이 아니라 현재 속의 실재적 기억의 힘이자 가능한 미래이다.

다른-행위는 억압되지만 근절되지는 않는다. 아일랜드 신화학에 따르면, 밀레토스인들이 아일랜드를 침략했을 때, 이전의 거주민들인 투아타 데다난Tuatha DéDanann은 소멸되지 않고 지하로 내몰렸을 뿐이다. 거기에서 그들은 계속 살았고 마법을 행했다. 추상노동의 승리는 다른 형태의 행위들을 사라지게 하지는 못한다. 단지 그들을 지하로, 그들이 억압당하면서 반란적으로 계속 살아가는 곳으로 내몰 뿐이다. 우리의 흥미를 끄는 것은 **억압된 것의 회귀**이다. 마르쿠제에 따르면, 그것은 '금기시된 지하의 문명사를 만든다.'(Marcuse, 1956/1998 : 16) 억압된 과거가 아니라 과거에 보상받지 못한 것, 즉 다른 문화의 잠재력을 만드는 것이다.10

정식화된 이 모든 어구들은 **다른 측면**other side의 현재적 실존을 가리킨다. 만약 화폐가 과정이라면 그것은 **어떤 것**을 화폐화하는 과정이다. 마치 국가가 **어떤 것**을 국가화하는 과정이듯이, 마치 시초축적이 어떤 것의 부단히 반복되는 변형이듯이. 화폐, 국가, 여성 등등의 뒤에, 숨겨진 어떤 것이, 어두운 면이, 보이지 않는 것이, 진행되고 있는 어떤 것이, 형성 중에 있는 어떤 것이, (아직) 완전히 자본주의적 형태들 속으로 흡수되지는 않은, 완전히 화폐화되지는 않은, 완전히 국가화되지는 않은, 완전히 상품화되지 않은, 성적으로 완전히 양성화되지 않은 어떤 것이 존재한다. 순응하지fit in 않는 어떤 것이, 우리들 자신이 있다. 우리가 이 형태들을 비판한다는 바로 그 사실이, 그것들 너머에 존재하는 어떤 것이 있다는 것을 의미한다. 에른스트 블로흐가 소외와 관련하여 표현했듯이, '만약 소외의 대립물에 대한 어떤 척도가 존재하지 않는다면, 가능한 자기-되기에 대한, 자신과-함께-하는-존재에 대한 (소외가 측정될 수 있는 것은 이것들에 대해서이다) 소외는 사람들로부터 그들의 자유를 박탈하는 것으로, 세계에서 그것의 영혼을 빼앗는 것으로 이해될 수도 또 비난될 수도 없다.'(Bloch, 1964 (2) : 113)

이 다른-측면은 단순한 잠재력이나 단순한 가능성이 아니다. 그 다른-측면은 잠재력이다. 그것은 존재할 수도 있는 세계에 대한 예상이다. 하지만 그것을 단순한 가능성으로 취급하는 것은 우리를 허공에 위험하게 내버려 두며 이 잠재력의 실현을 어떤 막연하고 불확정적인 미래로 연기한다. 살아 있는 적대가 아닌 잠재력, 살아 있는 투쟁이 아닌 잠재력은 아무런 가치도 없다. 우리 모두는 유명한 농구선수나 뛰어난 신경외과의사가 될 잠재력을 갖고 있다. 그러나 만약 이 잠재력이 물질적 표현을 갖고 있지 않다면, 그것은 자기기만적 꿈으로 된다. 추상을 현존하는 과정으로 이해하는 것은 추상된 것이 잠재력으로서뿐만 아니라 현재 속의 실재적 힘으로 존재한다는 것을 의미한다.

　우리가 관심을 갖는 것은 단순한 잠재력일 뿐만 아니라 현존하는 힘force이기도 한 이 어두운 측면이다. 이것은 우리를 우리의 출발점으로 되돌려 놓는다. 추상노동이자 동시에 유용/구체 노동인, 혹은 소외된 노동이자 동시에 의식적인 삶-활동인 노동의 이중성이 그것이다. 앞의 절에서 우리는 지배의 거미줄을 짜는 힘으로서의 추상노동에 초점을 맞추었다. 이제 다른 측면으로, 유용노동과 구체노동으로, 의식적인 삶-활동으로, 구체적 행위로 돌아갈 시간이다. 이것은 우리의 주장에서의 전환점이다.

**24**

# 구체적 행위는 추상노동을 흘러넘친다. 그것은 추상노동-속에-그것에-대립하며- 그것을-넘어 존재한다.

추상노동이 지배한다. 그것은 자본주의의 태초에 확립된 행위와 상호연관의 형식이다. 그것은, 일단 확립된 후에는 '필연적이고 체제적인 성격을 획득하는'(Postone, 1996 : 148), 인간의 의지작용에서 독립적인 사회적 응집체제의 기초이다.

추상노동은 구체적 행위가 자본주의 하에서 존재하는 역사적 형태이다. 우리가 살펴보았듯이, 노동의 이중성에 관해 언급한 소수의 저자들에 의해서조차, 추상노동과 구체노동(혹은 구체적 행위) 사이의 관계는 일반적으로 문제가 없는 것으로 간주된다. 구체노동이 단지 추상노동의 형태 속에 포함되어 있는 것으로 간주되는 것이다. 추상노동과 구체노동은 동일한 과정의 두 측면으로만 이야기된다.[1]

그러나 그럴 수는 없다. 비록 우리만이 이런 주장을 하게 된다 할지라도, 구체노동이 추상노동에 총체적으로 종속되는 일은 있을 수 없다. 경험과 이론적 성찰 모두가 우리에게, 그렇지 않으며 그럴 수 없다고 말해준다.

요컨대, 구체적 행위와 추상노동 사이의 긴장은 일상 경험의 문제이다. 만약 우리가 교사라면 우리는 잘 가르치는 것과 등급매기기 혹은 필요한 대학원생의 수를 확보하기 사이의 긴장을 느낀다. 우리가 목수라면, 우리는 좋은 테이블을 만들기와 팔릴 상품을 생산하기 사이의 모순을 느낄 것이다. 만약 우리가 콜센터에서 노동한다면 우리는, 전화로 누군가와 다정한 담소를 나눌 가능성과 직업기율 사이에서 긴장을 느낄 것이다. 만약 우리가 조립라인에서 일한다면 우리는 다른-행위의 압박을 견딜 수 없는 좌절로 느낄 것이다. 이 책의 첫 부분에서 우리는 이 긴장이 많은 사람들로 하여금, 자신들의 활동을 추상노동의 요구에 종속시키는 것을 거부하도록, 그것을 돈의 요구에서 해방시킬 방법을 찾도록 이끈다는 것을 보았다.

자본주의에서 구체적 행위가 추상노동의 형태로 존재한다는 것은 사실이다. 그러나 형식과 내용의 관계는 단순한 동일성이나 포함의 관계로 이해될 수 없다. 우리가 앞의 명제에서 보았듯이, 자본주의적 관계의 형식들은 형식-과정으로 이해되어야 한다. 추상노동은 우리의 활동을 형성하는, 구체적 행위를 추상하는 적극적 과정이다. 이것은, 그것들 사이에 필연적으로 비동일성의 관계가, 다시 말해 부적합, 긴장, 저항, 적대가 있음을 의미한다. 구체노동과 추상노동은 동일한 노동의 두 측면일 수 있다. 하지만 그것들은 모순적이고 적대적인 측면들이다.

구체적 행위는 추상노동에 완전히 종속되지 않으며 또 그럴 수도 없다. 그것들 사이에는 비동일성이 존재한다. 행위는 추상노동에 딱

들어맞지 않고 잔여를 남긴다. 언제나 거기에는 잉여가, 넘쳐흐름이 존재한다. 거기에는 언제나 다른 방향으로의 밀침이 존재한다. 추상의 추진력[충동]은 화폐다. 중요한 것은 화폐를 통한 노동의 사회적 비준이다. 구체노동의 추진력[충동]은 그 활동을 잘 하는 것이다. 가르치는 것이든, 차를 만드는 것이든, 웹페이지를 디자인하는 것이든 간에 말이다. 이것은 자기결정을 향한 충동을 의미한다. 뭔가를 잘 한다는 것은 우리 자신의 판단력을 무엇이 잘 되는 것이고 무엇이 못되는 것인가에 쓴다는 것을 의미한다. 우리가, 우리의 활동이 다른 활동들처럼 사회적 활동임을 인정하는 한에서 자기결정을 향한 우리의 충동은 필연적으로 사회적 자기결정을 향한 충동이다. 추상노동은 화폐의 의해 우리의 활동을 결정하려는 충동을 포함한다. 반면 유용노동은 사회적 자기결정에로의 충동을 포함한다.

우리는 적대를 사회적으로 필요한 노동시간에 의해 생각할 수 있다. 상품생산자가 자신의 상품을 팔고자 하면, 그는 그것을 사회적으로 확립된 능률 수준으로 생산해야만 한다. 상품의 가치는 그것을 생산하는 데 필요한 사회적 노동시간에 의해 결정된다. 가치를 창조하는 것은, 맑스가 썼듯이(Marx, 1867/1990 : 993) '어떤 특수한 내용과는 완전히 상관없는 무차별적인 **사회적으로 필요한 일반적 노동**이다. 그 때문에 …… 그것은 모든 상품들에 공통된 방식 속에서 정의되며 다른 것들과는 오직 질적으로만 구분된다.' 달리 말해 사회적으로 필요한 노동시간의 부과는 실제로 가능한 **빠른** 시간 안에 물건을 생산할 필요성을 의미한다. 이것은 노동과정의 부단한 재구조화를 의미하며, 그러한 시간제한을 알지 못하는 구체노동과의 부단한 갈등을 의미한다. 개별상품 생산자에게서 이 갈등은 시장요구와 생산자의 기존 습관 사이의 갈등으로 경험된다. 상품을 생산하는 사람이 임금 노동자인 곳에서 그 갈등은 명백히, 고용주의 요구와, 그들 자신의 리듬에 따라 일을 하려는 노동자들의 투쟁 사이의 열려진 갈등으로 될 것이다.

추상은 그러므로 갈등으로부터 분리할 수 없다. 추상노동이 임금 노동으로 존재하는 곳에서, 갈등은 노동자와 자본가 사이의 갈등이라는 형식을 띤다.

> 우리가 여기에서 대면하는 것은 인간의 그 자신의 노동으로부터의 소외Entfremdung이다. 그만큼, 노동자들은 처음부터 자본가들보다 높은 지평에 선다. 왜냐하면 자본가는 소외 과정에 뿌리를 두고 있고 그 과정에서 절대적 만족을 발견함에 반해 노동자는 처음부터 그 과정을 반란으로 대면하며 그 과정을 노예화의 과정으로 경험하는 희생자이기 때문이다.(Marx, 1867/1990 : 990)

그 투쟁은 **추상적이고 소외된 노동**에 대한 투쟁이다. 그리고 이 투쟁은 이 추상과 소외를 가장 심하게 겪는 사람들로부터 나온다.

만약 추상이 갈등적 과정이라면, 구체적 행위에 대한 그것의 관계는 적대적으로만 이해될 수 있을 뿐이다. 추상에 대항하는 반란은 '아니오, 우리는 그것을 하지 않을 것이오. 우리는 그것을 그런 식으로 하지 않을 것이오. 우리는 그것을 우리가 가장 좋다고 생각하는 방식에 따라 할 것이오. 우리는 우리가 하고자 하는 것을 할 것이며 우리가 필요하고 또 바람직하다고 여기는 것을 할 것이오'이다. 추상노동에 대한 반란은 운동하고 있는 구체적 행위이다.

그러므로 구체노동은, 대부분의 문헌들이 가정하듯이, 추상노동에 완전히 종속되어 있지 않다. 확실히 그것은 추상노동 속에 존재한다. 추상노동은 구체적 행위가 자본주의 사회에서 존재하는 형태이다. 모든 종류의 생산에 포함되는 행위는 직접적으로 혹은 간접적으로 시장을 위해 생산해야 할 필요에, 즉 가치생산이라는 요구에 종속된다. 노동의 질적 측면은 양적 측면에 종속된다. 중요한 것은, 노동자들이 상품을 생산하는 데 필요한 사회적 노동시간 이상을 지출하지 않아야 한다는 것이다. 노동의 질적 측면은 생산성으로, 효율적으로 생산할 수 있는 노동자의 능력으로 간주된다.[2] 우리는 그것을, 즉 우리가 결정하지 않은 활동들에 우리가 바치는 모든 시간을 뚜렷하게 알고 있다. 그 활동이 조립라인에서 볼트를 조이는 것이건, 시험문제의 채점을 하는 일이건, 햄버거를 파는 일이건 간에 말이다.

그러나 행위는 추상노동에 대한 반란 속에 존재한다. 낯선 권위에 대한 모든 거부 속에, 노동과정에 대한 통제를 획득하려는 모든 시도 속에, 고용시간 외부에서 혹은 고용에 대한 대안으로, 때로는 (사육제, 봉기, 반란 등과 같은) 거부의 폭발로서 의미 있는 활동을 전개하려는 모든 시도 속에 존재한다. 거기에는 항상적인 긴장이 존재한다. 유용한 행위는 그것에 대한 추상에 의해 지배될 뿐만 아니라 동시에 그것에 부단히 반항한다. 이 긴장은 신경증과 욕구불만으로 나타나며, 시간과 화폐의 제약에 맞서 창조적으로 노동하려는, 혹은 단지 일을 잘 하려는 모든 노동자의 부단한 투쟁 속에 나타난다.[3]

행위는 그림자 같은 것이다. 하지만 그것은 실존한다. 그리고 그것은 (추상노동의 형태로) 노동 속에 실존할 뿐만 아니라 노동에 대해서도 실존하며 (우리의 꿈속에, 우리의 대안적 실천 속에) 노동을 넘어서도 실존한다. 추상은 끊임없이 반복되는 과정이다. 하지만 우리는 그 추상의 과정에서 그 대부분으로부터 도피하거나 그것을 넘쳐흐른다. 우리가 좋아하거나 중요하다고 생각하는 뭔가를 할 때, 우리가 사랑하는 사람들과 좋은 시간을 보낼 때, 휴식을 취하거나 '그래, 이게 바로 그래야 하는 삶의 방식이야!'라고 생각할 때, 이 모든 때들은 우리의 행위가 질로부터, 그리고 우리의 의도적 결정에서 추상되지 않는 순간들이다. 세상에는 자신들의 행위가 추상노동으로 바뀌지 않는 사람들도 매우 많이 있다. 자신들의 기존의 생활양식이 (아직) 완전히 자본주의적 조직으로 바뀌지 않은 탓이든, 그들이 자본주의적 착취의 틀에 들어맞지 않은 탓이든 말이다.[4] 배제되는, 혹은 단지 때때로만 (그리고 불안정하게만) 노동의 착취와 추상에 포함되는 많은 사람들은 자신들의 배제라는 상황을, 자신들이 바람직하고 중요하다고 생각하는 활동들의 발전(종종 집단적인 발전)이라는 방향으로 전환시키려고 의식적으로 노력한다. 하나는 (맑스가 한 것처럼) 추상노동에 대한 유용노동의 종속을 비판하는 것이며, 다른 하나는 그 자신의 추상 속으로 포섭된 것 이외의 다른 유용한 행위는 전혀 없다고 생각하는 것이다.

이 모든 행위들이 추상노동에 의해 영향을 받지 않는다고, 혹은 그것들이 어떻든 추상과정 **외부에** 있다고 말하는 것은 아니다.[5] 모든 것은 모순적이며 자본에 의해 지배되는 사회의 일부이다. 다른-행위를 위한 우리의 공간들-순간들이 자본 외부에 실존한다고, 정원에서 우리의 친구들과 함께 앉아 있을 때, 우리가 사랑하는 사람들과 밤새 춤을 출 때, 우리가 자본 외부에서 살고 있다고 생각하는 것은 분명히 유혹적이다. 다름<sup>otherness</sup>의 공간들은 모순이 아니라 차이로 나타난다. 그러나 이것은 위험하다. 자본(추상노동)은 우리가 생각하는 것보다 훨씬 더 게걸스러우며, 우리가 생각하고 행위하는 방식의 모든 측면들에 스며들어 있다. 우리의 다름의 공간들은 항상 위협을 받으며, 추상노동의 운동에 의해 항상 제거될 위험에 처해 있다. 우리가 그것을 의식하고 있건 아니건, 우리의 다른-행위들은 화폐 요구의 도전 속에 실존한다. 모든 인간 활동이 추상노동으로 변환되어야 한다는 요구 말이다. 우리들의 불복종non-subordination의 공간들이나 순간들은 저항들, 도전들이다. 명백한 차이들은 모순들이다.[6] 원하는 대로 살고자 하는 다양한 욕망들의 통일성을 우리가 이해하려면 이 점이 중요하다. 통일성은 부정적이며 반자본주의적이다.

현재의 논의를 앞서 예상하면서 우리는 구체적 행위와 추상적 노동 사이의 관계를 탈자적ecstatic이라고 설명했다.[7] 행위는 추상노동의 탈자이다 : 추상노동의 내부에 실존하면서도 그것의 바깥에 놓여 있는, 현실적으로는 그것의 외부에 있으면서 잠재적인 타자성인, 탈-자ek-stasis로서의 탈자ecstasy. 추상노동과 구체노동(혹은 행위)은 같은 과정의 양상들이라고 말하는 것은 아주 타당하다. 하지만 그 두 양상의 관계는 탈자적인 것이며, 봉쇄-반란-넘쳐흐름의 관계이고, 내부에서-대항하며-넘어서는 관계이다. 우리는 유용한 행위에 거짓 실증성을 부여하지 않도록, 혹은 그것에 본질적으로 비-역사적인 성격을 부여하지 않도록 주의해야 한다. 그것은 투쟁으로, 추상으로부터 도피하기 위한 투쟁으로 실존한다. 그것이 갖는 자유의 계기는 종종 모순적일 뿐만 아니라 해변에 지어진 모래성들처럼 덧없이 사라지는 것이다. '자유'는 안정적 자율로 생각되어서는 안 되고 아직-아님의 힘으로, 있을 수 있는 세계의 섬광처럼 생각되어야 한다. 그러나, 그 도피들[벗어남들]escapes이 손가락으로 상상의 기타를 치고 있는 조립라인 노동자의 것이든, 자신이 추상노동의 기능인들을 훈련시키는 것 이상을 할 수 있는 것을 꿈꾸는 대학 교수의 것이든, 혹은 여러 해 동안 그들 자신의 자치구역을 만들고 유지하고 있는 치아빠스 원주민들의 것이든 간에, 이 도피들[벗어남들]이 아무리 덧없다 할지라도, 구체적이고-창조적인 행위의 이 넘쳐흐름이 아무리 덧없이 사라지는 것이라 할지라도, 바로 그것이 우리가 사는 곳이며, 바로 그것이 우리가 서 있는 곳이고, 바로 그것이 우리가 다른 세상을 창조할 가능성을 생각해야 하는 현장임은 분명하다. 이 넘쳐흐름들이야말로 우리가 출발해야 하는 균열들이다.

## 25

## 행위는 추상노동의 위기이다.

추상노동 속에서-그것에-대항하며-그것을-넘어서는 행위의 항상적 투쟁이 있다. 그러나 이 투쟁들은, 처음부터 가치-추상-노동-자본의 중단할 수 없는 흐름 속으로 재흡수되도록 운명 지어져 있는, 낭만적 분출에 불과한가? 아니면 이 투쟁들이, 비록 때때로 감상적인 것처럼 보일지라도, 자본의 위기와 새로운 사회의 개시를 구성할 어떤 길이 있는 것인가?

## 1. 행위와 추상노동 사이에는 항상적인 긴장이 있다.

우리 모두는 자유를 갈망한다. 우리는, (병, 은퇴, 파업, 결근 등등을 통해) 소외된 활동으로부터 도망치려 하거나 우리가 할 수 있는 만큼 그것의 모양을 바꾸려 함으로써, 항상 그러한 활동에 대항한다. 행위는 추상의 취약함이며 노동규율에 대한 항상적 위협이다. 이런 의미에서 우리는, 행위를 자본주의의 항상적인 위기라고 말할 수 있다. 욕구불만frustration은 자본주의의 핵이며 그것의 중심적이고 폭발적인 모순이다.[1]

보통 이 욕구불만, 노동에 대항하는 행위의 이 충동은 보이지 않게 된다. 그 충동은 그것을 봉쇄하려는 세력들 속에서 더욱 잘 보인다. 경영진 전체는, 행위의 그 힘을 노동규율 아래에 무릎 꿇게 하면서, 그 긴장을 봉쇄하려 한다. 지난 50년 동안의 신용팽창도 욕구불만을 감시하는 데에서 중요한 역할을 수행했다. 그리고 경찰, 정신분석가들, 심리학자들, 교사들, 사회적 노동자들, 부모들, 즉 노동에는 어떤 대안도 존재하지 않는다고 우리에게 말하는 모든 세계가 있다. 우리가 학교를 떠날 때, 아무도 우리에게 어떤 선택대안이 있다고 말해주지 않는다. 아무도 우리에게, 우리가 우리의 삶을 화폐의 명령 하에서 노동에 바칠 수도 있지만, 그렇지 않고 우리 주위의 사람들과 함께 우리가 즐거운 것으로 혹은 의미 있는 것으로 선택한 어떤 활동에 우리의 삶을 바칠 수도 있다고 말해주지 않는다. 그 선택은 보이지 않는 것이다. 우리가 들을 수 있는 것은 오직, 이제 우리는 성인이며 우리는 노동을 해서 생계를 꾸려야 한다는 말뿐이다. 추상노동은 행위의 비가시화를 통해 자신을 강제한다. 노동은 그 자신만이 유일하다고 강제함으로써, 그 자신을 대안-없는-노동으로 제시함으로써, 그리하여 노동의 이중성에 대해 혹은 행위와 노동 사이의 적대에 대해 말하는 것은 미친 짓이라고 주장함으로써 지배한다.[2] 그러나 그것[노동의 이중성에 대해 혹은 행위와 노동 사이의 적대에 대해 말하는 것 ― 옮긴이]이야말로 항상 우리의 관심사의 중심에 놓여 있는 것이다.

## 2. 행위와 노동 사이의 긴장은 내재적이며 결정적으로 불안정하다.

행위의 노동으로의 추상은, 우리가 살펴보았듯이, 사회적으로 필요한 노동시간 속에서 상품들을 생산하려는 충동과 분리불가능하다. 시장에서 상품들의 판매가능성을 결정하는 것은 그것들을 생산하는 데 필요한 시간의 양이다. 거기에는, 경쟁을 통해서, 상품을 생산하는 데 필요한 시간을 줄이려는 항상적인 충동이 존재한다. (자본가로서) 내가 경쟁자들보다 더 빨리 나의 상품들을 생산할 수 있다면 나는 더 많은 이윤을 얻을 수 있을 것이다. 만약 내가 나의 상품들을 생산하는 데 필요한 시간 동안에 내 경쟁자들을 따라잡을 수 없다면, 나는 곧 사업에서 쫓겨날 것이다. 일백 년 전, 아니 심지어 이십 년이나 십 년 전에 가치를 생산했던 활동은 지금의 자본에게는 거의 아무런 쓸모도 없을 것이다. 왜냐하면 추상노동의 의미가 변했기 때문이다. 그러므로 나는, 노동과정을 강화하거나, 노동을 추방하거나, 노동을 기계로 대체하는 식으로, 나의 상품을 생산하는 데 요구되는 노동시간을 줄이도록 부단히 압박당한다. 행위의 노동으로의 추상은 부단한 나사조이기이며 행위와 노동 사이의 긴장된 관계를 부단히 탈안정화하는 것이다.

사회적으로 필요한 노동시간을 부단히 조이는 것은 사회적 부적합misfitting을 강화한다. 자본이 더욱더 많이 요구함에 따라, 그 요구에 적합하기란 더욱더 어렵게 된다. 강화된 부적합은 그 자신을 노동으로부터의 이중의 탈주로 표현한다. 자본의 관점에서 볼 때, 필요노동시간을 줄이려는 끊임없는 충동은 노동과정으로부터의 노동의 추방, 기계에 의한 노동의 대체를 초래한다. 이것은, 맑스가 '자본의 상승하는 유기적 구성'이라고 부르는 것, 즉 자본주의적 생산과정에서 기계에 대한 지출과 노동력에 대한 지출 사이의 비율의 점진적 상승을 초래한다. 자본은 그것의 생산을 노동에 의존한다. 그러나 자본은 기계에 의한 노동의 대체에 의해, 죽은 노동에 의한 산 노동의 대체에 의해 이 의존으로부터 부단히 달아난다. 그러나 자본은 노동으로부터 벗어나지 못한다. 왜냐하면 자본은 가치와 이윤의 생산에서 노동에 의존하고 있기 때문이다. 전체로서의 자본이라는 수준에서 (비록 개별 자본가에게 반드시 그렇지는 않지만), 노동으로부터의 도주는 평균 이윤율의 하락을 가져온다. 그리고 개별 자본가에게서 이것은 경쟁의 강화로, 그리고 노동과정을 강화하고 노동을 기계로 대체함으로써 필요노동시간을 축소시키려는 더욱더 광적인 시도로 된다.

다른 면에서도 노동으로부터의 탈주가 있다. 자본이 노동 없이는 존재할 수 없기 때문에 노동으로부터 자본의 탈주는 현기증 나는 진공으로의 탈주임에 반해, 노동으로부터 노동자들의 탈주는 행위로의 탈주이다. 이 탈주는 자발적일 수 있다. 왜냐하면 사람들이 자본주의적 노동과정의 압력에서 도망치려고 노력하기 때문이다. 그와 달리 이 탈주가 비자발적일 수도 있다. 노동과정에서 추방된 사람들, 혹은 애초부터 자본주의적 고용에 흡수되지 못한 사람들은 다른 생존의 길을 찾아야 하기 때문이다. 종종 생존을 위한 이 투쟁은 시장에의 더욱더 직접적인 종속(예컨대 대도시의 교통신호등에서 껌, 풍선, 장난감

등 뭔가를 팔기)을 포함한다. 그러나 그것은 또 가족들, 공동체들, 친구집단들 사이에서 상호부조의 구조를, 그리고 그런 의미에서 추상노동으로부터의 멀어짐을, 그리고 사회적으로 자기결정적인 행위의 성장을 산출한다.

추상노동에 내재하는 부단한 강화는 그 자신의 실존을 침식하는 경향이 있다. 거기에는 점진적인 배제와 격퇴가 있다. 노동자들은 추방되고 다시 추방된다. (자본만이 아니라) 노동이 적으로 보이게 되며 사람들은, 선택에 의해서든 필연에 의해서든, 다른 삶의 방식을, 자신들의 활동을 조직하는 다른 길을 찾는다. 노동에 봉쇄되어 노동에 의해 보이지 않게 된 행위가 그 자신을 주장하기 시작한다. **노동의 일원적**unitary **성격이 붕괴된다.**

자본주의의 동학은 노동으로부터의 이중의 탈주이다. 자본의 편에서 볼 때 그 탈주는 노동과 그것의 강화에서 끝날 뿐이다. 노동의 편에서 볼 때, 노동으로부터의 탈주는 의식적으로 통제되는 행위를 기초로 하여 조직된, 다른 세계의 전망을 열어젖힌다. 양편 모두에서 노동으로부터의 탈주는 자본의 위기를 의미한다. 왜냐하면 가치(즉 자본주의적 이윤의 실체)를 생산하는 것은 추상노동이기 때문이며 자본주의를 결합시키는 사회적 응집을 제공하는 것이 추상노동이기 때문이다. 그러나 위기를 벗어나는 두 가지 길이 있다. 자본주의적 해결책(노동의 강화와 추방)은 그 구멍을 더욱 깊이 파서 다음번에는 훨씬 더 심각한 위기의 길을 준비하는 반면, 반자본주의적 해결책은 추상노동으로부터 행위를 분리시켜서 곧장 그리고 직접적으로 매우 다른 세계의 전망을 연다.

3. 자본의 위기는 노동의 일원적 성격을 쪼개는 것이다. 이 것이, 우리가 살아가며 경험하고 있는 위기이다.

추상노동의 고점高點은 노동운동의 고점이다. 2차 세계대전 이후의 시기는 파시즘과 전쟁에 의한 노동계급의 대규모 패배에 의해 가능해진 급속한 자본축적으로 특징지어졌다. 그리고 그것이 다시 새로운 생산방법의 광범위한 도입을 가능케 했다. 이것이 흔히 포드주의라고 불리는, 대공장과 고도로 자동화된 생산기술에 의해 특징지어지는 시기이다. 그 속에서 노동자들은, 이전보다 훨씬 더 단순한, 기계의 부속물로, 조립라인 속의 위치들로 된다. 포드주의 하에서 행위의 추상은 그 한계에까지 이른다. 노동은 모든 의미를 잃는다. 반대급부로 노동자들은, 적어도 상대적으로 부유한 나라들에서는, 완전고용 정책과 복지국가의 발전에 의해 지탱되는, 상대적으로 높은 임금을 받는다. 그리고 그것은 다시 소비를, 그리고 자본주의적 생산의 모든 체계의 재생산을 점화한다. 이것이 노동조합의 황금시대이며, 노동과 자본 사이의 적대가, 연례행사로 된 임금협상으로 명백히 축소된 시대이고, 노동조합과 국가가 밀접한 관계를 맺은 시대이다. 이것이 노동운동의 황금시대이고, 우리가 추상노동과 결부시켜서 이해했던 모든 것(실증주의적 사상, 남성지배적인 이성애, 진보에 대한 자연의 명백한 종속, 국가와 동일시된 전체성 속에서 변화를 이해하는 경향 등 등)의 황금시대이다. 완전고용은 감금cage의 완결이고 일원적unitary이고 추상적인 노동의 지배의 완성이다. 삶-활동은 곧 고용이고 고용은 곧 추상노동이다. 거기에는 어떤 대안도 없다.

이 단단하고 조밀한 직물은, 파시즘과 전쟁의 경험에 의해 길들여지지 않은 한 세대가 들고 일어나, '아니오, 우리는 우리의 삶을 화폐의 지배에 바치지 않을 것이오, 우리는 우리의 삶을 송두리째 추상노동에 갖다 바치지 않을 것이오, 우리는 뭔가 다른 것을 할 것이오'라고 말했던, 1968년에[3] 찢어진다. 자본에 대항하는 반란은, 언제나 그러하고 또 그래야 하는 것, 즉 노동에 대한 반란으로 그 자신을 공공연하게 표현한다. 우리가 계급투쟁을 자본에 대항하는 노동으로 생각할 수 없다는 것은 명백하다. 왜냐하면 노동은 자본과 같은 편이고 노동이 자본을 생산하기 때문이다. 바로 이것이 1968년에 대학들에서 표현된 것이며, 이것이 바로 공장들에서 표현된 것이며, 이것이 바로 1968년에 거리들에서 표현된 것이다. 바로 이것이, 자본이 자신의 이윤율을 유지하기에 충분할 만큼 착취율을 증가시킬 수 없도록, 포드주의를 적절하게 유지할 수 없도록 만든 것이다. 그것은 노동의 추상의 모든 양상들에 대립하는 반란이며 협의의 노동 소외뿐만 아니라 성, 자연, 시간, 공간의 물신화에 대립하는 반란이고 그 물신화의 일부인 국가지향적 조직형식에 대립하는 반란이다. 거기에 석방이, 해방이 있다. 전에는 가능하지 않았던 것을 생각하고 행하는 것이 가능하게 된다. 착취의 힘, 투쟁의 힘이 (맑스에 의해 열렸으나 맑스주의 전통에 의해 실천 속에서 닫혔던) 노동의 범주를, 그리고 그와 더불어 모든 다른 사유의 범주들을 쪼개서 연다.

노동 범주의 이러한 쪼갬이 우리를 새로운 세계로 던져 넣는다. 물론 이것은 완전히 새로운 것은 아니다. 노동에 대한 거부는 반자본주의 투쟁의 모든 역사를 관통하는 가닥이다.[4] 새로운 것이 있다면 그것은 포드주의의 위기와 더불어 그것이 획득한 중심성이다.

얼핏 보면 노동의 위기는[5] 우리에게 패배처럼 보인다. 분명히, 추상노동의 위기는 추상노동을 기반으로 구축된 운동의 위기, 즉 노동운동의 위기이다. 노동운동의 위기가 있음은 쉽게 이해할 수 있다. 세계 도처에서 나타난 노동조합운동의 쇠퇴, 과거에 노동운동에 의해 쟁취된 많은 물질적 이득들의 파국적 침식, 급진적 개혁에 실질적으로 헌신했던 사회민주당들의 잠재적 소멸, 소련 및 다른 '공산주의 나라들'의 붕괴, 중국의 세계자본주의 속으로의 통합, 라틴아메리카 및 아프리카에서 민족해방 운동의 패배, 대학들에서 그리고 무엇보다도 투쟁의 이론으로서 맑스주의의 위기.

이 모든 것은 사람들 사이에서 일반적으로 노동계급의 역사적 패배로 이해된다. 물론 역사적 패배이다. 그런데 무엇의 패배인가? 그것은 노동운동의 패배이며 추상노동에 기초한 운동의 패배이다. 그것은 추상노동의 물신화된 형식에 갇힌 운동의 패배이다. 그것은 자본에 대항하는 노동의 투쟁의 패배이지만 노동-과-자본에 대항하는 행위의 투쟁의 개시일 수 있다. 만약 그렇다면, 그것은 계급투쟁의 패배가 아니라 계급투쟁의 더욱 심오한 수준으로의 이행이다.

노동의 위기(그리고 자본에 대항하는 노동의 투쟁의 위기)는 우리를 다른 차원을 갖는 세계 속으로 내몬다. 계급투쟁은 지속적으로 중심적이다. 우리는 여전히 자본주의 속에, 이윤 추구에 의해 추동되는 사회 속에, 따라서 인간 활동을 이윤 생산의 요구에 종속시키려는 부단한 투쟁에 기초한 사회 속에, 그리고 인간의 활동을 이 결정으로부터 해방시키려는 대항투쟁에 기초한 사회 속에 살고 있다. 계급투쟁은 중심적이다. 하지만 그것은 변했고 또 변하고 있다. 그것을 자본에 대항하는 노동의 투쟁으로 생각하는 것은 더 이상 적합하지 않다. (왜냐하면 이 정식은 노동의 일원적 성격을 문제로 삼지 않고 있기 때문이다.) 우리는 새로운 개념적 질conceptuality을 갖는, 새로운 투쟁 언어를 배우지 않으면 안 된다. 쎄르지오 띠쉴러Sergio Tischler가 말하듯이, 우리는 지금, 새로운 투쟁의 패턴을 명확하게 식별하기 위해 투쟁하면서, 우리의 나아갈 길을 알아내기 위해 투쟁하면서, 문지방의 경계에 놓여 있다. 지금은 의심과 불확실성의 시대이다. 어쩌면 새로운 세계로 나아갈 길을 열 수도 있고 어쩌면 그렇지 못할 수도 있다.6

투쟁의 일반적 조건은 추상노동의 위기에 대한 분석, 즉 행위의 노동으로의 추상의 위기에 대한 분석에서 도출된다. 자본가의 편에서 보면, 위기의 해결책은 행위를 추상노동의 매개변수들 속으로 재-수로화하여 그것을 그 매개변수들 속에 봉합하는 것은 의미한다. 가장 단순하게 표현하면 이것은 고용을, 그리고 노동과정에서 훈육의 유지를 의미한다. 달리 말해 이것은, 사람들로 하여금 추상노동을 수행하도록 강제하는 것을 의미한다. 고용되지 않은 사람들에게 그것은, 자신들의 활동이 추상노동에 의해 결정되는 일반적 틀 내부에 머물도록 만드는 사회적 훈육을 강제당하는 것을 의미한다. 자본에게 중요한 것은, 다시 한 번 노동의 일원적 성격에 날인을 하여 가치생산적 노동, 화폐형성적 노동에는 어떤 대안도 없음을 보여주는 것이다. 노동으로부터의 어떤 도피도 있어서는 안 된다. 복지국가 체제를 가진 나라들에서, 자신들의 삶[목숨]으로 뭔가 다른 것을 하기를 원할 수 있는 사람들에게 피난처를 제공하지 않는다는 것을 확실히 할 규칙을 강화하는 것이 결정적이다. 대학도 마찬가지다. 대학은 휴식을 취하거나 (더욱이) 사유를 하는 장소로 허용되어서는 안 된다. 교육체제를 강화하고 학습의 과정을 가속하고 또 무엇보다도 교사와 학생의 활동이 추상노동 속에 갇히도록, 항상, 그들의 생산성을 측정하는 것이 핵심적이다.7 신자유주의, 포스트포드주의, 포스트모더니즘은, 인간 행위를 화폐 규칙에 종속시키기 위한, 노동에는 어떤 대안도 없다는 생각, 즉 인간의 가능한 모든 활동은 노동의 규율 내부에 포함된다는 생각을 재확립하기 위한 [자본의 — 옮긴이] 이러한 투쟁의 여러 측면들에 주어진 이름들이다.

이것은 장기적이고 항상적인 투쟁이다. 비록 그 용어들(신자유주의, 포스트포드주의, 포스트모더니즘)이 그 자체로 지배의 안정적 패턴을 나타낸다 할지라도, 그 투쟁은 지배의 새로운 안정적 패턴은 아니다. 노동을 재부과하려는 그 투쟁에서 결정적인 요소는 신용의 팽창이다. 신용은 허구적 세계를, 미래의 잉여가치에 대한 기대에 기초를 둔 세계를 창출한다. 그것은 개별 자본들이 파산을 피할 수 있도록 만들며, 이런 의미에서 그것은 완전고용-추상노동이라는 새장의 붕괴를 완화시킨다. 이렇게 신용의 허구적 세계가 추상노동의 훈육의 혹독함을 완화시키지만, 그와 동시에 그 혹독함을 확장하고 심화시킨다. 큰 부채를 지고 있는 회사는 자신이 명령하는 노동을 더욱 효과적으로 만들기 위해 필사적으로 애써야 한다. 부채를 지고 있는 사람은 그 부채를 갚을 돈을 벌기 위해 자신의 노동력을 팔지 않을 수 없다. 부채의 확장은 안정성의 이미지를 창출한다. 하지만 그것은 동시에 근본적으로 불안정하다. 왜냐하면 그것은 실현되지 못할 수 있는 기대에 기초를 두고 있기 때문이다.

자본의 관점에서 볼 때 그 투쟁이 인간 활동의 다른 조직화의 가능성을 닫아버리기 위한 투쟁이고 노동의 일원적unitary 성격에 날인하기 위한 투쟁이라면, 자본에 대항하는 투쟁은 균열을 열기 위한 것이어야 하고 인간의 활동을 감금상태에 붙들어 놓는 외피를 깨뜨리기 위한 것이어야 하고 다른 행위의 가능성을 실현하기 위해 우리가 할 수 있는 모든 것을 하기 위한 것이어야 한다.

이 모든 것의 중심에 노동의 불안정성이 있다. 전 세계에 걸쳐서, 많은 사람들에게 포드주의 시대를 특징지었던, 고용의 상대적 안정성에서의 쇠퇴가 있어 왔다. 노동조합 투쟁에 의해 쟁취되었던 이권들은 새로운 노동입법에 의해 도처에서 폐지되었다. 고용은 훨씬 더 불안정해졌고 훨씬 더 단기계약과 가변시간variable hours에 기초하는 경향이 있다. 그러나 만약 우리가 단지 이에 수반되는 고통에만 집중하게 되면, 우리는 명백한 것을 보지 못하게 된다. 즉 노동의 불안정성은 다름 아니라 자본의 불안정이며 노동의 불안정성은 자본을 창출하는 노동의 불안정성임을 보지 못하게 된다. 사람들은 사회관계의 다른 형식을, 그리고 활동의 다른 형태를 생존의 토대로 발전시키지 않을 수 없다. 불안정성에 내재하는 고통은 그 반대의 것으로, 노동에-대항하는-행위의 성장으로 역전되며 (또 역전되고 있다). 실업에서도 이와 유사한 현상이 나타난다. 실업의 상승은 수많은 사람들에게 거대한 곤경을 의미한다. 하지만 노동운동이 그렇게 하고 또 하지 않을 수 없듯이, 완전고용으로의 회귀를 요구하는 것은 일원적unitary 노동이라는 울타리를 요구하는 것이며 고용이야말로 (적어도 당분간은) 인간 활동을 위한 유일한 길이라고, 행위는 추상노동에 종속되어야 한다고 주장하는 것이다. 이와 다른 대안은, 실업자들의 투쟁을 넘쳐흐르면서 아르헨티나와 그 밖의 곳의 급진적 실업자 그룹들이 해왔듯이, 우리는 고용으로의, 그리고 그것이 함축하는 착취로의 복귀를 원치 않는다고, 우리는 우리 자신의 활동을 우리가 바람직하고 또 필요하다고 생각하는 것에 따라 조직하고 싶다고 말하는 것이다.

앞으로 나아가는 길은 쉽게 보이지 않고 그 길을 만들어 내는 것은 힘들지만, 노동의 불안정성이 어쨌든 결정적인 문제라는 것, 그리고 세계의 미래가 노동의 일원적 성격을 균열시켜 낼 수 있느냐 없느냐에 달려 있다는 것은 분명하다.


## 4. 추상노동의 위기는 이론의 위기이다.


추상노동의 위기는, 필연적으로 자본에 대항하는 추상노동의 투쟁에 입각하는 이론의 위기이다. 정통 맑스주의, 다시 말해 노동의 일원적unitary 개념에 (그 개념이 수반하는 모든 것과 더불어) 기초하는 맑스주의는, 반자본주의 투쟁의 운동으로부터 점점 멀어졌고, 줄곧 존재했던 자신의 부르주아 적수로부터뿐만 아니라 당대의 투쟁들에 대한 그것의 타당성에 의문을 갖는 사람들에 의해서도 광범위한 비판을 받았다.

낡은 이론의 위기는 풍부하고 새로운 이론적 발효의 개시이다. 또 그것은 우리들의 투쟁을 이론화하고, 우리가 대체 어떻게 우리가 속해 있는 이 혼란으로부터 벗어날 수 있을까를 생각하려는 시도들의 다양성의 개시이다. 이곳은 이 이론들을 정밀하게 살필 자리는 아니다. 하지만 이 이론들에는 특히 중요한, 그리고 여기에서 전개되고 있는 논의를 명료하게 밝히는 데 도움을 줄 수 있는, 세 가지의 조류가 있다.

우선 추상노동과 그 이론의 위기는 아나키즘과 아나키스트 이론의 점증하는 영향 속에 반영되어 있다. 이것은 '새로운 아나키즘'(Graeber, 2002)으로 간주될 수 있는데, 여기에서는 맑스주의에 대한 낡고 경직된 적의는 더 이상 중요한 역할을 수행하지 않는다. 노동운동의 전통들과 단절하는 많은 행동형태들은 아나키스트 전통에서 나온다. '자신들의 태도를 바꾸기 위해 정부에 호소하는 정치학을 거부하고, 그 자신을 대안으로 예표하는prefigures 형태로 국가권력에 대항해 물리적으로 개입하기를 선호하는, 직접행동이라는 개념은 직접적으로' 아나키즘의 전통에서 '나온다'(Graeber, 2002). 아나키스트 전통은 특히 이 책의 2부에서 서술한, 균열에 대한 모든 논의와 분명히 상관이 있다. 그리고 균열에 대한 논의에서 인용된 많은 저자들은 아마도 자신을 그 전통의 일부로 간주할 것이다. 실제로, 노동에 대한 일원적unitary 개념을 가정하는 정통 맑스주의가 추상노동의 투쟁을 기초로 이론을 구축할 때에, 적어도 지금여기에서 추상노동의 강제와 결별한다는 의미에서, 구체적 행위에 보다 명확히 집중해 온 것은 아나키스트 이론이라고 말할 수 있다.

그렇다면 나의 이 주장은 아나키즘적 주장인가?[8] 그것은 중요하지 않다. 왜냐하면 낡은 구분이 붕괴했으며 명명은 어떤 경우에도 사유와 대립하기 때문이다.[9] 명명은, 우리가 이미 살펴보았듯이, 추상노동에 의해 발생되는, 동일화와 분류[계급화]classification의 과정의 거친 표현이다. 그러나 더욱 실질적인 것으로, 여기에서 제시된 주장은, 맑스주의 전통에 대립하는 만큼이나 아나키스트 전통에도 대립한다. 아나키스트 전통과 맑스주의 전통 모두에 대한 비판은 이 주장의 구조 속에 실제로 선명하게 새겨져 있다. 우리는 거부-와-창조로부터, 자본주의 체제에 적응하지fit 않는 것으로부터 시작한다. 즉 지배에 대한 분석의 강조로 인하여 맑스주의가 취약했던 곳에서 아나키즘은 강했다. 그러나 투쟁들과 그 문제들에 대한 성찰은 우리를 사회적 응집과 모순들로 인도한다. 우리는 노동의 이중적 성격에 대한 분석으로 인도되었다. 이곳은, 우리가 아나키즘을 벗어나서 맑스주의 전통에 더욱 타당한 논쟁 속으로 들어가는 곳이다. 그러나 우리의 출발점은 결정적인 것으로 남아 있고 우리를 맑스주의 사상의 주류에 맞서서 나아가도록 만든다. 그렇다면 그 주장은 어디로, 어떤 전통으로 적응해fit 들어가는가? 만약 그 논제에 충실하고자 한다면, 그 주장은 부적응한다misfits.

이론의 새로운 발효의 두 번째 요소는 최근의 맑스주의 논의에서는 노동의 이중적 성격이라는 문제에 대한 새로운 자각이었다. 현재의 논쟁에서 특히 중요한 것은 포스톤의 책, 『시간, 노동, 그리고 사회적 지배』*Time, Labour and Social Domination* (1996)이다. 이 책에서 그는, 맑스주의 전통에 특징적인, 노동의 초역사적이고 일원적인 개념에 대한 비판에 토대를 두고 있는, '맑스주의 비판이론에 대한 재해석'을 발전시켰다. 그러므로 포스톤의 책의 중심적 관심사는 여기에서 제시된 주장의 중심적 주제와 밀접히 연관되어 있음이 분명하다. 실로 그것이 중요하고도 엄정한 책이기 때문에 우리의 논의에서 [그 책의 주장과 이 책에서 제시된 주장의 — 옮긴이] 차이를 설명하는 것이 필요하다.

여기에서 다시 확인되는 것은 출발점의 결정적 중요성이다. 포스톤의 접근과 여기에서 제시된 주장 사이의 주요한 차이는 출발점의 맥락에서 이해될 수 있다.[10] 포스톤은 '자본주의를, 비인격적이고 외관상 객관적인 성격을 갖는, 상호의존의 역사적으로 특수한 형태로' 개념화하는 것에서 시작한다. 상호의존의 이러한 형태는, 사회적 실천의 특정한 형태들에 의해 구성되는 사회관계들의 역사적으로 독특한 형태들에 의해 초래되지만 그것은 이 실천들에 연루된 사람들로부터 준독립적으로 된다(Postone, 1996 : 3). 나는 그러한 개념화를 공유한다. 그리고 나는, 포스톤처럼, 상호의존의 역사적으로 특유한 형식이 추상노동에 의해 구성되고 있는 것으로 이해한다. 여기에서 차이가 있다면, [나의—옮긴이] 이 책은 자본주의를 어떻게 개념화할 것인가라는 문제에서 시작하지 않고 거친 부적응, 절규, 지금여기에서 상호의존의 그 역사적으로 특유한 형식을 깨뜨리려는 결정에서 시작한다는 사실에 있다. 이 부적응은 나중에 나타나는 더욱 무거운 이론적 토론에 대한 가벼운 서론이 아니라 이론의 핵심이다. 우리가 모색하는 것은 사회적 상호의존에 대한 이해가 아니라 그것을 깨뜨릴 방법에 대한 이론이다. 저 부적응에서 시작하면서 우리가 사회관계의 자본주의적 형식들(그 중심에 추상노동이 놓여 있다)을 이해할 수 있는 유일한 길은 그것들 자신의 부정에 의해 팽창된 형식들, 즉 그것들의 내용을 포함하지 않지만, 그것들로부터 그것들의 내용이 부단히 넘쳐흐르는 형식들로서이다. 포스톤은 모순과 적대 사이를 분명히 구분한다(Postone, 1996 : 34). 반면 이 주장의 출발점은 그러한 구분을 불가능하도록 만든다. 포스톤에게 있어서, 구체노동은 추상노동 내부의 모순으로 존재한다. 그러나 여기에서 그것은 살아 있는 적대로서가 아니라 바로 처음부터 그 자신을 절규하는 적대로서 나타내는 구체적 행위로서 존재한다.[11] 포스톤의 책에는 추상노동과 구체노동 사이의 탈–자적ec-static 관계에 대한 이해가 전혀 없다. 그 결과 그가 그토록 정당하게 강조하는 노동의 이중적 성격이 또 다시 실천에서는 단선적인 성격의 추상노동으로 환원된다. 결과적으로, 추상노동을 넘는 활동형식에 대한 전망은 현재적 투쟁으로서보다는 부단히 가능성으로서만 제시된다. 이 후자의 지점은 중요한 정치적 결과를 가져온다. 왜냐하면 그것은 (여전히 다시) 현재적 투쟁에서 유리된 자본주의론을 가져오기 때문이다. 전통적 맑스주의에 대한 그의 비판의 발본적 성격에도 불구하고, 포스톤은 전통적 맑스주의 전통의 특질들 중의 하나인 자본과 계급투쟁 사이의 분리를 재생산한다. 이러한 문제점은 〈크리시스〉 그룹에서도 매우 중요하게 그리고 유사한 이론적전망을 수반하면서 재현된다.

반드시 고려되어야 할 세 번째 가닥의 최근 논의는 자기가치화 개념에 집중된다. 그 용어는 안또니오 네그리에 의해 만들어졌다. 하지만 해리 클리버[12](Cleaver, 1979 : 1992)[13]를 살펴보는 것이 특히 유익하다. 맑스주의 해석가들 중에서 노동의 이중적 성격이 갖는 정치적 의미를 명백하게 천명한 사람이 바로 클리버다. 그의 책 『『자본론』을 정치적으로 읽기』[14]에서, 그는 이 주제에 한 장을 할애했고 '유용노동과 추상노동의 이 이분법을 어떻게 정치적으로 해석할 것인가'(Cleaver, 1979 : 131)라는 문제를 제기한다. 그렇지만 그는 유용노동이 추상노동에 완전히 종속된다고 가정한다.

자본주의적 노동 혹은 추상노동의 제거는 구체적 유용노동의 제거를 의미할 수 있을 뿐이다. 구체적 유용노동이 사회적 통제의 형식으로서 부과되는 활동인 한에서는 말이다. …… 산업에서의 유용노동은, 매뉴팩처의 시대이건 기계류의 시대이건, 계급을 통제해야 하는 자본의 필요에 의해 형성된다. 유용노동은 이런 식으로 해서, 사용가치의 생산자일 뿐만 아니라 가치/통제의 생산자이기도 하기 때문에,

유용노동은 '해방될' 수 없다. 가치 자체를 분쇄하기 위해서는 현재
적 형식의 유용노동도 분쇄되어야 한다.(Cleaver, 1979 : 132)

이후의 논문에서 클리버(Cleaver, 1992)는 자기가치화의 개념에, 여
기에서 노동에 대항하는 행위의 운동이라는 맥락에서 개념화된 특징
을 부여한다. 클리버(Cleaver, 1992 : 129)에 따르면 자기가치화는 '자
본주의적 가치화에서 자율적인 가치화의 과정, 즉 자본주의적 가치화
에 대한 단순한 저항을 넘어 자기구성의 긍정적 기획으로 넘어가는
자기규정적이고, 자기결정적인 과정을 가리킨다.' 같은 논문의 더 뒤
에서(Cleaver, 1992 : 134), 그는 자본의 통제를 벗어나는 자기가치화
혹은 자기구성의 많은 과정들에 대해 언급한다.

우리가 서로 다소간 동일한 반란의 과정들에 대해 말하고 있으며
또 그것을 이해하려고 하고 있다는 것은 분명하다. 클리버는 그것들
을 자기가치화 과정으로 개념화하기를 좋아한다. 하지만 나는 그것들
을 구체적 행위와 추상노동 사이의 적대의 표현으로 본다. 이 구분이
중요할까? 이것은 이 책의 주장 전체에 영향을 미치는 문제이다. 자
기가치화와 같은 이미 확립된 용어가 존재하는데, 나는 왜 그 용어를
젖혀두고, 추상노동과 구체노동 사이의 관계가 살아 있는 적대로 이
해되어야 한다고 (전통의 모든 무게에 맞서) 주장하면서, 노동의 이중
성에 대해 말하는가?

핵심 문제는 자본과 계급투쟁 사이의 외부성의 문제이다. 우리는,
자본과 투쟁의 분리가 전통적 맑스주의의 특징이며 맑스주의 전통에
대한 포스톤의 비판에서도 동일한 (궁극적으로는 구조주의적인) 구
분이 나타난다는 것을 안다. 클리버(와 네그리, 그리고 오뻬라이스모

전통)는 그 문제에 다른 측면에서 접근한다. 왜냐하면 그들은 투쟁을 전면에 놓기 때문이다. 하지만, 그 범주들 자체는 결코 투쟁의 개념화로 이해되지 않으며[15] 그 결과 외부성은 잔존한다.[16] 여기에서, 클리버가 적대관계로서의 노동의 이중성을 거부하고 자기가치화의 개념을 '자본주의적 가치화로부터 자율적인' 과정으로 지지하는 것은 의미심장하다. 그도 역시, '노동거부는 자기가치화의 가능성 자체를 창출한다'고 계속해서 말한다.

이 외부성은 문제가 있다. 왜냐하면 그것이 노동의 일상적 경험으로부터 실행되는 자기가치화를 간과하기 때문이다. 자기가치화는 노동-속에서-그것에-대항하며-그것을-넘어서는 매일의 행위의 일상적 경험이기보다 뭔가 특별한 것으로 간주된다. 자율주의적 이론이나 오뻬라이스모적 이론의 가장 큰 호소력이자 힘인 동시에 취약점인 것은, 그것이 활동가들을 위한 이론이며, 행동주의 이론이지만 일상적 삶의 경험에서 분리된 행동주의의 이론이라는 점이다. 나는 그것을 넘어서고자 하며, 반란에 대한 우리의 이해를 일상적 삶에 근거 지우고자 한다. 나는 여기에서 (모든 전통에 맞서), 정치경제학만이 아니라 사회적 적대를 이해하기 위한 주축은 노동의 이중성이며 노동의 이 이중성이란 매일의 행위doing와 삶living의 내재적이고 항상적인 적대라고 주장한다. 아주 단순하게 말해, 삶은 행위와 추상노동의 적대이다.[17] 그리고 행동주의는 단지 저 어디에나 퍼져 있는 적대의 아주 강렬한 표현일 뿐이다. 그것은 위험을 무릅쓰고 그 자신을 그 적대로부터 분리시킨다.[18]

## 5. 추상노동의 위기는 열려 있다.

노동에 대한 반란은 이미 끝났다고 주장하는 사람들이 있다.

1960대와 1970년대의 위기에 대한 자율주의적 (혹은 오뻬라이스모적) 해석은 노동에 대항하는 노동자들의 반란에 핵심적 중요성을 부여한다. 노동자들은, 포드주의적 생산조직이 함축하는 노동의 극단적 소외를 더 이상 받아들이려 하지 않았다. 항상 존재하던 노동운동이 범람하여 격류가 되었다. 노동자들은 더욱더 노동조합의 한계 밖에서 그리고 노동조합에 대항하여 행동을 취했다. 행동은 더욱더 더 높은 임금을 협상하는 것만이 아니라 노동 그 자체에 대항하는 것을 목표로 삼았다. 결근, 사보타지가 크게 증가했다. 1960년대와 1970년대의 오뻬라이스모에[19] 의해 조직되고 또 이론화된, 이탈리아의 자동차 공장들에서 나타난 전투성은 포드주의만이 아니라 자본주의적 노동의 훨씬 더 심원한 거부의 정점이었다.

그러고 나서 무엇이 있었는가? 오뻬라이스모(지금은 흔히 '포스트오뻬라이스모'라고 불리는) 운동과 연결된 지도적 저자들 중의 일부가 보기에, 포드주의의 위기는 극복되었고 새로운 포스트포드주의적 지배양식이 확립되었다. 그리하여 예컨대 비르노[20]는 이렇게 주장한다 : '나는, 1960년대와 1970년대 동안에 서구 세계가 패배한 혁명을 겪었다고 믿는다. 그 첫 혁명은 빈곤과 후진성에 반대하는 것을 목표로 삼지 않았고 자본주의적 생산의 수단들에, 포드주의적 조립라인과 임금노동에 반대하는 것을 목표로 삼았다. 포스트포드주의, 즉 우리 시대 다중에 특징적인 혼성적인 삶의 형식들은 이 패배한 혁명에 대한 응답이다.'(Virno, 2004 : 111)[21] 포스트포드주의는 자본주

의 자체 속에서 '노동사회의 지양'(Virno, 2004 : 101;『다중』, 173)이
다. 그것은, 부가 개인들의 노동에 의해서가 아니라, 과학이나 '일반
지성'(Virno, 2004 : 101;『다중』, 171)에 의해 생산되는 사회이며, '노
동과 다른 인간활동을 구분하는 것이 더 이상 존재하지 않고'(Virno,
2004 : 102;『다중』, 176) 노동시간과 비노동시간 사이의 차이도 더 이
상 존재하지 않는 사회이다. 이와 유사하게 ' "무엇"을 할 것인가와 그
것을 "어떻게" 할 것인가의 관점에서 보면, 고용과 실업 사이의 어떠한
실질적 차이도 존재하지 않는다. [그러므로 ─ 옮긴이] 실업은 무보수 노
동이며 노동은 다시 보수를 받는 실업이라고 말할 수 있다.'(Virno,
2004 : 103;『다중』, 176) 1960년대와 1970년대의 거대한 불복종의 물
결은 자본주의를 심원하게 변경시켰다(그래서 비르노는 포스트포드
주의를 '자본의 코뮤니즘'이라고 부른다)(Virno, 2004 : 110;『다중』,
190). '이탈리아 자본주의의 걸작은, 처음에 급진적 갈등의 모습으로
나타난 바로 저 행동양식들을 생산적 자원으로 변형시킨 것에 있
다'(Virno, 2004 : 99;『다중』, 169). 불복종은 질식되었으며, 유용한
행위는 추상노동에 완전히 종속되었던 것으로 보인다(그렇지만 그
구분은 이 분석 속에서 결코 명료하게 밝혀지지 않는다) : 유일한 가
능성은 퇴장하는 것, 탈주하는 것이다.

그 분석은 분명히 인정하지 않을 수 없게 만드는 힘을 갖고 있다.
유연 시간과 더 많은 정보실행들의 도입은 많은 작업장들의 확립된 경
영관행이다. 정보 테크놀로지의 발전과 랩탑컴퓨터의 사용은 집에서
일하는 것을 훨씬 더 일반적인 것으로 만들었다. 그리하여 노동장소와
노동시간의 엄격한 경계가 흐려졌다. 그렇지만 그러한 관찰로부터 '더
이상 노동시간과 비노동시간 사이에 더 이상 어떤 차이도 없다'는 진

술로 나아가는 것은 명백히 과장이다. 대부분의 사람들에게 노동시간 과 비노동시간 사이에는 여전히 명백한 구분이 있다. 이와 마찬가지 로, 비록 노동과 다른 활동 사이의 구분이 흐려지고 있다고 말할 수 있 다 할지라도, '노동을 인간의 다른 활동에서 구분 짓는 어떤 것도 더 이상 존재하지 않는다'고 말하는 것은 확실히 사실이 아니다. 이 말은, 네그리가 '경향의 방법'이라고 부르는 것(즉 이론가는 현재의 발전 속 에서 작용하고 있는 경향들을 추출하여 그것들을 지배의 진화하는 패 턴의 일관된 그림 혹은 패러다임으로 그려내야 한다는 생각)을 참조 함으로써 방어될 수 있을지 모른다. 그러므로 비르노에 의해 언급된 특징들은 네그리에 의해 발전된 '사회적 공장'의 개념(현대 자본주의 에서 공장 훈육은 실제로 사회 전체로 확장되었다는 생각으로 이 생 각은 이후에 가따리와 네그리(Guattari and Negri, 1985/1990)[22]에서 는 '통합된 세계자본주의'로, 그리고 하트와 네그리(Hardt and Negri, 2000)[23]에서는 '제국'으로 발전되었다)과 양립가능하다. 이 분석들의 매력은, 그것들이 실제적 경향들을 가리키며 현재의 자본주의 발전의 극단적drastic 성격을 강조한다는 사실에 놓여 있다. 문제는, 그것들이 혁명적 변화의 가능성을 폐쇄한다는 (혹은 매우 주변으로 밀어놓는다 는) 점이다. 간단히 말해, 현재의 발전경향에서는, 인간성이 절멸되고 있다는 것이다.

지배가 띠는 경향을 강조하는 가운데 위기를 너무 성급하게 폐쇄 하는 경향이 나타난다. 포드주의의 위기의 중요성이 인식되자마자 새 로이 출현한 지배양식의 구조에 주의가 집중되어 버린다. 하나의 구 조가 붕괴하자 우리는 즉각 지배의 새로운 패러다임을 이론화해야 한 다. 당신이 그것을 포스트포드주의라 부르건, 제국이라 부르건, 포스트모더니즘이라 부르건 말이다. 왕은 죽었다. 왕이여 영원하라! 연속성이 강조되고 파열은 이론적 불가능성(혹은 정통 (레닌주의) 이론에서 늘 그랬듯이, 외부적extraneous인 가능성)으로 된다. 강조된 연속성은 구조의 연속성이다. 재구조화가 있다. 하지만 새로운 구조는 이전의 것만큼이나 닫혀 있다. 추상노동의 지배의 양상들 중의 하나인 구조주의적 사유가 추상노동의 위기를 관통하며 확장되어, 추상노동의 절대적 지배를 재천명한다. 만약 '노동을 다른 인간활동들로부터 구분하는 어떤 것도 더 이상 존재하지 않는다'면, 구체적 행위는 추상노동에 완전히 흡수되며 대항하며-넘어서기의 문제는 있을 수 없다. 상실되는 것은 균열, 구체적 행위의 탈-자ek-stasis, 유용한 행위가 추상노동의 외부로-넘어 서기, 열기the opening이다. 포스트오뻬라이스모적, 포스트구조주의적 이론가들은 추상노동의 지배의 일부였던 사유감옥을 추상노동의 위기 속으로 확장한다. 세계가 열리자마자, 그들은 그것을 닫기 위해 내닫는다. 그들이 자본을 지지하기 때문이 아니라 과학적 방법에 대한 그들의 이해가 그들로 하여금 그렇게 하도록 말하기 때문이다.

이 책에서 채택된 방법은 이와 매우 다르다. 1부에서 설명된 것처럼, 그것은 균열의 방법, 위기의 방법이다. 물어지는 문제는 '우리가 지배양식을 어떻게 이해할까?'가 아니라 '우리가 캄캄한 밤에 어떻게 희망을 찾을 것인가?'이다. 위기가 전혀 없는 것처럼 보이는 곳에서 어떻게 우리가 위기를 볼 것인가? 비현실적 낙관주의로 떨어지지 않기 위하여, 실제적 가능성의 선을 따라가는 것이다. 그러므로 우리는, 1970년대의 위기와 같은 현시된 노동위기에서 출발하면서, 우리는 '지배의 새로운 양식이 뭐지?'가 아니라 '우리가 어떻게 위기의 지속적 선을 현재까지 따라갈 수 있지?'라고 묻는다. 1968년에 그토록 명확히 드러났던 행위와 노동 사이의 적대를 우리가 어떻게 추적할까?

적어도 노동 위기의 계속적 중심성을 주장한다는 점에서 여기에서 제안된 것과 유사한 접근법은 〈크리시스〉 집단의 접근법이다.[24] 〈크리시스〉 집단도 역시 포드주의의 위기를 노동의 위기로 파악한다. 그러나 그들은 그것을 영구적이고 극복불가능한 위기로 이해한다. '미시전자적 제3차 산업혁명과 더불어, 노동사회는 그 절대적인 역사적 장벽에 도달했다'(Krisis, 1999/2004 : 27, s. 11). 그들은 이 위기를 근본적 모순의 불가피한 결과로 간주한다.

이 장벽에 조만간 도달하리라는 것은 논리적으로 예견가능한 것이었다. 처음부터 상품생산 체계는 치명적인 논리적 모순을 겪어 왔다. 한편에서 그것은 (많을수록 더 좋은) 순수한 노동력 지출에 의해 발생되는 인간 에너지의 대규모 흡혈에 의존해서 연명한다. 다른 한편, 기능적인 경쟁법칙은 과학적인 기능 산업자본에 의한 인간 노동력의 대체를 가져오는 생산성의 영구적인 증가를 강제한다.(Krisis, 999/2004 : 27, s. 11)

미시전자 혁명의 결과로,

시장 확장에 의해 다시 흡수될 수 있는 것보다 더 많은 노동이 합리화된다. 합리화의 논리적 결과로, 전자 로봇은 인간 에너지를 대체하며 새로운 통신테크놀로지는 노동을 잉여적인 것으로 만든다. 건축, 생산, 마케팅, 보관, 분배, 그리고 경영 등의 모든 부문들과 분과들이 허공으로 사라진다. 처음으로 노동 우상은 뜻하지 않게 항구적인 기아식량에 갇히며 이로써 바로 그 자신의 죽음을 초래한다.(Krisis, 1999/2004 : 28, s. 11)

위기의 결과로, '자본주의는 전지구적인 소수적 사건으로 된다' (Krisis, 1999/2004 : 28, s. 11).

〈크리시스〉의 분석에서, 상승하는 구조적 실업에서뿐만 아니라 '노동사회'와 연관된 모든 사회정치적 구조의 위기에서 나타난, 이 노동의 위기는 극복될 수 없다. 외관상의 회복은 신용의 팽창에 기초를 둔 시뮬레이션이다. '임상학적으로는 죽은 노동 우상은 외관상 자기유도된 금융시장 팽창에 의해 인공적으로 호흡을 계속하고 있다.'(Krisis, 1999/2004 : 33, s. 13) 이 허구적 팽창은 영원히 유지될 수 없다. 왜냐하면 그것이, 결코 일어나지 않을 미래 착취를 가정하는 것에 기초를 두고 있기 때문이다.

〈크리시스〉의 이 분석은 노동을 자본주의적 지배의 핵심요소로 이해하는 것에 핵심적 강조점을 두고 있다는 점에서, 그리고 '공통의 사회적 물신형태의 기능범주로서 자본과 노동의 논리적 동일성'(Krisis, 1999/2004 : 38, s. 15)을 주장한다는 점에서 이 책의 주장과 일치한다. 차이는 노동의 이중성의 완전한 부재에, 즉 추상노동에 대항하고-그것을-넘어서는 현재의 적대 속에 실존하는 것으로서의 구체적 행위에 대한 어떤 언급도 하지 못하는 점에 있다. 그 결과는, 해방된 활동이 오늘날의 사회에 어떤 실제적 근거도 갖지 못한 미래의 가능성으로서만 나타난다는 것이다.[25]

〈크리시스〉 집단과 우리의 차이를 표현하는 또 다른 방식은, 그들이 노동의 위기를 혁명의 필연성을 보여주는 붕괴로 보긴 하지만 그들이 그것을, 동시에 그리고 **직접적으로**, 다른 활동different activity의 잠재적 돌파로, 즉 노동 속에 있을 뿐만 아니라 노동에 대항하며 그것을 넘어서 존재하는 인간 행위의 잠재적 돌파로 이해하지는 않는다고 말하는 것이다. 그들이 정통 맑스주의를 노동의 이론이라고 비판함에도 불구하고, 그들은 자본과 계급투쟁을 분리하고, 그리하여 위기와 투쟁을 분리한다는 점에서는 저 전통의 논리를 따른다. 이 논리에서, 자본의 위기는 혁명적 변화의 기회를 제공할 수 있을 뿐이거나 혁명적 변화의 필연성을 가리킬 수 있을 뿐이다. 변화를 위한 노력이 바로 위기의 실체stuff로 이해되지는 않는 것이다. 행위(혹은 구체적 노동)를 추상노동의 위기로 본다는 것은 변화를 위한 노력을 위기의 핵심으로 보는 것이다. 그러므로 위기는 붕괴가 아니라 잠재적인 돌파이다.

이러한 주장들에 직면하여 이 책에서 제시된 주장을 반복하는 것은 중요하다.

추상노동과 행위 사이에는, 즉 행위의 노동으로의 추상과 행위의 자기결정으로의 밀침 사이에는 항구적인 적대가 있다. 이것은, 맑스가 노동의 이중성이라고 부른 것이다. 두 개의 유형의 활동 사이에는 끊임없는 긴장 관계가 있다. 그러나 이것은 추상노동의 지배에 의해 감추어져 있다. 추상노동이 유일하게 가능한 활동유형인 것처럼 보인다. 노동에 대한 일원적 개념이 지배한다. 행위의 노동으로의 추상(그리고 노동에 대한 일원적 개념)은 추상 그 자체의 내재적 동학에 의해, 사회적 필요노동시간의 운동drive 속에 내재하는 스크루screw의 끊임없는 회전에 의해 부단히 위협받는다. 노동 범주의 일원적 성격은

1960년대와 1970년대의 투쟁에 의해 처음으로 크게 찢어졌다. 당시에 투쟁에 대한 인정이, 노동에 대항하면서 대안 행위를 지지하는 인정이 있었다. 노동 범주의 이 균열은 추상노동의 전체 배치를, 그리고 그것의 모든 구성범주들을 찢는다. 섹슈얼리티, 국가, 자연, 화폐, 총체성, 시간 등등의 모든 물신들은 그 자체로 물신화의 과정과 반물신화 사이의 전투로 나타난다. 이 전투는 매우 다양한 방식들로 매우 다양한 장소에서 계속 치러진다. 이것이 자본주의적 명령 속에 있는 균열의 실체이다.

노동의 위기가 해결되었다는 가상은 1970년대에 있었던 신용과 부채의 대규모 팽창에 의해 만들어졌다. 신용 팽창은 노동 규율의 실제적 재부과를 촉진한다. 그러나 그것은 또한 매우 취약한 기초에 의존하는 세계를 만들어 낸다. 위기가 해결되었다는 가상은 도박에, 잉여가치의 미래생산이라는 기대에 의존한다. 이 가상적 해결을 새로운 지배 패러다임이라고 말하는 것[26]의 위험은, 그것이 취약하고 또 열린 상황에 그릇된 견고성을 부여한다는 것이다. 그 해결의 취약성은 2008년에 폭발한 세계금융위기에서 분명해졌다. 신용의 매개는 (1970년대에는) 분명히 노동의 위기였던 것을 이제는 금융위기로 보이는 것으로 전환시켰다. 그러나 위기의 토대는 동일하게 남아 있다. 그것은, 행위의 노동으로의 추상의 취약성이며 인간활동을 추상노동의 틀 속에 가두는 것의 어려움이다.

행위는 노동의 위기이다. 이 점을 붙잡고 놓치지 않는 것이 중요하다. 왜냐하면 붕괴로서의 위기라는 개념은 긴급한 필요성과 텅 빈 가능성의 절망적 연접conjunction을 넘어서는 그 어디로도 우리를 인도하지 못하기 때문이다. 우리가 다른 세계에 대한 전망을 열어젖힐 수

있는 것은, 오직 우리가 위기를 돌파로, 노동에 대항하며-그것을-넘
어서는 행위의 움직임으로 생각할 때뿐이다.

# 26
## 노동에 대항하는 행위의 돌파는 우리를 투쟁의 새로운 세계 속으로 던진다.

추상노동에 대항하는 유용한 행위의 운동이 어떤 좁은 의미의 노동에 대한 투쟁으로 환원될 수 없다는 것은 분명하다. 우리는 추상노동이 자본주의 사회의 모든 측면들을 구조화하는 것을 보았다. 그것은 물신주의, 동일성, 시계-시간, 동질이상同質異像의 섹슈얼리티, 자연으로부터의 분리 등의 정교하고 복잡한 감옥을 만들어 낸다. 추상노동은 우리에게 안정성의 세계를, 고정된 준거점의 세계를 제공한다. 그런 세계 속에서 돈은 돈이고 국가는 국가며 여성은 여성이고 남성은 남성일 뿐이다. 이것이 우리가 사는 세계, 즉 동일성의 기만 위에 구축된 폭력적이고 억압적이며 거짓된 세계이다.

추상노동을 공격하는 것은 안정된 세계를 공격하는 것이며 우리 머리 위의 지붕을 떠받치는 기둥들을 잘라 내는 것이다. 추상노동을 공격하는 것은 실존하는it is세계를 공격하는 것이며 우리가 행위하는we do (가두어진 그리고 또 가두어지지 않은) 세계를 풀어놓는 것이다. 이것은 모든 것이 계쟁 중에 있는 현기증 나는 세계를 끌어안는 것을 의미한다. 그러나 아도르노가 말하듯이, 이 세계에서 '이것이 불러일으키는 현기증은 진리지표index veri(Adorno, 1990 : 33)이다. 이것은 흥분되는 것이며 놀라운 것이다.

자본주의는, 우리의 활동이 추상노동으로 구조화되는 방식에 의해 발생되는, 지배의 복잡한 직조이다. 지배의 이 직조는, 여러 다른 각도에서, 끊임없이 공격받고 있다. 공장들과 사무실들에서 노동자들은 더 짧은 노동시간을 위해 싸우며 자신들의 삶이 가치의 명령에 덜 직접적으로 종속되도록 하기 위해 싸운다. 성정치 활동가들은 여성 동성애자나 남성 동성애자들의 권리를 위해 싸울 뿐만 아니라 여성과 남성이라는 구조물 전체를 의문에 붙인다. 다른 사람들은 식물 및 동물과의 다른 관계를 창출하기 위해 열정적으로 싸우고 또 어떤 사람들은 가난과 차별에 대항해 싸우며, 또 다른 사람들은 전쟁에 대항해 싸운다. 특수한 투쟁들에는 언제나 초과excess, 넘쳐흐름이 있다. 자본주의에 대항하는 투쟁에 특별한 것은 없다. 반자본주의 투쟁은 모두 우리 주변에 있다. 이 모든 투쟁들에서, 우리가 행위한다we do의 잠재력은 현 상태에 맞서, 실존하는it is 세계에 맞서 투척된다. 모든 투쟁들은, 다른 세계는 가능하다는 생각을, 우리가 인류의 절멸을 멈출 수 있다는 생각을 공유한다. 이 모든 투쟁들은, 적어도 그것들이 자본주의 사회의 특수한 측면들에 대립한다는 의미에서는, 반자본주의적이다. 그러나 사회관계의 일반적 물화가, 무엇이 그것들을 연결하는지를 이해하기 어렵도록 만드는 예가 드물지 않다. 행위의 반란은, 자신을 종종 같은 성좌의 한 부분으로 인식하지 못하는 많은 투쟁들의 새로운 성좌를 창조한다.[1] 나는 여기에서, 이것들을 꿰는 실이 행위의 노동으로의 추상이라고 주장한다. 이 주장의 목적은, 투쟁들의 위계를 만들어 내고자 하는 것이 아니고, 다른 형태의 투쟁들에 대해 한 형태의 투쟁을 특권화하는 것도 아니다. 그것은, 균열을 심화시켜 그 투쟁들을 서로 접근시키고 그것들의 합류에 기여하려는 것이다. 자본주의라는 얼음판이 서로 다른 쪽에서 균열되고 있다면, '당신이 잘못된 곳에서 균열을 내고 있어, 이리 와서 여기를 균열 내게!'라고 말하는 것은 아마도 어리석은 일일 것이다. '이 모든 균열들은 같은 얼음을 깨뜨리려고 하고 있다. 행위에 의해 그리고 우리 행위에 대한 성찰에 의해, 우리가 접속의 선들을 어떻게 만들어 낼 수 있을지 생각해 보자.'라고 말하는 편이 더 나을 것이다. 투쟁들을 어디에서 시작해야 하는가를 모든 사람들에게 말하는 대신, 수많은 투쟁형태들을 인식하고 그것들을 연결시킬 (꼭 그것들을 통일시키는 것이 아니라 그것들을 연결시키고 그들이 공명하게끔 만들) 방법을 찾는 것이 더 나을 것이다.[2]

비판이라는 관점에서도 동일하게 이야기될 수 있다. 우리가 이미 살펴보았듯이 맑스는 인간의 관점에서 이루어지는 비판critique ad hominem 혹은 발생적 비판genetic critique, 즉 어떤 현상들을 발생시키는 것을 이해함으로써 그 현상을 이해하는 것 혹은 (같은 이야기인데) 사회적 현상을 '인간'으로 소급시키는 것, 즉 인간적 활동의 조직으로 소급시키는 것의 중요성을 강조했다. 그래서 그는 종교 비판과 정치경제학 비판을 반복해서 서로 연결시켰다 : 신과 가치는 모두 추상노동의 산물이며 자신의 활동이 자신의 통제하에 놓여 있지 않은 사람들의 산물이다. 남자, 여자, 자연, 시계시간 등에 대해서도 똑같이 이야기될 수 있다. 달리 말해, 우리는 각각의 경우에 (발생적 술어가 아니

라) 일반적 술어로 정식화된 사회비판에서 출발하고 있다('자연은 사물이 아니다', '시계는 억압적이다'). 그리고 이 비판들을 발생적으로 다시 정식화함으로써('물화된 자연과 시계는 추상노동의 산물이다') 우리는 이 비판을, 우리가 실제로 변화시킬 수 있는, 공통의 발생력 쪽으로 끌고 간다 : 지금 인간활동이 추상노동으로 조직되고 있다는 것이 그것이다. 비록 연필을 가지고 그럴 수 있을 뿐이지만, 우리는 얼음판 위에, 상이한 균열들이 어떻게 연결되는지를 보여주는 선을 긋는다.

이 비판의 뒤에는 지적 힘 이상의 것이 있다. 언급된 모든 투쟁들 배후에는 추상노동에 대항하는 운동drive이, 일을 다른 방식으로 하려는 운동이, 일을 다르게 할 우리의 행위할-힘의 작용force이 있다. 자본주의에서 우리의 행위할-힘은 지배권력으로, 다시 말해 우리의 생명으로 우리가 무엇을 할 것인가를 우리에게 명령하는 자본주의의 권력power으로 전도된다. 그러나 그것은 지배권력 속에만 존재하는 것이 아니라 지배권력에 대항하고-그것을-넘어서는 운동으로 존재한다.3 지배권력 속에서, 그것에 대항하며 그것을 넘어서는 우리의 행위할-힘의 운동은 추상노동 속에서 그것에 대항하며 그것을 넘어서는 행위의 운동이다.

투쟁의 새로운 세계가 열렸다. 그 핵심에는 노동에, 자본주의적 노동에, 자본을 생산하는 노동에 대항하는 투쟁이 있다. 나는 그리스에서 일주일간의 반란이 끝난 시점에 이 단락을 쓴다. 그 반란에서 학생들이 발행한 성명서들 중의 하나는 이렇게 쓰고 있다 : '우리가 직면한 위기, 분노, 그리고 제도들의 해체의 이 역사적 종합국면에서, 체제적 탈규제를 사회혁명으로 전환시킬 수 있는 유일한 것은 노동에 대한 전면적인 거부이다.'4 반자본주의 투쟁의, 노동에 대항하는 투쟁으로의 전환은 우리로 하여금 투쟁의 범주들을 다시 생각하게 만든다. 우리는 반자본주의의 새로운 언어를 배워야만 한다.

새로운 언어가 문법을 갖고 있다고 생각하기는 어렵다.5 왜냐하면 문법은 규칙을 함축하기 때문이다. 행위의 언어의 유일한 규칙은 **규칙들을 깨뜨리는 것**이다. 아마도 우리는 반-문법에 대해, 아니 오히려 리듬이나 멜로디를 생각해야만 할지 모른다. 새로운 언어의 멜로디를 배우는 것은 탐구, 질문, 자극, 토론의 과정이다.6 멜로디를 창조하는 것은 투쟁의 움직임이다. 하지만, 우리가 지금, 우리가 나아갈 길을 이해하려고 노력하는 문지방의 경계구역에 있기 때문에, 이론적 성찰은 중요한 역할을 갖는다. 이 책의 가장 신중한modest 제안은, 투쟁의 이 새로운 멜로디의 중심축은 노동에 대항하는 행위의 반란이라는 것이다.

이 책에서 제안된 것의 대부분은, 특히 추상노동에 대한 비판은 이미 고전적 비판이론(프랑크푸르트 이론)에 의해 제기되었다. 그러나 그들의 자본주의 비판은 무성無聲의unvoiced 입장에서 나온다. 아니 오히려 그것들은 그들 자신의 관점을 인정함에 있어 어려움을 갖는다. 그들의 목소리는 (아도르노와 호르크하이머가 그들 자신의 작품에 대해 말했듯이) 특권적 지식인들의 목소리이기는커녕, 행위의 목소리이고, 아직 존재하지 않는, 그 균열들 속에 아직-아님으로 존재하는, 예상으로 존재하는 의식적인 삶-활동의 목소리이다.7

새로운 멜로디의 중심에는 모순들이 놓여 있다. 노동과 자본 사이의 모순이 아니라 행위와 노동 사이의 더 깊은 (논리적으로만이 아니라 실존적으로 더 우선적인) 갈등이 있다. 이 모순은 살아 있는, 고동치는 사회적 적대이며 삶 그 자체라고 할 수 있는, 항상적이고 필연적인 투쟁이다. 모순은 투쟁이다. 개념들은 필연적으로, 우리가 살아가고 생각하는 사회적 적대의 개념화이다. 모든 개념들이 열린 개념으로, 투쟁의 열린, 미해결의 과정의 개념화로 이해되어야 하는 것은 이때문이다. 비정체성은 추상노동에 대항하는 행위의 반란이며, 계급투쟁이다.

당분간 우리는 이 새로운 멜로디에 대한 탐구를 향해 나아가려고 노력할 것이다. 그러면 우리가 추상노동의 차원들로 고찰한 모든 것들이 작동하기 시작할 것이다. 그러나 우리는 그것들을 개별적으로 고찰하지 않고 긴밀히 상호연결된 세 가지 거대 주제들(특수성, 주체성, 시간)의 맥락 속에서 고찰할 것이다.

# 7부 노동에 대항하는 행위 : 틈새혁명의 멜로디들

27. 행위는 총체성, 종합, 가치를 해체한다.

28. 행위는 성격마스크에 대항하는 숨은 여성의 움직임이다. 우리는 숨은 여성이다.

29. 행위는 시간의 동질화를 해체한다.

# 27
# 행위는 총체성, 종합, 가치를 해체한다.

1. 행위는 특수한 것으로부터 외부로, 대항하고 넘어서며 흐른다.

자기결정은 우리로부터 외부로 흐른다. 나는, 내가 그것을 행하기를 즐기기 때문에, 혹은 내가 배가 고프기 때문에, 혹은 내가 내 친구들을 초대하기를 원하기 때문에 케이크를 굽는다. 나는 나의 아이들과 몇몇의 내 친구들에게 나와 함께 하자고 제안한다. 그리고 우리는, 그 케이크가 어떤 향을 내야 할지를 함께 토론한다. 우리는, 우리가 유기농 밀가루로 케이크를 만들고 싶다고 결정한다. 그리고 내 친구 중의 한 명은, 유기농 밀을 재배하여 유기농 밀가루를 만드는 친구를 갖고 있다고 말한다. 그래서 우리는 그녀를 초대하여 우리와 함께 하도록 하자고 결정한다.

이것은 자기결정을 향한 행위의 외향적 노력이다. 그것은 완전한 자기결정이 아니다. 왜냐하면 거기에는 우리가 통제하지 못하는 것들이 너무 많기 때문이다. 우리의 행위가, 우리 자신이 결정을 하지 못하고, 다른 사람들의 행위에 의존하는 너무나 많은 길들이 있기 때문이다. 우리가 사용하는 오븐, 버터, 소금, 과일의 질 등등. 우리는 심지어 케이크를 구울 시간을 바치는 데에도 자유롭지 못하다. 왜냐하면 아침에 우리는 돈을 벌기 위해 일하러 가야 하기 때문이다. 우리의 노력은 사회관계들, 사회가 조직되는 방식들의 총체성에서 비롯되는 제약들에 직면한다.

몇몇 친구들과 더불어 나는, 우리가 식물들, 꽃들, 나무들을 키울 수 있도록, 정원에 나무를 심기로 결정한다. 곧 우리는 장애에 직면한다. 우리는 어떤 땅도 갖고 있지 않은 것이다. 우리 가까이에는 놀고 있는 땅뙈기가 있다. 그래서 우리는 그것을 점거하여 그것을 정원으로 바꾸기로 결심한다. 곧 두 번째 장애가 나타난다. 경찰이 우리를 그 땅에서 내쫓으려고 한다. 그렇지만 우리는 이미 우리 이웃들로부터 지지를 얻었고 공동체 전체가 경찰을 저지하기 위해 모여든다.

나는 맑스를 읽는 것을 즐긴다. 하지만 나는 『자본론』이 조금 어렵다는 것을 안다. 몇몇 친구들과 함께 우리는 독서 모임을 만들어 그것을 함께 읽는다. 우리는 모두 학생들이다. 몇 사람은 경제학을 공부하고 몇 사람은 철학을 공부하며 몇 사람은 사회학을 공부한다. 그리고 우리는 『자본론』을 읽는 데 많은 시간을 바치기를 원한다. 그러나 우리는 곧 장애에 직면한다. 맑스는 학위 과정에 포함되어 있지 않고 학위 압박이 다른 것을 할 시간을 우리에게 거의 남겨주지 않는다.

우리 마을의 다른 사람들과 힘을 합쳐서 우리는 국가의 면허를 받은 사기업을 내쫓고 물공급을 통제한다. 국가는 우리의 행동을 억압하기 위해 군대를 파견한다. 그러나 마을사람들의 연대는 아주 강고하다. 우리는 여러 날에 걸친 투쟁 끝에 그 군대를 몰아낸다. 우리는 그 투쟁에 참가하고 있는 모든 사람들을 포함하는 민중의회에서 우리들의 모든 결정들을 내린다.[1]

이 각각의 경우에 자기결정을 향한 외향적 노력이 있다. 각각의 경우에 그 노력은 장애에 직면한다. 돈 부족, 무장력, 필수품에 대한 통제 부족. 거기에는, 우리가 통제하지 못하는 다양한 모습의 총체성에 대립하는 흐름이, 자기결정을 향한 행위의 외향적 흐름이 있다. 우리는 장애물들의 주위를 맴돌거나 그것들을 넘어서 나아가는 방법을 발견하려고 애쓴다.


## 2. 행위는 결정의 흐름을 역전시킨다.

우리는 추상이 행위에 무엇을 행하는지를 이미 살펴보았다. 나는 케이크를 굽는 것을 즐기며 그것들을 팔아 생계를 꾸리기로 결심한다. 곧 나는, 시장이 내 케이크를 측정하고 있고 내가 그것들을 팔 수 있는 가격을 결정하고 있으며, 따라서 내가 살아남기 위해 일해야 하는 속도를 결정하고 있다는 것을 발견한다. 어떤 점에서 거기에는 결정의 흐름의 변화가 있다.

나는 헤겔과 맑스와 블로흐와 아도르노를 읽기를 즐긴다. 나는 대학에서 철학을 연구하기로 결심한다. 곧 나는 이 저자들이 일반적으로 철학 학위에 포함되지 않는다는 것을 발견한다. 그러나 그렇다 하더라도 나는 그들을 어떤 식으로건, 어떤 리듬으로건 읽어야 한다. 나의 공부는 시험에 의해 측정되는데, 그것은 내가 통과하기 위해 노동해야 하는 내용과 속도를 결정한다. 여기에서도 역시 결정의 흐름에 역전이 있다. 내가 처음에 결심한 활동은 낯선 힘에 의해 부과된 노동으로 전환된다.

첫 번째 경우에, 작용하고 있는 것은 가치이다. 가치, 자본주의의 특수한 사회적 종합, 즉 자본주의 사회를 결합시키는 그것은 시장의 작동을 통해 케이크 굽는 사람에게 그 자신을 부과한다. 두 번째 경우에, 즉 철학을 공부하는 것과 같은, 직접 시장에 종속되지 않은 활동들의 경우에도, 동일한 사회적 종합은 시장의 작동을 흉내 내는 부단한 측정과정을 통해 더욱더 직접적으로 부과된다. 추상노동의 (직접적인 혹은 간접적인) 부과는, 공동체 정원의 경우에서나 앞서 예로 든 물공급의 경우에서처럼, 필요한 곳에서는, 공공연한 무력에 의해 지지된다. 이 모든 경우들에, 우리 활동의, 규칙에의 종속이 (혹은 미수未遂의 종속이) 있고 우리 자신도 또 그 밖의 다른 누구도 통제하지 못하는 사회적 총체성의 리듬에의 종속이 있다.

자본주의 하에서 행위의 노동으로의 추상과 사회화는 구별불가능하다. 추상은, 결정의 흐름이 우리에 대립하게 되는 방식으로 사회적 응집과 사회적 종합이 이루어지는 형식이다. 우리의 활동이 사회화됨에 따라, 우리는 그것에 대한 통제력을 상실하며 낯선 통제의 부과는 더욱 강력하게 된다. 추상-사회화는 결정의 흐름의 역전이다. 사회적 총체성의 형성은 동시에 사회적 결정의 상실이다. 형식적으로 민주적인 구조의 어떠한 추가도 이 사실을 바꿀 수 없다.

행위의 투쟁은 결정의 흐름의 운동량momentum을 유지하려는 투
쟁이다.


## 3. 총체성은 위로부터 장악될 수 없다.

결정의 흐름과 반흐름의 충돌은 우리를 딜레마에 빠지게 한다. 아
래로부터의 노력은 사회적 총체성의 힘을 표현하는 장애물에 직면한
다. 바로 이 직면은 우리로 하여금 도약을 하도록, 저 총체성을 통제
하려고 애쓰도록 자극한다.

이것은 전통적 맑스주의의 관점이다. 전통적 공산주의 주장은 자
본주의의 대안을, 사회적 종합을 깨뜨리는 것이 아니라 대안적인 사
회적 종합을 구축하는 것으로 제시한다. 한 종류의 총체성이 다른 것
(물론 화폐나 자본에 근거하는 것이 아니라 민중적 계획에 근거를 두
는)에 의해 대체되어야만 한다. 투쟁은 한 체제의 폐기와 다른 체제로
의 대체에 집중한다. 혁명적 노동운동의 관점은 총체성의 관점이다.[2]
이것은, 혁명적 운동이 총체성의 관점을 채택할 수 있는 조직, 즉 당
을 필요로 한다는 것을 의미한다.

이것은 작동하지 않는다. 아니 작동할 수 없다. 왜인가? 왜냐하면
추상, 즉 총체성을 구성하는 운동은 아래로부터만 나오며 그래서 오
직 아래로부터만 풀릴unpicked 수 있기 때문이다. 사회관계의 자본주
의적 총체성에서 나오는 결정의 흐름은, 우리의 행위들이 서로 관계
맺는 방식에 의해서 구성되기 때문이다. 그것은, 우리들의 생산물을,
우리가 통제할 수 없는 총체성을 창조하는 상품들로서 교환하는 것을

통해, 나의 행위가 당신의 행위와 관계 맺는다는 사실이다. 실제로 분명하게 우리 외부에 놓여 있는 총체성은 우리가 다른 사람들과 만나는 방식에 의해 구성된다. 변화되어야 할 것은 우리가 만나는 이 방식이다. 이것은 총체성의 관점에서는 수행될 수 없다. 그것은 오직 아래로부터만 수행될 수 있다.

투쟁의 상향적 노력으로부터 총체성의 관점으로의 도약은 조직의 형식만이 아니라 사유의 형식을 띤다. 조직의 총체성의 관점은 실제로 국가에 대한 초점맞춤에로 나아가는 경향이 있다. 국가는 사실상 거짓되고 환상적인 총체성이다. 사회적 종합을 구성하는 것은 국가들이 아니다. 오히려 그것들은, 종합이 이루어지는 과정을 보호한다. 그렇지만 하나의 분명한 심급으로 국가들이 실존한다는 사실이, 사회를 결합시키는 것은 국가이며, 변별적인 사회들을 결합시키는 것이 국가들이라는 환상을 만들어 낸다. 총체성에 대한 초점맞춤은, 세계가 수많은 국가-총체성들로 이루어져 있으며 그 각각이 그것의 경계들 속에서 사회관계들을 조직한다는 환상적 개념으로 나아간다. 이로부터, 세계는, 하나의 국가-총체성의 통제를 다른 국가-총체성의 통제로 바꿈(때때로는 '영구혁명'이라고 불리는 과정)으로써 바뀔 수 있다는 생각이 나온다. 세계를 근본적으로 바꿈에 있어서 이러한 접근법이 드러내는 필연적인 실패는 일련의 배반으로 해석된다. 그런데 권력을 장악함으로써 세상을 바꾸는 것의 거듭된 실패의 진짜 토대는, 사회적 종합이, 그것이 있는 것처럼 보이는 곳에 있지 않다는 바로 그 사실이다. 이것은 최근에 더욱더 분명하게 되었다. 국가를 사회의 중심으로 간주하는 것이 백 년 전에는 그럴듯하게 보였을 수 있지만, 자본의 증대된 세계화는, 이것이 사실이 아님을 분명하게 보여주었다. 국가-총체성의 환상은, 실패한 혁명의 결과로 인해, 그리고 전지구적 사회관계의 좀더 조밀한 짜임의 결과로 인해, 역사적으로 해체되었다.

그러나 총체성 관점은 추상노동의 지속적 실존에 의해 (다른 모든 물신들과 더불어) 부단히 재생된다. 국가는 그 자신을 절망의 사막에서 희망의 신기루로, 변화의 길로 계속해서 제시한다. 국가가 제거된 곳에서조차 민족이 총체성의 범주로 나선다. 우리는 민족적 프로그램을, 민족적 계획을 가져야 한다고 주장된다. 그러나 민족적인 것은 국가만큼이나 거짓된 총체성이며 국가로부터 분리하기는 실제로 매우 어렵다. 우리는 국가에 대한 민족의 투쟁을 생각할 수 있다. 하지만, 사회관계는 민족의 수준에서 구성되지 않으며 민족의 개념이 국가와 아주 깊이 뒤얽혀 있어서 그들 양자를 정치적으로 분리하는 것이 실제적이지 않다는 것도 분명하다.[3] 그러므로 민족적인 것(과 민족적- 민중적인 것)이 돌이킬 수 없을 정도로 자본의 영역이라는 것을 받아들이는 것이 더 나으며 추상노동의 위기를 모든 총체성과 사이비-총체성의 위기로 받아들이는 것이 더 낫다.

총체성은 위기에 처해 있다. 추상노동의 위기는 추상노동에 기초를 둔 사회적 종합의 위기이기도 하다. 최근 들어 반자본주의운동들은 더욱더, 특수한 투쟁들의 결합, 아래로부터의 투쟁들의 구조화되지 않은 합류에 의해 급진적 변화의 문제를 제기하고 있다. 그 결합은, 일국적이고 국제적인 기관들의 더욱 형식적이고 항구적인 창출보다는 느슨하게 구조화되고 일반적으로 일시적인 조직형태들이라는 맥락에서 이해된다. 그럼에도 불구하고 총체성의 개념 혹은 위로부터의 변화라는 이념은 계속해서 다시 나타나고 있다. 베네수엘라에서 볼리비안 혁명의 비판적 지지자들에 의해[4] 그리고 아르헨티나에서

<다리오 산티야나 인민전선> Frente Popular Darío Santillan에 의해5 제기된, 폭넓은 영향력을 가진 하나의 주장은 급진적 변화를 위와 아래로부터 동시에 나오는 것으로 생각해야 한다는 견해이다. 이 주장의 주창자들은 일반적으로 아래로부터의 투쟁에 강조점을 두지만, 아래로부터의 운동들로는 충분치 않다고, 라울 즉 시베치가 표현하듯이 ' "다른 반쪽"이, 즉 자신들의 강령을 실현하기 위하여 전략을 가질 능력, 집행적으로 될 능력, 국가권력을 장악할 능력이 결여되어 있다'6고 주장한다. 피상적으로 보면 이러한 주장은 매력적이다. 왜냐하면 그것이 사회를 변화시키기 위해 다양한 투쟁형태들을 연합 속으로 끌고 들어오는 것으로 보이기 때문이다. 그렇지만 충분히 검토되지 않은 것은 '위로부터'와 '아래로부터' 사이의 관계의 내재적으로 적대적인 성격이다. 아래로부터의 운동은 특수한 것으로부터 자기결정을 향한 노력인 반면, **위로부터의** 어떤 것, 여전히 자본주의적인 세계 속에서 총체성의 어떤 재현은 반대 방향으로 움직이는 노력(아무리 잘 의도된 것이라 할지라도 자기결정을 향한 노력을 탈-동원하는demobilises 역류)일 수 있을 뿐이기 때문이다.


## 4. 우리는 특수한 것으로부터 움직인다, 하지만 이것은 미시정치를 의미하지 않는다

위로부터의 변화는, 우리의 통제 너머로 모든 것을 운반하는, 행위의 노동으로의 추상을 풀어낼 수 없다. 이전의 '현실사회주의' 나라들에서처럼, 국가계획 체제의 창출은 자기결정하는 사회를 창출할 어떤 것도 하지 못했다. '민족자결'의 관념도 이와 마찬가지로 무의미하다. 자기결정이라는 문제는 우리의 일상활동의 조직이라는 맥락에서만 이해될 수 있다.

행위의 노동으로의 추상을 풀어내기 위해 우리는 아래로부터 움직여야만 한다. 우리는 통합적이고 억압적인 추상력에 반대하면서 수많은 다양한 출발점에서 움직인다. 구체적 행위는 무한히 다양한 모양과 크기로 온다. 동질화하는 견고성을 부과하는 것은 추상이다. 이것은, 우리의 운동이 수많은 다중적인 차이들의 운동이라는 인상을 준다. 그리고 이것은 어떤 사람들로 하여금 모순과 변증법에 관한 모든 생각들을 포기하도록 이끌었다. 이것은 실수이다. 왜냐하면 차이들을 통합시키는 것은, 그것들이 모두 소외되고 소외시키는 추상노동의 견고성에 대항하는, 대항운동이라는 사실이다. 차이들을 통합시키는 것은, 그것들이 모순들이며 적대들이라는 사실이다.7 확실히 구체적 행위의 움직임은 다양한 색깔을 갖는 차이들의 폭발이다. (다중이라는 개념의 의심할 수 없는 호소력은 여기에 있다.8) 하지만 그것은 대항운동, 살아 있는 적대이다.

여기에서는 움직임moving이 결정적이다. 왜냐하면 정지해 있는 어떤 것은, 그것이 처음에는 아무리 급진적인 것처럼 보인다 할지라도 쉽게 자본주의적 지배관계 속으로 재통합된다. 여기에서의 주장은 미시정치[학]을 위한 변론이 아니다. 선택에 의해서든 환경에 의해서든, 고립되고 폐쇄된 불복종은 좌절하게 되는 경향이 있다. 그리고 좌절은 쉽게 내적 갈등과 해체에 이른다. 그것들이 경향적으로 좌절하게 되는 이유가 있다. 행위는 움직이기 때문이다. 우리의 행위할 힘은 동력을 갖고 있다. 그것은 실존하는 것에 대항하면서 그것을 넘어서는 부단한 움직임이다. (사전에 계획된 공동체 모델이라는 의미에서) 유토피아의 실현이 작동하지 않는 것은 이 때문이다. 인간적 행위자들로서의 우리들의 자기충족은 창조적 변화를 함축한다. 자기결정은, 심지어 해방된 사회에서조차도, 정적일 수 없을 것이다. 그것은, '우리는 늘 같은 것으로 남아 있기를 선택한다'의 무한히 반복되는 결정일 수 없다. 비록 그 결정이 매일 내려진다 할지라도, 자기결정은, 적어도 매일 문제로 될 것을 요구할 것이다. 자율적 공간이 부단히 그 자신을 넘어서 움직이지 않는다면, 그것은 감옥이 될 것이고 창조를 향한 노력에 대한 억제가 될 것이다. 우리의 출발점은 파괴요 단절이다. 그러나 그 단절은 안정적이지 않고 사라져가는 것이다. 단절로서의 그것의 실존은 그것의 움직임에 의존한다.

행위의 힘은 반反-종합적이다. 그것은 울타리치기에 저항하며 울타리치기에 대항해서 움직인다. 그 울타리치기가 급진적 의도를 가진 소규모 그룹의 것이든 추상노동의 것이든 간에 말이다. 특수한 것으로부터 출발하는 것은 울타리치기에 대한 거부이다. 그것은 우리가 특수한 것의 수준에 머무른다는 것을 의미하지 않는다. 오히려 그것은 끊임없는 밀쳐나감을, 자본에 대항하는 부단한 노력을 의미한다. 그것은, 자본의 체제를 지탱하면서 우리의 행위를 좌절시키는 온갖 울타리치기들, 경직성들, 물신들에 대항하는 부단한 노력을 의미한다. 행위의 운동은 반-물신주의의 비판적이며 실천적인 움직임, 즉 우리의 행위할-수-있는-힘, 우리의 할-수-있음의 회복이다. 균열의 움직임은 자율성들의 운동이 아니다. 변화는 분리된 반란들의 추가에 의해 일어날 수 없고 오직 그것들의 흐름을 통해서만, 그것들의 합류를 통해서만, 숨겨진 분노의 수맥을 따라 생겨나고 있는 균열들을 통해서만 일어날 수 있다.

자기결정을 향한 우리의 행위할-힘의 노력은 낡은 의미의 총체성을 향한 노력을 의미하지 않는다. 총체성은 울타리친다. 그리고 코뮤니즘을, 그것이 과거에 결합되었던 바의 것으로, 즉 사회관계들의 매우 단단한 직조로 생각할 어떤 이유도 없다. 자본주의적 세계화는 추상노동에 의해 짜여진, 사회관계들의 더욱더 단단한 직조이다. 그러나 자본주의를 넘어서는 세계는 이와 유사하게 밀집적인 직조로 특징지어질 필요가 없다. 이것은 이른바 사회주의 국가들에 대한 옳게 행해진 비판들 중의 하나이다. 그 국가들이 사회주의 이념을, 아래로부터의 결정을 위한 거의 어떠한 여지도 남겨놓지 않는 사회관계들의 매우 단단한 직조와 결합시켰다는 것이다. 이런 의미에서 그 국가들은 '전체주의적'이었다. 사회관계들의 직조의 밀도 자체(대량생산, 사회조직의 아주 세부적인 계획화)는 아마도 아래로부터의 효과적인 사회적 결정과 화해하기 어려울 것이다. 최근의 가장 반-자본주의적인 투쟁들이 가리키는 것은, 사회적 연결들의 훨씬 더 느슨한 통합이며 (사빠띠스따들의 슬로건이 표현하는 바처럼) '수많은 세계들의 세계'이다. 이것이 정확히 어떤 모습일까는 투쟁의 결과일 수 있을 뿐이다. 그러나 그것은 아마도 그 근저에 더 작고 더 자율적인 생산단위들을 가질 것이다.[9] 수많은 세계들의 세계는 새로운 총체성이 아니라 이동하는 별자리이거나 특수성들의 연합일 것이다. 코뮤니즘이 아니라 코뮌화하기communising일 것이다.[10]

그러나 기후변화나 핵무기의 제거와 같은, 통합된 세계 수준의 해결을 요구하는 것으로 보이는 문제에 대해서 우리는 뭐라고 말할 것인가? 파국의 임박성은 우리로 하여금 총체성에 대한 긍정적 개념화를 향해 나아가도록, 세계국가가 필요하다는 어떤 생각을 향해 나아 가도록 미는 것처럼 보인다. 탈-자본주의 사회에서 어떤 전지구적 조 정의 형태가 바람직하리라는 것은 분명하다. 하지만 현존하는 전지구 적 조정의 형태들은 자본 및 이윤추구와 너무나 밀접한 관계가 있어 서, 그것들은 해결의 희망을 거의 제공할 수 없다. 기후변화 문제에 대한 어떤 해결책이 우리가 살고 있는 방식에서의 급진적 변화로부터 만 나올 수 있다는 것이, 그리고 그 변화는 국가로부터 혹은 어떤 종 류의 세계체제world body로부터 나올 수 없고 오직 추상노동에 대한 거 부로부터만, 우리가 살아갈 방식에 대한 책임을 우리 자신이 짊어지 는 것으로부터만 나올 수 있다는 것이 더욱더 분명해지고 있다.[11]

개념적이고 조직적인 도전은 세상을 뒤집어엎고 특수한 투쟁들로 부터 바깥으로, 대항하며, 넘어서 나아가는 것이다. 행위의 노동으로 의 경직에 대항하고 그것을 넘어서 행위의 흐름을 따라가는 것이다. 자본에 대항하는 투쟁은 필연적으로 추상의 속박으로부터 행위를 풀 어내야 한다. 추상이 한계를 부과하고 우리를 가치에 속박하는 곳에 서, 행위는 무-한하고in-finite 끝이 없다. 그것은 모든 한계에 대항하며 그것을 넘어서는 움직임이다.

균열은 어떻게 움직이는가? 우리는 알지 못한다. 우리가 특수한 투쟁들을 결합하거나 확산시킬 방법에 대해 생각할 때, 총체화하는 경향이 자신을 반복해서 재천명하곤 한다. 모든 특수한 투쟁들을 결 합하여 그것들을 조정할 지역적, 일국적 혹은 국제적 조직을 형성하 려는 충동이 그것이다. 비록 그러한 조직들이 접촉을 제공하는 데 유 용할 수 있지만, 경험은 우리에게, 투쟁들이 실제로 결합하는 것은 이 런 종류의 조직을 통해서가 아니라고 말해준다. 하나의 투쟁이 다른 투쟁으로 흘러넘치고 다른 투쟁이 불타오를 불꽃으로 행동하도록 하기 위해서 필요한 것은 어떤 공명이다. 이 공명들은 형식적 조직노선을 따르지 않으며 종종 이해하기도 어렵다. 균열은 어떤 숨겨진 구조적 단층을 건드려서 균열을 열어젖히고 확장된다. 이것은 계획될 수 없으며 일반적으로 엄밀하게 예견될 수도 없다. 자본주의에는 어떤 중심적인 구조적인 단층이, 반란의 전염선 속에서 나타나는 단층이 있다. 그 중심적 단층선은 (반제국주의 이론이 암시하듯이) 영토선들을 따라 흐르지 않으며 (전통 이론이 주장하듯이) 자본과 노동 사이의 분할을 따라 흐르지도 않고 행위와 노동 사이의 적대선을 따라 흐른다. 그러나 이것은 쉽게 눈에 보이지 않는 단층선이며 제도화할 수 없는 단층선이다. 그것은, 우리가 그것을 따라 걸음으로써 만들어 내는 선이다. 노동에-대항하는-행위의 세계에는 어떠한 확실성도 없다. 만약 그런 것이 있다면, 그것은 무너져야 할 울타리들일 것이다.

# 28
# 행위는 성격마스크에 대항하는
# 숨은 여성의 움직임이다. 우리는 숨은 여성이다.

## 1. 잠재성은 혁명의 소재이다.

우리는 그림자 안에, 마스크 뒤에 산다. 우리의 비가시적인 노동-안에서-대항하며-넘어서는-행위는 심지어 혁명적 이론에서조차 인식되지 않는다.

마스크는 추상노동의 마스크이다. 우리가 살펴본 바의 노동의 추상은 주체의 추상이며 성격마스크의 부과이고 사람들의, 인격(화)으로의 변형이다. 자본가들은 자본의 인격화로 되고 노동자는 노동의 인격화로 된다. 온갖 예측할 수 없는 차원을 가진 인간은 일차원적 인간으로, 노동조합의식을 가진 노동자로, 사회관계의 담지자로 환원된다.

마스크의 부과는 매우 실제적이다. 대통령이나 수상이 노동자로 출발하거나 원주민, 흑인, 여성으로 출발하거나 간에 직업정치가politician

의, 정치가statesman의 성격마스크를 쓰게 되는 그 순간에 이 사실은
아주 분명하게 드러난다. 우리 모두는 사회 속에서 우리의 역할의 인
격화를 향해 나아가는 경향이 있다. 여기서는 급진적 교수라고 해도
다른 사람과 다를 바 없다.

성격마스크는 극장 이미지이다. 행위의 추상노동에의 종속은 극
장을, 인물들이 강렬하게 활동하며 움직이는 무대를 창출한다. 우리
는 무대에 우리의 눈을 고정시키고 복합적인 갈등 전체를 바라본다.
노동자들과 자본가들 사이, 여성과 남성 사이, 동성애자와 이성애자
사이 등등. 이 갈등들은 실재적이며 다양한 인물들 사이의 실재적 적
대의 복합적 상호작용이다. 우리는 이 갈등들을 분석해서 그것들을,
그것들에 포함된 구조적 이해관계라는 맥락에서 이해하려고 한다. 그
리고 우리는 잊는다. 우리는, 우리가 보고 있는 것이 극장임을 망각한
다. 우리는 이 인물들이, 단지 특정한 역할을 맡도록 강제된 사람들임
을 잊는다. 우리는, 거기에 더 깊은 갈등이, 극장을 만들어 내는 갈등
이, 사람들로 하여금 자신들의 성격마스크를 쓰도록 강제하는 갈등이
있음을 잊는다. 이것은 능동적 주체들의 일상적 행위에 추상을 강제
하는 투쟁이며 구체적이고 창조적인 행위를 추상노동에 (따라서 자
본에) 종속시키는 투쟁이다. 이것은 자본주의의 여명기에 완료된 투
쟁이 아니라 일상적으로 반복되는 투쟁이다. 극장은 18세기나 19세
기의 건축물이 아니라 오늘날의 건축물이며 매우 부서지기 쉬운 건축
물이다. 무대에서의 투쟁 배후에 선행하는 투쟁이 있다. 무대에 올라
가지 않으려는 투쟁, 우리의 행위를 추상노동에 종속시키지 않으려는
투쟁, 심지어 무대에서조차 배우들이 자신의 마스크를 벗어던지려는
욕망 등이 있다. 동일성의 투쟁이 아니라 동일화에 대항하는 투쟁이

있다. 혁명은 무대에서 벌어지는 인물들 사이의 전투가 아니라 배우들과 그들의 성격마스크 사이의 전투이다.

달리 말해 사람들과 그들이 사회에서 차지하는 위치 사이에는 완전한 동일성이 있을 수 없다. 사람들이 그들의 성격마스크 안에 완전히 포섭되는 것은 있을 수 없다. 일차원적 인간이라는 생각 자체는, 일차원적이 아닌 누군가가 있음을, 일차원성을 비판할 수 있는 누군가가 있음을 의미한다. 언제나 그렇듯이 질문은 다음과 같다 : 그 비판가는 어디에 있는가? 누가 그 비판가인가? 그것은 (아도르노나 호르크하이머가 그렇듯이) 특권적인 지식인인가?[1] 아니면 그것은, (마르쿠제가 주장하듯이) '추방자들과 국외자들이라는 층'인가?[2] 가장 단순한 대답은 분명히, 우리가 우리 자신의 일차원성의 비판가들이라는 것이다.

우리는 우리가 생각하는 것만큼 일차원적이지 않다. 우리의 일차원성 뒤에는 다성多聲적이고 다형多形적인 비판이 있다. 추상노동의 인격화 뒤에는 (혹은 안에서-대항하며-너머에는) 행위자가, 감히 춤추는 행위자가 있다. 지배의 표면 아래에는 들끓는 반란이 있다. 정체성에 대항하면서 그것을 넘어서려는 노력은 반-정체성의 무한한 활동이다. 노동자로-전환된-야생성 안에는 반란-속의-야생성이 춤춘다.[3]

급진적 변화의 가능성은 자신들의 성격마스크를 쓰지 않은 사람들(혁명적 역할을 떠맡는 프롤레타리아트)에게 의존하는 것이 아니라 오히려, 사람들과 그들이 쓴 마스크 사이의 탈-자적ec-static 거리에, 즉 사람들이 자신들의 사회적 역할 안에 존재할 뿐만 아니라 그 역할에 대항하며 그것을 넘어서 존재한다는 사실에 의존한다.

잠재성 : 그것이야말로 혁명의 실체이다.[4]

잠재성은 혁명과 혁명적 주체subject에 관한 문헌에서 늘 등장하는 주제이다. 주체에 대한 동일성주의적 관념 아래에는 아주 어둡고 아주 깊은 흐름이 흐른다. 사빠띠스따는 자신들의 비가시성에 주의를 끌기 위해 방풍두건을 쓴다. 그들의 운동은 비가시적이고 비가청적인 사람들의 운동이며 얼굴도 목소리도 없는 사람들의 목소리다. 그들은 '밤의 수호자들이며 그늘진 곳의 경비인들'(Subcomandante Marcos, *La Jornada*, 9 April 2006)이다. 아나 마리아Ana María 소령은 1996년의 대륙간 회의에 바친 연설에서 EZLN에 대해 이렇게 말한다.

> 자신의 목소리가 들리도록 하기 위해 무장하는 목소리. 자신을 보이게 하기 위해 스스로를 감추는 얼굴. 이름불리기 위해 침묵을 지키는 이름. 그들이 들어야만 하고, 그들이 보아야만 하고 그들이 이름 불러야 하는 세상과 사람들에게 호소하는 붉은 별. 어제 수확된 내일. 우리의 검은 얼굴 뒤. 우리의 무장한 목소리 뒤. 우리의 이름 부를 수 없는 이름 뒤. 당신이 보는 우리의 뒤. 당신인 우리의 뒤.[5]

여성운동에서도 비가시성의 문제는 핵심적이다. 투쟁의 중요한 부분은 여성의 비가시성(역사적 과거에서 그리고 현재의 일상적 실천에서 그녀들의 비가시성)에, 혹은 주체로서의, 인간으로서의 그녀들의 가시성이 아니라 오직 남성 욕망의 대상으로서의 그녀들의 가시성에 대항하는 것이다. 반란은 언제나 비가시성에 대항하는 반란이다. 그 반란은 반드시 총체적 비가시성에 대항하는 반란은 아니다. 그것은 인간으로서, 주체로서, 행위자로서의 비가시성에 대항하는 것이다. 그러므로 피수용자들이 아주 가시적인 (그러나 단지 대상으로서만 가시적인) 감옥에서의 반란에서조차 그 반란은 인간으로서 그들의 비가시성에 대항하는 반란으로 이해될 수 있다.[6]

『자본론』에서 맑스는 비가시성이라는 맥락에서 계급의 문제를 도입한다. 돈가방 씨와 노동력 판매자 사이의 관계를 적대적 계급관계로 이해하기 위해서 우리는, '모든 것이 표면에서, 그리고 모든 사람들의 눈앞에서 발생하는 [유통이라는] 이 소란스런 영역을 잠시 젖혀 두고, 생산이라는 숨겨진 장소를 추적한다. 생산의 문지방에는 "기업 외에는 입장금지"라는 푯말이 우리를 정면에서 응시한다.'(Marx, 1867/1965 : 176; 1867/1990 : 280; 『자본론 I (상)』, 230) 우리가 '이윤 형성의 비밀을 파헤치기 위해' 들어가야 하는 것은 생산이라는 이 숨은 영역이다.

이 경우에, 비가시성이란, 공장에서 전개되는 것이 공중의 눈에는 가려져 있다는 사실을 가리킨다. 우리는 계급관계의 실재성을 이해하기 위해서 사회의 표면을 떠나야만 한다. 그러나 그것에는 그 이상의 것이 있다. 표면에 대한, 그리고 인격화와 성격마스크에 대한 맑스의 주장 전체는 끊임없이 어떤 숨겨진 지층을 가리킨다. 행위자들 사이의 관계가 상품들의 교환을 통해 확립되는 사회에서, 사람들 사이의 관계가 물건들 사이의 관계로 변형되는 사회에서, 생산자들 사이의 관계는 그들의 생산물들 사이의 관계라는 형태로 존재하며, 생산자들 자신은 비가시적으로 된다. 아니 오히려 그들은, 생산자들이나 행위자들이 아니라 물건들의 교환자들로, 유통의 행위자들agents로 나타난다. 그들의 주체성은 비가시적이다. 사람들은, 주체에 대한 이 애초의 부정 위에 구축된, 사회형태라는 건축물 전체 밑에 묻힌다. 이것이 맑스가 물신주의라고 부른 것이다.

그러므로 이론은 숨겨진 것을 벗겨내는 작업이다. 달리 말해 이론은 비판, 즉 인간적 활동을 감추는, 그러나 그 활동에 의해 발생되는 형태들에 대한 비판이다. 비판은 인간에 대한[대인적ad hominem] 비판이며 사람들의 숨겨진 창조적 주체성의 만회이다. 아니, 비판이 가리키는 주체는 반드시 숨겨진 주체이기 때문에, 우리는 그 비판이 감추어진 인간에 대한 비판ad hominem absconditum이라고 말해야 한다.

혁명적 이론은, 숨겨진 것(즉 행위)이 그 자신의 비가시성에 대해 벌이는 투쟁의 일부이다. 그게 아니라면, 우리는 총체적 비가시성보다 오히려 잠재성latency에 대해 말해야 한다. 행위는 가시적이지만 추상노동으로서만 가시적이다. 그것은 추상노동의 숨겨진 혹은 잠재적인 실체이다. 행위자들 역시 가시적인 방식으로 가시적이다. 하지만 그들은, 무대 위의 배우들actors이 가시적인 방식으로, 즉 성격마스크들로서, 역할로서 가시적이다. 행위와 행위자들은 그와 다른 형태로, 즉 '부정된 존재양식'으로 실존한다. 무대 위의 배우에게서 우리가 보는 것은 인격person으로서의 그녀 자신에 대한 부정이듯이, 즉 그녀가 자신이 아닌 누군가로 제시되는 것이듯이, [행위와 행위자들에게서] 우리가 보는see 것은 그들 자신의 부정denial이다. 성격마스크 뒤에는 잠재력이, 위협menace이, 가능성potential이 존재한다.

잠재성은 부재가 아니다. 그러나 만약 어떤 것이 숨어 있거나 잠재한다면, 우리가 그것이 거기 있는지 없는지를 절대로 확신할 수 없는 것은 물론이다. 잠재하는 어떤 것에 기초한 건물은 위험의 요소를, 불가피한 정도의 불확실성을 포함한다. 반란은 언제나 비가시적인 것으로부터 끓어오른다. 그러나 그것이 비가시적이라는 그 이유 때문에, 우리는 저 잠재적 반란이 거기에 있는지 없는지 혹은 그것이 얼마나 강력한지 확실히 알 수가 없다. 다른 한편, 모종의 측정 가능한 확실성을 고집하는 것은, 그 잠재적인 것을 고려에서 배제하게 할 것이고 우리로 하여금 가시적인 것 속의 어떤 거짓된 폐쇄에 처하도록 만들 것이다.

잠재성은 주변화가 아니다. 때때로, 비가시적인 것의 중요성을 강조하는 것은 투쟁이 사회의 비가시적 주변부로부터 오는 것으로 이해하는 것이라고 가정된다.[7] 우리의 주장은 이와 정반대이다. 비가시적인 것은 사회의 핵심에 있는 창조력이다. 잠재하는 것은, 부정되는 존재양식 속에, 추상노동의 형태 속에 실존하는 행위doing이다.[8]


## 2. 성격마스크 뒤에 숨은mulier abscondita 여성이 있다.

성격마스크 뒤에 무엇이, 혹은 누가 있는가? 부정된 존재의 형태로, 위협으로, 가능성으로 실존하는 것은 무엇(혹은 누구)인가?

마스크 뒤에 순수한 주체는 없으며 어떤 아름다운 영혼도 없다. 배우는 그녀가 연기하는 역할에 의해 상처를 입는다. 강제로 성격마스크를 뒤집어 쓴 얼굴은 숨는다. 왜냐하면 그것은 마스크에 의해 일그러지기 때문이다. 마스크를 벗어라. 그러면 당신은, 마스크에 의해, 마스크의 원한resentment에 의해 일그러진 얼굴을 발견할 수 있을 것이다.[9] 차별과 억압의 5백 년을 겪으면서 그 아래에 숨어있는 고상한 미개인은 없다. 일단 남성의 지배가 제거되고 나서 인정되기를 기다리고 있는 완전한 여성은 없다. 추상노동 아래에 숨어 있는 순수한 행위는 없다. 그러나 이러한 사실이, 주체가 성격마스크로 환원될 수 있음을 의미하지는 않는다. 행위는 추상노동의 형태 속에 실존한다. 하지만 그것은 추상노동에 대한 원한으로, 추상노동에 대항하는 긴장으로, 추상노동에 대항하는 반란으로, 위협으로, 가능성으로 실존한다. 그것은, 그림자 같은 형상으로, 하지만 그것이 실존하면서 취하는 형태와는, 그것이 쓰고 있는 성격마스크와는 결정적으로, 탈-자적으로 ec-statically 구분되는 형태로 실존한다.

성격마스크와는 구별되는, 그러나 그것에 의해 일그러진, 이 그림자 같은 형상은 이론적이고 실천적인 문제이다. 노동자는 단순한 구조적 위치, 사회적 관계의 담지자, 노동력의 판매자만은 아니다. 만약 노동자가 그런 것에 불과하다면 혁명은 생각할 수 없을 것이다. (그렇지 않다면 아마도 그것은 너무나 성가신 것이어서, 생각할 가치조차 없을 것이다.) 그러나 그녀[노동자]는 또한, 수 세대의 낭만적인 사회주의 '현실주의자들'에 의해 서술된 것처럼, 그녀를 묶은 사슬을 끊어내는 혁명적 여걸도 아니다. 그 문제에 대한 레닌의 대답은 그 주체를 두 개로 분리하는 것이었다. 한편에서는 구조적 노동조합 의식에 제한된 노동자, 다른 한편으로는 노동자들에게 진정한 의식을 가져다주는 영웅으로서의 혁명가. 이 문제에 대한 이런 식의 해결책은, 지도자와 대중 사이의 권위주의적 관계를 함축하며 아름다운 영혼의 문제를 지도자에게 옮겨 놓는다. 즉 '지도가가 진정한 의식을 어떻게 획득할 것인가?'가 문제로 되는 것이다.

그렇다면 이 그림자 같은 형상은 누구이며 무엇인가? 그리고 그것은 하나의 형상(요컨대 노동계급)인가 아니면 많은 형상(노동자들, 여성, 동성애자, 흑인, 원주민 등)인가?

여기에는 언어의 문제가 있다. 우리는 실제로 성격마스크 뒤의 그림자 같은 형상(혹은 형상들)을 부를 이름을 갖고 있지 않다. 그것을 노동계급이라고 부르는 것은 혼란스럽다. 왜냐하면 그 용어는 동일성주의적인 성격마스크(규정 가능한 노동계급)와, 그 배후의 그림자 같은 비동일성주의적 형상을 전혀 구분하지 않기 때문이다. 어떤 다른 성격마스크(여성, 동성애자, 흑인 등등)를 선택한다 하더라도 사정은 마찬가지라고 할 수 있다. 이름을 부르는 것은 동일화하는 것이며, 여기에서 우리의 관심을 끄는 것은, 동일성에 대립하여 그것을 넘어서는 것이다. 반동일성의 운동은 필연적으로 이름 없는 혁명이다.[10] 그것에 대해 말하기 위해 우리는 모종의 이름을 필요로 한다. 하지만 그것은 그 자신의 부적합성inadequacy을 암시하는 이름이어야 한다. 아도르노는 비동일성의 운동에 대해 말한다. 블로흐는 아직-아님에 대해 말한다. 이 둘은 모두 부정적 개념들이며, 대항하며-넘어서기against-and-beyond를 가리키는 불안정한 개념들이다.

블로흐가 지적하듯이, 이름붙이기의 어려움은 종교에서는 언제나 있어 온 것이다. 창조주로서의 신은 불가지적이며, 더 적실하게 말하면, 이름 붙일 수 없고 숨겨져 있으며 잠재적인 신, 즉 숨은 신Deus absconditus이다. 만약 우리가 '신은 없어'라고 말한다면, 거기에는 두 가지 가능성이 있다. 하나는, '이 세상에 어떤 신도 존재하지 않는다면, 알 수 없고 이름 부를 수 없는 신도 없다. 모든 것은 동일화될 수 있고 모든 것에는 이름이 부여될 수 있다.'고 말하는 것이다. 그러나 그때에 우리는 창조를 제거하고 그 자리에 실증주의적이고 구조주의적이며 궁극적으로 반복적인 세계를 놓는다. 이것은, 추상노동이라는 측정되고 한정된 세계, 정의들과 분류들의 세계이다. 이와는 다르게 말하는 것이 가능하다. 그것은, '만약 신이 없다면, 우리가 유일한 창조자들이다'라고 말하는 것이다. 우리는, 항상 존재하는 것에 대항하면서 그것을 넘어서 나아가는 존재들이다. 우리는 동일성에 대항하는 추진력이며 반동일성의 힘이고 따라서 알 수 없고 이름 부를 수 없는 존재들이다. 종교의 인간학화, 인간에 의한 신의 대체는, 숨은 신이, 알려진, 동일화 가능한 사람에 의해 대체됨을 의미하는 것이 아니다. 그것은 숨은 신이 잠재적인 것의 자리에 의해, 즉 잠재적이고 숨은 인간, 즉 homo absconditus에 의해 대체되는 것을 의미한다.[11] 마스크 뒤의 형상은 물론, homo absconditus, 즉 숨은 인간이다. 그 인간은 억압되기 때문에 숨어 있고 창조자이기 때문에 숨어 있으며 그의 생성 속에서 미완성이기 때문에 숨어 있다. 이것은 억압받는, 비-생성의, 무한정한, 규정불가능한 행위자이다.

이것은 숨은 여성, 즉 mulier abscondita이어야 하는가? 물론이다. 호모Homo는 분명히 인간이라는 의미의 남자man를 나타낸다. 그것은 여자woman를 포함하는 남자man, 그녀she를 포함하는 그he의 한 사례이다. 그러나 우리 모두가 지난 30여 년 동안에 알게 되었듯이, 이것은 여성에 대한 사회적 억압의 언어적 표현이다. 동일성주의적 주체성은 남성지배적 주체성이다. 동일성주의적 주체는 분명히, 남성성과 연결된 많은 특징들을 지닌 '그'이다. '그'의 위기와 남성 주체성에 대한 비판은 동일성주의적 주체성의, 그리고 실제로 추상노동의 더욱 일반적인 위기의 일부로 이해될 수 있다. 행위자doer는 노동자와 동일한 성gender이 아니다. 행위doing는 인간적 활동에 대한 더욱 풍부한 개념을 함축한다. 그것은, 남성에 더 전형적인 더 협소하고 단일주제적인 활동보다는 전통적으로 여성과 결부된 다양한 다숙련적 활동을 함축한다. 우리가 행위자에게 성별을 부가한다면, 우리는 분명히 그 행위자를 '그'보다는 '그녀'로, 숨은 여성으로 생각해야만 한다.

이것은, 종종 주목되었던, 반자본주의 투쟁의 성별 구성에서의 실제적 변화에 상응한다. 노동운동의, 노동조합의, 혁명정당의 전통적 세계가 매우 분명하게 남성에 의해 지배됨에 반해, 여성은 새로운 반자본주의 투쟁 속에서 훨씬 더 명백한 역할을 수행한다. 라틴아메리카 도시들에서의 물을 위한 투쟁이든, 자연 파괴에 대항하는 투쟁이든, 전쟁에 대항하는 투쟁이든, 다른 세계를 위한 대안세계화 투쟁이든 간에 말이다. 그리고 투쟁이 무엇을 의미하는가에 대한, 조직 형태에 대한, 시간과 변화의 개념에 대한 새로운 이해를 열어나감에 있어서 여성운동의 역할을 간과하는 것은 불가능하다.

그러나 우리가 우리의 그림자 같은 형상에 성별을 부가할 필요가 있을까? 설명의 편의를 위해서는 그렇게 하는 것이 더 쉽다. '그것'이 문제를 해결하지는 못할 것이다. 왜냐하면 우리는 인간적 주체성에 대해 말하고 있기 때문이다. 그리고 그녀 혹은 그 중 어느 쪽도 그것을 풀지 못한다. 왜냐하면 그것은, 초시간적으로 올바르다고 주장하는, 그래서 주체의 성별구성에서의 실제적 변화를 모호하게 하는, 하나의 대명사를 암시하기 때문이다. 노동자는 실제로 '그'인데 반해 행위자는 실제로 '그녀'라는 느낌이 있다. 그래서 우리가 노동에 대한 행위의 반란에 대해 말할 때, 우리는 그에 대항하는 그녀의 실제적 운동에 대해 말하고 있는 것이다. 대명사를 사용하는 것이 필요한 곳에서, 우리는 노동자를 '그'로, 행위자를 '그녀'로 부를 것이다. 그렇지만, 사람을 두 개의 명확히 규정되는 성별로 구분하는 것 자체가 바로 동일화의 더욱 일반적인 과정이며 추상노동 세계의 양상이다. 그러므로 한 성별의 다른 성별로의 대체는 실제로 해답이 아니다. 우리의 그림자 같은 형상, 반동일성주의적 주체는 또한 반성별적이며 사회를 두 개의 명료한 성별로 구분하는 것에 대항하고-또-그것을-넘어서는 운동이다. 마지 피어시Marge Piercy는 그녀의 소설 『시간의 가장자리에 선 여자』12에서 성별화되지 않은 주체를 표현하기 위해 'per'이라는 대명사를 사용한다. 그러나 이것은 성별 분업이 실제로 극복된, 상상적 사회를 가리킨다.13 이 때 우리는 아마도, 성격마스크를 쓴 '그'의 배후에 '그녀'라는 그림자 같은 형상이 있다고 말해야 할지 모른다. 그러나 이 그녀는 다른 성별이 아니라 그임he-ness과 그녀임she-ness의 위기이며 성적 동질이상diamorphism의 위기이고 다형적多形的 도착의 에로틱한 반란이다.14

## 3. 우리는 혁명적 주체다 : 분열증적이고 억압된 우리

그 그림자 같은 형상(숨은 여성)은 간단히 말하면 우리We이다. 우리인 이유는, 3인칭의 사용은, 그것이 '그'이든, '그녀'이든, '그들'이든, 우리를 배제하기 때문이다. 우리는 세상을 어떻게 바꿀 것인가라는 문제의 바깥에서 쓰고 읽는 것이 아니라 그 안에서 쓰고 읽는다. 3인칭은 동일화한다. 비록 그것이 막연한 '그들'이라 할지라도 그렇다. 왜냐하면 그것은 우리를 배제하는 한정의 선을 긋기 때문이다.15 다른 한편, '우리'We는, 열려 있으며 하나의 문제이다.16 '우리'는 (대학 교수인 우리, 아일랜드인인 우리, 남자들인 우리 등) 한정하는, 동일성주의적 '우리'we일 수 있다. 그러나 반드시 그런 것은 아니다. 특질부여가 없는 상태에서, '우리'we는 비한정적이고 열려 있다. '우리'we가 주체라고, 마스크 뒤의 그림자 같은 형상이라고 말하는 것은, 이론이 실천으로부터 분리될 수 없다고 말하는 것이기도 하다. 이 책을 읽고 쓰는 '우리'we는 세상을 바꾸는 것에 대해 성찰하고 있는 것만은 아니다. 우리는 마치 세상이 우리로부터 분리된 무엇일 수 있는 것처럼 그 세상에 대해 이론화하고 있지 않다. 좋든 싫든, 우리는 그 과정의 일부이며 우리의 읽기와 쓰기는 그 운동의 일부이다.

적어도 영어에서 우리We는 비성별적이다. 우리는 두 개의 성별화된 진영으로 미리 나뉘지 않는다. 그렇지만, 그림자 같은 형상인 우리We는 비성별적일 뿐만 아니라 반성별적이며, 성격마스크의 성별 분업에 대립한다. 그리고 성격마스크의 성별분업화된 세계가 저 성별들 중의 하나의 성별에 의해 지배되는 세계이기 때문에, 아마도 우리가 필요로 하는 것은 여성적 발랄함을 가진 우리We인 것 같다. 우리We가 성별 특징을 갖는 언어에서, 가령 nosotros / nosotras를 구분하는 스페인어에서, 'nosotras'는 그림자 같은 주체에 대한 더 나은 성격부여이다. 노쏘뜨라스nosotras는 여성성의 긍정으로서가 아니라 남성성에 대한 반란으로 이해될 수 있다.

우리(그-노동자-성격-마스크 뒤에 있는 우리-노쏘뜨라스-행위자)는, 일정한 그룹이나 집단이라는 의미에서가 아니라 열린 흐름이라는 의미에서 복수적이다. 우리는 당신(그리고 그들) 속으로 흘러들어간다. 사빠띠스따들이 매우 아름답게 표현했듯이, 'detrás estamos ustedes'('[방풍투구] 뒤에는, 당신인 우리가 있다').[17] 우리는 서로 속으로 흘러들어간다. 왜냐하면 우리의 행위(우리 모두의 행위)는 행위의 사회적 흐름의 일부이며, 우리의 사회성을 구성하는, 의식적인 혹은 무의식적인, 계획된 혹은 계획되지 않은, 단단히 짜인 혹은 매듭이 지어지지 않은, 행위의 저 엮어짜임의 일부이기 때문이다.

우리는 동질적 대중이 아니다. 그것과는 거리가 멀다. 우리는 또 차이들의 다중도 아니다. 우리는 추상노동에 대항하는 행위의 반란이며 동질화에 대항하는 이질성의 반란이고, 모순에 대항하는 차이의 반란이며[18] 단순한 대항성against-ness에 대항하며 넘어서는 너머성beyond-ness의 반란이다. 행위의 노동으로의 추상은 그것의 동질화이다. 그것은 비등가적인 활동들에 등가성을 부과하는 것을 통해 획득된다. 노동에 대항하는 행위의 투쟁은 이 동질화에 대항하는 반란이며 우리의 행위들의 차이에 대한 단언이며, 자본의 이원적 적대를 타개하려는, 그리고 돈을 통해 부과된 추상으로부터 우리의 행위를 해방시키려는 시도이다. 이질성은 존재론적 특징이 아니라 노동의 추상화에 대항하는 우리의 투쟁이고 그 투쟁에 중심적인 것이다.

그 이질적인 밀쳐 넘기는, 외관상으로는 그렇게 보일지 모르지만, 사회성을 넘어 개인주의로 나아가는 밀침이 아니며 행위의 사회적 흐름을 넘어서는 밀침도 아니다. 그것은 오히려 사회성의 특수한 형식에 대항하며 그것을 넘어서는 밀침이며 자본의 사회적 종합에 대항하며 그것을 넘어서는 밀침이고 사회성의 다른 형태를 향한, 더 이상 사회적 종합이 아닌 사회성을 향한, 닫혀 있기보다 열려 있는 사회성을 향한 밀침이다. 그러므로 그것은, 중앙집권적 계획이 아니라 엮어짜임과 매듭지어지지 않음의 사회적 흐름이다. 우리는 삶의 기초를 제공할 수 있는 사회적 역량을 갖고 있다. (좀 낡은 언어로 표현하면, 우리는 현재의 발전된 생산력을 갖고 있다.) 우리는, 수많은 흐트러진 단편들과 매듭지어지지 않은 끝을 지닌 사회적 엮어짜임을 갖고 있고, 명확하게 확인 가능한 사회적 혜택에 이르지 못하는, 혹은 [그곳에

세] 유일하게 직접적인 사회적 혜택이라곤 우리 자신의 것을 행할 자유가 있을 뿐인, 이질적 활동들을 갖고 있다. 그런 우리가 왜 이런 것들을 가지고서 매우 행복하게 살 수 없어야 한단 말인가? 그래야 할 하등의 이유가 없다.

우리는 필연적으로 자기분할되고 자기적대적인 우리이다. 우리는 자기적대적이고 계급적으로 분할된 사회 속에 산다. 만약 우리가 이 사회의 중심 모순 혹은 중심 분할을 노동과 자본 사이의 모순으로 본다면, 사회가 두 개의 분리되고 적대적인 집단으로, 즉 노동계급과 자본가 계급으로 나눠져 있는 것으로 상상하는 것이 가능할 것이다. 그러면 사회적 적대는 우리들 각자에 외재적일 것이다. 그렇지만, 우리가, 노동과 자본 사이의 적대가 더 깊은 사회적 갈등의, 즉 유용한 행위와 추상노동 사이의 갈등의 피상적 표현일 뿐이라고 말한다면, 사회적 적대가 우리들 각자를 관통하고 있다는 사실이 곧장 명확하게 된다. 우리들 각각은 모두 행위자이면서 동시에 추상노동자이다. (우리가 직접적 고용관계 속에 있지 않다 하더라도 마찬가지이다.) 우리들 각각은 모두 성격마스크이면서 동시에 그 마스크 뒤의 그림자 같은 형상이다. 우리들 각각은 모두 마스크를 쓴 그–남자(혹은 그–여자?)이면서 동시에 그림자 같은 형상의 반ᴿ성별적 그녀이다. 우리가, 행위는 '추상노동에 대한 분개로, 추상노동에 대항하는 긴장으로, 추상노동에 대항하는 반란으로, 위협으로, 가능성으로' 실존한다고 말할 때, 우리는 우리 내부의 적대에 대해 말하고 있는 것이다. 우리는 우리자신에 대한 분개로, 우리 자신에 대항하는 긴장으로, 우리 자신에 대항하는 반란으로, 위협으로, 가능성으로 실존한다.

여기에서 사람들이 기본적으로 '선하다'는 가정은 성립될 수 없다.

숨겨진 형상figure은 자본에 의해 부과된 마스크에 의해 온갖 방식으로 일그러진다disfigure. 이 주장은 오히려, 계급적대에 기초를 둔 사회에서 우리 모두는 이 적대에 의해 물들어 있다고, 우리 모두는 자기모순적이라고, 우리 모두는 자본주의적 관계의 재생산과, 거부하고-창조하려는 충동 사이의 투쟁에 의해 내적으로 찢겨 있다고 말하는 것이다. 계급투쟁이란 우리 모두와 함께 우리의 안팎에 존재하는 이 갈등에서 어느 한쪽을 편드는 것을 의미한다.

이것은 자본가와 노동자 사이에 어떤 차이도 없다고 말하는 것인가? 그렇지 않다. 그들은 서로 다른 성격마스크를 쓰고 있다. 그리고 그 성격마스크 뒤에 무엇이 있는가? 성격마스크 뒤에, 어떠한 순수하고 실제적인 인간 존재가 있는 것이 아니다. 그 뒤에는 성격마스크에 의해 일그러지고 성격마스크와 긴장하고 있는 그림자 같은 형상만이 있을 뿐이다. 그 성격마스크가 편안하다면, 그것에 대항할 반란에의 유인은 거의 없을 것이다. 이것은, 자본의 소유주가 자신의 성격마스크로 전적으로 환원됨을 의미하지는 않는다. 다만 그가 그 마스크에 대항해 강력하게 반란할 것 같지는 않다는 것을 의미할 뿐이다. 분명히 엥겔스는, 비록 자본가였지만, 자본에 대항하는 투쟁의 편을 들었다. 그러나 이런 예는 극소수에 불과하다. 성격마스크가 불편하고 참을 수 없는 것일 때, 그 마스크에 대항하는 반란의 힘은 그만큼 강력할 것이다. 노동자는 자본가보다, 성격마스크에 대항하는 반란을 일으킬 이유를 훨씬 더 많이 갖고 있다. 성격마스크와 그림자 같은 형상 사이의 긴장은 두 경우에 모두 존재하지만, 그러나 그 강도는 다르다. 계급분할(행위와 추상노동 사이의 적대)은 양자를 관통하지만 그 방식은 다르다.[19]

이와 유사하게 우리는, 비록 많은 사람들이 성별 분할과 남성적인 성격마스크에 대항해 반란한다 할지라도, 여성은 그렇게 할 더 많은 이유를 갖고 있다고 말할 수 있을 것이다. 인종주의도 마찬가지다. 반인종주의자이기 위해서 흑인이어야 할 이유는 없다. 그러나 인종주의에 대한 반작용의 강도는 흑인이 더 클 가능성이 높다. 이런 식이다. 그렇다면 이것은, 우리가 자본주의 사회를 일군의 상이한 갈등들(계급갈등뿐만 아니라 모든 종류의 비계급적 갈등들)에 의해 구조화되고 있는 사회로 이해해야 함을 의미하는가? 성격마스크의 피상적인(그리고 실제적인) 차원에서 이것은 분명히 사실이다. 이 수준에는 갈등이 이해될 수 있는 온갖 종류의 방식들이 있다. 그렇지만 거기에는 언제나, 무엇이 성격마스크를 발생시키는가, 무엇이 갈등 속으로 진입하는 (여성이나 남성, 흑인이나 백인과 같은) 상이한 동일성들을 생산하는가라는 선행하는 물음이 존재한다. 이것은 우리 행위의 조직화에 존재하는 근본적 적대 속으로 우리를 다시 데려간다. 그 적대는 추상노동과, 자기결정적 행위를 향한 (그림자 같은) 충동 사이의 적대이다. 여성과 남성, 흑인과 백인을 동일성으로, 갈등하는 성격마스크로 발생시키는 것은 추상노동에 의한 행위의 억압이다. 사회를 이해하기 위해서 성별 갈등이 계급갈등에 더해져야 하는 것은 아니다. 남성과 여성 사이의 이원적 성별 분할이라는 개념 자체가 오히려 행위의 노동으로의 추상의 산물이다.[20]

우리는 노동에-대항하는-행위자들, 진정한 프롤레타리아트이다. 우리는 노동에-대항하는-행위자들, 마스크들에-대항하는-그림자들이다. 노동자들이든 자본가들이든, 여성이든, 남성이든, 흑인이든 백인이든, 우리는 분열적이고 자기적대적이다. 우리가 거부하거나 받아들이는, 혹은 거부하고-받아들이는 역할에 따라 적대의 강도와 성질은 다르다고 할지라도 말이다. 우리는 연약하고 불안정하며 상황적으로 혹은 시간적으로 분열증적이다. 우리는 어떤 상황에서는 어떤 인격을 취하고 다른 상황에서는 다른 인격을 취한다. 어떤 순간에 우리는 노동에 대항하는 반란 속의 행위자이고 다른 순간에 우리는 굴종적이고 순종적인 노동자이다. 종종 비정상성으로 간주되는 혹은 심지어는 운동에 대한 배신으로 간주되는 이 호환가능성은 사실상 매우 정상적이다. 행위와 노동의 적대는 부단히 변화하고 있다. 우리는 모두 자기적대적이다. 하지만 그 적대는 오랜 시간 동안 안정적이지는 않다. 특정한 상황들(우리를 둘러싼 사회관계들의 구성)이 이 적대의 이 면 혹은 저 면을 드러낸다. 그래서 군사훈련은 성격마스크를 강화하고 인간성을 향한 어떤 종류의 숨겨진 충동을 억압하도록 설계된다. 그리고 군대는 이러한 과정을 강화하는 상황이다. 공장 훈육과 공장에 대해서도, 그리고 모종의 제도적 훈련과 어떤 제도에 대해서도 동일하게 이야기될 수 있다. 당 역시도 마찬가지다. 혁명정당은, 우리가 일정한 역할 혹은 성격마스크를 취하여 창조적 행위를 향한 우리의 충동을 억압하는, 상황들이나 맥락들을 창출한다. (직업혁명가들이나 투사들의 이 역할, 이 성격마스크는 이제 위기에 처했다.)

이것은, 온갖 제도화의 형식들이 일그러뜨리고<sup>disfigures</sup> 얼어붙게 하는 어떤 역할을, 성격마스크를 창출한다는 것을 의미하는가? 반란-속의-행위자, 반란자, 성난-청년, 여성주의자는 쉽사리 하나의 역할이 될 수 있고 뒤에서 움직이는 그림자 같은 형상을 얼어붙게 하고 정의하는 이미지가 될 수 있다. 역할에 대항하는 투쟁은 진정성을 위한 투쟁으로 이해될 수 있다. 그러나 진정성은 그 자체로 하나의 역할이

될 수 있고 얼어붙게 하는 새로운 동일성이 될 수 있다.21 자본주의 사회, 즉 행위의 노동으로의 추상에 의해 특징지어지는 사회는 부단히 이 역할들을 산출하며 그 역할들을 우리에게 부과한다. 혁명적 이론가들은 거기로 간다. 투사는 거기에 존재한다. 우리는 진정성, 진실성을 가지고 그 역할들에 반대하고자 하며 이 모든 역할들 배후에 숨어 있는 그림자 같은 형상에게 몸을 부여하고자 한다. 그러나 그림자 같은 형상은 그림자처럼, 부정적으로, 자신에게 부과되는 마스크에 대한 거부로 남아 있다. 그녀/우리는 대안적 동일성일 수 없다. 그림자 같은 형상은 절규이고 물음이며 위기이고 위협이며 가능성이고 우리이며 흐름이다. 행위는 흐른다. 행위에 대한 어떠한 정의도 추상이다. 성격마스크에 대항하는 투쟁은 그 개념보다 더 빨리 움직인다. 그것에 정의를 부여함으로써 그것을 속박하려는 모든 시도는, 의도와는 달리, 그것의 재포획에 기여한다.

　투쟁의 제도화는 모두 문제적이다. 왜냐하면 제도적 경계를 존중하지 않는 투쟁의 흐름이 있기 때문이다. 비록 그것이 그 경계들에 의해 방해받을지라도 말이다. 이것은 당조직의 문제만이 아니다. 때때로 우리는, 조직형식으로서의 당에 대한 거부가 모든 문제를 해결한다고 생각하는 경향이 있다. 하지만 비당적 투쟁형식들의 제도화에서도 많은 문제들이 재생산된다. 제도화는 투쟁에 일정한 경로를 제공하려 한다. 하지만 투쟁은 쉽게 회로화되지 않는 동학을 갖는다. 예컨대 우리는 그것[투쟁 — 옮긴이]에 '다른 캠페인'Other Campaign이라는 형태를 부여하려 애쓴다. 그리고 그 투쟁은 우리의 제도적 편견에 들어맞지 않는 다른 형태로 끓어오른다. 투쟁의 운동을 방해하는 동일성을 창출하는 것을 피하려면, 조직형식들은 개방적이고 유연할 필요가

있다. 우리가 전복을 강화할 수 있는 유일한 길은 부단히 그것을 전복함으로써이다.[22]

우리는 억압당한다. 마스크 뒤의 그림자 같은 형상은 억압된 형상이다. 우리의 출발점, 우리의 '중심축', 유용하고 구체적인 행위와 추상노동 사이의 관계는 억압의 관계이다. 우리의 가능성potential, 우리의 행위할 수 있는 힘, 우리 자신의 행위를 사회적으로 결정할 수 있는 역량은 억압된 가능성, 억압된 힘, 억압된 역량이다. 우리는 부정된 존재 양식 속에, 성격마스크로서 존재한다. 우리가 비록 부정된 존재양식 속에 존재한다 하더라도, 우리는 저 부정 외부에 존재하지 않으며 저 부정 속으로 완전히 포섭되지도 않는다. 우리가 부정되고 있는 존재양식 속에 존재한다고 말하는 것은, 우리가 저 부정을 부정하는 양식 속에도 존재한다고 말하는 것이다. 이 이중의 부정은 긍정적 우리에로 이끌지 않고 탈-자적ec-static 우리에로, 반란 속의 우리에로 이끈다.

그러므로 혁명은 억압된 것의 회귀이다.[23] 그 회귀는, 인구의 억압된 부문들(프롤레타리아들, 여성들, 원주민들, 흑인들 등등)의 회귀만이 아니라, 우리 내부에 억압된 것의 회귀이기도 하다. 그것은 대항하며 존재하고 넘어서 나아가는 것의 반란이다. 그것은 낯선 결정에 대립하고 그것을 넘어 사회적 자기결정을 향해 나아가는 창조적 행위의 반란이다. 그러나 창조적 행위는 우리 외부에 존재하는 것의 창조일 뿐만 아니라 자기창조, 우리 자신의 섹슈얼리티의 창조, 우리 자신의 문화의 창조, 우리 자신의 생각과 느낌의 창조이기도 하다.

억압된 것의 회귀는 의식적으로 억압된 것의 회귀일 뿐만 아니라 무의식으로 억압된 것의 회귀이기도 하다. 마스크 뒤의 그림자 같은 형상은 비가시적이고 비가청적일 뿐만 아니라[24] 적어도 부분적으로는 무의식적이다. 우리는 우리 자신의 억압된 가능성을 알지 못한다. 반동일성의 충동은 개념을 넘어서는 부단한 운동이다. 그것은 우리의 의식적 지식을 부단히 넘어선다.

혁명적 이론과 실천은 의식을 사람들[민중]people에게 (혹은 노동계급에게) 가져다주는 것으로 생각될 수 없다. 정치적 행동의 한계를 사람들[민중]의 의식이라는 술어로 생각하는 것도 부당하다. 우리의 의식은 매우 모순적이다. 그것은 무수한 지식들, 무수한 막연한 앎들, 무수한 직관들, 무수한 반작용들로 구성된다. 의식화의 정치는 성격마스크 세계의 일부이며 동일성 세계의 일부이다. 성격마스크에 대항하는 우리의 그림자 같은 형상의 충동(절규, 물음, 위기, 위협, 가능성, 하나의 우리, 하나의 흐름)은 의식화의 술어로 이해될 수 없다. 그것은 오히려, 억압되고 모순적인 형태 속에 이미 현존하는 것을 찾아내는 문제이다. 그 과제는, 무의식적이고 억압된 것을 의식되도록 만들려고 애쓰는 정신분석가의 과제와 같다. 그러나 주체 외부에 서 있는 정신분석가는 존재하지 않는다. '정신분석'은 집단적인 자기분석일 수 있을 뿐이다. 유일하게 가능한 치료는 자기치료일 뿐이다.

이것은 말하기의 정치를 의미하는 것이 아니라 듣기의 정치를, 아니 오히려 말하고-듣기의 정치를 의미한다. 혁명적 과정은 억압되었던 화산들의 집단적 폭발이다. 혁명의 언어와 사유는, 화산을 산으로 보는 산문일 수 없다. 그것은 틀림없이, 산을 화산으로 보는 시이며, 보이지 않는 열정, 보이지 않는 역량, 보이지 않는 지식, 보이지 않는 행위할-힘, 보이지 않는 존엄을 향해 뻗어나가는 상상력이다. 이것은 전통적 혁명운동의 독백적인 말하기-정치talking-politics라기보다 대화의 정치이다. 그러나 그것은 그 이상이다. 왜냐하면 대화는 성격마스크들 사이의 대화일 수 있을 것이기 때문이고, 또 우리가 여기에서 말하고 있는 것은, 각자가 성격마스크 너머의 그림자 같은 형상을 보고 듣고 만지려고 애쓰는 대화이기 때문이다. 그것은 숨겨진 신경들을 감각하는 문제이고 그것을 접촉하려고 애쓰는 문제이다. 그래서 혁명 이론은 예술, 연극, 음악, 시와 뒤섞인다. 이 모든 것은 그 최상의 순간에 성격마스크의 세계를 돌파하려는 시도이며 그 아래에 깔려 있는 열정과 존엄에 목소리를 부여하고 그것들을 분기시키려는 시도이다. 혁명적 실천은 언제나 예술과 뒤섞여 왔지만 최근보다 더 그랬던 적은 없었다. 최근에 들어 예술적 표현이나 연극적 표현이 모든 불만의 시위의 통합적 일부를 형성하게 되었다. 사빠띠스따들이나 〈비공개 어릿광대반군〉[25]은 머리에 떠오르는 수많은 예들 중의 단지 두 개일 뿐이다.

숨겨진 신경과 접촉하는 것은 분명히 이성적 과정에, 이성적 주장이나 이성적 학습에 불과한 것이 아니다. 그것은 이미 현존하는 것을 찾아내는 것이며 '숨겨진 사본'을 경청하는 것이다.[26] 이것은, 그것이 비이성적 과정임을 의미하지 않는다. 오히려, 핵심은 이성적 비판이다. 우리는 '마법에 걸린, 물구나무선 세계'(Marx, 1894/1971 : 830; 『자본론 III (하)』, 1006)에 살고 있다. 그 세계에서 우리의 주체성, 우리의 행위할-힘은, 우리의 행위를 추상노동으로 조직함으로써 발생되는 물화된 관계들에 의해 은폐된다. 저 물화된 형태들에 대한 이성적 비판은 그림자 같은 형상의 발견에, 그것의 억압에 대항하여 반란하는 행위의 흐름의 발견에 핵심적이다. 하지만 이론적 성찰은 일반적 투쟁의 일부로서만 힘을 얻는다.

# 29
# 행위는 시간의 동질화를 해체한다.

## 1. 시계시간은 위기 속에 있다.

추상노동은 추상시간으로부터 분리불가능하다. 추상노동의 위기는 추상시간의 위기이기도 하다. 어떤 차원에서 그것은 항구적 위기이다. 거부하는 우리, 열정을 가진 우리, 강렬도를 가진 우리는 추상노동의 시간의 항구적인 위기이다. 행위시간은 시계시간의 형태로 존재한다. 하지만 그것은 그 시간에 대항하고 그 시간을 넘어서며 존재하기도 한다. 톰슨이 주목한 것, 즉 시간에 대항하는 투쟁의, 시간을 둘러싼 투쟁으로의 변형은 결코 완전하지 않았다. 노동조합들은 노동일의 길이를 둘러싸고 싸움을 시작했다. 하지만 시간엄수를 둘러싼 투쟁은, 그리고 무엇보다도 노동일의 다공성porosity을 둘러싼 투쟁은 자본주의적 노동의 부과로부터 분리 불가능한 투쟁이다. 다른 사람을 위해 자신의 노동일을 지출하는 대가로 지불을 받는 사람들은 언제나 그들 자신의 리듬을 부과할 방법을 찾으려 애쓴다. 그들은 꿈을 꿀, 친구들에게 이야기를 할, 담배를 피울, 무엇이든 한 입 먹을 공간을 만들어낼 방법을 찾으려 애쓴다. 이들 중의 일부는 (예컨대 차나 커피를 마실 휴식시간의 길이를 둘러싼) 노동조합의 논쟁들에도 반영된다. 그러나 그것들 중의 대부분은, 효과적이기 위해서는 비가시적이어야 하는, 개인적 수준이나 집단적 수준에서 벌어지는 싸움들이다. 자본주의적 경향의 중요한 측면은 노동자들에 의해 창출된 이 계기들을 닫는 것이다. 물론 시계시간의 항구적 위기는 작업장에 한정되지만은 않는다. 우리의 삶, 우리의 열정, 우리가 친구들과 관계 맺는 방식들 등의 모든 것은 체험된 시간lived time에, 행위 시간에, 삶의 다른 방식을 위한 조용한 일상의 투쟁에, 행위와 관계 맺기의 다른 방식들에 연결되어 있다.

그러나 거기 자본주의 리듬의 수용 속에, 시계시간의 항구적 위기 이상의 것이, 만성적 불완전함 이상의 것이 있는가?

우리가 살펴 본 것처럼, 톰슨은 자본주의를 확립하려는 투쟁이 어떻게 시간의 새로운 개념을 부과하려는 기나긴 투쟁을 포함하는지를 보여준다. 계급투쟁은 두 개의 시간들 사이의, 시간에 대한 두 개의 개념들과 실천들 사이의 투쟁이었다. 하나는 우리, 우리의 행위, 우리의 삶에 집중하는 시간이고 또 다른 하나는, 우리의 삶과 관심사를 완전히 추상하는, 양적이고 측정되고 객관적인 시간이다. 톰슨은, 자본주의가 확립됨에 따라, 적어도 더욱 '선진적인' 나라들에서는, 추상시간의 광범위한 내면화가 존재한다고, 그리하여 투쟁이 시간 그 자체의 질의 문제보다 시간의 양적 쟁점에 초점을 맞추게 된다고 주장한다. 하지만, 시계시간의 내면화를 부과함에 있어서 청교도주의의 역할을 강조한 후에 그는 묻는다.

> 만약 청교도주의가, 산업화된 세계로 하여금 과거의 빈곤에 시달리던 경제로부터 탈출하도록 할 수 있었던, 노동-기풍work-ethos의 필수적 일부라면, 시간에 대한 청교도주의적 평가방식이 빈곤 완화의 영향을 받아 해체되기 시작할 것인가? 그것은 이미 해체되고 있는가? 사람들이, 마치 손목에 시계를 차고 다니듯 대부분의 사람들이 갖고 다니는, 저 쉼 없는 긴급성을, 시간을 목적에 맞춰 소비하려는 저 욕망을 놓기 시작할 것인가?(Thompson, 1967 : 95)

그런 후에 그는 이렇게 계속한다 : '그러나 만약 시간-사용의 목적의식적인 표시법이 덜 강제적으로 된다면, 사람들은 산업혁명 속에서 잃어버린 삶의 기예들 중의 일부를 다시 배워야만 할지 모른다. 그들의 하루하루의 틈새를 어떻게 보다 풍부하고 보다 여유로운 인격적이고 사회적인 관계들로 채울 것인가? 어떻게 노동과 삶 사이의 장벽을 다시 한 번 깨뜨릴 것인가?'(Thompson, 1967 : 95)

그러면 시계시간이 해체되고 있는가? 만약 그렇다면 왜 그런가? 그것은, 톰슨이 주장하듯이, 빈곤 압력의 완화 때문인가 아니면 다른 이유 때문인가? 시계시간의 해체란 무엇을 의미하는가? 톰슨은, 핵심적 요소가 노동과 삶 사이의 장벽의 붕괴일 것이라고 주장한다. 그렇지만 이것은, 시계시간의 지배의 확장과 같은, 아주 다른 의미로 이해될 수도 있다. 이런 의미에서, 비르노, 하트, 네그리 등은, 노동시간 훈육의 24시간 종일로의 확장이 있다고 주장한다. 그래서 비르노는, '노동시간과 비노동시간 사이의 어떠한 질적 차이도 포스트포드주의적 다중에게서는 찾아보기 어렵다'(Virno, 2004 : 102;『다중』, 175)고 말한다. 그것은 우리를 어디에 남겨두는가?

그 주장을 조금 찬찬히 살펴보자. 이 책의 주장은, 우리가 추상노동의 위기의 시대를 살아가고 있으며, 이것이 계급투쟁의 의미를 변형시킨다는 것이다. 계급투쟁의 이 변형 속에서, 시간의 (양뿐만 아니라) 질이 다시 갈등의 중심적이고 공공연한 논점으로 된다. 계급투쟁의 실재와 개념이 추상노동과 자본 사이의 갈등에 의해 지배되는 한에서, 시간의 질은 문제가 아니었다. 그것이 문제일 수 없었던 이유는, 행위의 노동으로의 추상은 시간의 추상으로부터 분리불가능하기 때문이다. 시간의 질이 전면에 부상한 것은, 그리고 계급투쟁이 시간을 둘러싼 양적 갈등으로서만이 아니라 질적 갈등으로, 다시 말해, 시간의 두 가지 상이한 개념들과 실천들 사이의 갈등으로 이해될 수 있어야만 한다(또 그래야만 한다)는 것이 다시 분명하게 된 것은 오직 추상노동의 위기와 더불어서이다. **그들의** 시간이, 자본의 시간이 있다. 우리의 삶으로부터 시간의 추상이, 시간에 의한 우리의 인간성에 대한 부정이 있다. 그리고 우리의 시간, 우리의 삶으로부터 솟아오르는 시간이 있다. 우리가 그 속에서 사는 시간이 아니라 우리가 사는 바대로의 시간 말이다. 그들의 시간은 우리의 시간에 대립한다. 우리의 시간은 그들의 시간에 대립한다. 이것이 갈등이다. 그것은 이제 실존의 모든 순간에 현존하는 공공연하고 강렬한 갈등이다. 우리의 도전은 그들의 시간을 깨뜨리는 것, 시계를 쏘는 것이다.[1] 그러나 우리의 시간은 무엇인가? 그리고 우리는 우리의 시간을, 그들의 시간을 깨뜨리는 방식으로 키울 수 있는가? 다음의 논점들을 통해 나는, 그리로 향하는 길을 제안하려 한다.


## 2. 우리의 시간은 지속을 끊는다.

메리 쉘리의 유명한 이야기 『프랑켄쉬타인』(Shelley, 1818/1985)에서 프랑켄쉬타인 박사는 한 생명체를 창조한다. 그리고 그 생명체는, 더 이상 프랑켄쉬타인 박사의 창조적 활동에 의존하지 않는, 독립적 실존을, 지속가능한 실존을 획득한다. 또 다른 이야기, 즉 보르헤스의 이야기인, 『원형 유적』*Las Ruinas Circulares*(Borges, 1941/2000a)[2]에서 한 사람이 다른 사람을 창조한다. 하지만 그는 실험실에서 그 창조행위를 하지 않고 꿈으로 창조한다. 창조된 그 사람은 정상적인 사람이 갖고 있는 외관을 모두 갖고 있는 독립적이고 지속가능한 실존이다. 그러나 사실상 그는 첫 번째 사람의 끊임없는 창조적 활동, 즉 꿈에 의해서만 계속 살아 있다. 두 경우 모두에서 창조된 존재의 실존은 환상이 아니다. 하지만 두 번째 경우에 그 사람의 지속은 환상이다. 그의 실존은 매순간 꿈꾸는 사람의 창조적 활동에 의존한다.

프랑켄쉬타인 이야기는 종종 자본주의에 대한 은유로 받아들여진다. 우리는 우리 자신의 통제 너머에 있는, 그리고 우리를 파괴하려고 위협하고 있는 사회를 창조했다. 그래서 우리가 살아남을 수 있는 유일한 방법은 그 사회를 파괴하는 것뿐이다. 그러나 보르헤스의 이야기를 가지고 생각해 보는 것이 가능할까? 우리는, 완전히 우리의 통제 너머에 있는 것으로 보이는 사회를 창조했다. 그러나 그것은 실제로 부단한 재창조의 행위에 의존한다. 문제는 그 사회를 파괴하는 것이 아니라 그것을 창조하기를 멈추는 것이다. 자본주의는, 우리가 이백 년 전에 혹은 백 년 전에 그것을 창조했기 때문에 오늘 존재하는 것이 아니라 우리가 오늘 그것을 창조했기 때문에 오늘 존재하는 것이다. 우리가 내일 그것을 창조하기를 멈춘다면 그것은 존재하지 않을 것이다.[3]

우리는 자본주의를 창조한다. 그렇다면 우리는, 그것의 실존이 매순간 일관되게 우리의 계속된 창조활동에 의존한다고 말할 수 있을까?

비판은 지속에 대한 공격의 출발점이다. 지속은 주체와 객체의 분리에 의존한다. 만약 프랑켄쉬타인이 만든 생명체가 지속을 갖는다면, 그 생명체가 그 자신을 자신의 창조자로부터 분리시켰기 때문이다. 그런데 보르헤스의 이야기에서 그 생명체는 꿈꾸는 사람으로부터 그와 같은 분리를 누리지 못한다. 두 경우에 모두 주체-창조자는 부정되고 잊힌다. 그러나 후자의 경우에 주체에 대한 객체의 실질적 의존성이 지속된다. 자본주의에서도 주체-창조자는 부정되고 망각된다. 맑스의 『자본론』의 두 번째 절을 인용하자면, 상품은 '우선, 우리 외부의 객체'(Marx, 1867/1965 : 35; 1867/1990 : 125; 『자본론 I (상)』, 43)이다. 맑스의 비판 방법은, 상품의 가치가 그것을 창조한 노동에 의존한다고 말함으로써 상품의 자기표현self-presentation을 공격한다. 상품은 그 자신을 우리로부터 독립적인 존재로 나타낸다. 그것은 우리를 부정하며 우리를 망각한다. 그러나 사실상 상품은 우리의 창조물이며 만약 우리가 우리의 노동을 통해 그것을 창조하지 않는다면 존재하지 못할 것이다. 맑스에게서 비판은 발생적 비판이며 현상들을, 그 현상들을 생산하는 행위에 의해 이해하려는 시도이다. 맑스의 노동가치론은 그러한 비판이다. 노동가치론은 그 핵심에서, '상품은 우리의 행위를 부정한다. 하지만 우리가 그것을 만들었다'고 말한다. 이렇게 함으로서 주체(우리의 행위)가 그림의 중심으로 복귀한다. 객체는 주체에서 독립적이라고 주장한다. 하지만 사실상 그것은 주체에 의존한다.

비판은 주체를 중심으로 복귀시킨다. 비판을 통해, 인간은 '우리는 부정된 창조자들이다. 그러나 우리는 저 부정을 거부한다'라고 말한다. 모든 사회적 현상들은, 우리가 그것들을 만들었기 때문에 존재한다. 화폐나 국가는, 자동차가 인간의 생산물인 만큼이나 인간의 생산물이다. 그것들은 존재하기 위해 우리의 창조행위에 의존한다. 그리고 만약 우리가 그것들을 만들었다면, 우리가 그것들을 바꿀 수도 있다.

그렇지만 여전히 하나의 문제가 남아 있다. 우리는 우리를 둘러싸고 있는 사회적 세계를 창조했다. 그러나 우리가 우리의 창조물들을 떨치지 못하는 것인가?(프랑켄쉬타인) 아니면 그것들이 우리의 끊임없는 재창조에 의존하는 것인가?(보르헤스) 어떤 창조물들(예컨대 국가나 화폐)과 다른 생산물들(말하자면, 자동차) 사이에 우리가 구분을 해야 하는가?

화폐는 사회관계의 형식이며 우리가 서로 관계 맺는 방식이다. 우리가 어떤 것을 사고 돈으로 지불할 때, 우리는 우리가 사는 물건의 생산자들과의 일정한 관계형식을 구축한다. 우리가 물건을 훔친다면 우리는 그것을 생산한 사람과 다른 종류의 관계를 맺는다. 우리가 그것을 선물로 받는다면 또 다른 관계를 맺는 것이다. 우리가 구축하는 관계의 종류는 사거나 훔치거나 선물 받은 그 물건에 달려 있지도 않

고 그것에 연루된 어떤 화폐의 물질성(지폐인가 동전인가)에 달려 있
지도 않다. 화폐가 사회적 관계의 형태라고 말할 때, 우리는 그것이
우리가 창조하고 재창조하는 형식이라고, 우리의 애초의 창조행위만
이 아니라 우리의 부단한 재창조행위에 의존하는 형식이라고 말한다.
국가나 자본에 대해서도 같은 이야기가 성립될 수 있다.

자동차도 우리가 부단히 창조하고 재창조하는 사회관계의 형식인
가? 실제로 화폐가 일정한 물질성을 갖고 있듯이, 분명히 자동차도
일정한 물질성을 갖고 있다. 그렇지만 자동차도, 우리가 다른 사람과
관계 맺는 방식이다. 우리가 그것을 살 때에는 그것을 생산한 노동자
와 관계를 맺고, 우리가 그것을 사용할 때에는 우리 주위의 사람들과,
우리의 가족이나 친구들과, 거리나 도시의 사람들과 관계를 맺는다.
우리는 그것을 조각품이나 꽃을 심는 화분으로 사용할 수도 있을 것
인데, 그런 경우에 우리는 더 이상 '자동차'라는 개념에 의해 지시되는
사회관계를 재창조하지 않을 것이다.

다른 말로 표현하면 비판은 동사의 회복이다. 우리의 세계관은
명사들에 의해, 화폐, 국가, 자동차, 벽, 컴퓨터, 식품 등등의 물건들
에 의해 지배된다. 행하기, 창조하기, 그리기, 요리하기, 조직하기, 벽
돌쌓기, 가르치기 등등은 망각된다. 각각의 명사는 적어도, 그것이
인간의 행동의 결과를 개념화하는 한에서는 동사의 지양을 함축한
다. 각각의 명사는, 행동의 결과를 행동 그 자체로부터, 행위된 것을
행위로부터 분리시키면서, 행동의 결과에 자율성의 외관을 부여한
다. 그리하여 '자동차'는 그것을 생산하는 자동차-만들기를 감추며,
'책'은 이 순간에 내가 하고 있는 바[즉 글쓰기 — 옮긴이]를 숨기며, '소
유'는 전용하기를 숨기고, '화폐'는 사람들 사이의 상호작용의 화폐화

를 숨긴다. 우리의 행위를 의식적으로 그 중심에 놓는 사회, 즉 자기 결정하는 혹은 코뮤니즘적인 사회는 아마도, 동사가 일차적인 언어를 가질 것이다. 모임은 행위에 대해 말하기를 포함할 것이다. 반자본주의 문학은 명사를 포기해야 하고 동사를 사용해야 한다고 주장될 수 있다. 하지만 그렇게 쓰기란 매우 어려울 것이고 또 이해하기도 아마 어려울 것이다. 우어스프라헤Ursprache 혹은 원초언어가 어떤 명사도 갖지 않은, 트뢴Tlön이라는 세계를 상상하는 다른 이야기에서 보르헤스는, '달이 강 위로 떴다'는 'Upward, behind the onstreaming, it mooned'(Borges, 1941/2000b : 20)[4]로 표현될 수 있다고 설명하면서 하나의 예를 제시한다.[5] 그렇지만, 그것의 요점은, 동사의 세계가 가능성의 우주를 열어젖힌다는 것이다. 우리의 행위의 결과들은 더 이상 고정성의 외관을 갖지 않을 것이며 세계는 훨씬 더 약할 것이고, 변하기와 창조하기에 훨씬 더 개방적일 것이다. 그것은 매우 높은 강렬도의 세계일 것이다.

그러므로 우리가 비판을 발생적 비판으로, 대인적 비판으로, 인간 행위의 힘과 중심성을 회복하려 하는 비판으로 이해한다면, 그 비판은 (적어도 명사들이 인간 행동의 결과를 가리키는 한) 우리를 명사에 대한 일반적 비판으로 이끌 것이다. 맑스의 정치경제학 비판은 논리적으로 명사들에 대한 비판으로 나아가야 한다. 정치경제학은 단지 물신화된 사유의 표현일 뿐이다. 명사들은 그와 동일한 물신화 과정의 더욱 일반적인 표현이다. 명사들에 대한 비판은 물론 명사를 사라지게 만들지는 못할 것이다. 하지만 그것은, 명사들에 의한 동사들의 지양이나 폐쇄가 상품물신주의의 한 양상에 불과하며 물신주의는, 행위자들의 관계가 사물들을 통해, 상품들의 교환을 통해 매개된다는 사실로부터 야기된다는 것을 분명히 밝혀줄 것이다. 우리의 언어에서 명사들이 갖는 힘은 우리의 삶에서 사물들의 실질적 지배의 표현이다. 달리 말해, 가치, 화폐, 국가 등과 마찬가지로 명사들은 사회관계들이다. 가치와 마찬가지로 명사는 '사물들 사이의 관계로 표현되는 사람들 사이의 관계'(Marx, 1867/1965 : 74; 1867/1990 : 167;『자본론 I (상)』, 95)이다. 아니 더 잘 표현하자면, 명사는 사물들 사이의 관계로 표현되는 행위들 사이의 관계하기이다.

동사들의 세계에서, 지속<sup>duration</sup>은 (존재론이 그렇듯이) 그것의 힘을 완전히 상실한다. 만약 모든 것(모든 사회적 사물)이 행위된 것, 즉 행위의 결과라면, 그리고 행위된 각각의 현재적 실존이 행위자들 사이의 관계하기로 이해된다면, 각각의 순간은, 모든 것이 문제로 되고 있는 하나의 특수성을 획득한다. 우리는 우리의 호주머니 속에, 사회적 실천에 의해 화폐화된(화폐로 전환된) 한 장의 종이를 갖고 있다. 그것이 화폐이다라고 할 수 없다. 그것은 실천에 의해 화폐화되는 한 장의 종이이다. 우리는 그것의 화폐화에 참여했다. 그러나 그 다음 번에 우리는 외출하여 (그것을 화폐로 사용함으로써) 그것을 계속 화폐화할 수도 있고, 그렇지 않고 그것을 다른 사람들과 관계를 맺는 매개체로 사용하기를 거부함으로써, 그리고 담뱃불을 피우는 불쏘시개로 그것을 사용함으로써 그것을 탈-화폐화하기를 선택할 수도 있다. 자동차에 대해서도 같은 이야기를 할 수 있다. 우리는, 만드는 사람들의 의도와 그 사용자들의 실천에 의해 자동차로 전환되어 온 금속 조각을 갖고 있다. 그것은 자동차이다라고 말할 수 없다. 그것은 실천에 의해 자동차화하는<sup>car-ised</sup> 금속조각이다. 그리고 우리는 (그것이 다른 사람들에게 오염이나 위험을 함축함에도 불구하고) 그 실천을 계속

할 수도 있고, 그렇지 않고 다른 사람과 그런 식으로 관계 맺기를 거부함으로써, 그리고 그것을 꽃이나 당근을 심을 용기로 사용함으로써 그것을 탈-자동차화할de-car-ise 수도 있다. 우리는 그 종이를 그런 식으로 사용함으로써 화폐를 만든다. 그리고 우리는 그것을 만들기를 멈출 수 있다. 우리는 자동차를 만들며 또 그렇게 하기를 멈출 수 있다. 이와 유사하게 우리는 자본주의를 만들며 그렇게 하기를 멈출 수 있다.

객체에 의해 질식된 주체를 회복함으로써, 비판은 우리의 행위할-힘을, 행위하지-않을-힘을 중심에 놓는다. 그것은 명사에 도전하며 동사를, 명사에 포함된 (그리고 포함되지 않은) 행위를, 명사에 대항하며 그것을 넘쳐흐르는 행위를 회복한다. 동사들은 비동일성의 언어이며, 존재하는 것을 넘어서는 폭발이다. 동일성은 연속되는 시간, 지속의 시간, 확장된 임is-ness을 구축한다. 그러나 우리의 행위의 힘은, '아니오, 연속성이란 없소, 지속은 없소, 각각의 순간은 그것의 특수성을 갖고 있고, 각각의 순간은 창조하기의 순간이오'라고 말한다. 우리의 시간, 행위-시간은 지속의 힘에 대항하여 각각의 순간을 여는 시간이다.


## 3. 우리의 시간은 각각의 순간을 열어젖힌다.


행위를 부정하는 사회 속에서 행위를 회복함으로써 비판은 각 순간의 분명한 특수성을 열어 낸다. 각 순간이 다음 순간과 구분되지 않는 시계시간과는 달리, 우리의 시간은 각 순간의 명료함에 의해 특징지어진다. 행위는 각 순간을 조형하며 그것을 명료한 것으로 만든다. 각각의 순간은 다른 순간들로부터 분리되지disconnected 않으나 다른 순간들로부터는 구분된다distinct. 시계시간에서는 각각의 순간이 동일하지만, 우리의 시간에서는 각각의 순간이 비동일적이다.

우리의 시간은 저항의 시간이며 반란의 시간이다. 그것은 지속의 시간에 대해 반란을 일으킨다. 지속은 각각의 순간들을 닫으며 우리에게 각각의 순간은 마지막 순간의 단순한 연속일 뿐이라고 말한다. 우리의 시간은 반란하며 각각의 순간을 가능성의 순간, 가능한 성취의 순간, 가능한 재앙의 순간으로 연다. 우리의 반란은, 참을성 있게 미래를 건축하는 것이라기보다, 혁명정당들의 비반란을 건축하는 것이라기보다, 각 순간을 지속의 연속성으로부터 들어 올려 그것을 역전시키며, 그것을 행위의 틀로 만들기보다 행위의 순간으로 만드는, 시간 자체에 대한 반역이다. 혁명적 원리로서의 카르페 디엠[6]은, 금요일과 토요일의 밤의 향락을 주중의 추상시간으로부터 분리시킬 뿐 아무 것도 바꾸지 않는 카르페 디엠이 아니라 추상에 대립하며 각 순간의 잠재적 가능성을 전면으로 내오는 카르페 디엠이다.[7]

이것은 어린아이의 시간이며, 각각의 순간이 마지막 순간과 다른 시간이며, 각각의 순간이 경이로, 놀라움으로, 가능성으로 가득 찬 시간이다. 그리고 공포로 가득 찬 시간이기도 하다. 우리는, (폭력에 의한, 기아에 의한) 사람들에 대한 살해를, (권태에 의한, 억압에 의한) 사람들의 죽음을 본다. 우리는 놀라움으로 그것을 바라보면서 '있을 수 없는 일이야!'라고 말한다. 우리는, 이 공포의 사회에서 우리가 살아갈 수 있도록 도우는 점멸등을 던져 버리고 어린아이의 순박성을 가진 우리의 눈을 뜨고는, '아냐, 이것은 잠시도 더 계속될 수 없는 일

이야. 머나먼 혁명적 미래에가 아니라 지금 당장 바뀌어야 해'라고 생각한다. 버네겜은 '어린아이의 나날은 어른시간을 빠져나간다. 그 날들은 주체성이, 열정이, 현실이 금지하는 꿈들이 넘쳐나는 시간이다'라고 말한다. 어린아이가 학교의 훈육을 배운 후에, 다 자란 후에, 어른시간에 의해 감금된 후에도, '그의 유년기는 벌어진 상처처럼 그 내부에 남아 있을 것이다'(Vaneigem, 1967/1994 : 222). 우리의 시간을 위한 투쟁, 지속에 대항하는 투쟁은 이 벌어진 상처를 건드려 자극하는 것이며 억압된 시간(즉 모든 존재가 각각의 순간에 문제가 되고 있는 시간)을 일깨우는 것이다. 레닌이 이 혁명적 사유를 '어린애 같은 무질서'infantile disorder로 특징지은 것은 옳았는지 모른다.[8] 그것은 어린애 같으며, 어린애 같아야 한다. 어린애 같은 것을 자랑으로 여기라.[9]

이것은 결혼의 시간이 아니라 사랑의 시간이다. 결혼은 부단히 창조되고 재창조될 때에만 존재하는, 무엇보다도 어른 속에 어린아이시간의 벌어진 상처로 존재하는 관계하기에 지속의 코팅을 입힌다. 그러므로 우리의 시간은 반제도적 시간이다. 제도들은 관계들을 얼게 하려고, 시간을 정지시키려고, 혹은 미리 지정된 궤도를 따라 달리게 하려고, 오늘을 어제의 규율에 묶으려고, 내일을 오늘의 판에 박힌 일과에 묶으려고 한다. 제도들이 언제나 이름이나 헌법을 갖고 있는 것은 아니다. 제도화는, 우리 위로 기어올라 각각의 순간으로부터 열정을 빨아들이는 시계시간의 실천이다. 제도화에 대한 거부는 추상적 원리일 뿐 아니라 혁명적 조직화의 실천적 필요성이기도 하다. 예를 들어 우리가 사빠띠스따들의 '복종하며 명령하기'mandar obedeciendo를 생각해 보면, 민주주의라는 명사를 그들이 '복종하며 명령하기'라는 동사적인 (그리고 모순어법적인) 표현으로 멋지게 번역한 것을 생각해 보면, 그것[민주주의 — 옮긴이]이 참으로 동사적이고 반제도적일 때에만 제대로 작동하리라는 것은 분명하다. (일체의 국가 보조금의 거부와 같은) 어려운 결정들이 과거에 민주적인 것으로 받아들여졌었다는 것이 충분치는 않다. 그것들이 부단히 갱신되지 (혹은 변화되지) 않으면, 그것에 대한 지지가 부식되는 것은 당연하다. 부단히 의문에 붙여져 재창조되지 않는 어떤 제도도 억압적으로 된다. 이 점에서는 결혼이나 혁명적 조직들이나 마찬가지다.

객관성에 의해 부정된 주체를 회복하는 것, 지배권력power-over으로 변형된 지향력power-to을 해방시키는 것은 각각의 순간을 가능성의 순간으로 열어내는 투쟁이다. 어떤 인터뷰에서 부사령관 마르꼬스는, 미래 사회에 대한 그의 꿈이 무엇인가라는 질문을 받고 이렇게 말한다. '사빠띠스따가 쟁취하기 위해 싸우는 사회는, 그들이 매일 다른 영화를 살기로 선택할 수 있는 영화 프로그램과 같을 것이다. 그들이 반란을 일으킨 이유는, 지난 5백년 간, 그들은 똑같은 영화를 살도록 반복해서 강제되었기 때문이다.'10 우리도 역시, 지난 몇 백 년 간, 우리가 똑같은 영화를, 자본주의라는 영화를 살아오고 있다고, 그 영화는 매우 나쁜 영화이며 매우 지겨운 영화이고, 그것을 보는 모든 사람을 탈인간화하는 영화라고 말할 수 있다. 그리고 이제 우리는 다른 영화를 살아야 한다. 아니 우리는, 우리가 그 영화를 살아가는 과정에서 창조할 수많은 영화를 살아야 한다. 우리는 자본주의적 사회관계를 창조하고 재창조함으로써 자본주의를 만든다. 우리는 그렇게 하기를 멈춰야 한다. 우리는 뭔가 다른 것을 해야 한다. 우리는 다른 사회관계를 살아야 한다. 혁명은 간단히 말해 이런 것이다 : 자본주의를 만

들기를 멈추고 그 대신 뭔가 다른 것을 하라. 그 투쟁은 생존survival을
위한 투쟁(그것은 추상노동의 진정한 투쟁이다)이 아니라 살기live 위
한 투쟁이다.11

## 4. 우리의 투쟁은 절대적 강렬도에 대한 추구이다. 혁명은 유토피아적이기보다 묵시록적이다.

우리는 혁명을 공간적 술어로, 전통이론에서 국가로 이해되고 있
는 공간들과 같은 공간들의 포획이나 변형으로 생각하는 경향이 있
다. 무엇보다도 우리는 혁명을 오히려 시간의 포획과 변형으로 생각
해야만 할 것 같다. 우리는 [혁명을] (국가, 도회지, 혹은 사회센터와 같
은) 공간을 장악하여 그 안에서의 관계를 변형시키는 것으로만이 아
니라 오히려 (아니 또한) 시간을 장악하여 그 안에서의 관계를 변형시
키는 것으로 생각해야만 한다. 지속을 깨뜨린다는 것은 각각의 순간
을 별개의distinct 것으로, 가능성이 가득 찬 것으로 이해하는 것을 의미
한다. 이 가능성의 실현은 각각의 순간을 그 한계 너머로, 모든 한계
너머로, 시간 자체를 벗어나 영원과 뒤섞이는 지점에까지 밀어붙이는
것을 의미한다.

이것은 시간의 도구화를 깨뜨릴 것이다. 전통적 이론은 각각의 순
간을 미래를 구축하기 위한 유용성의 맥락에서 이해한다. 반란의 행
동들은, 그것들이 영속적인 혁명의 구축에 기여할까 그렇지 못할까라
는 맥락에서 판단된다. 그러나 우리가 지속을 깨뜨린다면, 그리하여
각각의 순간이 별개라면, 반란의 행동들을 도구적 시간의 법정에 세

워야 할 필요가 전혀 없다. 각각의 순간이 바로 그 자신의 정당화이
다. 반란의 각 순간은 그 자신의 존엄을 자랑하며 서 있다.

그러므로 혁명은 각각의 순간을 모든 도구성 너머로, 모든 한계 너
머로 밀어붙이는 것이다. 그것은 유토피아적이기보다 묵시록적이다.
유토피아는 완전한 사회를 공간적 술어 속에서 정의하는 경향이 있다.
묵시록적 사유는 그 사회를 시간 속에 위치시킨다. 아니 오히려 묵시
록적 사유는 시간의 단절과 변형에 초점을 맞춘다. 묵시록의 시간은
'속의 시간'time-in-which이 아니라 '으로서의 시간'time-as-which이다.12 '시
간은 리듬으로서만, 그리고 우리가 행하려고 선택하는 것의 구조로서
만 존재한다.' 자기결정은 현재의 순간을 역사의 연속으로부터 들어
올려 과거를 폐지하는 것을 의미한다.

> 헤겔의 간결한 표현에서, '과거란 없다.' 과거는 '현재의 깊이'에 의거
> 하여 산다. 그 깊이가 이 현재를 결정한다는 의미가 아니라 그것이
> 언제나, 그것의 맥락이나 배경으로서, 과거에 대한 특수한 해석이 나
> 타나도록 하는, 어떤 특유의 자유로운 행동이라는 의미에서 그러하
> 다. …… 시간 속의 행동은 과거결정적이다. 반면 시간인 행동은 그
> 것을 결정하는 과거에 대해서는 아무 것도 알지 못하며 단지 그것이
> 지향하는 미래만을 알 뿐이다.(Gunn, 1985 : 11~2)

자기결정을 위한 투쟁은 '으로서의 시간'time-as-which을 위한 투쟁이
다. 이때 시간은 시계 바깥으로 뛰쳐나가 '속의 시간'을 뒤에 남겨두
고 영원에 도달한다. 건Gunn은, 레닌이, 맑스의 『자본론』은 오직 헤겔
의 『논리학』에 대한 독해를 통해서만 이해될 수 있다고 주장했음을

상기하면서, '맑스도 헤겔도 오직 보에티우스Boethius의『철학의 위안』
에 대한 독해에 의해서만 이해될 수 있다'고 주장한다. 4세기의 신학자
인 보에티우스는 영원을 정지한 지금nunc stans으로, '무한한 삶의 동시
적인 완벽한 소유'13의 순간으로, '역사의 모든 순간들이 신의 관점 앞
에서 동시적으로 펼쳐지는'(Gunn, 1985 : 9) 순간으로 이해했다.14

　이것은 벤야민의 Jetztzeit 혹은 지금시간이다. 혹은 그것은, 우리
가 순간 자체에게 '잠시 멈추시오. 당신은 너무 아름답소'verweile doch,
du bist so schön라고 말하는 파우스트적인 완벽의 순간에 대한 블로흐의
끊임없는 추구이다. 블로흐에게 있어서, 혁명적 충동, 자기결정을 향
한 충동은, 존재하는 것과 단절하고 아직 존재하지 않는 세계를 향해
열려 있는 저 모든 창조성의 순간들 속에서 추적될 수 있다. 그의 위
대한 책,『희망의 원리』(Benjamin, 1959/1986)의 제3권은, 그 완벽의
순간, 즉 정지된 지금nunc stans에 대한 추구에 전적으로 바쳐진다. 이
것이야말로 우리가 혁명과 코뮤니즘에 대해 생각해야 하는 방식이라
고 주장하면서 말이다. 벤야민에게 있어서, 시간의 이 단절은 번개의
번쩍임이며 존재하는 것과 단절하고 다른 현재를 여는 강렬한 현재,
강렬한 지금Now의 번쩍임이다.

　이것들은 반란의 행동들을 특징짓는 '초과excess의 순간들'15이다.
반란의 어떤 위대한 행동도, 억제들이, 그리고 확립된 유형의 사회적
행동들이 파괴되는 초과의 순간이며 우리로 하여금 역사와 사회를 다
른 방식으로 보게 만드는 번개의 번쩍임이고, 우리가 시간에 대한 모
든 감각을 잃어버린 시간이다. 이것이야말로, 반란이, 시계에 따라서
가 아니라, 때로는 예상치 못했고 또 예상할 수도 없는, 그렇지만 때로
는 씨애틀, 제노바, 글렌이글스, 하일리겐담 등등에서처럼 불붙을 수

도 (그렇지 못할 수도) 있는 거대한 사건들로 계획되는, 이 초과의 순간들을 통해 움직이는 방식이다. 혁명, 사회의 근본적 변형은, 그러므로, 당을 건설하는 문제가 아니라 때로는 조직되고 때로는 그렇지 않은 일련의 반란들이다. 그것은 최상의 경우에 가속도를 모아 나아가기도 하지만, 그 어떤 경우도 장기적인 발전에 의해서 그 정당성을 인정받아야 하는 것은 아니다. 이 초과의 순간들은 '창조성의, 즐거움의, 오르가즘의 영광스런 순간의 시공간'(Vaneigem, 1967/1994 : 227)이다. 그 순간들은 시계시간의 파열로서, 자본주의적 지배의 박절기metronome의 균열로서 그것들 스스로의 힘으로 선다. 버네겜이 말하듯이, '통일된 방식으로 체험되는 시공간은 도래하는 게릴라 전쟁의 일차적 거점foco이다'(Vaneigem, 1967/1994 : 228).

이것은, 시간이 우리 행위의 리듬 속으로 완전히 빨려들게 되는, 시계와 달력이 모든 의미를 상실하는, 공연-시간, 춤-시간, 집중된 시간이다.


## 5. 행위시간은 초과의 순간의 강렬도만이 아니라 참을성 있는 창조의 시간이기도 하다.

건Gunn을 인용하면서 우리는, 시간 그 자체는 '우리가 행하려고 하는 존재의 리듬과 구조로서만 존재한다'고 말했다. 그러나 종종 우리는 한가로운 방식으로 일을 하려고 한다. 혹은 활동에 적합한 것으로 보이는 리듬을 따르려고만 한다. 모든 순간들이 실행performance의 순간인 것은 아니다. 준비하는 시간도 있고 어떤 실행을 요구하지 않으며 단지 참을성 있는 창조의 과정일 뿐인 활동들도 많이 있다. 만약 첫 번째 시간성이 실행-시간 혹은 춤추는-시간이라면, 우리는 이 두 번째 시간성을 정원가꾸기의 시간 혹은 베짜기의 시간이라고 할 수 있을지 모른다.[16]

다른 사회를 창조하는 것은 단지 사건이나 강렬도의 문제일 수만은 없다. 지속의 단절이라는 문제 외에, 초과의 불연속성이라는 문제 외에, 다른 사회관계를 창조하는 문제, 우리 자신의 선택의 리듬에 따라 다른 방식으로 일을 하는 문제도 있다. 필시 우리는 혁명을 두 개의 시간성에 따라 사고할 필요가 있다. 하나는 노호怒號와 격노激怒의, 실행과 춤의 시간성이고 또 하나는 참을성 있는 창조의, 정원가꾸기와 베짜기의 시간성이다. 이것은, 객관적 조건이 무르익을 때까지 우리는 기다려야 한다는 생각에 기초한, 혁명적 인내라는 낡은 덕성이 아니다. 이것은, '기다리지 말고, 지금 즉시 다른 세계를 구축하기 시작합시다. 하지만 그것은 분노의 폭발 속에서 창조될 수 있는 것이 아닙니다. 그것은 참을성 있는 창조의 과정을 필요로 하고 또 언제나 그럴 것입니다'라고 말하는, 다른 종류의 인내이다.

이것은 더 부드러운 시간이다. 그것은 열정의 시간이라기보다 사랑과 우정의 시간이다. 그것은 더 느리고 더 긴 과정을 암시한다. 하지만 그것은 분명 지속의 시간은 아니다. 그것은 우리의 행위로부터, 우리가 창조하는 사회관계로부터 분리되는 시간이 아니라 바로 '우리 자신의 시간', 우리가 창조하고 재창조하는 시간이며, 우리의 창조와 재창조로부터 분리될 수 없는 시간이다. 이것은 또 버네겜이 말한 '통일된 방식으로 체험되는 시공간'[17]이다. 그것은 또 정지한-지금의, 영원성과 뒤섞이는 순간의 다른 얼굴이다. 그 순간은 이제 오르가즘으로서가 아니라 친구들과 즐기는 굼뜬 순간으로 이해된다. 등을 기대고 앉아 하루가 천천히 지나가도록 내버려 두는 시간 말이다.

사빠띠스따 봉기는 ¡Ya basta!(이제는 그만!)의 외침과 더불어 시작했다. 그러나 그들은 또한 두 번째의 시간성을 표현하는 말을 갖고 있다. 'caminamos, no corremos, porque vamos muy lejos'(우리는 걷는다. 우리는 달리지 않는다. 왜냐하면 우리는 매우 먼 곳으로 가고 있기 때문이다)가 그것이다. 이것은 사빠띠스따 공동체들의, 그 학교들의, 그 진료소들의, 그 협동조합들의, 그 〈좋은 정부 평의회들〉의 시간이다. 그것은, 사빠띠스따 운동의 핵심인, 다른 세상을 참을성 있게 구축하는 시간이다.

이것은, 존엄이 격노를 넘어서는 시간이며, 우리가 걸으면서 창조하는 길을 우리가 걸어가는 시간이다.


## 6. 행위-시간은 진보를 깨뜨리며 정처 없이 거닌다.

우리가 살펴본 시계시간은 진보의 시간이며 양적 척도 속에서, GDP(국내총생산)의 백분율 성장 속에서 이해된 발전의 시간이다. 진보는 외적인 힘이며 고속도로들, 공항들, 여행시설들을 지어야 할 필연성이다. 왜냐하면 그렇게 하지 않으면 우리는 뒤질 것이기 때문이다. 진보는, 우리가 행위의 추상을 위해, 사회적으로 필요한 노동시간의 필요를 충족시키기 위해, 효과적이기 위해 노동 속으로 도입해야만 하는 테크놀로지다.

최근의 많은 반자본주의 투쟁들이 진보에 (고속도로 건설에, 이탈리아에서의 NO-TAV 운동처럼 고속전철 건설에, 멕시코의 아뗀꼬에 서처럼 공항 건설에) 명시적으로 반대하는 것은 놀랍다. 원주민 운동이 그러한 중요성을 획득했던 이유들 중의 하나가 이것이다. 원주민들이, 자신들의 고유한 문화가 주류의 진보 흐름 속에 통합되는 것에 반대한 것은 그들의 문화에 대해 전혀 들어본 바 없는 사람들 사이에서조차 강한 공감의 화음을 불러일으켰다.

행위시간은 이런 의미에서 필연적으로 진보에 대립한다. '우리는 일을 진척시켜야 한다. 우리는 전진해야 한다'는 외부적 압력에, 그 시간은 '우리는 서로 만나서 우리가 어느 길로 가고자 하는지를 이야기해야 한다'를 대립시킨다. 그것은, '우리는 거기에 빨리 도착해야 한다'의 시간이라기보다 '물으면서 우리는 걷는다'의 시간이다. 자기결정을 향한 노력은 필시, 우리가 더 부드러운 걸음으로 일을 하는 것을 의미할 것이다. 왜냐하면 우리가 하고자 하는 것을 고려할 시간을 갖고 있기 때문이고 또 우리가 가치생산의 압박에, 사회적 필요노동시간의 지배에 저항하기 때문이다. 이것이 일반화된다면, 그것이 더 큰 빈곤(이것이 무엇을 의미하건)을 가져와야 할 어떠한 이유도 없다. 왜냐하면 지금 감독과 강제의 업무에 고용되어 있는 많은 수의 사람들이 그들의 에너지를, 자신들이 필요하다고 또 바람직하다고 생각하는 활동에 바칠 수 있을 것이기 때문이다.

행위시간은 정처 없이 거닌다. 그것은 5개년 계획의 전진 행진이 아니다. 자기결정은 우리가 이미 내린 결정들에 문제를 제기할 수 있음을, 우리의 진로를 실험하고 변경할 수 있음을 포함해야 한다. 행위시간은, 우리가 행위할 시간을 갖는 시간이다. 그리고 우리가 원하는 세계는 많은 세계들의 세계이기 때문에, 행위시간은 많은 시간들의 느슨한 엮어짜임이어야 한다. 혹은 그것은 단지 많은 시간들의 상호 존중이어야 한다.

행위시간은 역사의 전진 행진이 아니다. 그것과는 정반대이다. 그 것은 매일 점점 더 소리가 커지는 집단적 절규이다 : '아니오! 멈추시오! 기차가 너무 빨리 달리고 있습니다. 기차가 잘못된 방향으로 가고 있습니다. 기차가 절벽으로 곧장 질주하고 있습니다.' 혹은 벤야민이 말했듯이, '맑스는 혁명을 세계사의 기관차라고 불렀다. 그러나 아마도 혁명은 그와는 전혀 다른 것일 것이다. 아마도 혁명은, 비상 브레이크를 잡으려고 손을 내뻗고 있는, 기차의 승객들일 것이다.'[18]


7. 행위시간은 아직 실존하지 않는 세계를 지금 살고 있다. 그렇게 함으로써, 우리는 의제를 설정하고 우리 자신의 참된 태양이 된다.


우리의 시간은 우리의 세계에서, 아직 실존하지는 않는, 아직 존재하지 않는 세계에서 사는 시간이다.

우리는 아직 실존하지 않는 세계를, 그 세계를 삶으로써 창조한다. 우리는 단지 우리 자신의 세계를 주장할 뿐이다. 세계의 유기농 정원사들은 식물들과의 덜 공격적인 관계를 창조할 혁명을 기다리지 않는다. 그들은 그것을 지금 행한다. 오슬로의 자유교통체계를 위한 운동은 요금인하를 위해 정부에 압력을 넣지 않는다. 그 운동은 단지 요금지불을 하지 않을 사람들을 조직할 뿐이다. 비판적 교사는 배움과 가르침의 다른 개념을 도입할 커리큘럼의 변화를 기다리지 않는다. 그녀는 단지 그것을 행할 뿐이다. 스콰터들squatters은 빈집에서 살기 위해 사적 소유와 지대의 폐지를 기다리지 않는다. 그들은 단지 빈집에서 살 뿐이다. 수많은 이민자들은, 이 나라에서 저 나라로 건너가기 전에 국경통제의 폐지를 기다리지 않는다. 단지 그들은 건너갈 뿐이다.

이 개념은 요구의 정치에 대립한다. 요구는 누구에겐가 말을 걸고 미래에 우리를 위해 뭔가를 해 달라고 청하는 것이다. 그런데 우리가 창조하고 싶은 세계를 지금 사는 정치에는 (혹은 우리가 원하는 세계를, 그것을 삶으로써 지금 창조하는 정치에는) 요구라는 것이 존재하지 않는다. 우리는 다른 사람의 허락을 청하지 않으며 미래를 기다리지도 않는다. 단지 시간을 절단하고, 지금 다른 유형의 행위를, 다른 형태의 사회관계를 강력히 단언할 뿐이다. 국가나 당은, 우리가 성취하고자 하는 것으로부터 우리를 분리시키는 중개자이기를 멈춘다. 우리는 우리 자신의 책임을 떠맡으며 그것을 행할 뿐이다. 영국에서 반反인두세 캠페인(이것은 결국 대처 정권의 붕괴를 가져왔다)은 이러한 형태를 취했다. 그것은, 정부가 조세를 철회해야 한다고 요구하는 일에 집중하지 않았다. 그것은, 조세를 지불하는 것에 대한 노골적인 거부에 집중했고 어떤 매개도 없이 조세가 존재하지 않는 세계를 사는 것에 집중했다.

이 점에서 사빠띠스따의 경험은 흥미롭다. 1994년에 그들이 애초에 제기한 야 바스타iYa basta!는 한 묶음의 요구들을, 그리고 멕시코 국가가 원주민 권리에 동의하는 것에 서명하도록 이끌려는 일련의 대화를 동반했다. 사빠띠스따가 그들 자신의 자치적 평의회들, 학교들, 진료소들을 초기부터 구축하기 시작했지만, 사빠띠스따가 요구의 정치

[학]을, 그리고 그와 더불어 국가와의 모든 접촉을 완전히 포기한 것은, 실제로는 멕시코 국가가 (2001년에) 원주민 권리에 대한 동의를 이행하는 데에 완전히 실패한 다음에였다. 그리고 나서야 그들 자신의 공동체적 삶의 창조가 명백하게 운동의 핵심으로 되었다.

우리 자신의 세계를 단언함으로써, 우리는 의제를, 투쟁의 시간표를 설정한다. 좌파의, 심지어 급진적 좌파의 주요한 문제는, 그들이 자본에 의해 설정된 의제를 따라간다는 것이다. 이탈리아에서 있었던 겔미니[19] 제안에 대항하는 운동, 이라크 전쟁에 반대하는 운동, 지난 10여 년간의 정상회담 반대시위들 등과 같은 운동들이 그러하다. 이 모든 운동들은 자본주의 지배의 최악의 야만성을 저지하기 위해 행동을 조직한다. 그러나 그것들은 자본이 의제를 설정하는 것을 허용한다. 이 모든 운동들은 매우 중요했고 자본에 대한 반작용 이상이었다. 아니 그 반작용들은 직접적인 원인을 넘쳐흘렀다. 그렇지만 그것들이 자본으로 하여금 갈등의 시간표를 짜도록 허용했다는 것만은 그래도 사실이다. 다른 한편으로, 추상노동으로부터 행위의 해방을 위해서는, 관점을 근본적으로 바꾸는 것이 필수적이다. 행위를 중심에 놓는다는 것은, 우리 자신을 우주의 중심으로 되가져 가는 것이다. 청년 맑스는 종교 비판에 대해 이렇게 말했다 : '종교 비판은 사람들로 하여금 환상에서 깨어나 그 자신으로 하여금, 환멸을 느끼고 이성에 도달한 사람처럼 생각하고 행동하고 또 자신의 현실을 만들어 나가도록 만든다. 그리하여 종교 비판은, 그가 그 자신을 중심으로 돌고 그리하여 그 자신의 참된 태양을 중심으로 돌도록 만든다.'(Marx, 1844/1975a : 176)[20] 행위를 중심에 놓는 투쟁은 자본에게 코페르니쿠스적 역전을 강제한다. 그러한 투쟁은, 자본이 명시적으로 우리를 중심으로 돌도록 강제한다. 자본은 언제나 반자본주의 투쟁에 대한 반작용이다.[21] 그러나 자본과 우리 자신에게 이 점이 해방의 전제조건임을 분명히 밝히는 것이 중요하다. 혁명은 바로 이것, 즉 우리 자신을 우리 자신의 참된 태양으로 천명하는 것이다.

# 8부 탄생의 시간?

30. 우리는 생산력이다 : 우리의 힘은 행위의 힘이다.

31. 우리는 아마도, 자본주의의 위기,

우리의 행위할-힘의 비순응적-넘쳐흐름, 다른 세계의 돌파일 것이다.

32. 자본주의를 만들기를 중지하라.

33.

# 30
# 우리는 생산력이다 : 우리의 힘은 행위의 힘이다.

우리는 얼음을 균열시키는 열이다. 우리는 포장도로를 깨고 나오는 잡초이다. 이것이 죽음과 파괴의 시간만이 아니고 탄생의 시간일 수도 있을까?

맑스는 새로운 세계의 돌파breakthrough라는 강력한 혁명의 이미지를 제시한다.

자본의 독점은, 자본 아래에서 자본과 더불어 솟아나 번창한, 생산양식에 가해지는 족쇄가 된다. 생산수단의 집중과 노동의 사회화는 결국, 그것들이 자본주의적 외피와는 양립불가능한 지점에 도달한다. 이 외피는 폭발되어 산산조각이 난다. 자본주의적 사적 소유의 조종이 울린다. 수탈자가 수탈당한다.(Marx, 1867/1965 : 763; 1867/1990 : 929; 『자본론 I (하)』, 1049~50)

지금 일어나고 있는 일이 이것일까? 그 균열들이, 자본주의의 외피가 산산조각 나는 것이고 새로운 세계가 밀고 나오는 것일까?

전통적 맑스주의는 외피의 이 파괴를 생산력과 생산관계의 충돌이라는 맥락에서 제시한다. 맑스가 『정치경제학 비판을 위하여』 서문에서 썼듯이,

발전의 특정 단계에서, 사회의 물질적 생산력들은 기존의 생산관계들과 …… 혹은 그것들이 지금까지 작용해 온 틀 내부의 소유관계와 갈등하게 된다. 이 관계들은 생산력의 발전형태들이다가 그것들의 족쇄로 바뀐다. 이어서 사회적 혁명의 시대가 시작된다.(Marx, 1859/1971 : 21)

'생산력들'에 대한 전통적 해석의 난점은, 그것이 생산력들을, 사회관계에서 독립적인 동학을 갖는, 외부적 힘(기술발전의 힘)으로 제시한다는 것이다. 이것은 이 책의 주장에서 (그리고 맑스 자신의 주장에서) 중심적이었던 두 가지 논점과 대립한다. 첫째로, 우리 인간이 사회의 창조적 힘이라는 점, 둘째로 우리의 창조력은 그것의 사회적 맥락에서 독립적으로 발전하지 않고 오히려 안에서-대항하며-넘어서는 관계 속에서 발전한다는 점. 내용의 형식에 대한 관계는 독립의 관계(생산관계와 충돌하는 자율적인 생산력들)가 아니며, 총체적 봉쇄(생산관계들 속에 완전히 봉쇄되고 그것에 의해 결정되는 생산력들)도 아니며, 언제나 탈-자적ec-static 관계(즉 봉쇄, 적대, 넘어서 나아감의 관계)이다. 그러므로 행위(유용노동)는 추상노동 안에서-대항하고-넘어서며 실존한다. 사용가치는 가치 안에서-대항하고-넘어서

며 실존한다. 생산력들은 생산관계 안에서-대항하고-넘어서며 실존한다.

맑스가 자주 사용하는 또 다른 표현이 우리에게 전통적 해석으로부터 먼 곳을 가리킨다. 인간적 창조력으로부터 생산력을 뚜렷이 분리시키는 『자본론』에서 그는 '사회적 노동의 생산력들', 혹은 '노동의 사회적 생산력들'에 대해 말한다. 여기에서, 우리가 인간적 창조성의 힘에 대해, 행위의 힘에 대해, 우리의 행위할-힘에 대해, 우리의 할-수-있음에 대해 말하고 있다는 것은 분명하다. 자본주의에서는 우리의 행위할-힘이 그 자신을 우리로부터 분리시키며 낯선 어떤 것으로, 자본의 힘으로, 혹은 자본주의적 테크놀로지의 힘으로 나타난다.

> 사회적 노동의 생산력들이 발전되는, 실제의 특수하게 자본주의적인 생산양식에서 상대적 잉여가치가 발전함과 더불어, 직접적 생산과정에서 이 생산력들과 노동의 사회적 상호관계는 노동으로부터 자본으로 이전되는 것으로 보인다. 그리하여 자본은 매우 신비한 존재로 된다. 왜냐하면 노동의 사회적 생산력들 모두가, 노동 그 자체보다는 자본에 기인하는 것처럼 보이기 때문이며 자본 자체의 자궁에서 태어나는 것처럼 보이기 때문이다.(Marx, 1894/1971 : 827;『자본론 III (하)』, 1007)

비판은 우리에게 사회적 생산력의 회복이며 사회적 생산력을 우리의 행위할 힘으로 이해하는 것이다. 그러므로 우리는 생산의 힘들이다. 우리들의 힘은 '사회적 노동의 생산적 힘들'이다. '사회적 노동의 생산력'은 자본주의 하에서 행위할 수 있는 우리의 힘의 실존이며 노동 속에서-대항하며-넘어서는 우리의 행위할 힘이다.

우리는 생산의 힘들이다. 우리는 자본 속에서-대항하며-넘어서는 우리의 창조적 힘의 전개이다. 정통적 견해는, 이 창조적 힘이 적대의 지점에 도달할 때까지는, 자본주의적 사회관계를 넘어서는 창조성의 세계를 개시하는 파열로 이끌면서 자본 내부에서 조화롭게 발전하는 것으로 본다. 안에서in와 대항하며against와 넘어선다beyond가 개념적으로뿐만 아니라 시간 속에서 분명히 분리된다. 이럴 수가 없다는 것은 분명하다. 좌절은 처음부터 자본주의를 구성한다. 자본은 처음부터 사람들에게 '당신의 창조성은 오직 가치생산이라는 경계 속에서만 타당하다 : 만약 당신이 가치를 생산하지 않으면, 당신의 창조성은 아무 것도 아니다'라고 말한다. 그리고 처음부터 사람들은 복종하며-반란했다. 인간적 행위의 생산적인 (그러므로 파괴적인) 힘은, 복종과 반란 사이의 이 항상적인 편차slippage 속에서, 즉 체제의 경계에 있는 이 부단한 창조적 노력과, 그 창조적 노력의 일부(그러나 전부는 아니다)를 자본주의적 생산의 경계 속에 봉쇄하기 위한 그 한계의 확장 사이에서 거대하게 팽창했다. 인간 행위의 생산적이면서-파괴적인 힘이 성장함에 따라, 고통discomfort의 밧줄도, 좌절의 탈-자적 고통도, 우리의 창조력의 진보적Progressive 발전이 우리를 잘못된 방향으로 이끌고 있다는 느낌도 성장한다. 확실히 우리는 우리의 점증하는 행위할-힘을, 우리의 점증하는 할-수-있음을 거부하고 싶어 하지 않는다. 왜냐하면 이 할-수-있음은 동시에 일을 아주 다르게 행할-수-있음이기 때문이다. 달리 말해 우리가 자본 속에서-대항하여-넘어서며 발전시킨 기술적 능력들은 동시에 다른-행위의 실제적 능력이기 때문이다. 이것은 공허한 가능성에 그치는 것이 아니다. 이것은, 세계를 다른 방향으로 밀고 나가기 위해, 대안 테크놀로지를 발전시키기 위해, 그리고 컴퓨터를 다루는 기술을 다른 방식으로 사용하기 위해 자신들의 숙련된 솜씨를 사용하려는 수많은 사람들의 충동 속에서 표현되는, 실재적 경향이다.[1] 퍼머컬쳐의 예를 인용하면서 칼슨(Carlsson, 2008 : 56~8)은, '과학과 테크놀로지의 영역은 집단적이고 인간적인 가치와 자본의 가치 사이의 현존하는 전투에서 중심적 자리를 차지한다. …… 반체제 과학자들과 기술자들 가운데에서, 사유할 힘은 자본의 협소한 한계 너머의 방향으로 그 자신을 다시 형성하고 있다'고 주장한다.

우리는 생산력들이다. 그리고 우리의 생산적 힘의 발전, 우리의 행위할-힘의 발전은 그것의 사회화와 밀접하게 연결되어 있다. 우리가 다른 사람들과 더 많이 결합하면 할수록 우리의 창조적 힘은 그만큼 더 커진다. 우리가 이미 살펴보았듯이, 문제는, 자본주의 하에서 사회화가 추상으로 존재한다는 것이다. 다양한 행위들의 사회적 결합이 확립되는 것은 추상을 통해서이다. 그러므로 추상노동에 대한 반란이, 우리 자신의 것을 행하는 것, 우리 자신을 표현하는 것, 작은 프로젝트들을 만들어 내는 것 등, 사회화에 대한 반란의 형태를 취하리라는 것은 놀라운 일이 아니다. 사회주의의 전통적 개념은 여기에서 거의 아무런 타당성도 없는 것처럼 보인다. 그것은, 더 큰 생산단위에 의한 생산의 더 큰 사회화로 특징지어지는 탈자본주의 사회의 이미지를 제기하며 자기결정의 문제를 행위의 실제적 과정보다는 계획이라는 완전히 추상적인 이념으로 환원한다.

우리의 행위할-힘의 발전은 사회화의 거부로 이해되어서는 안 된다. 그 도전은 오히려, 균열을 통해 다른 사회화를, 우리의 개인적이고 집단적인 활동의 특수성에 대한 즉 자기결정을 향한 경향에 대한 충분한 인식에 기초를 둔, 자본주의의 사회적 종합보다 훨씬 느슨하게 짜인 사회화를 구축하는 것이다. 이 방향으로 이루어진 많은 선도적 작업들이 이미 있다. 세계화에 반대하지 않고 다른 종류의 세계화를 지향하는, 그래서 대안세계화 운동이기도 한, 이른바 반세계화 운동이라 불리는 주장은 바로, 그 투쟁이 고립된 단위로의 낭만적 복귀를 지향하는 것이 아니라 사회적 상호접속의 다른 종류를 지향한다고 주장한다. 수평성, 존엄, 대안경제, 공유지, 이 모든 용어들은 사회화의 다른 형식을 구축함에 있어서의 모색들과 연관되어 있다.

돌파는 우리의 사회적인 행위할-힘의, 우리의 사회적인 할-수-있음의 돌파이다. 그러나 지금 일어나고 있는 사태는 생산력의 돌파에 대한 전통적 사회주의의 표상과 조응하지 않는다. 그것은 새로운 총체성의 부과라는 형식을 띠지 않는다. 오히려 그것은 낡은 체제의 다중적 균열이다. 인간 활동의 현존하는 조직에 대한 공격과 다른 행위를 향한 노력은 모든 사람들로부터 나온다. 이 책의 페이지들에서 모습을 드러냈던 수많은 사람들로부터, 그보다 훨씬 더 많은 사람들로부터 나온다. 중심에 놓여 있는 것은 행위이지, 새로운 담론도 아니며 새로운 사유방식도 아니고 새로운 조직형식도 아니고 새로운 '-주의'도 아니다. 행위이다. 왜냐하면 자본주의와 파괴를 생산하는 것도, 혹은 그와 달리 인간 생명과 비인간 생명에 적합한 세계를 생산하는 것도 다름 아닌 지금여기에서의 우리의 행위이기 때문이다. 혁명은 간단히 말하면 다음과 같은 것이다 : 사회적 실재의 창조자로서의 우리의 책임을 짊어지는 것, 그리고 우리의 행위할-힘을 사회적으로 짊어지는 것.

# 31
# 우리는 아마도, 자본주의의 위기,
# 우리의 행위할-힘의 비순응적-넘쳐흐름,
# 다른 세계의 돌파일 것이다.

자본은 수년 동안 심각한 위기에 빠져 있다. 다시 우리는 묻는다 : 이것이 죽음과 파멸의 시간만이 아니라 탄생의 시간일 수 있을까? 우리가 자본주의의 붕괴일 뿐만 아니라 다른 세계의 돌파일 수 있을까?

전 세계의 시위들은, 자본가들이 위기의 원인이라고 외친다. 그러나 지금까지의 우리의 모든 주장은 우리에게, 그럴 수가 없다고 말한다. 자본가들이 아니라 우리가 위기의 원인이다. 자본은 종속의 관계이다. 그것은 우리 삶의 모든 측면의, 자본논리에의 종속을 향하는 방향으로 움직인다. 만약 자본이 위기에 처해 있다면, 그것은 우리의 불복종 때문이다. 우리가 '아니다, 더 이상은 아니다'라고 말하고 있기 때문이다.

자본관계에 들어맞는 동학이 있다. 자본은 끊임없는 나사조이기이며, 행위의, 추상노동에의 종속의 부단한 강화이다. 추상은 우리의 행위의 사회적으로 필요한 노동시간의 요구에의 종속이다. 그러나 어떤 상품을 생산하는 데 필요한 노동시간의 양은 나날이, 매분마다 줄어들고 있다. 행위의 노동으로의 추상은, 매분마다, 우리의 활동의, 가치생산 리듬에로의 더 단단한 종속을 요구한다. 만약 이것이 달성되지 않으면, 수행된 노동은, 자본의 관점에서는, 사회적으로 불필요하며 쓸모없는 것으로, 부적합한 종속으로 드러날 것이다.

사회적으로 필요한 노동시간의 준엄한 동학('더 빨리, 더 빨리, 더 빨리, 서둘러, 서둘러, 서둘러 생산하라'는 몰아세움)은 위기를 향한 경향 속에서 표현된다. 생산성의 부단한 강화는 십장의 훈육에 의해서만 달성되는 것이 아니고 새로운 기계류의 끊임없는 도입을 통해서도 달성된다. 그렇지만 이것이 자본을 덜 급박하게 만들어 주지는 않는다. 왜냐하면 기계류에 대한 투자의 상대적 성장은, 자본이, 자신의 이윤율을 유지하기 위해서, 착취율을 계속 높일 필요가 있음을 의미하기 때문이다. 이것이 이윤율의 하락 경향에 대한 분석에서 맑스가 주장하고자 했던 것이다.[1]

그렇지만 우리는 그것을 본다. 자본의 이윤율 하락은 그 근저에 불복종을, 자본이 우리에게 요구하는 정도만큼 우리를 종속시키지 못함을, '자, 더 이상은 아니오, 당신은 우리를 더 이상 밀칠 수 없소, 우리는 인간이지 기계가 아니오, 우리의 삶과 사랑, 우리의 아이들, 우리의 친구들, 우리의 부모들을 가진 인간이란 말이오'를 갖고 있다. 단지 인간이고자 하는 것, 우리 친구들과 한담閑談을 하는 것, 사랑에 빠지는 것 등은 자본의 동학 때문에, 저 끊임없는 나사못 돌리기 때문에 불복종의 행동으로 역전된다. 그리고 반대로, 우리의 혁명적 희망은, 다른 세계, 다른 행위, 다른 관계 방식의 잠재적 돌파는 바로 이 인간이고자 하는 노력이다.

　가치법칙, 즉 사회적으로 필요한 노동시간의 지배는 프로크루스테스의 침대를 끊임없이 조이는 것이며 자본이 필요로 하는 노동자에 대한 부단한 재정의이다. 자본의 문제는, 그것이 탄생 이래로 계속 가지고 있었던 문제이다. 야만인을 노동자로 변형시키는 것이 그것이다. (가치생산적인, 그리고 자신이 필요로 하는) 노동에 대한 부단한 재정의는, 자본이 사람들을 자신의 필요에 들어맞도록 강제하는 과제와 늘 새롭게 대면한다는 것을 의미한다. 자본주의의 위기는 언제나 적응시키기fitting의 위기이다. 야만인들은, 자본이 그들에게 (우리에게) 요구하는 것을 하지 않으려 한다. '적응하라 그렇지 않으면 저주받으라!'라고 자본은 외친다. 그리고 이 세상의 더욱더 많은 사람들에게 자본은 말한다 : '당신이 적응하지 못한다면, 당신은 우리에게 쓸모가 없다. 당신은 너무 늙었다, 당신은 너무 아이를 많이 낳았다, 당신은 정서적으로 너무 불안정하다, 당신은 철학을 너무 많이 안다, 당신의 아이는 병에 걸렸다, 당신은 친구들과 잡담을 한다, 당신은 영어를 할 줄 모른다, 당신은 돈에 대해 너무 적게 생각하고 다른 것에 대해 너무 많이 생각한다.' 그리고 더 많은 사람들은 이렇게 대답한다. '그렇다. 그것은 사실이다. 우리는 적응하지 못한다.' 위기는 부적응의 폭발이다. 그것은 인간과, 가치생산의 요구 사이의 적응의 결여가 낳는 결과이며 저 적응의 결여가 극적으로 표현되는 것이다. 우리는, '그것은 사실이다. 우리는 적응하지 못한다'고 반복해서 말한다. 그러나 우리의 혀끝에는 뭔가 다른 것이 있다. 우리는 뭔가 다른 것을 덧붙이고 싶다. 그리고 세계의 미래는 이 뭔가 다른 것에 달려 있다. 우리는 머리를 숙이고 말한다. '그렇다. 그것은 사실이다. 우리는 적응하지 못한다. 그러나 우리는 더 열심히 노력할 것이다. 우리는 영어를 더 잘 배울 것이며 우리의 컴퓨터 기술을 향상시킬 것이고 우리 아이가 읽는 맑스와 바쿠닌이 쓴 책을 치워버릴 것이고, 우리 아이가 병에 걸리지 않도록 할 것이고, 너무 늙지 않도록, 너무 아이를 많이 낳지 않도록, 너무 외국인이지 않도록, 너무 사랑에 빠지지 않도록, 너무 불안정하지 않도록 할 것이다. 우리는 적응할 것이다.' [이렇게 하는 대신에] 우리는 고개를 들고 이렇게 말한다. '그렇다. 그것은 사실이다. 우리는 적응하지 못한다. 그리고 당신은 이것을 아는가? 우리는 적응하기를 원치 않는다. 우리는 이 파괴의 세계에 적응하고 싶지 않다. 그리고 당신은 뭔가 다른 것을 아는가? 당신의 위기는 우리의 행위할-힘을 봉쇄할 수 없는 당신의 무능력이다. 당신의 위기는 우리의 창조적이고 생산적인 힘이 수행하는 돌파이다. 우리의 부적응은 우리의 넘쳐흐름이다. 우리의 창조성의 넘쳐흐름, 우리의 숭고한 할-수-있음이다. 그러므로 자본아, 역사의 쓰레기통으로 들어가라. 그리하여 우리가 세상을 새롭게 만들면서 살아가도록 내버려 두라.'

이것이 우리가 직면한 이분법이다. 이것은 그 어느 때보다도 첨예하다. 그것은, 노동의 투쟁과 노동에 대항하는 투쟁 사이의 선택이며, 고용을 위한 투쟁과 추상노동을 넘어서는 행위를 위한 투쟁 사이의 투쟁이다. 그것은 쉽지 않다. 하지만 그곳이 우리가 서 있는 곳이며, 우리가 살고 있는 곳이다.

# 32
## 자본주의를 만들기를 중지하라.

내가 행복한 결말의 책을 쓸 수 있다면 얼마나 좋을까? 내가 모든 해답을 제공할 수 있다면 얼마나 좋을까? 선이 악을 이길 수 있다면 얼마나 좋을까? 변증법을 닫고 종합으로 끝내며 집에 도착할 수 있다면 얼마나 좋을까? 역사가 우리 편이라고 확실하게 말할 수 있다면 얼마나 좋을까? 달걀이 달걀인 것처럼 확실하게 코뮤니즘이 자본주의의 자리를 차지한다면 얼마나 좋을까? 가장 어두운 시간이 새벽이 열리기 직전이라면 얼마나 좋을까? 우리의 균열들이 분명히 새로운 사회의 전조라면 얼마나 좋을까?

그러나 그렇지 않다. 절대 그렇지 않다. 어떠한 확실성도 없다. 변증법은 열려 있고 부정적이며 위험으로 가득 차 있다. 시간은 어둡다. 하지만 그것은 더 어두운 시간으로 이어질 수 있다. 새벽이 결코 오지 않을 수도 있다. 그리고 우리, 균열들 속에 살고 있는 바보들은 단지 그것, 즉 바보들일 수 있다.

그러나 우리 바보들은 우리가 새로 출현하고 있는 뭔가를 볼 수 있다고 생각한다. 우리는 문지방의 어두운 그늘에 서서 우리 앞에서 펼쳐지고 있는 것을 바라보며 이해하려고 노력하고 있다. 우리는 그것을 매우 잘 이해하지는 못한다. 그러나 우리는, 특히 앞의 명제들 속에서, 출현하고 있는 투쟁의 새로운 멜로디의 절들fragments을 들을 수 있고 반란의 물결 속에서 새로운 방향을 엿볼 수 있다.

우리가 문지방을 훑어보고 그 파편들을 조사할 때, 우리는 여기에 제시된 주장의 중심에 놓인 렌즈를 통해 살펴본다. 이 책의 중심에는, 내가 에리우게나eriugenic 1 공중제비라고 생각하고 싶은 것, 그러나 어떤 좋은 친구는 더 산문적으로 양말 뒤집기에 비유할 것이 있다.2 그 (일단 양말은 한쪽으로 밀어놓자) 모든 사회관계의 형식들이 형태-과정들이며, 모든 범주들은 그들 고유의 부정을 갖고서 탈-자적으로 부풀어 있다는 것, 요컨대 각각의 복종은, 그것이 담을 수 없는 불복종을 포함한다는 것을 이해하는 데에 있다. 우리는 그 중심에, 추상노동과 그것의 추상시간을 열어젖히며 추상노동을 깨뜨리는 행위를 놓는다. 이론적 공중제비는 학술적 발명이 아니라 반자본주의 투쟁의 흐름 속에서 일어나는 변화의 일부일 뿐이다. 자본에 대항하는 투쟁의 본질로서 노동에 대항하는 투쟁의 출현과 성장.

이 책의 거의 최종적인 이 명제 속에서 우리는 투쟁의 새로운 시詩의 생성하는 요소들 중의 일부를, 제안suggestions으로 그리고 자극provocations으로 추출해 낸다.

**자본주의를 만들기를 멈추라** : 이것은 우리의 공중제비의 추축樞軸이며 가벼움의 중심이다. 우리가 노동에 대항해 던지는 행위는 각각의 계기를 여는 투쟁이고 모든 사전결정에 대항하여, 그리고 발전의 모든 객관법칙에 대항하여 우리 자신의 결정을 주장하려는 투쟁이다. 우리는 우리가 일정한 방식으로 행동해야만 한다고 지시하는 기존의 자본주의와 마주하고 있다. 이에 대해 우리는 '아니오, 기존의 자본주의란 없소, 단지 우리가 오늘 만들고 있거나 만들지 않는 자본주의만이 있소'라고 응답한다. 그리고 우리는 그것을 만들지 않기를 선택한다. 우리의 투쟁은 모든 순간을 열어 그것을 자본의 재생산에 기여하지 않는 활동으로 채우는 것이다. 자본주의를 만들기를 멈추라, 그리고 다른 뭔가를, 감각적인 뭔가를, 아름답고 재미있는 뭔가를 하라. 우리를 파괴하고 있는 체제를 창조하기를 멈추라. 우리는 단지 한 번 살 뿐이다. 왜 우리가 우리의 시간을 우리 자신의 실존을 파괴하는 데 사용하는가? 분명히 우리는, 우리의 삶을 가지고 뭔가 더 좋은 것을 할 수 있다.

혁명은 자본주의를 파괴하는 것에 관한 것이 아니라 그것을 만들기를 거부하는 것에 관한 것이다. 혁명을 자본주의의 파괴로 제시하는 것은 자본주의의 재생산에 너무나 중심적인 것, 즉 시간의 추상을 재생산하는 것이다. 그것은 자기파괴적이다. 자본주의를 파괴하는 것에 대해 생각하는 것은 우리 앞에 거대한 괴물을 세우는 것이다. 그 괴물은 너무 끔찍하다. 그래서 우리는 절망한 나머지 포기하거나, 그 괴물을 살해할 유일한 방법은, 혁명을 위해 그들 자신을 (그리고 그들 주위의 모든 사람을) 희생하는 영웅적 지도자를 가진, 위대한 당을 세우는 것뿐이라고 결론짓는다. 우리는, 이번에는 영웅주의, 지도력, 희생, 훈련, 권위, 인내 등의 위대한 이야기(레닌, 트로츠키, 로자, 마오, 체, 마르꼬스와 같은 성인들에 관한, 당신이 좋아하는 누구든지 위대한 성인들에 관한 이야기)를 구축함으로써 다시 패배하게 된다. 우리는 우리가 파괴하고자 하는 것을 재생산한다. 혁명을 자본주의의 파괴로 제시하는 것은 우리로부터 혁명을 멀어지게 만드는 것이며 그것을 미래로 연기하는 것이다. 혁명의 문제는 미래의 문제가 아니다. 그것은 지금 여기에 있다. 우리가 (그것을 가지고) 인류를 파괴하고 있는 체제를 생산하는 것을, 우리가 어떻게 멈출 것인가?

혁명의 물음은 **자본주의를 만들기를 멈추는 것**이라고 바꿔 말한다고 해서 그것이 우리에게 해답을 주지는 못한다. 우리로 하여금 매일 자본주의를 재생산하도록 만드는 매우 실제적인 압력들(억압, 기아)이 있기 때문이다. 그 바꿔 말하기가 수행하는 것은 우리의 주의를 다른 곳으로 돌리는 것이다. 그것은 우리로 하여금 우선, 자본주의의 창조자이자 잠재적 비창조자로서의 우리 자신에게 초점을 맞추도록 만든다. 둘째로 그것은 우리의 주의를 행위와 노동 사이의 탈-자적 긴장(그것은 일상 경험의 문제이자 다른 세계를 만들 수 있는 우리의 능력이 갇혀 있는 공간의 문제이다)에로 돌린다. 이것은 매혹이라는 일종의 유리거품이다. 이것을 밖에서 들여다 볼 수 있다면, 우리는, 인류를 파괴하고 있는 행동들을 (행복하게 또는 불행하게) 수행하는 우리 자신을 볼 수 있을 것이다. 우리는 우리 자신의 판에 박힌 일상에서 우리 자신을 바라본다. 우리의 눈은 어린아이 같은 놀람으로 크게 열린다. 우리는 유리를 두드리며 '그것을 행하기를 멈춰, 인류를 파괴하기를 멈춰, 자본주의를 만들기를 멈춰!'라고 비명을 지르고 싶어 한다. 우리는 그 안에서, 우리가 무엇을 행하고 있는지를 알면서-그리고-또-모르면서, 인류의 파괴에 참가하고 있다. 우리가 어떻게 놀라움으로 우리의 눈을 밝힐까? 우리가 어떻게 저 반*자각상태에, 저 긴장에, 저 탈-자적 거리에 개입할까? 우리가 어떻게 그것을 분명하게 초점으로 가져올까? 우리가 어떻게 그것을 확대할까? 우리가 어떻게 그것을 열어젖힐까? 우리가 어떻게 이 모든 반란들(그 속에서 그 탈-자적 관계의 한 축(행위)은 전력으로 다른 축(노동)을 거부한다)을 강화하고 확장하고 증식시킬까? 이것이 혁명의 물음이다.

**물으면서 우리는 걷는다.** 커다란 문제는 우리가 해답을 모른다는 것이다. 우리는 자본주의를 만들기를 어떻게 멈출지 알지 못한다. 우리는 정말로 모른다. 역사적으로 우리는 투쟁의 세계의 문지방에 있다. 그리고 우리는 여전히 배우고 있다. 거기에는 적용되어야 할 어떠한 처방도 없다.

새로운 투쟁의 패턴에 중심적인 것은 역사적으로 우리가 알지 못한다는 것만이 아니라 알지-못함이 앎의 원리라는 것이다. 노동에 대항하는-그리고-그것을-넘어서는 행위의 운동은 녹이는 것이며, 정의definitions를 깨뜨리는 사회적 흐름이고 한 사람의 행위가 다른 사람들의 행위와 정의불가능하게 섞이며 혼합되는 것이다. 이 행위의 일부인 앎도 동일한 운동의 일부이다. 그것 또한 녹이는 것이며 정의를 깨뜨리는 사회적 흐름이고 한 사람의 앎이 다른 사람들의 앎과 정의불가능하게 뒤섞이고 혼합되는 것이다.[3] 앎은 (때로는 우리의 은밀한 연구 속에서도) 집단적으로 구축되는 과정이며 독백이 아니라 대화이고 물으면서-걷기이다. 그것은 반드시 예의바른 것이 아니다. 그것은 때로는 도발이다. 법을 설립하는 것이 아니라 법을 열어젖히는 도발이다.

우리가 알지 못한다는 것의 인정은, 우리들의 개인적·집단적 행위를 결정하는 과정에 모든 사람들이 참여할 수 있도록 만들기 위한,

지식의 원리이자 조직화의 원리이다. 안다knowing는 가정은 다른 조직적 구조로, 정해진 지도자들과 기관들을 가진 독백구조로 이끌면서 그들을 제자리에 유지시킬 것이다.

우리는 알지 못한다. 그러나 거기에는 점증하는 자포자기가 있다. 우리가 무엇을 할 것인가? 우리가 자본주의를 만들어 내기를 어떻게 멈출 것인가? 우리가 어떻게 세상을 바꿀 것인가? 우리를 둘러싼 이 끔찍한 파괴를 우리가 어떻게 멈출 것인가?

거기에는 어떠한 올바른 해답도 없다. 단지 수많은 실험들만이 있을 뿐이다. 무엇을 할 것인가라는 필사적인 (그리고 유서 깊은) 물음에는 어느 하나의 옳은 해답이 없다. 아마도 최상의 해답은 다음처럼 우리에게 주어질 수 있을 것이다 : '당신 스스로 생각하라, 당신의 상상력을 사용하라, 당신의 성향을 따르라, 그리고 당신이 필요하다고 생각하며 즐겁다고 생각하는 것을 그것이 무엇이든 행하라. 항상 자본에 대항하며-그것을-넘어선다는 좌우명을 갖고서.' 어떤 사람에게 이것은, 다가오는 G8-정상회담 반대투쟁의 준비에 그들 자신을 투신하는 것을 의미할 것이다. 다른 사람들에게 그것은, 학교에서 자신들이 가르치는 아이들에게 다른 세상의 전망을 열어주려고 노력하는 것을 의미할 것이다. 또 다른 사람들에게 그것은, 공동체 정원을 만들기 위해 이웃들과 합류하는 것을, 혹은 근처의 사회센터의 활동에 참여하는 것을 의미할 것이다. 어떤 사람들은, 수많은 농민들의 생계를 위협하는 자동차 길의 확장에 대한 반대운동을 조직하는 데 자신들의 모든 에너지를 쏟아 부을 것이며 어떤 사람들은 그들 자신을 퍼머컬쳐에 바치거나 자유소프트웨어를 만드는 데 바칠 것이다. 또 다른 사람들은 자신들의 아이들이나 친구들과 놀 것이며 세상을 어떻게 바꿀 것인가에 관한 책을 쓸 것이다. 이 모든 것은 희망의 외침이며 다른 삶의 방식을 향한 기투企投이고 우리의 삶으로 자본주의를 만드는 것보다는 더 나은 뭔가를 하려는 시도이다. 그것들 모두가 동일한 효과를 가져오지 않을지 모른다. 하지만 다행히도 우리는 그것들을 측정할 표준을 갖고 있지 않다. 이른바 G8 정상회담 반대투쟁에서 이른바 블랙블록의 일부를 형성하는 것이, 다른 생활형태를 갖는 사람들에 의한 대량학살에 대항하는 투쟁의 수단으로서, 정원을 만드는 것보다 더 효과적인 투쟁수단이라고 누가 말할 수 있는가?

단 하나의 옳은 해답은 존재하지 않는다. 그러나 이것은 이 모든 투쟁들이 원자화된다는 것을 의미하지는 않는다. 그것들 사이에는 공명이, 대항하며-넘어서는 움직임의 일부로서의 상호인정이, 생각과 정보의 부단한 공유가 존재한다.4 많은 '예'들yeses에 의해 공유된 '아니오'는 실천적 연결이며 우리의 부단한 직조이고 행위와 반란의 공통된 흐름의 형성이다. 이 공유된 공명은, 우리 모두가 동의한다는 것을 의미하지 않는다. 공명하는 우리의 형성에서는 오히려 불일치와 토론이 결정적이다.

다행스럽게도 이 실험들에는 어떤 순수성도 존재하지 않는다. 모든 것은 모순적이다. 자신의 자녀들이 대의를 위해 가서 싸우도록 내버려둔 헌신적인 혁명가, 예속과 여성혐오에 열심인 교회에서 기금을 받은 원주민 조직, 학생의 학업에 대한 양적 평가에 참여하는 급진적 교수, 시장에 생산물을 내다 파는 협동조합, 사람들을 죽이고 오염시키는 물건을 생산하는 데 대부분의 시간을 쏟고는 저녁과 주말에 공동체 정원을 가꾸는 자동차공장 노동자, 시위를 조직하지만 자신이 공부하고 있는 과목의 범주들은 의심하지 않는 학생 : 이 모두는 자기

모순적이다. 우리 모두는 우리가 극복하려고 하고 있는 사회관계의 재창조에 가담하고 있다. 자본주의 사회에서는 다른 방식이 있을 수 없다. 행위의 운동은 순수한 운동이 아니며 노동 속에서-그것에-대항하며-그것을-넘어서는 움직임이다. 여기에 순수함은 존재하지 않는다. 우리는 그 모순들을 극복하려고 애쓴다. 우리는 우리 자신의 공모에 맞서 반란을 일으킨다. 우리는 자본주의를 만들기를 멈추려고 온갖 방식으로 애쓴다. 우리는 우리의 삶의 흐름을, 가능한 한 효율적으로, 존엄에 기초를 둔 사회를 창출하는 방향으로 돌리려고 애쓴다. 우리는 반란의 사회적 흐름의 일부이다.[5] 그리고 이 흐름 속에는 경직성과 경직된 노선의 여지가 전혀 없다. 올바름과 배신이라는 개념들, 좌파 문화 속에 굳게 뿌리박고 있는 그것의 상보성은 반란의 흐름에 대한 장애물들이다. 경직성과 도그마를 창출하는 것, '그들은 개량주의자들이므로 그들에게 우리는 말도 걸지 않을 거야'를, '그들이 코카콜라를 마시므로 우리는 그들과 아무런 관계도 없어'를, '그들은 종파주의자들이므로 그들과는 협력하지 않을 거야'를 창출하는 것은 반란의 흐름을 얼리는 일에서 적극적 역할을 맡는 것이며 자본주의적 사유의 정의들, 분류들, 물신들을 재생산하는 것이다.

**우리는 보통 사람들이다** : 만약 우리가 특별하다고, 자본주의 체제에 행복하게 통합되는 대중들로부터 뚜렷이 구분된다고 생각한다면, 우리는 직접적으로 급진적 변화의 가능성을 몰아내는 것이다. 그 반대가 진실이다. 혁명적인 것은 세상에서 가장 평범한 것이다. 그것은 단지 자본주의 사회에서 사는 것의 일부일 뿐이다.

우리 모두는 행위한다. 우리 모두는 노동에 맞서 행위한다. 이러저러한 방식으로 우리는, 우리가 통제하지 못하는 힘들에 의해 우리의 삶이 결정되는 것에 맞서 싸운다. 적어도 그렇게 하기를 꿈꾸거나 혹은 그렇게 하지 않는 것을 후회한다. 혁명이 노동에 대항하는 행위의 반란이라면, 문제는 대중들에게 혁명적 의식을 가져가는 것이 아니라 어디에나 존재하는 반란들을 식별할 민감성을 발전시키는 것이며 그것들과 접촉하고, 그것들과 공명하고, 그것들을 끄집어 낼 방법을 발견하는 것이며 얼어붙은 것의 해동과 합류에 참여할 방법을 발견하는 것이다.

우리의 힘은 우리의 평범함에 있다. 순수한 도그마를 갖고, 좋은 무기를 지니고, 훌륭한 군사훈련을 받는 것이 최상의 자기방어라고 생각하는 그룹들만큼 잘못된 경우는 있을 수 없다. (우리가 게릴라 그룹이든 점거건물의 사회센터이든 간에) 최상의 방어는 우리의 이웃들과 섞이는 것이다. 그것이 단지 지략적 전술이기 때문만이 아니라, 평범한 반란성의 상호공명이야말로 혁명을 코뮌화하는communising 유일하게 가능한 기초이기 때문이다.

**우리 스스로 그것을 행하자**[6] : 이것은 아마도 노동에 대항하는 행위의 반란의 핵심일 것이다. 우리는 지금여기에서 우리 자신의 책임을 짊어진다. 그리고 우리 스스로 그것을 행한다. 우리의 정치지도자들이 우리를 전쟁으로 끌고 간다고, 지구에서 생명을 파괴하는 자본주의적 진보를 촉진한다고 비난하는 것은 거의 아무런 의미도 갖지 못한다. 거기에 비난받아야 할 것이 있다면, 그들을 우리의 지도자나 대표자로 생각한 것에 대해 우리 자신을 비난해야 할 것이다. 모두 다 꺼져 버려!¡Que se vayan todos! 우리는 지금 인간의 자기절멸을 멈출 수 있는 유일한 사람들이다. 책임은 우리의 것이다. 오랫동안 이것은, 예를 들자면, 급진생태운동의 주장이었다. 다른 방식으로 사는 것, 우리의 생태적 발자국을 바꾸는 것, 다른 생명 형태들과의 다른 관계를 발전시키는 것 등은 우리에게 달려 있다. 확실히 다른 생활방식을 향한 이 넘어서-밀침은 개인적 선택으로서만이 아니라 세계를 파괴하고 있는, 우리 활동의 자본주의적 조직화에 대항하는-밀침으로(달리 말해 반-자본주의적인 것으로) 이해되어야 한다. 그러나 핵심논점은 결정적이다. 반-자본주의는 우리 자신의 책임을 짊어지는 것이며, 우리 자신의 삶을 재전유하는 것이고 (우리의 생산물만이 아니라 우리의 행위, 우리의 생각, 우리의 결정, 우리의 삶까지도 끊임없이 몰수하는) 자본을 옆으로 치우는 것이다.

**우리가 의제를 설정한다.** 그것을 우리 스스로 행한다는 것은 우리가 의제를 설정한다는 것을 의미한다. 또 우리는 종종 반자본주의를 체제의 가장 최근의 야만성에 대해 항의하는 것으로 생각하곤 한다. 우리는 전쟁에 항의하며 행진한다. 우리는 G8에 대항하여 시위한다. 우리는 정치범의 석방을 위해 시위한다. 우리는 아마존 정글을 지키는 원주민 방어자를 살해하기를 멈추라며 페루 대사관 앞에서 피케팅을 한다. 이 모든 것은 필요하다. 그러나 그것은 자본으로 하여금 리듬을 결정할 의제를 설정하도록 허용한다. 노동에 대항하는 행위의 반란은 자본주의가 낳는 공포에 대한 방어만이 아니다. 그것은 주도권을 쥐고서 당장 다른 세계에 대한 기대를 창출하는 것을 의미한다. 우리가 그들을 뒤따르지 말고 그들이 우리를 뒤따르게 하자. 우리는 빈 땅조각을 점령하여 정원을 만든다. 우리는 사회센터를 우리 영역에서의 반자본주의 저항의 초점으로 만든다. 학생으로서 우리는, 인류의 자기파괴를 멈추는 문제가 우리 학급에서 토론되어야 한다고 주장한다. 우리는 여섯 개의 타운을 점거하여 충분해!라고 말한다. 우리는 공동체 라디오 방송을 건설한다. 충분해! 우리는 어떤 허락도 청구하지 않으며 우리는 어떤 요구도 하지 않는다. 단지 우리는 행동한다.

**우리는 다른 세계를 건설한다** : 우리는 지금여기에서 그것을 진행시킨다. 여기에는 초점의 변화가 있다. 스펙타클적인 사건들, 반정상회담들, 사회포럼들 등은 중요하다. 그러나 그것들은, 정부 정책을 변화시킴에 있어서 그것들이 성취할 수 있는 것 때문에 중요한 것이 아니라 무엇보다도 다양한 운동들의 합류점으로서 중요하다. 우리가 서로로부터 배우고 서로를 고무할 수 있는 공간으로서 중요하다. 무엇보다 가장 중요한 것은 거부와 창조의 덜 가시적인 운동이다. 이것은 지역적인 것 대 지구적인 것, 미시적인 것 대 거시적인 것의 문제가 아니다. 그것은 오히려, 반란의 사회적 흐름의 힘이 종국적으로는 행위의 사회적 흐름을 재전유할 수 있는 (혹은 그 흐름의 몰수를 피할 수 있는) 우리의 능력에 달려 있음을 이해하는 문제이다. 커다란 이벤트들은 중요하다. 하지만 그것들은 노동에 대항하며 노동을 넘어서는 행위의 방식에 대한 끊임없는 모색을 대신할 수는 없다.

**노동에 대항하여 행위하라.** 만약 인류에게 미래가 있다면, 우리는 다르게 살아야 한다. 우리는 다르게 행동해야 한다. 우리는 서로, 그리고 다른 생명 형태들과, 그리고 우리를 둘러싼 자연환경과 다른 방식으로 관계를 맺어야 한다. 우리는 다른 행위를 발전시켜야 한다. 생산수단의 사회화에 집중된 혁명의 낡은 개념은 비참할 정도로 부적합하다는 것이 이제는 분명하다. 20세기의 혁명은, 그것들이 너무 급진적이었기 때문이 아니라 그것들이 충분히 급진적이지 못했기 때문에 실패했다. 반자본주의 혁명의 중심은 아주 간단히 말해 행위이다. 다르게 행동하라, 매우 다르게 행동하라. 그렇지 않으면 인류에게 어떤 미래도 없다. 이것은 노동에 대항하여 행동하라는 것을 의미한다. 그 이유는 무엇보다도, 우리의 일상활동으로 하여금 인류를 글자그대로 모든 의미에서 파괴하는 길로 들어서도록 강제하는 것이 온갖 노동 훈육이기 때문이다. 인간 활동의 변형에 토대를 두지 않은 혁명은 전혀 혁명이 아니다.

우리는, 이것이 쉽지 않다는 것을 안다. 그것이 억압에로, 혹은 빈곤으로 이끌 수 있기 때문에 그것은 쉽지 않다. 그러나 또 그것은, 구분선이 항상 명백하지 않기 때문에도 쉽지 않다. 우리는 우리 자신을, 우리가 시위의 중요한 형태라고 간주하는 어떤 것에 바칠 수 있다. 그 후에 우리는 그 시위 형태가 대중적으로 되어 돈을 버는 방법으로 변형된 것을 발견한다. 예컨대 초기 펑크나 초기 랩 뮤직을 생각해 보라. 구분선들이 모호해졌으나 행위와 노동 사이의 긴장은 우리의 삶에서 항상적인 관심사이다. 이 긴장에 대한 우리의 반응은 언제나 모순적이다. 그러나 우리가 다른 사람들과 더 많이 결합하면 할수록, 혹은 노동에 대한 우리의 반란이 더 일반적인 흐름의 일부라는 것을 더 많이 깨달으면 그럴수록, 실제적 해결책을 찾는 것은 그만큼 쉽게 된다.

다르게 행동하라, 노동에 대항해 행동하라, 다른 전진의 길은 없다.

**벽을 부수라** : 갇힌 것을 열어라. 추상노동의 세계는 울타리치기의 세계이며 물리적·은유적 벽의 세계이다. 이것들은, 책의 시작 부분에서 도입된 은유에서 서술된 점점 좁혀지는 벽이다. 점점 좁혀지는 벽들은 수많은 사람들의 삶을 견딜 수 없도록 만들고 있다. 그리고 상황은 훨씬 더 나빠질 우려가 있다. 그러나 이것은 대항세력을, 벽에 맞서는 거대한 압력을 발생시킨다. 이것은, 그 벽이 균열되어 무너질 것이라는 희망을 준다. 사적 소유의 벽이 무너지기 전에 얼마나 많은 사

람들이 굶주려 죽어야 하는가? 이미 그것은 너무 많은 방식으로 무너지고 있다. 가끔은 미래에 대해 거의 어떤 전망도 제시하지 못하는 도둑질과 폭력에 의해, 때로는 (브라질의 MST와 같은 토지 없는 농민들의 거대한 운동 속에서처럼) 토지에 대한 의식적 점거에 의해, 혹은 공장점거에 의해, 혹은 음악이나 소프트웨어의 지적 소유권에 대한 광범한 무시 속에서.

행위는 모든 울타리치기에 대항하는 급류이다. 일을 다르게 할 우리의 힘, 다른 세계를 창출할 우리의 힘은 우리를 가두는 벽에 대항하여 점점 더 큰 힘을 행사하는 흐름이며 이 벽들의 끊임없는 갈라짐이다. 자본은 (토지개혁을 승인하거나 성적 규범을 고치는 식으로) 이 균열을 막아 보려고 동분서주한다. 그러나 우리의 힘의 흐름은 가두어지지 않을 것이다. 왜냐하면 우리의 집단적 삶은 바로 그 힘의 흐름에 의존하기 때문이다.

그러므로 벽을 부수라. 토지를 둘러싼 벽을 부수라. 자본주의라는 재앙을 불러온 토지 울타리를 뒤집어라. 도시와 시골, 인간과 다른 생명 형태 사이의 분리를 극복할 기초를 창출하라. 우리가 우리 신체를 최대한 향유할 수 있도록 우리의 섹슈얼리티를 둘러싼 벽을 부수라. 지난 세기의 전쟁들에서 수백만 명의 사람들의 학살을 야기했고 오늘날 더욱더 많은 이민자들의 비참을 야기하는, 국가에 의해 구성된 벽들을 부수라. 엄청나게 많은 사람들을 가둠으로써 우리 모두를 가두는 감옥벽을 부수라. 우리의 사유를 둘러싼 벽을 부수라. 추상노동으로부터 야기되며, 학교와 대학에서 강화되는 사유의 경직화를 부수라. 명사들이 동사들의 강력한 동학을 울타리치는enclose, 그 벽들을 부수라. 행위수단들, 생산수단들, 생활수단들에 대한 온갖 몰수expropriation를 거부함으로써 우리의 행위를 둘러싼 벽들을 부수라. 우리가 할 수 있을 때는 언제나, 할 수 있는 곳에서는 어디서나 벽들을 부수라. 벽들을 세우기를 거부함으로써 벽들을 부수라.

**자본주의를 균열시키라**: 특수한 것에서부터 싸우라. 우리가 있는 곳에서, 지금여기에서 싸우라. 다름의 공간이나 순간들을 창조하라. 반대방향으로 걷는 공간들이나 순간들을 창조하라. 적합하지 않은 공간들이나 순간들을 창조하라. 자본주의의 반복적 창출 속에 구멍을 만들라. 균열을 만들고 그것들이 확장되도록 하자. 그것들이 증식되게 하고 그것들이 공명되게 하고 그것들이 함께 흐르도록 하자. 우리가 더 이상 봉사할 수 없는 차원들을 창조하라. 그리고 '받침대가 뽑힌, 자신의 무게 때문에 무너져 산산조각 난 거대 석상 같은' 폭군자본을 주시하라.

**거부하고-창조하라! 거부하고-창조하라!** 우리에게는 그것이 모세요 예언자이다. 우리는 어떤 모세도, 어떤 예언자도 갖고 있지 않으며 단지 우리 자신만을 갖고 있다는 점만은 제외하고.

# 33

이것은 수많은 사람들의 이야기다. 그것은, 보이게 혹은 보이지 않게, 들리게 혹은 들리지 않게, 의식적으로 혹은 무의식적으로 이 페이지들의 안으로 들어가고 이 페이지들의 밖으로 나가는 자신들의 길을 낸 수많은 사람들의 이야기다. 그들 나름의 삶을 만들고자 하는 수많은 사람들의 이야기다. 비참, 빈곤, 착취를 끝내기를 원하는 수많은 사람들의 이야기다. 인간 생명과 비인간 생명의 파괴에 계속 참여하기를 원치 않는 수많은 사람들의 이야기다. 자본주의를 만들기를 멈추고자 하는 수많은 사람들의 이야기다.

이것은, 한 권의 책(이 책)을 읽는다는 단순한 행동에 의해 야기된 논쟁으로 지쳤지만, 그녀가 읽은 것으로 인해 흥분되어 펜을 꺼내들고 (그들의 부적합이 넘쳐흐름의) 사례가 되는 더욱더 많은, 그리고 더욱더 많은 사람들과 더불어 이 단락을 계속하는 소녀의 이야기다.

그녀는 계속한다. 왜냐하면 그녀는, 이 책이 끝나지 않는다는 것을 알기 때문이다.

이것은 다정한 독자인 당신의 이야기, 당신에 관한 이야기다. 아마도 당신은 공원에 앉아 있는 소녀일 것이다. 분명히 당신은, 책이 끝나지 않는다는 것을 안다. 이제 그것을 펼쳐두고, 자본주의를 만들기를 멈추기 위해 앞으로 나아가면서, 기쁜 분노의 함성을 질러라. 그리고 물어가면서, 세상을 새롭게 만들라.

# 감사의 말

감사합니다. 정말, 정말 감사합니다. 왜냐하면 이러한 책을 쓰는 일은 다른 모든 행위와 마찬가지로, 한 사람의 행위와 삶과 사랑이 다른 사람들의 행위와 삶과 사랑 속으로 흘러들어가는, 사회적이고 비문법적인 흐름의 일부이기 때문입니다. 이 흐름은 때로는 이름들을 동반하고 때로는 그렇지 않지만 나에게 있어 이 흐름에는 중심 소용돌이가 있습니다. 그 중심 소용돌이는 엘로이나 뻬라에즈입니다. 그녀가 없었다면 에리우게나의 공중제비[1]는 없었을 것입니다. 또 그녀가 없었다면 시간을 한 순간의 무한한 덧없음이자 공유된 창조작업의 부지런하고도 참을성 있는 추진력으로 생각할 수 없었을 것이며, 사랑과 토론과 행위와 휴식을, 지속적이면서 때때로는 어려운, 기쁜 분노의 공유로 이해할 수도 없었을 것입니다. 간단히 말해 그녀 없이 이 책은 존재할 수 없었을 것입니다. 그리고 감사해야 할 다른 사람들,

다른 많은 사람들이 있습니다. 10년이 넘도록 함께 세미나를 해 오고 있는, 훌륭한 자극을 주면서 언제나 협력적인 쎄르지오 띠쉴러 같은 사람이 있습니다. 그리고 우리 세미나에 합류했던 사람으로, 먼저 페르난도 마따모로스, 그리고 지금은 안또니오 푸엔떼스와 호르헤 고메즈 까르펜떼이로 같은 사람도 있습니다. 그리고 지난 10년 동안 우리의 토론을 공유했던 수많은 학생들, 교수들, 그리고 방문자들도 그렇습니다. 이들에게 감사드립니다. 〈'알폰소 벨레스 쁠리에고' 인문사회과학 연구소〉와 그곳의 사회학과 대학원 과정에 매우 협력적인 환경을 만들기 위해 많은 노력을 기울인 아구스띤 그라할레스, 낸시 처치힐, 로베르또 벨레스, 까를로스 피게로아에게도 감사드립니다. 그리고 순수한 열정과 에너지로 자본주의를 부수며, 나에게 아르헨티나와 남아메리카를 열어주기 위해 많은 노력을 기울여 준, 네스또르 로뻬스에게도 물론 감사드립니다. 또 부에노스아이레스에서 이 책의 초고에 대해 토론할 때 네스또르와 함께 했던 까를로스 꾸에야르, 루이스 메넨데스, 마리아 벨렌 소쁘란시, 다니엘 꼰따르떼쎄, 가브리엘라 페레이라, 에릭 마이어, 알바 인베르니찌, 루치아나 기오또에게도 감사드립니다. 그리고 큰 도움이 되었던 (정확히 내가 듣고 싶었던 말인) '그거 정말 멋있어'에서부터, 마찬가지로 큰 도움이 되었던 상세한 비판들에 이르기까지, 초고에 논평을 써주었던 워너 본펠드, 도로씨아 하일린, 크리스 라이트, 애나 다이널스타인, 에이드리안 와일딩, 마르쎌 스텟즐러, 라껠 구띠에레스, 마르타 그레고르치크, 마이클 카젠바허, 마리나 시트린, 알레한드로 메라니, 사이몬 수센, 폴 채털튼, 〈프리 어소시에이션〉의 데이빗-브라이언-케이어-네트, 사부 코소, 크리스 카를슨, 매기 싱클레어에게도 감사드립니다. 그리고 나의 설명을 듣고 그것을 이해해준 안또니오 오르띠스, 대학계의 일들을 처리하는 데 항상 도움을 주는 이엘슨 로하스, 또 항상 도움을 주는 비르히니야 가스띠요에게도 감사드립니다. 그리고 감사하게도 지난 몇 년 동안 내가 지도할 기회를 얻었던, 아직 언급하지 못한 박사학위 과정의 학생들에게도 감사드립니다. 특히 랄스 스텁, 비또리오 쎄르지, 알베르토 버넷, 라파엘 싼도발, 마누엘 마르띠네스, 미나 나바로, 나스예리 피게로아, 다리오 아쎄이니, 마리아나 무노스, 후낄라 곤살레스에게 감사를 전합니다. 내 삶에 밝은 빛을 비춰주는, 아이들이라고 부르기에는 다소 어울리지 않는 나의 아이들인, 에이든, 애나-메이브, 그리고 마리아나 홀러웨이에게도 감사를 보냅니다. 연락을 자주 하지 못할 때에도 항상 그곳에 있어주는 리처드 건, 언제나 변함없이 도움을 주고 용기를 주는 데이빗 캐슬, 그리고 이 원고를 책으로 만들어준 플루토 출판사의 모든 분들께 감사드립니다. 이 책의 영웅들인 무수히 많은 사람들에게도 감사를 보냅니다. 그리고 또 이 책의 어머니인 『권력으로 세상을 바꿀 수 있는가』에 대한 논의들에 참여했던 수많은 사람들에게도 감사합니다. 그 책은 나로 하여금, 대학들 속에서, 대학들에 맞서서, 점점 더 대학들을 넘어서 존재하는 실천적이고 이론적인 논쟁들의 세계에, 균열들의 세계에, 쉼 없는 반란적 사유에 의해 창출된 수많은 포럼들에 빠져들게 했습니다. 세계사회포럼들, 지역사회포럼들, 사빠띠스따 사건들, '다른' 세미나들, 오벤틱의 사빠띠스따 공동체에서 공통의 말을 다듬으며 보냈던 멋진 한 주, 피께떼로들 및 반체제 교사들과의 만남, 다양한 형태와 다양한 규모의 자율적 그룹들 등이 그것입니다. 알게 모르게 나에게 영감을 주었고, 그들이 없었다면 이 책을 상상도 할 수 없었을 너무나 많은 사람들에게도 감사드립니다. 예를 들어서 조지 윌슨, 아일린 심슨, 러드 멕켄지, 그리고 에스뻬랄[2]들과 전前에스뻬랄들, 쏠라노[3]들과 전前쏠라노들, 〈대안 저항운동에 참여하는 젊은이들〉, 그리고 말할 것도 없이 삐쩨로[4]들이 없었다면 이 책은 나올 수 없었을 것입니다. 그리고 이 마지막 쪽에 이르렀거나 아니면 뒤부터 책을 펼친, 독자인 당신에게 마지막의 것도 아니고 가장 적은 것도 아닌 감사를 드립니다. 그 뒤가 책의 앞이며 이 마지막 쪽이 끝이 아니라 시작이기도 합니다. 그리고 점점 더 불어나는, 급류처럼 맹렬한 흐름에 감사드립니다.

# 공통체를 창조하기와 자본주의를 균열내기

## 『공통체』와 『크랙 캐피털리즘』 교차독해와 서한논쟁

마이클 하트와 존 홀러웨이

# 2010년 7월에 마이클 하트가 존 홀러웨이에게

친애하는 존,

『권력으로 세상을 바꿀 수 있는가』와 『크랙 캐피털리즘』[1]에서 내가 좋아하는 것들 중의 하나는, 그것들이 반란의 계보학을 추적한다는 것입니다. 달리 말해 당신이, 사람들이 느끼는 분노, 격분, 노여움에서 출발하지만 거기서 멈추지 않는다는 것입니다. 당신의 논변은 반란을 창조적 실천과 이론적 탐구로 이끕니다.

한편에서 보면 당신의 논변에서는 거부가 본질적이고 심지어 일차적입니다. 하지만, 자본주의적 사회형태들에서의 탈주나 그것들과의 단절은, 다시 말해 모든 파괴적 힘은 창조적 힘을 수반해야만 합니다. 우리를 둘러싼 세계를 찢으려는 모든 노력은 새로운 세계를 창조하는 것을 목표로 삼아야만 합니다. 더구나 이 두 과정, 즉, 파괴적 과정과 건설적 과정은, 분리불가능하며 서로 완전히 삽입되고 얽힙니다. 바로 이것이, 당신이 말한 바처럼, 새로운 사회를 만드는 것을, 자본주의 사회의 완전한 붕괴나 해체 이후로 연기하는 것이 말이 안 되는 이유입니다. 오히려 우리는 낡은 사회의 껍질 속에서 아니 오히려 그것의 균열들과 틈들 속에서 새로운 사회를 창조하기 위해 지금 투쟁해야 합니다.

다른 한편에서, 당신은 반란이 어떻게 실천적일 뿐만 아니라 이론적인 혁신으로 나아가야 하는지를 입증합니다. 비록 당신의 책은 실천적 저항의 정서적 상태와 심급들에서 시작하지만, 중심적 논변은 개념적 탐구를 수반합니다. 그 중에서 내가 보기에 가장 중요한 것은 자본주의 사회에서 우리의 생산적 역량들의 역할과 잠재력에 관한 것입니다. 나는 여기에서 실천과 이론 사이의 분리에 대한 질문을 제기할 생각은 없습니다. 사실상 당신의 논변은, 그것들이 서로 완전히 삽입되고 또 얽혀질 것을 요구합니다. 세상을 바꾸기 위해서 우리는 다르게 행동할 뿐만 아니라 다르게 생각할 필요가 있습니다. 이를 위해 우리는 개념들을 가공해야 하고 때로는 새로운 개념들을 발명해야 합니다.

행위를 노동으로부터 구분하고 추상을 자본주의 지배의 일차적 힘으로 보는 이 책의 핵심 논변은, 내가 보기에, 매우 맑스주의적입니다. 이렇게 말하면 역설적으로 느껴질 수 있겠습니다. 왜냐하면 당신은 당신의 논변을 정통 맑스주의 전통과 세심하게 대비시키기 때문입니다. 당신은 당신의 입지를 맑스 자신의 글과 긴밀한 것으로 설정하며 때로는 맑스가 실제로 무엇을 말하는가를 밝히고 그것이 어떻게 정통 맑스주의 전통과 대립하는가를 보여주며, 또 때로는 맑스 자신을 넘어서 나아가기도 합니다. 비록 당신의 논변이 실제로 정통 맑스주의 전통에 대립하지만, 이런 식으로 맑스를 맑스주의에 대립하는 것으로 독해하며 맑스를 넘어서는 것은 당신을, 1960년대 이래 활동적이었던 흐름, 즉 한때 이설heterodox 맑스주의 전통이라 불렸던 강력한 흐름과 견고하게 일치(아니 어쩌면 대화)시킵니다. 예를 들어 이것은, 자유를 향한 우리의 기획의 진행과정이, 정통 맑스주의나 소비에트 이데올로기에 의해 주장된 바의 노동의 해방에 있지 않고, 노동으로부터의 해방에 있다는, 이 책에서 당신의 논변에 중심적인 그 주장 속에서 매우 분명히 나타납니다. 나는 이것을 이 이설적 전통의 핵심적인 슬로건이자 원리로 이해합니다.

내게 떠오르는 생각들 중의 하나는, 1970년대에는 정통 맑스주의가 실제로 지배적이었고 또 공식 공산당들의 여러 이데올로그들에 의해 지지되었음에 반해, 오늘날 그러한 해석노선은 실제로 완전히 신임을 잃었다는 것입니다. 그 대신에 오늘날 맑스주의 이론은, 내가 보기에 일차적으로는, 과거에 이설 노선이었던 것에 의해 특징지어집니다. 이 노선을 당신은 〈사회주의 경제학자 회의〉 소속의 당신의 동료들과 함께, 이탈리아, 독일, 프랑스에서의 유사한 경향들과 협력하면서 발전시켜 왔습니다. 그것은 좋은 일이며 또 오늘날 맑스주의 이론을 더욱 흥미롭고 현실타당성을 지닌 것으로 만드는 것입니다.

이렇게 해서 내가 당신을 다시 맑스주의 내부에 고삐를 채워 묶으려는 것은 아닙니다. 당신과 마찬가지로 나도, 나의 작업이 맑스주의라 불리는가, 아닌가에 전혀 개의치 않습니다. 나는 종종, 맑스주의자들이 나를 충분히 맑스주의적이지 않다고 비난하고 비맑스주의자들이 나를 너무 맑스주의적이라고 비난하는 것을 발견합니다. 그 어느 것도 내게는 상관이 없는 일입니다. 중요한 것은 맑스의 저작을 읽는 것이 얼마나 유용한가 하는 것입니다. 그리고 맑스를 읽는 것이 이 책에서 당신에게 얼마나 유용했는가가 나를 놀라게 합니다.

이 책에서 당신의 논변이 맑스의 저술들과 공유하는 심오하고 중요한 공명 중의 하나는 노동(혹은 인간의 생산적 역량capacity)을 우리에 대한 착취와 우리의 힘 모두의 현장으로 간주하는 데 있습니다. 당신은 (당신이 자본주의적 추상의 체제 내에서의 생산으로 간주하는) 노동을 (내가 보기에 맑스의 '산 노동' 개념과 아주 유사한) 행위와 구분하는 것으로 이 이중성을 표현합니다. 한편에서 자본은 우리의 생산적 역량을 필요로 하며 그것 없이는 존재할 수도 재생산할 수도 없습니다. 달리 말해 자본은 우리를 억압하고 지배할 뿐만 아니라 우리를 착취합니다. 이것은, 자본이 우리의 생산적 힘들을 자신의 사회체제의 제한된 틀 내에서 부단히 길들이고 또 명령하려고 애써야 한다는 것을 의미합니다. 당신의 논변에서 이것은 주로 추상과정에 의해 수행됩니다. 다른 한편 우리의 생산적 역량은 언제나 자본을 초과하며 잠재적으로 자본으로부터 자율적입니다. 저 비대칭성은 결정적입니다. 자본은 우리의 노동 없이 존속할 수 없지만 우리의 생산력 역량들은 잠재적으로 자본주의적 조직 없이도 존재할 수 있고 또 번성할 수 있기 때문입니다. 실제로 당신이 보여주듯이, 자본주의 사회의 균열들이나 틈들 내부에 존재하는, 우리의 생산적 자율성의 무수한 심급들이 이미 있습니다. 이것들은 매우 중요하지만 충분하지는 않습니다. 당신의 기획은, 내가 언젠가 말한 바 있듯이, 자본주의 사회 내부에서 자유의 사회를 구축할 수 있는, 자율적이고 생산적인 협력의 대안적인 사회적 네트워크를 창출하는 것입니다.

내가 『크랙 캐피털리즘』을 읽을 때, 『권력으로 세상을 바꿀 수 있는가』가 국가 폐지의 기획을, 다시 말해 우리의 마음과 실천에서 그것의 폐지의 기획을 채택하여 확장하고 있음에 반해, 이 책은 노동거부의 기획을 가지고 작업하고 있는 것으로 보였습니다. 이 책은 자본주의적 노동체제에 대한 모든 반란은 필연적으로 행위를 위한 우리의 자율적 역량들의 발전이고, 노동사회의 파괴는 생산과 생산성에 대한 대안적 개념에 기초한 새로운 사회의 창조와 중첩된다고 이해하는 것으로 보입니다.

이것은 나를 처음의, 애초의 질문으로 데리고 갑니다. 우리는, 자본주의적 노동체제가, 훈육과 통제를 통해 작동하는, 사회적 조직과 협력의 체제를 아주 잘 발전시켰음을 압니다. 당신은 이것을 주로 추상이라는 렌즈를 통해 분석합니다. 주류 노동자운동, 그리고 주로 산업노동조합들도 조직과 훈육의 형태들을 일종의 대항권력으로 발전시켰습니다. 그러나 당신의 분석에 따르면, 이것도 역시, 자본주의 체제처럼, 추상노동의 조직화에 몰두합니다. 나는 이 비판을 이해하며 그것에 대부분 동의한다고 생각합니다. 물론 당신이 1970년대에 출판된 칼 하인츠 로쓰Karl Heinz Roth의 탁월한 책을 인용하면서 말하듯이, '다른' 노동자 운동이 언제나 있어 왔음을 주의하면서 말입니다. 그러므로 나의 질문은, 우리의 자율적인 생산적 실천들, 즉 우리의 행위가 어떻게 대안적 사회형태로서 조직되고 또 유지될 수 있는가 하는 것입니다. 나는, 우리의 행위실천들의 협력과 조정의 체제들이 자발적이 아니라 조직될 필요가 있다는 것에 당신이 동의하리라 생각합니다. 나는 사회적 협력의 제도들을 창조할 필요가 있다는 것을 덧붙이고 싶습니다. 그리고 제도라는 말로 여기에서 내가 관료적 구조를 의미하는 것이 아니라 오히려 인류학자들이 그 용어를 사용할 때처럼, 사회관계를 구조화하는 반복된 사회적 실천, 즉 습관을 의미한다고 말하는 한에서, 아마도 당신은 이것에도 동의할 것입니다. 이러한 역할을 이행하는 어떤 제도들을 우리가 이미 갖고 있는지요? 그리고 우리가 어떤 종류의 제도들을 발전시킬 수 있는지요? 그리고 더욱 특수하게는, 이것이 생디칼리스트 전통과는 어떤 관계를 가질 수 있는지요? 물론 여기에서 요점은 노동자운동의 전통적 조직들을 완전히 거부하는 것이 아니라 어떤 점에서는 그것들을 확장하고 변형하는 것입니다. 여기에서 나는, 오늘날의 노동조직화 속에서, 당신의 논변의 방향과 일치하는 혁신들을 설명하고 싶습니다. 전통적 노동운동 대신에 우리가 행위자들의 연합이나 신디케이트를, 즉 행위의 사회적 제도를 상상할 수 있을까요? 그것의 사회적 협력의 메커니즘과 조직화의 구조들은 무엇일 수 있을까요? 나는 당신이 이 물음에 대한 답을 갖고 있는지 모르겠습니다. 그리고 내 자신이 그 답을 갖고 있다고 말할 수도 없습니다. 그러나 나는, 당신이 행위의 사회a society of doing의 구조들과 제도들을 우리가 어떻게 발전시킬 수 있는지를 생각할 어떤 길을 갖고 있으리라 생각합니다. 이것이, 내가 우리의 서신왕래에서 주목하고 싶은 첫 번째 논점입니다.

행복을 빌며,
마이클

# 2010년 12월에 존 홀러웨이가 마이클 하트에게

친애하는 마이클,

당신의 논평들에, 그리고 매우 정당해 보이는 그 어조들에 감사드립니다. 관심과 방향을 공유하고 있다는 느낌은 강렬하며 우리의 차이를 탐색함으로써 앞으로 나아가고자 하는 욕망이 느껴집니다. 이것은, 내가 『공통체』를 읽을 때 느꼈던 것을 아주 많이 생각나게 합니다. 당신의 관심사가 나의 관심사와 아주 밀접하다는 느낌, 때로는 아주 가까이서, 때로는 다른 방향으로 잡아당기면서, 일련의 감탄, 열광, 그리고 분개의 느낌들을 생산하면서 팔을 걸고 함께 걷고 있다는 느낌말입니다.

당신이 당신의 편지의 끝에서 제기한 문제는, 내가 『공통체』를 읽을 때 가졌던 나의 주요한 관심들 중의 하나를 직접적으로 건드립니다. 당신과 네그리가 많이 강조한, 그리고 당신들이 그 책의 마지막 부분에서 특별히 발전시키는 제도의 문제가 그것입니다.

내가 생각하기에, 우리의 관심사는 같습니다. 하지만 우리가 내리는 해답은 다소 다릅니다. 우리가 공유하고 있는 관심사는, (당신이 자크리의 반란[2]이라고 부르는) 격분의 폭발 이후에 어떻게 나아갈 것인가 하는 것입니다. '모두 다 꺼져버려!'의 외침이 높이 울려 퍼지고 사람들이 대통령들을 차례로 거꾸러뜨렸던 거의 10년 전의 아르헨띠나 투쟁; 씨애틀, 칸쿤, 제노바, 글렌이글스, 로스톡 등지에서 열렸던 대안세계화 운동과 거대한 반정상회담 시위들; 지난해에 그리스, 프랑스, 이탈리아, 영국, 아일랜드 등지에서 일었던, 그리고 내가 이 글을 쓰고 있는 지금, 튀니지, 이집트, 알제리 등지에서 일고 있는 격노의 폭발들. 위대하지요. 우리는 흥분으로 폴짝폴짝 뛰며 박수를 칩니다. 그러나 그러고 나서 무엇을 할 것인가? 우리가 어떻게 나아갈 것인가? 우리 두 사람은, 격노가 충분치 않다는 것에, 어떤 긍정적 계기가 있어야 한다는 것에 동의합니다. 우리 두 사람은, 그 대답이 당을 건설하는 것도 아니요 다음 선거에서 이기는 것도 아니며 국가에 대한 통제력을 장악하는 것도 아니라는 것에 동의합니다. 그러나 그게 아니라면 무엇을 해야 한단 말일까요? 당신이 내놓는 대답은, '제도화하라. 반란의 물결이 이룬 것을 지속시킬 제도를 창출하라'입니다. 그리고 나는 말하고 싶습니다 : '아니오, 아니오, 아니오, 그것은 우리가 나아갈 길이 아니오. 그것은 위험한 제안이오.'

물론 나는 당신이 말하고 있는 것을 희화화하고 싶지 않습니다. 왜냐하면 당신의 주장에는 매우 큰 세심함과 미묘함이 있기 때문입니다. 당신의 편지에서 당신은, '나는 사회적 협력의 제도들을 창조할 필요가 있다는 것을 덧붙이고 싶습니다. 그리고 제도라는 말로 여기에서 내가 관료적 구조를 의미하는 것이 아니라 오히려 인류학자들이 그 용어를 사용할 때처럼, 사회관계를 구조화하는 반복된 사회적 실천, 즉 습관을 의미한다고 말하는 한에서, 아마도 당신은 이것에도 동의할 것입니다'라고 말합니다. 그러나 아닙니다. 나는 그것에 동의하지 않습니다. 제도에 대한 당신의 폭넓은 이해를 고려할지라도 말입니다.

왜 내가 동의하지 않을까요? 첫째로, 당신은 제도화에 대한 확장된 이해를 주장하지만, 당신은 그 두 가지 의미 사이의 구분이 흐려지게 될 문을 엽니다. 반복된 사회적 실천은 쉽게 관료적 구조 속으로 미끄러져 들어갑니다. 만약 당신이 (예컨대 다른 단어를 사용하여) 그

둘 사이에 매우 첨예한 구분을 만들어 내지 않는다면, 당신이 이 미끄러짐을 정당화할 위험이 있습니다. 그 책[*Commonwealth* — 옮긴이]에서 그 구분은 때로는 명확하지만 때로는 그것이 증발하는 것처럼 보입니다. 가령 그 책의 380쪽에 나오는, 유엔 기관들이 전 지구적 보장소득을 제공할 수 있을지 모른다는 놀랍고 당황스런 제안 같은 것(나는 이에 동의할 수 없습니다)이 그것입니다.3 제도화는 국가중심적 정책으로 쉽사리 빠져듭니다. 그렇지 않다면, 당신이 어떻게 유엔의 보장과 같은 것을 달성하는 것을 상상할 수 있겠습니까?

둘째로 나는, 제도화가 언제나 현재를 미래에 투사하는 것을 의미하기 때문에 그것에 동의하지 않습니다. 반복되는 사회적 실천이라는 약한 의미에서 사용될 때조차도, 그것은, 젊은이들이 그들의 부모가 행동한 것처럼 (혹은 누나들이나 형들이 행동한 것처럼) 행동해야 한다는 기대를 불러일으킵니다. 그러나, 아닙니다. 그들은 그렇게 행동하지 않아야 합니다. 2000년의 멕시코 국립자치대학UNAM 대파업에서 1968년의 베테랑들은 학생들에게 '그렇게 하는 게 아냐. 이렇게 해야만 해'라고 말했지요. 하지만 다행히 (아니면 불행하게도) 학생들은 그 말에 주의를 기울이지 않았습니다. 제도화는 언제나 전통의 신성화입니다. 수년 전에 안또니오 네그리가 전통에 대해 뭐라고 썼습니까? 계급투쟁의 적이라고 쓰지 않았는지요? 나는 그가 정확히 뭐라고 썼는지, 어디에서 썼는지 기억하지 못합니다. 하지만 그것이 멋지다고 생각했던 것을 분명히 기억합니다.

셋째로 제도화는 작동하지 않거나 혹은 예상한 대로 작동하지 않습니다. 투쟁의 흐름이 있습니다. 그리고 (내 친구 쎄르지오 띠쉴러가 표현한 바처럼) 일정한 방향으로 그 흐름을 회로화하기 위해 고안된 제도들을 반복적으로 휩쓸어 버리는, 통제될 수 없는, 반란의 사회적 흐름이 있습니다. 내 느낌으로, 당신은 사회를 이해함에 있어서 제도들에 너무 많은 무게를 부여하고 있습니다. 사랑이 제도화될 수 있나요? 나는 사랑의 혁명적 힘에 대한 당신의 참신한 생각에 완전히 동의합니다. 그러나 그때 당신은 물어야만 합니다. 사랑이 제도화될 수 있는가? 절대로 아닙니다. 우리가 혼인계약에 대해 말하고 있는 것이 아니라고, 단지 '반복되는 사회적 실천, 즉 습관'에 대해 말하고 있는 것이라고 말한다 하더라도, 우리 모두의 경험에 따르면, 사랑은 습관과 부단히 충돌하는 것 같습니다. 사랑은 반복되는 사회적 실천의 맥락 속에서 잘 살아남을지 모릅니다. 하지만 그것이 부단히 그것-속에서-그것에-대항하며-그것을-넘어서 움직일 때에만 그렇습니다.

대안세계화 운동에서 출현했던 주요한 제도인 세계사회포럼을 생각해 보십시오. 나는 그것에 특별히 반대하지 않습니다. 나는 그것이 유용하고 즐거운 회합의 장소를 제공할 수 있다고 생각합니다. 그러나 대부분의 참가자들의 의도와는 달리, 그것은 운동의 관료화를 촉진하는 경향이 있습니다. 그리고 그것은 분명히 혁명의 열쇠가 아닙니다.

제도화는 (넓은 의미든 좁은 의미든) 삶을 철도궤도나 고속도로에 놓으려고 하는 것을 의미합니다. 반면 반란은 그것으로부터 단절하려는, 행위를 하는 새로운 방식을 발명하려는 끊임없는 시도입니다. 제도들을 창출하자는 제안은, 내가 이해하는 바에 따르면, 혁명을 향한 낡은 길이 더 이상 작동하지 않으므로, 함께 걸으려고 우리를 따르는 사람들을 위해 새로운 길을 만들어 내야 한다고 말하는 것입니다. 그러나 결코 그렇지 않습니다. 혁명은 언제나 우리 자신의 길을 만들어 내는 과정입니다. 길은 걸음으로써 만들어진다Se hace el camino al andar는 혁명적 과정의 구성부분입니다. 나는 제도화라는 생각 자체를, 인간 행동을 추상노동으로 조직하는 양상으로 이해합니다. 그것은, 우리가 맞서 싸우고 있는 바로 그것입니다.

'너무 쉽군'이라고 당신은 말할지 모릅니다. 물론 당신이 옳을 수 있습니다. 어떤 형태의 사회적 조직화도 있어서는 안 된다고? 분명히 사회적 조직화는 필요합니다. 그러나 우리의 조직화 형식들, 다른 사회를 지향하는 조직화의 형식들은 고정되어 있는 것으로 생각될 수 없습니다. 우리는 자본주의에 대항하는 운동들에 어느 정도 공통적인 생각들, 원리들, 경험들, 방향들을 갖고 있습니다. 그러나 우리 자신이, 우리의 실천들과 생각들이 우리가 맞서 싸우고 있는 사회에 의해 깊은 자국이 파여 있음을 고려하면, 그 조직화의 형식은 단지 실험적일 수 있을 뿐이며, 시행착오와 반성에 의해 움직이는 과정일 수 있을 뿐입니다.

그러나 균열들의 결집이 있어서는 안 되는 것일까요? 있어야 합니다. 나는, 이것이 내 책에서 충분히 탐구되지 못한 주제라고 생각합니다. 나는, 언젠가는 균열들의 합류라는 문제를 더욱 발전시켜 보고 싶습니다. 영감처럼 스치는 초원의 불꽃이라는 맥락에서뿐만 아니라, 협력의 실천적 조직화의 맥락에서도 말입니다. 그리고 두 번째로 그 합류를, 총체성에서부터 움직이는 미래의 계획이 아니라 특수한 것에서부터의 항상적인 실험적 움직임으로 생각하는 것이 중요합니다. 나는 그것이 당신들의 책의 경향이라고 생각합니다. 우리는 균열들 속에 있으며 거기로부터 밀치고 나아갑니다. 우리의 과제는 통치의 대안적 체제를 세우는 것이 아니라 파괴하는 것이고 그것을 넘어서 나아가는 것입니다. 우리는 현존하는 운동의 실천들을 따라가려고, 그것들을 비판하려고, 그리고 그 합류가 달성되고 있는지 아닌지를 이해하려고 애쓸 수 있습니다. 하지만 우리는 미래를 위한 모델을 세울 수는 없습니다.

내가 책에서 주장했듯이, 존엄은 발 빠른 춤입니다. 그러나 제기되는 문제는, 우리가 그만큼 경쾌할 수 없지 않은가 하는 것입니다. 아마도 우리는 그보다 더 천천히 움직일 수 있을 뿐입니다. 어쩌면 우리가 목발 같은 제도를 필요로 하는지 모릅니다. 우리가 내딛는 발걸음들을 단단하게 할 수 있기 위해서 말입니다. 그렇게 생각할 수 있겠지만, 그럴 때조차도 걷기를 배우는 것은 목발들을 던져 버리는 것입니다. 만약 우리가 제도화와 전복을 결합시키지 못하면 우리 자신을 배신하게 됩니다. 우리가 제도화해야 한다면, 그때 우리는 동시에 우리 자신의 제도를 전복해야만 합니다. 이것은 동일화의 문제와 유사합니다. 『권력으로 세상을 바꿀 수 있는가』에서 나는, 우리의 동일성을 긍정하는 것이 때로 중요할 수 있음을 받아들입니다. 그러나 우리가 동시에 그 동일성을 전복하거나 그것을 넘어서는 한에서만 받아들입니다. 그리고 당신과 네그리가 동일성에 대한 논의에서 말한 것도 이와 유사합니다. 그러므로 제도화하라-그리고-전복하라가, 내가 좀 더 매력적인 것으로 생각하고 싶은 공식입니다. 하지만 이때조차도 나는 그것을 별로 좋아하지 않습니다. 때때로 제도화가 불가피할 수 있지만, 제도화와 전복 사이의 긴장 속에서 우리는 이미 어떤 편을 듭니다. 사유는 전복입니다. 에른스트 블로흐가 말했듯이, 생각하는 것은 넘어서 나아가는 것입니다. 당신들은 당신들의 책에서 여러 번 에른스트 블로흐를 인용하지만, 안또니오 네그리는 다른 곳에서 그를

가차 없이 부르주아 철학자로 묘사합니다.[4]

물론 출판은 제도화의 형식입니다. 그리고 나는 출판행위에 적극적으로 참여합니다. 내 주장들을 출판함으로써 나는 그 주장들에 고정성을 부여합니다. 그러나 아마도 이 편지교환은 우리 둘 모두에게서 저 제도성을 전복하기 위한 시도입니다. 이것의 목적은 이미 취한 입장을 옹호하는 것에 있지 않으며 서로를, 우리가 이미 쓴 것을 넘어 나아가도록 고무하는 데 있습니다.

그리고 우리가 제도에 대해 이야기할 때 빼놓을 수 없는 주제가 있습니다. 당신들의 책의 마지막 장의 제목, '혁명을 다스리기governing' 에 대해 내가 뭐라고 할 수 있을까요? 끔찍한 모순어법? 매우 대담한 도발? 그게 아니라면 그것은 진지한 제안일까요? 그 제목이 진지한 제안으로 보이는 한에서, 그것은 분명히 나를 도발하며 소름끼치게 합니다. 나를 당황스럽게 하는 것은, 그 구절이 다스리기와 혁명의 분리를 제안한다는 것입니다. 그런데 내가 보기에 혁명은 이 분리의 폐지입니다. 혁명을 다스리기는 즉각 내게 묻도록 만듭니다. 누가, 누가 혁명을 다스릴 것인가? 377쪽에 있는, '인간은 길들여질 수 있다'는 당신(들)의 진술도 나를 기겁하게 합니다. 누가 그 길들이기를 행해야 합니까? 누가 당신의 혁명을 다스릴 것입니까? 누가 인간들을 길들일 것입니까? 만약 당신이 자치에 대해 말하고 있는 것이라면, 그렇다면 좋습니다. 왜 당신은 자기결정의 조직적 형식에 대해, 자기결정은 자기교육의 과정을 의미하며 자기변형의 과정을 의미한다는 생각에 대해 말하지 않습니까? 그러나 우리가 그 문제를 그렇게 고쳐 쓴다면, 우리는 즉각적으로, 자기결정의 조직적 형식은 자기결정이며 따라서 제도화될 수 없다고 말해야 할 것입니다.

우리의 관심사의 두 번째 전선에 대해 이야기를 시작해 보겠습니다. 민주주의가 그것입니다. 당신은 민주주의를 위한 투쟁에 혁명에 대한 논의를 집중시킵니다. 자본주의의 폐지 문제는, 말하자면, 뒷자리로 물러나는데, 이것이 나를 혼란스럽게 합니다. 5.3장에서[5] 당신은 그 주장을, 자본을 구할 강령으로 정식화합니다. 그리고 나서 당신은, 그렇다고 해서 자신이 혁명이라는 생각을 포기하고 있는 것이 아니라고 말합니다. 단지 이행에 관한 다른 생각을 가지고 작업하고 있을 뿐이라고 말입니다. 나는 이행에 관한 이 다른 생각이라는 말로 당신이 무엇을 의미하는지 분명히 알지 못하겠습니다. 그것은 이행기(적 요구들의) 강령처럼 들립니다. 자본주의와 양립불가능한 것으로 우리가 알고 있는 (그렇다고 공개적으로 그렇게 말하지는 않는), 민주주의를 위한 투쟁을 통해 반자본주의 혁명을 달성한다는 개념 말입니다. 위험은, 당신이 더 많이 민주주의에 대해 말할수록, 자본주의에 대해서는 더욱더 적게 말하게 되며, 혁명의 문제 전체가 더욱더 배경으로 사라져 간다는 것입니다. 내게는, '자본주의는 파국이다, 우리가 어떻게 그것을 제거할 것인가?'라고 말함으로써 다른 길을 시작하는 것이 훨씬 더 간단해 보입니다.

편지가 터무니없이 길어졌군요. 물론 이렇게 된 것은 그토록 고무적이고 자극적인 책을 쓴 당신(들)의 잘못입니다. 답신을 기다리겠습니다.

행복을 빌며,

존

## 2011년 6월에 마이클 하트가 존 홀러웨이에게

친애하는 존,

아주 가까이서 함께 걷는 것이 우리를 여행하게 할 수도 있지만, 서로를 읽으면서 비틀거리게 할 수도 있다는 당신의 말은 옳다고 생각합니다. 타자의 주장에 아주 많이 동의한 후에, 툭 삐져나와서 우리가 받아들일 수 없는 논점이나 주장에 직면하면 일종의 당황감이 일어나지요. 여기서 우리의 과제 중의 하나는, 단지 오해나 용어상의 차이에 기인할 뿐인 외관상의 갈등을 제거하고(이것도 작은 과제는 아닙니다) 우리가 동의하지 않는 중요한 논점을 명확히 하는 것입니다.

나는, 제도라는 용어가 당신에게 얼마나 언짢게 느껴지는지 알겠습니다. 그리고 당신이, 우리가 실제로 동의하는 정식화에 마침내 도달할 때까지 당신의 편지에서 매우 집요하게 제도라는 용어를 가지고 서술을 한 것에 감사드립니다. 당신은 제도화하라는 요구를, 만약 그것이 언제나 전복이라는 동시적 과정을 수반하는 한에서는 수용할 수 있다고 했습니다. 그렇습니다. 제도화하라 그리고 전복하라. 이것이, 우리가 공유할 수 있는 좋은 모토입니다.

그러나 물론 이 모토에 대한 우리의 견해는 실제로 다릅니다. 그러니 그 견해의 차이로 조금 더 돌아갈 수 있도록 허락해 주세요. 당신이 주목했듯이, 네그리와 나는 조직화의 필요에 대한 우리의 관심사로부터 제도에 대한 논의로 나아갑니다. 반란이 먼저 일어나지만 자발성으로 충분치는 않습니다. 반란은 혁명적 과정에서 조직되어야 합니다. 이 기본적 논점에서 나는, 우리가 조금 다르다고 생각합니다. 당신이 말하듯이, 대조는, 강조점이 두어지는 곳에서, 특히 조직화의 안정성이 강조되는 정도에서 나타납니다.

　분자적molecular 수준에서는, 우리의 강조점 차이가 그렇게 크지는 않다고 나는 생각합니다. 내가 보기에, 습관, 관습, 그리고 반복된 실천에 대한 생각이 당신에게서 제한되어 있는 것 같습니다. 그리고 당신은, 그것들이 혁신을 무디게 할 수 있다고 두려워하고 있는 것으로 보입니다. 그렇지만 나는, 생명[삶]의 형태들은 오직 반복의 구조를 통해서만 존재한다고 주장합니다. 우리의 삶과 타자들과의 유대는 수많은 습관들과 반복된 실천들에 의해 지탱됩니다. 우리가 매일 밤 저녁 식사를 하는 시간의 문제나 일요일 몇 시에 산책을 하는가하는 문제만이 아니라, 우리가 서로 어떻게 관계를 맺고 어떻게 서로 친밀한 사회적 유대를 유지하는가하는 문제 등이 이것과 관련되어 있습니다. (마르셀 프루스트의 소설은 내가 보기에 삶이 어떻게 습관과 반복된 실천들의 복잡한 그물망에 의해 구성되는가에 관한 고전적인 탐구입니다.) 그러한 제도는, 당신이 주장한 대로, 현재를 미래와 연결시킵니다. 하지만 반드시 당신이 두려워하고 있는 방식으로 그렇게 하는 것은 아닙니다. 당신은, 사회적 습관들이 우리를, 이전 세대의 사회적·조직적 형식을 반복하는 것에 제한하지 않을까 걱정합니다. 나는, 스피노자가 신중함prudence이라고 부르는 것 쪽으로 더 향하고 있습니다. 미래가 마치 현존하고 있는 것처럼 생각하고 그것을 기반으로 행동하는 것 말입니다. 이것은, 우리가 오늘날, 2050년의 파국적인 이산화탄소 수준에 의해 만들어질 산업들과 실천들에 대항해 어떻게 행동할 것인가 하는 문제만이 아니라, 우리가 서로에 대한 우리의 관계 속에서 지속의 관점을 부단히 창출하는 방식과 관련되어 있습니다. 이것은 사랑을 고려함에 있어서도 타당합니다. 사랑은 파열, 분쇄, 변형의 사건일 뿐만 아니라 유대이기도 합니다. 나는 끊임없이 내가 사랑하는 것으로 되돌아갑니다. 이것은, 사랑이 정적이고 고정된 관계임을 의미하지 않습니다. 사랑은 혁신이며, 당신이 정확하게 말했듯이, 넘어서기입니다. 그렇습니다. 하지만 사랑하기 위한 의례<sup>ritual</sup>가 있습니다. 사랑하는 사람에게 되돌아가 우리의 공유된 실천을 반복하는 것 말입니다. 사랑의 혁신은, 저 의례의 맥락 속에서, 출현합니다. 당신의 말을 따른다면 그것은, 제도화하라, 그리고 전복하라입니다. 혹은 다르게 반복하기입니다. 어떻든, 이 분자적 수준에서, 나는, 당신과 내가 제도의 문제에 다른 관점에서 접근하고 있다고 이해합니다. 그러나 나는 우리의 차이들에서 커다란 결과들이 나타난다고 보지는 않습니다.

이와는 달리 몰적<sup>molar</sup> 수준에서는 우리의 차이가 더욱 의미심장해진다고 나는 생각합니다. 네그리와 나는 제도에 강조점을 두었습니다. 아니 실제로 대안적 거버넌스를 발전시킬 새로운 제도적 형식을 창출하는 것에 강조점을 두었습니다. 나는, 당신이 ·이러한 프로젝트의 몇몇 형태<sup>version</sup>를 받아들일 수 있었고 또 심지어 그것들에서 편안함을 느낀다고 생각합니다. 예컨대 치아빠스에서 EZLN의 커다란 성공들 중의 일부는 그들이 이러한 대안적 거버넌스의 제도들을 그들이 창조해 낸 것이었습니다. 까라꼴레스<sup>caracoles</sup> 6, 〈좋은 정부 평의회들〉, 그리고 사빠띠스따 공동체를 다스리는 수많은 규범들과 절차들 등은, 우리가 옹호하는, 새로운 민주적 제도형식들을 실험한 좋은 예들입니다. 내가 느끼기로, 당신은 이 사빠띠스따의 제도적 실천을 일반적으로 지지합니다. 여기에서도 역시 제도화하고 전복하라는 구호가 잘 가동됩니다. 모든 실천들은 비판의 항상적 힘에, 물으면서 걷기에 종속되어야 합니다.

우리의 차이는 우리가 비판하는 기존 제도들과 관련해서 더욱 명확하게 나타납니다. 당신과 마찬가지로, 네그리와 나도 공식적인 노동조합들과 그들의 전통에 대해 비판적입니다. 하지만 우리에게서는 그 비판적 태도가 노조운동 전체에 대해 완전히 대립적인 태도를 취하도록 만들지는 않습니다. 노동운동의 작은 부분은 부단히 그 전통에서 벗어나 새로운 방향으로 나아가려고 하고 있습니다. 예컨대 일정한 기간(때때로는 짧은 기간)동안, 이탈리아의 〈금속노조〉FIOM, 프랑스의 〈연대단결민주노조〉SUD, 미국의 〈서비스노조〉SEIU의 일정 부분(종종 작은 소수)은 새로운 방향을 그려내기 위해 노력했습니다. 우리는 이 노동조합주의적인 요소와 대화를 시작하고 싶어 하는 동시에 그들의 제도적 구조 안팎의 전통적 논리를 전복하고 싶어 합니다. 당신의 '제도화하라 그리고 전복하라'도 이런 맥락에서 의미를 갖는지요? 아니 오히려, 당신의 책에서는 같은 문제에 접근하는 다른 방식이 있습니다. '행위'는 조직될 수 있고 또 조직되어야 합니까? 만약 그렇다면, 이 조직들은 조직된 노동의 역사와 어떤 관계를 맺는지요? 당신은 행위의 노동조합주의적 실천을 어떻게 설명하겠습니까? 나는 '행위의 소비에트들'을 구축하자는 생각에 매력을 느낍니다. 하지만, 그러한 생각이 당신을 소름끼치게 만들지 않을까 두렵습니다.

우리의 차이는 오늘날 권력을 쥐고 있는 이른바 진보적 정부들과 관련하여, 특히 라틴아메리카의 정부들과 관련하여 아마도 가장 분명히 표현되는 것 같습니다. 당신도 알다시피, 네그리와 나는, 아르헨티나와 브라질에서 볼리비아, 에콰도르, 베네수엘라에 이르는, 이 좌파주의 정당들과 정부들에 대해 비판적입니다. 그리고 당신에게서와 마찬가지로, 우리의 희망과 열망은 주로 정부가 아니라, 그들의 선거 승리의 가능성을 창출한 강력한 사회운동들에 주로 연결되어 있습니다. 그러나 우리는 이들 정부를 단지 적대자로서만 간주하지는 않습니다. 여기에서도 역시 나는 당신의 슬로건인 '제도화하라 그리고 전복하라'의 이중 태도를 좋아합니다. 달리 말해, 나는, 이 정부들의 도래가 투쟁의 새로운 (그리고 어떤 점에서는 더 나은) 지형을 창출했고, 그 속에서 운동들은, (석유, 가스, 콩 단작 등등에의 의존을 포함하는) 채취에, 인종 위계에, 그리고 그 밖의 많은 것들에 기초한 신자유주의적 실천들과 경제적 패러다임에 대한 투쟁을 계속할 필요가 있다고 말하고 싶습니다. 내가 느끼기에, 네그리와 내가 편안하게 받아들이는 비판적 참여방식이 당신에게는 낯설고 심지어 위험하게 보이는 것 같습니다. 이것이 아마도 우리들 사이의 실제적 차이일 것입니다. 그리고 나는 그것에 대해 할 말이 많은 것 같지 않습니다.

(사소하지만 밝혀 두어야 할 것이 하나 있습니다. 당신은 네그리와 내가, 유엔이 전지구적 보장소득을 제도화할 것을 제안하는 것으로 보이는 우리 책의 한 구절에 당황감을 표현했습니다. 우리가 이런 제안을 하고 있는 것이 아닐 것이라는 당신의 본능적 이해가 옳습니다. 그 구절은 우리 책의 역설적 부분에 나옵니다. 거기에서 우리는, 자본이 자기이익에 따라 이성적으로 행동할 수 있다면 어떻게 자신을 개혁할 것인가에 관한 사유실험을 시도합니다. 우리는 자본주의적 개혁의 논리를 따라 나아가려고 노력했고, 그러한 개혁이 불가능하며 그러한 논리가 실제로 붕괴할 것이라는 것을 알면서 그렇게 말한 것입니다.)

이제 내가 『크랙 캐피털리즘』을 읽으면서 가졌던 다른 의문을 꺼

낼 시간인 것 같습니다. 그것은 제도의 문제에 관련된 것이지만 앞에서 이야기한 것과는 다른 맥락에서 그런 것 같습니다. 당신의 주장에서 주요한 적대자는 추상노동이고, 내가 옳게 이해했다면, 더 일반적으로는 추상이라는 개념적 과정 자체입니다. 나는 추상에 대한 당신의 반대를 내가 공유한다고 생각하지 않습니다. 교환가치에 의한 맑스의 추상노동에서 시작해 봅시다. 맑스가, 추상노동이 구체노동을 지배하는 것처럼, 상품의 교환가치가 그것의 사용가치를 흐리고 또 그것을 지배하는 방식을 상세히 설명하는, 『자본론』의 첫 페이지들을 내가 읽을 때, 그것들은 [교환가치의 지배와는 ― 옮긴이] 반대 방향을 가리키는 대칭적인 반자본주의 기획을 의미하지 않습니다. 달리 말해, 교환가치에 대해 사용가치를 긍정하는 정치적 기획은 내게는 전자본주의 사회를 다시 붙잡으려는 향수에 젖은 노력처럼 보입니다. 내가 이해하는 바의 맑스의 기획은 이와는 달리, 다른 쪽으로 나오기 위해 자본주의 사회를 뚫고 들어가는 것입니다. 똑같은 방식으로 나는 추상노동을 적대자로 보지 않습니다. 추상노동이 없으면 프롤레타리아트도 없을 것이라고 말하는 것은 하나의 단순화(그러나 내가 생각하기에는 중요한 단순화)입니다. 만약 벽돌공, 목수, 직공, 농업노동자, 자동차노동자 등이 서로 구체적인 채로 남아 있고 약분할 수 없다면, 우리는 노동일반(맑스가 말한 바와 같은, 그 지출형태와 무관한 노동)이라는 개념, 잠재적으로 그들을 하나의 계급으로 결합하는 개념을 가질 수 없을 것입니다. 나는, 이 말이 당신에게는, 내가 지금 노동계급 조직들의 전통으로 돌아가 그것을 긍정하고 있는 것처럼 들릴 것이라는 것을 압니다. 그러나 내가 그렇게 하고 있는 것은 아닙니다. 아니 적어도 무비판적으로 그렇게 하고 있는 것은 아닙니다. 사실상,

추상은 우리가 바로 그 전통을 오염시켰던 조합주의적 구조들에 대해
비판하기 위해 필요합니다. 그러한 추상은 또, 1970년대와 1980년대
에 미국과 영국에서 사회적 페미니스트 서클들이, 노동의 성적 분할
을 계속 특징지어 온, 부불의 가사활동과 돌봄의 실천들을 노동으로
간주하면서, 가사노동 논쟁을 제기할 수 있게 했던 개념입니다. 그러
므로 추상노동이란, 내가 이해하는 바에 따르면, 하나의 사물이 아니
라 노동세계를 가로지르는 연속성을 파악하는 방식이며 하나의 분석
론입니다.

내가 방금 쓴 것이 부분적으로는 쟁점을 흐릴 수도 있다는 생각이
듭니다. 왜냐하면 당신과 내가 그 용어를 다르게 사용하고 있기 때문
입니다. 내 추측에 따르면, 당신은 추상(과 추상노동)을, 자본이 우리
의 노동에 의해 생산된 가치를 측정하고 이용하며 우리의 삶에 대한
명령을 행사하는, 착취의 과정과 구조를 지칭하는 말로 사용하고 있
습니다. 그리고 이와 대비하여 '행위'라는 말은, 자본주의 질서의 균열
들 속에서 공간을 만들어 낼 수 있는, 자기조직화되고 자율적인 노동
이라는 의미로 쓰입니다. 그렇습니다. 내게도 그런 용어법이 타당하
게 작용합니다. 사실상, 이 점에서 당신의 주장은, 우리가 자본주의적
인 삶정치적 생산의 위기라고 부른 것에 관해, 노동의 출현하는 구성
에 관해, 그리고 자본으로부터의 자율을 위한 새로운 가능성들에 관
해 다루고 있는 『공통체』 제3장[7]에서의 우리의 주장과 잘 상응하고
또 그것을 보완합니다.

내가 제도의 문제에서 벗어나려고 노력하고 있었지만 여기에서
다시 그 문제가 살금살금 들어오는 것 같습니다. 그렇습니다. 나는 각
각의 행위를 그 특이성 속에서 평가하고 싶습니다. 그러나 나는 또한

사회를 가로지르는 무수한 행위들에 공통적인 것을 파악하고 싶습니다. (이것이 추상행위의 논리일까요?) 나는 조직을 원합니다. 행위의 소비에트들을 창출하는 것에 대한 앞서의 나의 명제의 나쁜 맛을 당신의 입에서 씻어내 주시기 바랍니다. 행위들은 어떻게 조직됩니까? 그리고 그것들이 조직되는 형태는 무엇입니까?

조직화와 제도의 문제에서 벗어나는 것이 쉽지는 않군요. 그것이 계속해서 다시 따라붙습니다. 우리가 우리의 차이를 이해하기 위해 계속 작업해야 할 영역이 바로 그것이 아닌가 생각됩니다.

행복을 빌며,

마이클

# 2011년 11월에 존 홀러웨이가 마이클 하트에게

친애하는 마이클,

동의할 것과 동의할 수 없는 것이 있는 매우 흥미로운 편지였습니다.

당신의 주장 속으로 살짝 들어온 한 문장으로 곧장 들어가겠습니다. 그 문장이 우리의 차이의 중요한 관건이 아닌가 싶어서입니다. 당신은 추상노동에 대한 논의의 문맥 속에서 이렇게 말합니다 : '내가 이해하는 바의 맑스의 기획은 이와는 달리, 다른 쪽으로 나오기 위해 자본주의 사회를 뚫고 들어가는 것입니다.' 그러나 나는 다른 쪽으로 나오기 위해 자본주의 사회를 뚫고 들어가기를 원치 않습니다. 나는, 만약 아직도 시간이 있다면, 시간이 있는 동안에, 지금 당장 빠져나오기를 원합니다. (밥 딜런/지미 헨드릭스가 표현했듯이) 여기에서 빠져나갈 모종의 길이 있어야 합니다. 물론 없을 수도 있겠지만요.

이것이 벤야민의 비상브레이크입니다. 우리는, 인류의 완전한 절멸을 향해 돌진하는, 재앙으로 향하는 기차를 타고 있습니다. 지금까지는 그랬다 할지라도, 다른 쪽으로 나오는 것에 대해 생각하는 것이 더 이상은 말이 되지 않습니다. 우리는 비상브레이크를 잡아당겨 기차를 멈춰야 합니다. (아니 메타포를 바꾸면, 자본주의는 너무 익어 부패하고 있는 사과이거나 이미 죽었지만 모든 것을 파괴하면서 계속 걸어 다니는 좀비입니다.) 그러므로 진보가 아니라 파열이 필요한 것입니다. 지금, 여기에서 말입니다.

나는, 당신과 네그리가 쓴 3부작[8]에서 당신들의 주장들 대부분이, 자본주의 사회를 뚫고 나가는 것이 우리를 다른 편으로 인도할 것이라는 견해에 의거하고 있는 것이 아닌가 생각합니다. 분명히 당신은 자본이 파괴의 길 위에 있다(Hardt and Negri, 2009 : 306)[9]고 말합니다. 하지만 그것이, (내가 말하고 싶은 바대로) '자본은 파괴에로의 길이다'라고 말하는 것과 똑같지는 않습니다. 당신의 정식화는, 자본주의의 경로가 변경될 수 있음을 암시합니다. 반면 나의 느낌은, 자본과 단절하는 것이 파괴에로의 돌진을 멈출 필수적인 전제조건이라는 것입니다. 당신(들)은, 자본을 위한 개혁주의 프로그램을 다른 사회로의 이행을 향해 움직이는 길로 제시합니다. 이런 방식으로 당신(들)은, 파괴의 길 위에 있는 자본에 대한 당신(들)의 진술을 계속합니다. 반면 나는 자본주의를 해체의 발전된 단계에 이미 있는 것으로 간주합니다. 그래서 나는 자본주의 은행들을 넘쳐흐르는 대안사회의 많은 기획들을 제안하고 또 우리가 우리의 모든 에너지를 넘쳐흐름이나 균열에 투입해야 한다고 주장하는 것입니다.

이것은 제도화에 대한 우리의 차이를 제대로 자리 잡을 수 있도록 도와줍니다. 우리는 '제도화하라-그리고-전복하라'라는 지반에서 행복하게 만납니다. 하지만 나는, 이 긴장 속에서 우리가 서로 다른 방향을 향해 등을 대고 앉아 있다고 느낍니다. 당신은 강조점을 제도화의 중요성에 둡니다. 반면 나는 우리의 무게중심을 전복의 쪽에, 부단히 대항하며-넘어서 나아가는 쪽에 두기를 원합니다. 내가 보기에 제도화하라-그리고-전복하라는, 당신이 주장하는, '다르게 반복하기'가 아닙니다. 그것은 오히려 반복적인 파열, 단절, 부정의 과정입니다.

물론 그것은 단지 단절의 문제만은 아닙니다. 반란만으론 충분치 않습니다. 그것은 우리의 탐구의 공유된 출발점입니다. 그렇다면 무엇을 해야 합니까? 공통하라 communise. 이것이 내가 더욱더 이끌리는 단어입니다. 단절하라, 그리고 사회관계를 다른 기반 위에서 짜라. 분명히 그것은 당신이 말하는 『공통체』10에 가까이 다가갑니다. 그러나 나는 명사보다는, 우리의 행위들이라는 의미에서, 동사로 생각하는 것이 중요하다고 느낍니다. 언제나 그렇듯이, 문제는 삶의 물질적 생산입니다. 만약 우리가 자본에 대항해 절규하지만 자본과 단절하는 방식으로 살 수 없다면, 우리는 반란에서 그다지 멀리 나아가지 못할 것입니다. 자본주의적 사회관계와 단절하기 위해서 우리는 새로운 생산능력들의 지지를 필요로 합니다. 하지만 테크놀로지에 대한 낡은 정통맑스주의적 의미에서의 생산력이 아니라 인간활동의 새로운 직조라는 의미에서의 생산력을 필요로 합니다. 그런 의미에서 나는, 당신이 말한 (당신이 내가 소름끼쳐할 것으로 생각한) 저 행위의 소비에트에 절대적인 예YES를 말하고 싶습니다. 노동에-대항하는-행위는 나에게 자기결정의 집단적인 혹은 공통하는 운동을 의미합니다. 그것은 그 중심에 우리 자신의 활동에 대한 자기결정을, 즉 우리 자신의 생산능력을 품고 있습니다. 아마도 그 운동은 새로운 제도들을 창출할 것입니다. 흐르는 물이 잠시 동안 저수지에 머물겠지만 곧이어 다시 흐른다는 의미에서만 그렇습니다. 나는, 이것이 당신의 마지막 물음, 즉 '행위들은 어떻게 조직됩니까? 그리고 그것들이 조직되는 형태는 무엇입니까?'라는 물음에 대한 나의 대답일 것입니다. 만약 우리가 행위를 공통화하는 자기결정의 운동으로 생각한다면, 우리는 그것이 어떤 형태를 취해야 하는가에 대해 거의 규정할 수 없을 것입니다. 기껏해야 우리는 과거와 현재의 경험들을 살펴보고 그것들로부터 암시를 이끌어 낼 수 있을 뿐입니다.

추상노동의 문제에서 우리는 차이가 납니다. 나는 추상노동을, 화폐라는 사회적 결합체의 실체로 이해합니다. 달리 말해, 우리가 우리의 생산물을 상품으로 교환한다는 사실은 우리로부터 추상하며 우리로부터 뺏어가고 우리 자신의 활동에 대해 통제합니다. 추상노동(그러므로 화폐)은 사회적 자기결정에 대한 부정의 핵심입니다. 그러므로 사회적 자기결정을 위한 어떤 투쟁도 추상노동(과 화폐)에 대한 투쟁이어야 합니다. 당신이 말하듯이, 추상노동이 없다면 프롤레타리아트도 없으리라는 것은 사실입니다. 하지만 누가 프롤레타리아트를 필요로 합니까? 나는, 프롤레타리아트의 실존은 프롤레타리아트로서의 그 자신의 실존에 대한 투쟁이라는 점에 당신이 동의하리라고 상상합니다. '교환가치에 대해 사용가치를 긍정하는 정치적 기획은 내게는 전자본주의 사회를 다시 붙잡으려는 향수에 젖은 노력처럼 보입니다'라고 말하는 것은, 내게는 완전히 잘못된 것으로 보입니다. 어쩌면 그럴 수도 있겠지만 내게는 그것이 코뮤니즘적인 혹은 반자본주의적인 사회를 창출하기 위한 투쟁의 핵심입니다. 만약 당신이 그 투쟁을 다른 종류의 창조적 활동(추상노동에서 해방된 행위)을, 그러니까 다른 종류의 생산물(가치로부터 해방된 사용가치)을 창출하기 위한 것으로 이해하지 않는다면, 이것은 당신을, 추상노동과 구체노동의 구분을 이해하지 못했고 그래서 재앙적인 결과를 가져왔던 레닌주의 쪽으로 매우 가깝게 데려가는 것이지 않습니까?

해야 할 말이 더 많습니다. 예컨대 진보적 정부들에 대해서 말해보면, 나는 그들을 단지 적대자로 보지만은 않습니다. 하지만 적어도 그들이 채택한 조직형식(국가)은 그들을 자본주의적 사회관계의 일반성 속에 통합시켜 그들을, 적어도 경향적으로는, 자본주의에 대항했던 운동들과 대립시킨다는 것입니다. 지난 몇 달 동안 볼리비아에서 일어난 일을 보십시오.

　더 계속하기보다 나는 풀기 어려운 곤경을 이야기하는 것으로 이 편지를 끝맺고 싶습니다. 우리 두 사람 모두에게 하나의 딜레마가 있습니다. 그러나 나는 우리가 서로 다른 길을 향해 기대 앉아 있지 않나 생각합니다. 당신은 당신의 편지의 첫 부분쯤에서 '반란이 먼저 오지만 자발성으로는 충분치 않다. 반란은 혁명적 과정 속에서 조직되어야 한다'고 말합니다. 나는 첫 문장에 동의합니다. 하지만 나를 멈추게 하고 의아하게 만들며 충격을 느끼게 하고 다시 놀라게 하는 것은 두 번째 문장입니다. 반란은 내가 보기에 불만과 다른-행위들의 대규모적이고 폭발적인 합류입니다. 자본주의적 사회관계들의 많은 중지들의 극적인 결합입니다. 자본의 재상승에 의해 가라앉는 것을 피하기 위해 거기에는, 그것이 아주 강력해서, 화폐의 사회적 연계를 분쇄하고 부적절하게 만드는 공통하기communizing(혹은 균열들의 합류)가 있어야 합니다. 당신이 원한다면, 반란이 자본주의를 완전히 분쇄할 충분한 운동량을 모으도록 그 자신을 조직해야만 한다고 표현해도 좋습니다. 조직화는 결정적입니다. 하지만 그것은 하나의 조직an organization이 아닙니다. 그것은 아래로부터 올라오는 조직하기organizing여야하며 공통하기여야 합니다. 그것이, '반란은 혁명적 과정에서 조직되어야 한다'고 말할 때 당신이 의미하는 것인지요? 나는 궁금합니다.

기쁨으로,

존

## 2011년 11월에 마이클 하트가 존 홀러웨이에게

친애하는 존,

약간의 오해가 지속되고 있습니다. 예컨대 우리가 추상과 추상노동을 매우 다른 방식으로 이해하고 있다는 것은 분명합니다. 자본주의의 불가능성을 입증하기 위해 자본주의적 개혁에 관한 사유실험을 수행한, 『공통체』에 나오는 그 역설적 단락이 이 편지에서 다시 한 번 등장해서 당신으로 하여금, 그러한 개혁이 우리의 프로그램이라고 생각하도록 이끕니다. 그러나 실제로 그러한 오해들은 사소한 것이고, 그것들이 우리의 눈에 크게 나타난다 할지라도 우리 독자들에게는 크게 중요하지 않을 것으로 생각합니다.

하지만 우리의 왕래편지에 대해 읽으면서 나를 가장 크게 놀라게 한 것은 우리가 공유하고 있는 공통의 이론적 지형과 정치적 지형입니다. 당신이 말했다시피 우리는 '제도화하라, 그리고 전복하라'의 지형에서 행복하게 만납니다. 그것을 '전복하라, 그리고 제도화하라'라고 표현해도 될 것입니다. (왜냐하면 그 과정은 분명히 쌍방향으로 작동하기 때문입니다.) 그러나 이때 당신은, 우리가 다른 방향으로 움직인다고, 적어도 그 방정식의 다른 쪽에 강조점을 둔다고 덧붙입니다. 나는, 우리가 타인의 정식에 대한 이해를 표현할 때, 이 차이가 가장 명백하게 드러난다고 생각합니다. 나는, 자발적 반란에 대해 너무 많은 믿음을 두는 것을 종종 경계합니다. 그래서 나는 제헌적[구성적] 과정을 주장합니다. 당신은 반대로 반복된 실천과 제도적 구조의 고정성을 더 두려워하며 그래서 파열과 운동에 특권을 부여합니다. 이 점에서 나는 사랑에 대한 우리의 간단한 의견교환에서 표현된 이해방식이 매우 흥미롭다고 생각합니다. 그러나 강조점의 그러한 차이조차도 과장되어서는 안 될 것입니다. 왜냐하면 우리는 분명히 서로의 관심사를 매우 많이 공유하고 있기 때문입니다.

여기에서 나는 행복한 마음으로 편지왕래와 작별을 고합니다. 운동들이, 그리고 우리가, 몇 걸음 더 전진했을 때 다시 편지왕래를 다시 시작할 수 있기를 바랍니다.

안녕히 계십시오.
마이클

페루 스페인어판 서문

1. [옮긴이] 올란타 우말라. 2011년 후지모리를 꺾고 페루 대통령에 당선된 중도좌파 성
   향의 정치가이다.


1. 부수자. 우리는 부수기를 원한다. 우리는 다른 세계를 창조하기를 원한다. 당장. 이
   보다 더 평범한 것은 없다. 이보다 더 분명한 것도 없다. 더 이상 단순한 것은 없다.
   더 이상 어려운 것도 없다.

1. [옮긴이] 가자 지구(Gaza Strip)는 요르단 강 서안과 함께 팔레스타인 자치 정부의 통
   치지역으로 지중해안 40㎞을 따라 남북으로 길쭉하게 뻗은 직사각형 모양의 인구 밀
   집 지역(170만 명)이다. 이집트와 이스라엘에 접해 있으며 중동 무력 분쟁의 중심지로
   전쟁과 폭격이 끊이지 않는 곳이라 '중동의 화약고'로 불린다. 가장 최근에는 2012년
   11월 이스라엘이 대규모 폭격을 퍼부어 150여 명이 숨지는 참사가 일어나기도 했다.

2. [옮긴이] 쿠바 남동쪽 끝부분에 위치한 관타나모(Guantánamo) 만에는 악명 높은 미
   국령 해군기지가 있다. 1898년 쿠바는 미군과 관타나모 만에 대한 영구임대 협정을 체
   결하였는데, 1959년 쿠바혁명으로 카스트로가 집권하면서 쿠바 정부가 항의의 표시
   로 임대료 수납을 거부하는 등 분쟁이 지속되고 있다. 2002년 테러와의 전쟁 당시 부
   시정권은 관타나모 만에 수용소를 세워 테러용의자들을 법률 절차 없이 무차별 구금
   하고 고문·학대하였고, 이 같은 사실이 국제적으로 알려지며 비난을 샀다. 테러와의
   전쟁 당시 관타나모 만에서 벌어진 국가범죄에 관해서는 마이클 웰치, 『9·11의 희생
   양』, 박진우 옮김, 갈무리, 2011의 7장을 참조하라.

3. [옮긴이] 촐룰라(Cholula)는 이 책의 저자 존 홀러웨이가 거주하는 곳인 멕시코 뿌에
   블라 시 북서쪽 13km 지점에 있는 도시이다. 해발고도 2,149m 중앙고원에 있다. 고대
   톨텍문명의 중심지로, 스페인에 의해 파괴된 피라미드 유적이 유명하다.

4. 'Somos mujeres y hombres, niños y ancianos bastante comunes, es decir, rebeldes,
   inconformes, incómodos, soñadores.'(*La Jornada*, 4 August 1999)

5. [옮긴이] 에띠엔느 드 라 보에띠(Étienne de La Boétie, 1530~1563)는 프랑스 사를라
   출신의 판사, 작가, 아나키스트이자 '프랑스 근대 정치철학의 창시자'로 평가받는 인물
   이다. 동시대의 뛰어난 지식인이었던 미셸 드 몽테뉴와의 우정으로도 유명하다. 저서
   로 『자발적 예속론』, 『1월 칙령의 회고』 등이 있다.

6. 한국어판 : 에티엔느 드 라 보에티, 『자발적 복종』, 박설호 옮김, 울력, 2004.


### 2. 우리의 방법은 균열의 방법이다.

1. [옮긴이] crack. 제목을 제외한 모든 곳에서 이 단어는 '균열'로 번역한다.

2. 내가 생각하고 있는 것은 『함정과 진자』(Edgar Allen Poe, 1842/2004)[에드거 앨런 포, 「함정과 진자」, 『포우 단편 베스트 걸작선』, 박현석 옮김, 동해, 2006]이다.

3. 범주들을 여는 것과 그것의 중요성에 대해서는 Bonefeld, Gunn and Psychopedis (1992)의 서론을 보라.

4. Marx(1844/1975a : 182) [칼 맑스·프리드리히 엥겔스, 「헤겔 법철학 비판을 위하여. 서설」, 『칼 맑스 프리드리히 엥겔스 저작 선집 1권』, 박종철출판사 엮음, 박종철출판사, 1997]을 참조하라 : '이론은 그것이 대인적임을 증명하자마자 대중을 사로잡을 수 있다. 그리고 이론은 급진적으로 되자마자 대인적임이 입증된다. 급진적이라고 하는 것은 물질의 뿌리를 파악하는 것이다. 그런데 인간에게 그 뿌리는 인간 자신이다.'

5. 부정변증법의 개념에 대해서는 Adorno(1966/1990)[테오도르 아도르노, 『부정변증법』, 홍승용 옮김, 한길사, 1999]를 참조하라. 부정변증법의 정치적 중요성에 대한 논의로는 Adorno(1966/1990)을 참조하라. 비판적 사유의 기초로서의 부정성의 중요성에 대해서는 Agnoli(1999)를 참조하라.

6. [옮긴이] 이 개념에 대한 설명은 이 책 옮긴이 후기 473쪽을 참조하라.


### 3. 이제 새로운 투쟁의 새로운 언어를 배울 시간이다.

1. Davis, 2006 : 36 [마이크 데이비스, 『슬럼, 지구를 뒤덮다 ― 신자유주의 이후 세계 도시의 빈곤화』, 김정아 옮김, 돌베개, 2007]을 참조하라 : '로스앤젤레스는 노숙의 제1수도이다. 여기에 어림잡아 10만 명의 노숙자들이 있다. 다운타운 거리에서 노숙을 하며 공원이나 고속도로가 보이는 곳에서 숨어 사는 점점 더 많은 수의 가족들이 여기에 포함된다.'

2. 이것은 아주 고전적이지만 인간주체와 절연된 레닌주의적 정식, '무엇을 할 것인가?'와는 달리, 오히려 '우리가 무엇을 할 수 있는가?'를 묻는 것이다.

3. 한국어판 : 존 홀러웨이, 『권력으로 세상을 바꿀 수 있는가』, 조정환 옮김, 갈무리, 2002.

4. Ticktin(2008). 틱틴에게 공정하자면, 그는 이렇게 계속한다 : '그러나 그 때가 오기 전에 유사-사회주의적이고 원형-사회주의적인 형식들이 존재할 수는 있다. 그것들은 사회주의적인 것이 아니라 자본주의와 갈등하는 것이고 또 자본주의에 버팀목을 대는 것이다.'

5. 비슷한 맥락으로는, Papadopulos, Stephenson and Tsianos(2008 : xii)를 참조하라 : '우리는 겉보기에는 별로 중요해 보이지 않는 삶의 사건들 속에서 사회변화를 모색한다.' 또 Trapese Collective(2007 : 2)[트래피즈 컬렉티브,『혁명을 표절하라 ― 세상을 바꾸는 18가지 즐거운 상상』, 황성원 옮김, 이후, 2009]를 참조하라 : '현재의 경제 체제에 대항하는 대중시위가 깃발들, 최루가스, 그리고 반란들의 장관들을 넘어, 씨애틀에서 칸쿤까지, 세계 이곳저곳에서 날뛸 때, 그리고 거리가 다시 조용해질 때, 평범한 사람들은, 행함으로써 배우고, 다른 가능한 세계들의 블록들을 상상하고 축조하면서 비상한 일을 하고 있는 것이다. 우리는 우리가 보고 싶은 세계를 만들면서 동시에 우리가 사는 세계에 저항할 수 있다.'

6. [옮긴이] 네그리ㆍ하트의 3부작,『제국』(이학사, 2001),『다중』(세종서적, 2008),『공통체』(근간)를 말한다.

## 4. 균열들은 아니오에서 시작한다. 아니오에서 존엄이, 부정-과-창조가 자라나온다.

1. 창조력 있는 '부정의 부정'의 이념은 때때로 '두 번째 부정'이라고 불린다. Dunayevskaya(2002)를 참조하라.

2. 아르헨티나에서 있었던 여러 점거 공장의 경험에 관해서는 La Vaca(2004)의 책에 붙은 의미심장한 제목, *Sin Patrón*(『사장 없이』)을 참조하라.

3. 여기에 인용된 예들은 멕시코와 라틴아메리카로부터, 그리고 유럽으로부터 불균형적으로 들어진다. 그 이유는 이곳들이 내가 살고 있고 또 살았던 곳이기 때문일 뿐이다. 그렇지만, 비슷한 사례들은 세계 어디에서나 발견될 수 있다. 아마도 당신이 어느 곳에 살건, 독자는 여기에서 언급된 모든 사람에 대해 다섯 개 (혹은 백 개)의 다른 사례들을 생각해야만 할 것이다. 좀더 일반적인 사례 선택으로는, *Notes from Nowhere*(2003)를 참조하라. 세계 전역의 '균열들'에 대한 탁월한 정보원천으로는 이탈리아 저널, *Carta*를 참조하라.

4. 이것은 글을 쓸 당시의 상황이다. 이에 대해서는 SNTE(2009)를 참조하라. 시에라 데 뿌에블라(Sierra de Puebla)에서 발전되고 있는 대안교육의 양상에 대해서는 Pieck Gochicoa, Messina Raimondi and Colectivo Docente(2008)를 참조하라.

5. 문지방 공간으로서의 해방 공간 개념에 대해서는, Stavridis(2007, 2009)를 참조하라.

6. 린치[폭력적인 사적 제재 ― 옮긴이]하는 것은 중요한 사례 중의 하나이다. 도시나 마을의 주민들이 모여서 발각된 범죄자를 즉석에서 집단적으로 다루려고 할 때, 그들은 분명히 부패하고 비효율적인 사법체제를 거부하고 있는 것이며 그들 자신의 삶에 대한 통제를 떠맡고 있는 것이다. 하지만 집단적 분노의 폭발이 더 나은 사회를 위한 기초를 창출하도록 정해져 있는 것은 아니다. Fuentes Díaz(2006)를 참조하라.

7. 이와 유사한 탐구로는 레베카 솔닛(Rebecca Solnit)의 *Hope in the Dark* (2004)[레베카 솔닛, 『어둠 속의 희망』, 설준규 옮김, 창비, 2006]을 참조하라.

## 5. 균열은, 우리가 다른 유형의 행위를 천명하는, 어떤 공간 혹은 순간의 아주 일상적인 창출이다.

1. 폭넓은 균열들 혹은 자율성들 혹은 비자본주의적 실천들 등에 대한 그림으로는, 그리고 이 주제에 관한 점점 늘어가는 문헌에 관해서는 예컨대 De Angelis(2007), Trapese(2007), Carlsson(2008), Solnit D.(2004), Habermann(2009)이나 Böhm, Dinerstein and Spicer(2010)를 참조하라.

2. 이에 대해서는 Ghiotto(2005 : 212~3)를 참조하라.

3. Salom(2009)과 www.tamachtini.org에서 이용 가능한 다른 문서들을 참조하라.

4. 이것은 Carlsson(2008)이 논의한 많은 예들에도 해당된다. Carlsson의 책은 아주 다양한 균열들(혹은 그가 '나우토피아'(nowtopia)라고 부르는 것들)에 대한 논의를 위한 매우 풍부하고 고무적인 원천이다. 해적 프로그래머들에서부터 빈터를 일구는 정원사들, 탈법적 자전거 운전자들 등등에까지.

5. 로스토크의 2007 반-정상 회의에서 케냐 민중의회의 Wangui에 의해 이런 생각이 제시되었다.

6. 특히 Zibechi(2006)와 Zibechi(2008)를 참조하라.

7. 이 운동에 대해서는 Paoli(2002)를 참조하라.

8. 이에 대한 논의로는 Zibechi(2006)를 참조하라. 엘 알또의 지역 조직에 대한 분석과 볼리비아의 투쟁에서 그 조직의 역할에 대해서는 Mamani Ramírez(2005), Gómez(2006)를 참조하라.

9. [옮긴이] 인두세(poll tax)는 성, 소득, 나이에 관계없이 일정 연령 이상의 주민에게 일률적으로 부과되는 세금으로, 한국의 주민세와 유사하다. 고대부터 19세기까지 여러 정부들의 중요한 재정원천이었다. 역사적으로 악명 높은 인두세 사례들이 존재한다. 영국도 그중 하나인데, 영국에서는 14세기의 존 왕, 17세기의 찰스 II세, 그리고 20세기의 마가렛 대처가 인두세를 부과했다. 대처가 부과한 인두세 발효시점을 며칠 앞둔 1990년 3월 31일 오전 11시, 런던 중심부에서 격렬한 시위가 시작되어 다음날 새벽 3시까지 이어졌다. 이 시위가 트라팔가르 광장에서 주로 이루어졌기 때문에 '트라팔가르 전투'라고 불리기도 한다. 이 시위와 인두세에 대한 전국적 반대 여론은 대처의 퇴진에 결정적인 영향을 미쳤다. 그녀는 그해 11월 수상식을 사임하고, 후임 존 메이저 수상은 인두세를 폐지했다.

10. 그것의 역사에도 불구하고 혹은 역으로 그것의 역사 때문에 '코뮤니즘'은 '사회주의'

가 갖지 않은 도발적 힘을 갖는다. '사회주의'라는 용어를 폐기하는 것에 관해서는 Esteva(2007c), Cleaver(2006), Negri(2008)[안또니오 네그리, 『굿바이 미스터 사회주의』, 박상진 옮김, 그린비, 2009]를 참조하라.

### 6. 균열은 차원들을 부수며, 차원성도 부순다.

1. 물전쟁에 관해서는 Gutiérrez(2009), Ceceña(2004), Olivera and Lewis(2004)를 참조하라.

2. Bollier(2008)를 참조하라.

3. 이것으로 내가 의미하는 것은, 일반적으로 그러한 요구들과 자본주의의 재생산을 화해시키는 수단인 국유화가 아니라, 관련된 사람들이 이 영역들을 실제적으로 통제하는 것이다.

4. 도시 균열의 흥미로운 예로는, 바르셀로나에서 있었던 (적절하게도) 크락스(Krax)라고 불렸던 사건을 참조하라(http://krax-jornadas.citymined.org).

5. 12월 19/20일의 중요성에 대한 중요한 성찰로는, Colectivo Situaciones(2002)의 책, *19 y 20 : Apuntes para el nuevo Protagonismo social* 을 참조하라. Colectivo Situaciones는 그들 자신의 권리에서 매우 의식적인 단절을, 그리고 이론 작업의 유형에서 흥미로운 균열을 이루었다. 아르헨티나 사건에 의해 고무된 두 개의 흥미로운 전시와 작품들의 모음으로는 *Ex-Argentina* (Alice Kreischer and Andreas Siekmann, 2004/2006)를 참조하라.

6. Ernst Bloch(1986)[에른스트 블로흐, 『희망의 원리』(1~5), 박설호 옮김, 열린책들, 2004]에게 있어서, 아직 존재하지 않는 세계의 현존하는 아직-아님의 존재는 희망의 원천이다.

7. '카니발의 정치적 양의성'에 관해서는 Ehrenreich(2007), 특히 5장을 참조하라.

8. [옮긴이] 1999년 6월 18일 영국 런던을 비롯하여 전 세계 40개 도시에서 〈자본에 대항하는 전지구적 카니발〉이 열렸다. 같은 시기 독일 쾰른에서 열린 25차 G8 정상회담에 항의하는 국제적 시위였고, 시위대는 '우리의 저항은 자본만큼 초국적이다'라고 외쳤다.

9. 이에 대해서 그리고 더 많은 것에 대해서는 Schukaitis(2009)를 참조하라. 글렌이글스에서 열린 G8정상회담 반대시위에서의 〈어릿광대반군〉에 대해서는 Harvie et al.(2007)에 실린 여러 글들을 참조하라.

10. 여기에서 이용될 수 있을 수많은 사례들이 있다. 두 개의 두드러진 예들이 있다. 하나는 2차 세계대전 중 [독일군의] 런던 대공습이었던 블리츠(Blitz)이다. 이것은, 대공황의 비참으로 다시는 되돌아가지 않으려는, 사회적 연대의 상징으로, 새로운 전후 세계

구축의 상징으로 이해되었다. 또 하나는 1985년 멕시코시티에서의 지진이다. 이것은 새로운 사회적 투쟁의 파도를 위한 진입로로 널리 이해된다.

11. 이 단락에 담긴 생각에 대해, 나는 레베카 솔닛과 가졌던 대화에 빚지고 있다.

12. ' "혁명"이라는 슬로건은 경종에서 독으로, 해로운 유사-그노시스학파적 운명의 덫으로, 우리가 아무리 투쟁해도 우리가 저 사악한 영원의 시간, 즉 아이온(Aeon)에서 벗어날 수 없다는 악몽으로, 한 국가 다음에 다른 국가가 지배하고 "천국"은 여전히 하나 이상의 사악한 천사에 의해 지배된다는 가위눌림으로 변했다'(Bey, 1985).

13. [옮긴이] 여름의 시작을 알리는 고대 게일족(스코틀랜드의 켈트족)의 오월 축제. 오늘날 스코틀랜드, 아일랜드, 영국의 여러 곳에서 전승되고 있으며, 켈트 재건주의, 위카 등 다양한 현대의 신이교도 분파들도 각자의 방식으로 부활시켜 축제를 이어가고 있다.

14. [옮긴이] 동성애자 요정(Faery)서클은, 퀴어 정체성의 영성(spirituality)을 통한 재정의와 이성애-모방에 대한 거부를 지향하는, 느슨하게 조직된 전 세계적 네트워크이자 대항문화 운동이다. 급진적 요정운동은 1970년대 미국의 성혁명, 대항문화 혁명 당시 게이 남성들을 중심으로 시작되었다. 이후 보다 넓은 의미의 게이인권운동과 함께 성장하여 상업화와 오늘날 LGBT(레즈비언, 게이, 양성애자, 트랜스젠더)의 삶이 갖는 가부장적 측면에 도전하면서 이교도적 구성물들과 의식(儀式)들을 활용한다. '요정'이라는 명칭은 1979년에 열린 〈급진적 요정들을 위한 영성회의〉(Spiritual Conference for Radical Fairies)에서 유래한다. 자세한 내용은 위키피디아를 참조하라. http://en.wikipedia.org/wiki/Radical_Faeries

15. [옮긴이] 하우스 파티라고도 불리며 파티 주최자가 자신이 세 들어 사는 집에 음악가나 밴드를 불러 파티를 열고 파티 참가자들로부터 돈을 받아 집세를 마련한다. 1920년대 뉴욕 할렘에서 시작되어 재즈와 블루스의 발전에 중요한 역할을 했다. 1920~30년대 할렘 지역의 주거조건의 변화 속에서 렌트 파티의 등장 맥락을 분석하는 연구로는 이와사부로 코소, 『뉴욕열전』, 김향수 옮김, 갈무리, 423~4쪽을 참조하라.

16. [옮긴이] 가난한 멕시코인을 지칭하는 말.

17. [옮긴이] 남부 멕시코 치아빠스주 자치구 중의 하나.

18. [옮긴이] 칠레 남중부와 아르헨티나 남서부의 원주민 집단.

19. *La Jornada*, 28 May 1994. *¡Zapatistas! Documents of the New Mexican Revolution* (EZLN, 1994)에 출판된 영어본, http://lanic.utexas.edu/project/Zapatistas/chapter11.html에서도 볼 수 있다.

20. 이른바 '블랙블록'의 행동 문제에 대한 Vittorio Sergi와 나의 대화를 참조하라. (Holloway and Sergi, 2007)

21. Zibechi(2006 : 33)는 차원들의 균열을 매우 잘 표현한다. : '사회 집단들이 거대한 에너지를 방출하는 넘쳐흐름의 시간들, 강렬한 집단적 창조성의 시간들은, 지배의 시간과 공간이 부과하는 일상의 관성의 베일에 의해 가려진, 지하의 사회성을, 즉 분자적인 잠복된 사회성을 밝혀낼 수 있는 섬광처럼 움직인다.'

22. 초현실주의는, 자본주의의 바로 그 차원성과 단절함으로써 아직 존재하지 않는 세계를 살려고 하는 급진적 시도로 이해될 수 있다. 초현실주의 운동의 엄청난 풍부성과 끔찍한 모순들에 대해서는 Vaneigem(1999)와 Löwy(2000)를 참조하라. 이 문제에 대한 탁월한 논의로는 Muñoz(2009)를 참조하라. 윌리엄 블레이크와 차원성을 부수는 것의 중요성에 대해서는 Cyril Smith(2005)의 책을 참조하라. 특히 'Marx and the Fourfold Vision of William Blake'에 관한 장을 참조하라. 이 장은 http://www.marxists.org/reference/archive/smith-cyril/works/articles/blake.htm에서 이용할 수 있다.

23. 한국어판 : 존 버거, 『포켓의 형태』, 이영주 옮김, 동문선, 2005.

24. Reithofer, Krese and Kühberger(2007)에 의해 편집된 그 책의 암시적 제목인 *Gegenwelten*(『대항세계』)을 참조하라.

25. 이것은, 그것이 단지 자발적 행동이었음을 의미하는 것이 아니다. 사실상 그것은 잘 준비되었다. 이 점을 지적해준 것에 대해 Chris Wright에게 감사한다.

## 7. 균열들은 존엄성의 반정치에 대한 탐구이다.

1. Antonio Machado가 지은 'Caminante'라는 시를 보라 : '걷는 자여, 길은 없네 / 길은 걸음으로써 만들어진다네'(caminante, no hay camino/se hace camino al andar). ('Proverbios y cantar es XXIX', in *Campos de Castilla,* 1912/2007).

2. 유토피아를 묵시록적 사유에 대항하는 치안행동으로 이해하는 Gunn(1985)를 참조하라. 또 Jay(1984 : 264)에 인용된 Adorno(1969/1975 : 168)도 참조하라 : '사유 속에서의 유토피아적 충동은, 그것이 자신을 유토피아로 덜 대상화할수록 그만큼 더 강력하다.'

3. 비대칭에 관해서는 Marina Sitrin이 인터뷰한 아르헨티나의 이웃 총회인 Tierra del Sur에 대해 Emilio가 한 논평을 참조하라. '우리는 대립물을 창조하고 있는 것이 아니라 그와는 다른 것을 창조하고 있다. 우리는, 이미 시도되었으나 작동하지 않는, 자본주의 체제의 대립물을 건설하고 있는 것이 아니다. 우리는 그것과는 다른 것을 건설하고 있다. 그러면 그것이 무엇인가? 나는 모른다. 그것은 이름을 갖고 있지 않으며 나는 그것이 결코 이름을 갖지 않기를 바란다.'(Sitrin, 2006 : 175; 2005 : 213)

4. [옮긴이] cabildo는 스페인어로 마을회의라는 의미이다. 여기에서는 2000년 볼리비

아 민중이 정부의 물 사영화에 반대하며 봉기했던 꼬차밤바 물전쟁 당시 볼리비아 전국에 등장했던 새로운 형태의 민주적 자치 기구를 말한다.

5. [옮긴이] 아쌈블레아스 바리알레스는 스페인어로 동네(neighborhood) 총회, 이웃공동체 총회라는 의미이다. 2001년 아르헨티나 경제위기에 뒤이은 권력의 공백 상태에서 재산·직업·생계수단을 모두 잃은 시민들이 거리의 혼란 상태로부터 벗어나기 위해 자발적 총회운동을 조직했다. 반란 시작 후 몇 달 만에 수도 부에노스아이레스에만 120개의 대중총회가 열리고 있었고, 곧 전국의 도시들로 확산되었다. 아쌈블레아스 바리알레스에 대한 소개와 아르헨티나 총회운동으로부터 오늘날의 저항운동이 얻을 수 있는 교훈에 대해서는 다음 링크를 참조하라. http://new-compass.net/news/fall-argentine-assembly-movement 한편 총회운동의 전통은 2011년~2012년 유럽, 북미를 비롯하여 세계 각지에서 펼쳐진 금융자본주의에 대항하는 점거들과 사회운동으로 이어지고 있다. 2011년 점거하라 운동과 총회의 민주적 가능성에 대한 정치철학적 분석은 안또니오 네그리·마이클 하트, 『선언』, 조정환 옮김, 갈무리, 2012의 여러 곳을 참조하라.

6. 사랑의 핵심적 중요성에 대해서는 Hardt(2009)와 Free Association(2010)을 참조하라.

7. [옮긴이] 2005년 7월 6~8일 스코틀랜드 글렌이글스에서 열린 31차 G8 정상회담에 반대하는 활동가들이 근방 스털링(Stirling) 주에 설립했던 운동 캠프이다. 전 세계 각국에서 모인 5천여 명의 활동가들은 약 2만 4천 평 상당의 공공소유 토지에 '생태마을'을 설립하였고, '빈곤을 생산하고, 비민주적이고, 생태적으로 파괴적인' G8의 '계획들'에 대한 직접적인 대응으로, 지속가능하고 수평적으로 조직된 삶의 방식을 실험했다. 보다 자세한 내용은 다음 링크 참조. http://menmedia.co.uk/manchestereveningnews/news/s/164/164396_g8_protesters_set_up_camp.html

8. 이 모든 쟁점들에 대한 토론은 최근의 경험에 비추어 폭발했다. 예를 들어 Sitrin(2005, 2006), Thwaites Rey(2004), Nunes(2007)를 참조하라.

9. Graeber(2002)를 참조하라 : '그 결과는 조직적 도구들 ― 그룹대변인회의(spokes-councils), 친연 집단, 촉진 도구, 돌파, 어항식 참여회의(fishbowls), 의안 통과 거부(blocking concerns), 분위기 관찰자(vibe-watchers) 등등 ― 의 풍부하고 점증하는 성장(盛裝, panopoly)이다. 이 모든 것은, 반대파의 목소리를 질식시키지 않으면서, 지도부 위치를 창출하지 않으면서, 혹은 사람들로 하여금 자발적 동의 없이 어떤 것을 행하도록 강제하지 않으면서, 아래로부터 솟구치는 주도권을, 그리고 최대한 효과적인 연대를 달성하는 것을 가능케 하는 민주적 과정의 창조적 형식을 목표로 삼는다.'

10. 우리 스스로 행하는 실천성에 관해서는 Trapese Collective의 중요한 책(2007)를 참조하라. 또 Habermann(2009)에 서술된, 다르게 살기의 수많은 다양한 실험들에 대한

상세한 설명을 참조하라.


## 8. 존엄은 파괴의 세계에 대항하는 우리의 무기이다.

1. [옮긴이] 이 개념에 대한 설명은 이 책 옮긴이 후기 473쪽을 참조하라.

2. 와하까에서의 투쟁에 관해서는 특히 구스따보 에스떼바의 일련의 논문들(Esteva,
2007a, 2007b, 2007d, 2009)을 참조하라.


## 9. 균열은 자본주의의 사회적 종합과 충돌한다.

1. [옮긴이] 깔데론(Felipe Calderón)은 멕시코 36대 대통령이며 재임기간은 2006년~
2012년이다. 로뻬스 오브라도르(Andrés Manuel López Obrador)는 2000년부터
2005년까지 멕시코의 수도 멕시코시티 시장을 지낸 인물로, 2006년 6월 대선 당시 좌
파정당 멕시코 〈민주혁명당〉 후보로 출마하여 깔데론에 패배했다. 2012년 대선에도
출마하였으나 〈제도혁명당〉 엔리케 페냐에 패배하였다. 2006년에도, 2012년에도 선
거 부정 의혹이 제기되었고 지지자들은 대규모 시위를 벌이며 반정부투쟁을 전개하
였다.

2. 균열과 그것의 난점에 대한 훌륭한 논의로는 Pleyers(2010)를, 특히 2장과 4장을 참조
하라.

3. 이에 대해서는 Gutiérrez(2009)를 참조하라.

4. 나는 사회적 종합이라는 개념을 Alfred Sohn-Rethel(1978)에게서 가져온다. 그가 그
것을 모든 사회들에 적용하는 반면 나는 그것을 자본주의의 매우 단단히 짜인 사회적
응집을 지칭하기 위해 사용한다는 점이 다르다. 이 개념에 대한 Sohn-Rethel의 용법
에 대한 최근의 논의로는 Reitter(2007)를 참조하라.

5. 이에 대한 보도는 http://www.williambowles.info/americas/south_central_farm.
html에서 찾아볼 수 있다.

6. 모든 사람은 그들 나름의 사례목록을 여기에 더할 수 있을 것이다.

7. 최근의 사례 중의 하나는 아르헨티나의 Las y los Sin Techo of Mar del Plata의 노숙
자 탄압이다. http://www.youtube.com/watch?v=pvJlnuWHejo

8. 나는 특히 2007년 7월 로스톡에서 있었던 G8 회담에 대항하는 시위를 염두에 두고 있
다. 이 사건들 및 폭력 문제에 대한 논의로는 Holloway and Sergi(2007), Free
Association(2010) 그리고 United Colours of Resistance(2007)를 참조하라.

9. 이것은 분명히, 폭력의 필요성에 대한 여전히 강력한 논변인 파농의 책(Fanon,
1961/2001)[프란츠 파농, 『대지의 저주받은 사람들』, 남경태 옮김, 그린비, 2010]에
대한 가장 강력한 응답이다.

10. 뚜렷한 사례는 2006년 초 (멕시코시티 부근) 아뗀꼬에서 있었던 잔인한 국가탄압이
    다. 그것은 사빠띠스따의 '다른 캠페인'(the Other Campaign)으로부터 주도권을 뺏
    어오는 매우 효과적인 방법이었음이 입증되었다.

11. (여기에 서술된 바와는 약간 강조점이 다르지만) 사빠띠스따를 군대로 이해하는 것
    의 중요성에 대해서 Sergi(2009)를 참조하라. 비슷한 맥락에서 2009년 1월 2일 the
    Festival de la Digna Rabia에서 있었던 부사령관 마르꼬스의 연설도 참조하라 : '모든
    투쟁, 모든 운동들은 그 고유의 지리와 일정들에서 상이한 투쟁형태들에 호소해야만
    한다. 폭력은 유일한 것이 아니며 또 최상의 것도 아니다. 폭력은 여러 투쟁형태들 중
    의 하나이다. 꽃을 무수한 총들에 대치시키는 것은 아름다운 몸짓이다. 그 행위를 영구
    적인 것으로 만드는 사진들도 있다. 그러나 때때로 이 총들이 목표를 바꾸어 위쪽을 향
    하도록 만드는 것도 필요하다.'

12. 이것은 억압이 있기 바로 몇 주 전에 와하까에 관한 논문에서 쓰여졌다(Vaneigem,
    2006). 이와 대립되는 주장으로는 Gelderloos(2007)를 참조하라.

13. 이 책의 저자는 소득을 국가로부터 받는다. 그리고 아마도 많은 독자들도 (만약 소득
    이 있다면) 자신의 소득을 국가로부터 받을 것이다.

14. 나날이 더해가는 어려움들 속에서 이것이 무엇을 의미하는가에 대한 설명으로는
    Juquila González(2009)를 참조하라.

15. 이에 대해서는 MTD de Solano and Colectivo Situaciones(2002)를 참조하라; 이 문
    제에서 MTD Solano와 MTD La Matanza의 차이에 대해서는 Habermann(2004)를
    참조하라. 피께떼로 운동의 좌파 내부에서의 논쟁에 대해서는 Navarro Trujillo(2008)
    를 참조하라.

16. 국가를, 일을 수행하는 잘못된 방식으로 보는 강한 주장은 Scott(1998) [제임스 C. 스
    콧, 『국가처럼 보기 - 왜 국가는 계획에 실패하는가』, 전상인 옮김, 에코리브르,
    2010]에 의해 발전되었다.

17. 특유하게 자본주의적 조직형식으로서의 국가에 대한 상세한 논의로는 Holloway
    (2002/2005)를 참조하라.

18. 희생자 개념에 집중된 정치이론적 분석으로는 Dussel(2006)를 참조하라.

19. *La Jornada*, 2008년 1월 5일자

20. 민족-민중적 투쟁에 대한 유사한 비판으로는 Tischler(2008b)를 참조하라.

21. 이것의 아주 분명한 사례로는, 그리고 베네수엘라 과정에 포함된 모순들의 아주 분명
    한 사례로는 카라카스 시장인 Juan Barreto Cipriani가 2007에 한 연설을 참조하라 :
    '공동자치(communal) 권력은, 구성된 국가제도를 해체하면서 사회에 대해 행사되어
    질 수 있어야만 합니다. 그것 자체를 자기통치로 떠맡기. 이것은 우리가 수행해야만 하

는 역할입니다. 왜냐하면 기존의 국가는 착취시간의 사법적 형식이기 때문입니다. 그것은 자본의 국가입니다. 그것은 시민들의 권력의 실제적 행사에 대립하는 담론 ……의 권력입니다. 그것은 특권(concessions)과 실행들의 신체이기 때문에 해체할 필요가 있습니다. 국가주의적 제도논리가 뒤틀린 것과 같은 방식으로, 당의 정치논리도 권력의 도구적 기관으로 이해됩니다. 당을 제거하지 않고서 국가를 제거하는 것은 가능하지 않습니다. 집단적이어야 할, 그리고 국가기구들에 적합해야 할 결정들을 사유화하거나 몰수하는 서클들이 존재하는 한에서, 우리는 국가주의적이거나 당주의적(partyist)이지 않은 사회를 건설하는 일에서 큰 진척을 거둘 수가 없을 것입니다.'(Barreto Cipriani, 2007 : 14) 이것을 지적한 것에 대해서 Dario Azzelini에게 감사한다.

22. 이 과정의 힘과 난점에 관해서는 특히 Azzelini(2009)의 탁월한 작품을 참조하라.

23. 이에 대해서는 Wainwright(2003), Sullo(2002), De Sousa Santos(2003)를 참조하라.

24. Mazzeo(2007)와 Dussel(2007)을 참조하라.

25. Raúl Zibechi는 (특히 '진보적 정부들'의 경우에) 국가의 엄청난 통합 능력을 설명하기 위해 놀라운 형상을 제시한다. 그의 말에 따르면, 브라질의 도시들에서 정부와 계약을 맺고 활동하는 27만 개의 NGO들이 있다. 그것들에 대한 책임은 대개 이전의 투사들이 맡고 있다.(Instituto de Ciencias Sociales y Humanidades, Benemérita Universidad Autónoma de Puebla, December 2008에서의 연설).

26. 이 특수한 문제를 연구하기 위해서는 Sandoval(2007), Figueroa(2008)를 참조하라.

27. 부에노스아이레스 주민총회에서 Marina Sitrin과의 인터뷰 중에 Martín K.가 한 말(Sitrin, 2005 : 139; 2006 : 108). 아르헨티나 봉기에서의 주민 총회에 대한 일반적 고찰로는 Ouviña(2002)를 참조하라.

28. 희생의 관념을 반자본주의의 토대로 삼는 것을 거부하는 것의 중요성에 대해서는 Vaneigem(1967/1994) [라울 바네겜, 『일상생활의 혁명』, 주형일 옮김, 이후, 2006]을 참조하라.

29. 그 협력체는 조직화의 원리를 서술하는 책(Cecosesola, 2003)을 출판했다.

30. Guadalajara에 있는 친사빠띠스따 그룹들의 특유한 맥락 속에서 심리적 문제들의 재생산에 대한 토의로는 Sandoval(2007)을 참조하라. 아르헨티나 봉기에서 반란과 주체성 사이의 복잡한 관계에 대해서는 Fernández(2006)을 참조하라.

31. 나는 여기에서 **가치**라는 말을 맑스에 의해 비판된 정치경제학적 의미로 사용한다. 이러저러한 의미 속에서 가치에 대한 좀더 폭넓은 논의로는 De Angelis(2007)를 참조하라.

32. 이런 의미에 대해서는 특히, Rubin(1928/1972)[I. 루빈, 『마르크스의 가치론』, 함상

호 옮김, 이론과 실천, 1989] and Sohn-Rethel(1978)을 참조하라.

33. 국가와 가치의 관계에 대한 좀더 발전된 논의로는 국가도출 논쟁을, 특히 Holloway and Picciotto(1978)[존 할러웨이·솔 피치오토, 『국가와 자본』, 청사, 1985]를 참조하라.

34. 한국어판 : 칼 마르크스·프리드리히 엥겔스, 『공산주의 선언』, 김태호 옮김, 박종철출판사, 2007.

35. 중앙계획은 합리적이지 않았다. 왜냐하면 그것은 늘 국가계획이었기 때문이다. 그리고 소련이나 중국처럼 큰 영토적 단위조차도 여전히 세계 사회의 단편들에 불과하기 때문에 중앙집권적일 수 없다. 이 거대한 나라들 중의 어느 것도 가치의 습격에 저항할 수 없었다. 두 곳 모두에서 가치는 승승장구하면서 모습을 드러냈다. 한편에서는 소련의 붕괴 속에서 다른 한편에서는 중국 사회의 상품화 속에서. 쿠바의 경우에, 가치와 그것의 구체화인 화폐는 미국의 봉쇄보다도 더 효과적으로 포위공격을 했다. 가치법칙의 대안으로서의 국가계획이라는 이념은, 국가가 보편적이며, 각각의 국가가 '자신의' 사회를 울타리 친다는 완전히 그릇된 생각에 기초를 두고 있다. 사태가 그렇지 않으며 결코 그랬던 적이 없다는 것이 지금 그 어느 때보다도 더 분명하다.

36. 비국가 재단으로부터 기금을 받는 것의 문제에 대해서는 INCITE!(2007)을 참조하라.

37. Zanón의 경험에 관해서는 Aiziczon(2009)을 참조하라.

38. 반정상회담 시위들, 세계사회포럼과 지역사회포럼과 같은 사건들은 지지와 고무의 이 네트워크들의 구축에서 중요한 역할을 수행한다.

39. 그래서 De Angelis(2000)는 이렇게 쓰고 있다 : '상이한 집단들과 운동들이 상호관계를 맺게 되는 경향이 있는 방식을 서술하는 더 좋은 방법은, 낡은 연대 패러다임보다는 오히려, 어떤 원주민 여성이, 연대를 위해 그곳의 민중들을 찾아온 사람들에게 말한 바의 것에 의해 표현되는 방식이다 : "만약 당신이 나를 돕기 위해 여기에 왔다면 / 당신은 당신의 시간을 낭비하고 있는 것입니다 …… / 그렇지 않고 당신이 여기에 온 이유가 / 당신의 해방이 나의 해방과 연결되어 있기 때문이라면 / 그렇다면 우리 함께 일합시다." '

40. 이에 관해서는 Mance(2007)를 참조하라.


**10. 균열들은 불가능성의 가장자리에 존재한다. 그러나 그것들은 실제로 존재한다. 그것들은 움직이면서 존재한다. 존엄은 발 빠른 춤이다.**

1. 현재의 상황 속에서 운동의 어려움에 대한 약간 다른 고찰로는 Colectivo Situaciones (2009)를 참조하라.

2. 자본주의 발전에 미친 1968의 충격에 대한 논의로는 Boltanski and Chiapello (1999/2007)를 참조하라.

3. 이러한 논조에 관해서는 Böhm Dinerstein and Spicer(2010), Birkner(2007), 그리고 Birkner and Foltin(2006)을 참조하라.

4. [옮긴이] 2005년 7월 스코틀랜드 글렌이글스에서 열린 31차 G8 정상회담에 맞서 조직된 당시의 대규모 저항운동을 말한다.

5. [옮긴이] 2007년 6월 6일~8일 독일 하일리겐담에서 열린 33차 G8 정상회담에 맞선 저항운동을 말한다. 1999년 시애틀에서 열린 WTO 반대 시위 이후 매년 세계 각국에서 2~3차례 개최된 정상회담들은 언제나 거센 저항운동을 동반했다.

6. 커다란 정상회담에 반대하는 항의들은 종종 헌신적 활동가들에 의해 오랜 기간의 강도 높은 계획에 의해 준비된다. 글렌이글스 정상회담에 대한 준비에 포함된 노력에 대한 다양한 설명으로는 Harvie et al.(2007)을 참조하라.

7. 이 문제에 대해서는 Zadnikar(2008), Leeds May Day Group(2004), 그리고 Holloway and Sergi(2008)를 참조하라.

8. 이 문제 전체에 관해서는 Ben Trott(2007)의 논문과 1999년 J-18 시위 후에 Andrew X에 의해 작성된 보고서인 'Give up activism'(Andrew X, 1999)을 참조하라.

9. 비슷한 맥락에서 Zibechi(2006 : 124ff)는 제도로서의 운동과 움직임(movings)으로서의 운동을 구분한다(Movimiento como insititución y como moverse). 운동들의 합류의 형식으로서의 네트워킹이라는 문제에 대해서는 Juris(2008)을 참조하라.

10. 매우 다른 접근법으로는 Žižek(2004)을 참조하라.

11. 과테말라의 Nuevo Horizonte Cooperative의 구성원들은 이렇게 말한다 : '만약 더 많은 Horizontes들이 존재하지 않는다면, 우리는 바다 속 한 방울의 달콤한 물과 같을 것이며 흡수되어버릴 것이다.' From the video on Nuevo Horizonte : http://inter continentalcry.org/nuevo-horizonte/

12. 사회센터에 대해서는 Free Association(2006), Chatterton and Hodkinson(2006)을 참조하라.

13. 이에 관해서는 예를 들어 Kastner and Spörr(2008)을 참조하라.


## 11. 균열들은 다른 행위형식에 대항하는 어떤 행위형식의 반란이다

1. Bloch(1986 : 1367). 내가 번역을 약간 수정했다.

2. 위의 명제 V를 참조하라.

3. 엥겔스는 예리한 관찰을 『자본론』 각주로 덧붙였다. 거기서 그는 '영어는 여기에서 고찰된 노동의 두 양상에 상이한 단어를 사용하는 이점을 갖고 있다. 사용가치를 창출하는 노동, 즉 질적으로 고려되는 노동은 Labour와 구분해서 Work라고 불린다.'(Marx, 1965 : 47; 1867/1990 : 138) 이 구분을 좀더 강하게 강조하기 위해서 나는, 여전히

labour의 불유쾌한 공명을 어느 정도 담지하는 단어인 work 대신에 doing(행위)이라는 말을 사용하는 것을 좋아한다.

4. Chris Arthur는 자신의 책 *Dialectics of Labour*(1986)의 첫 장의 매우 유익한 절을 청년 맑스가 'labour'란 단어를 어떻게 사용했는지를 개관하는 데에 바쳤다. 그는, '『1844년 경철수고』와 『독일 이데올로기』(1846~7) 같은 텍스트에서 맑스는 그 용어를 **사적 소유의 지배 하에서 수행되는 생산적 활동**에 한정했다. 그것은, 사회적 삶의 보편적 존재론적 토대인 활동을 주제화하기를 바랄 때 그가 사용하는 용어가 아니다'라고 결론 맺는다. 그는 Marx(1844/1975b : 285) [칼 마르크스, 『경제학-철학 수고』, 강유원 옮김, 이론과 실천, 2006, 108쪽]을 인용한다 : '사적 소유관계 내부에는 인간 활동의 노동(labour)으로의 생산이, 즉 그 자신에게, 인간에게, 자연에게 아주 낯선 활동으로의 생산이 …… 잠재적으로 포함된다.' Arthur는, 맑스가 『자본론』을 쓸 무렵에, Arbeit(labour)를 좀더 일반적인 의미로 사용하고 있다고 지적한다. 그럼에도 불구하고 맑스가 '노동(labour)의 이중성'이라고 부른 것이 중심적 관심사로 남아 있다는 것은, 그리고 문제가 되고 있는 것이 종종 표현되곤 하는 '생산성'과 가치생산 사이의 대비 이상의 것이라는 점은 분명하다. 특히 『자본론』 1권의 '노동과정과 잉여가치 생산과정'을 다룬 저 훌륭한 7장과, 잉여가치 생산으로서의 자본주의적 생산을 다룬 '직접적 생산과정의 제 결과'(Marx, 1867/1990 : 975ff.)라는 절을 참조하라.

5. Adorno(1990 : 5)를 참조하라 : '변증법이라는 이름은 무엇보다도, 대상들이 잔여를 남기지 않고서는 그 개념들 속으로 들어가지 않는다는 것 이상의 것을 의미하지 않는다. …… 모순은 …… 동일성의 비진리를, 개념이 사유되는 사물들을 소진시키지 못한다는 사실을 지시한다.'

6. 어떤 저자들(하트와 네그리(Hardt and Negri) 같은 사람들, 특히 Hardt and Negri(2004)는 자본주의에 대한 비판에서 민주주의를 위한 투쟁에 대한 강조로 미끄러져 들어간다. 하지만 민주주의는, 우리가 자본의 생산에 우리의 삶을 바친다면, 아무 것도 의미하지 않는다.

## 12. 행위의 노동으로의 추상은 자본주의를 엮어짜는 것이다.

1. Ben Fowkes가 번역한 나중의 (그리고 지금 훨씬 더 널리 이용되는) 펭귄판 번역본이 그 점을 같은 정도로 표현하지 않는다는 것을 주목하라 : '이 점은 정치경제학 이해에 결정적이다'(Marx, 1867/1990 : 132). Samuel Moore와 Edward Aveling의 더 오래된 번역은 내가 보기에 다음과 같은 독일어 원문에 좀더 가까운 것으로 보인다 : 'Da dieser Punkt der Springpunkt ist, um den sich das Verständnis der politischen Ökonomie dreht, …… (Marx, 1867/1985 : 56).' 이 책에서 나는 계속해서 초기 번

역으로부터 인용할 것이지만 더 쉽게 구할 수 있는 판본인 후기의 번역도 참조할
것이다.

2. 한국어판 : 칼 맑스·프리드리히 엥겔스, 「맑스가 맨체스터의 엥겔스에게 1867년 8월
24일」, 『칼 맑스 프리드리히 엥겔스 저작 선집 3권』, 박종철출판사 엮음, 박종철출판
사, 1997.

3. 맑스는 계속해서 '2) 이윤, 이자, 지대 등과 같은 잉여가치의 **특수한 형태들로부터 잉여
가치를 독립적으로** 취급'지만, 이것은 여기에서 우리의 관심사가 아니다. 맑스도 이
것을 자신의 분명한 기여로 간주했다는 사실을 주목하라 : '나는 상품 속에 포함된 노
동의 이중적 성격을 지적하고 또 비판적으로 검토한 최초의 사람이다.'(Marx, 1867/
1965 : 41; 1867/1990 : 132; 『자본론 I (상)』, 52]

4. 맑스도 '자기–활동(성)'이라는 용어를 '의식적인 삶-활동(성)'을 가리키기 위해 사용한
다. 용어법의 전체 문제에 관해서는 Arthur(1986) 1장에 있는 유익한 논의를 참조하라.

5. 한국어판 : 칼 마르크스, 『정치경제학비판을 위하여』, 김호균 옮김, 중원문화, 2012.

6. 추상노동에 관한 최근의 논쟁들에 대한 매우 유익한 논의로는, Bonefeld(2010)를 참
조하라.

7. 이와 비슷한 결론에 도달하는 논의로는 Postone(1996), 특히 158 이하를 참조하라.

8. 인간과 다른 동물 사이에는 어떤 본질적 구분도 없다(그리고 따라서 건축가와 꿀벌 사
이에 대한 맑스의 구분은 거부되어야 한다)는 주장은 내가 보기에 위험한 것이다. 대
지에서의 삶의 전망을 파괴하고 있는 것은 양이나 말이 아니라 인간들이다. 우리는 그
러므로 이 파괴를 멈추려는 노력에 뚜렷한 책임을 갖고 있다. 요컨대 인간은 자신들을
다른 동물로부터 구분하는 창조적이고 파괴적인 힘을 갖고 있다. 이에 대해서는
Wilding(2008) 및 특히 2010을 참조하라.

9. [옮긴이] 대인적 비판(critique ad hominem)에 대해서는 이 책 150쪽에 있는 저자의
설명을 참조하라.

10. Postone(1996 : 162)를 참조하라 : '사회적 실천의 특정한 형식들에 의해 구성된 추
상적 지배의 구조들은 사회적 통제 너머에 놓여 있는 사회적 과정을 야기한다. 그러나
그것들은 맑스의 분석 속에서 또, 사람들이, 자신들이 소외된 형식 속에서 사회적으로
구성했던 것을 통제할 수 있을 역사적 가능성을 산출하기도 한다.'

11. 이런 의미에 대해서는 Postone(1996 : 158)을 참조하라.

12. 맑스가 노동의 이중적 성격에 부여한 중요성을 강조하는 저자들조차도, 저 이중적
성격의 단지 일면에 불과한 추상노동만을 계속해서 강조한다는 것은 놀라운 일이다.

13. 일반적으로 우리는 맑스에게 있어서, 형식과 내용의 관계가 탈자적(ecstatic) 관계라
고 말할 수 있다. 즉 형식은 내용을 포함하거나 포함하지 않는다. 내용은 형식 안에서-

그것에-대항하고-그것을-넘어서 존재하며 그것을 넘쳐흐른다.

14. 임신의 마지막 날들에 아직 태어나지 않은 아이는 그 어머니의 탈자(脫自)라 할 수
있다 : 그것은 자신의 어머니 속에 있을 뿐만 아니라 이미 대항하며-넘어서고 있다. 이
탈자적 공간은 존엄의 공간이며 균열의 실체이다. Chris Carlsson(2008 : 39)은 이러
한 생각을 자신의 책 *Nowtopia*의 장들 중의 하나의 제목('당신이 내가 행위하고 있다
고 보는 것은 내가 행하는 것이 아니다')에서 멋지게 표현한다. 그는 삶의 점점 '갈라진'
성격을 가리킴으로써 그 주제를 발전시킨다 : '사람들이 정말 하고 싶어 하는 많은 것
들(예컨대 예술, 음악, 역사, 철학)로부터 생계를 꾸리는 것은 어렵거나 불가능하다.
그래서 갈라진 삶을 사는 사람들의 꾸준한 증가가 있어 왔다. 한편에는 돈을 버는 일의
압도적 필요성이 있고, 다른 한편에는 (지불이 있든 없든) 성취감 있는 일을 찾으려는
창조적 충동이 있다. …… 자본은 인간관계를 전도된 논리로 비트는 사회적 권력관계
이다. 하지만 그것은 영속적인 저항에 직면한다. …… 사람들은, 자신들의 활동을 상
품화하려는 자본의 시도들 외부에서 (그리고 종종 그것에 대항하여) 협력하여 활동하
는 자율의 공간을 만들어 냄으로써 자신들의 정상적인 일상생활 속에서 이 힘들에 저
항한다.' 그는 자신의 책의 핵심이, '삶-긍정적이고 자기해방적인 행동들과, 인위적인
희소성 속에서 이루어지는 화폐, 소유, 그리고 생존의 강제적 지배 사이의 반(半)의식
적인 전쟁'(Carlsson, 2008 : 42)이라고 말한다.


## 13. 행위의 노동으로의 추상은 자본주의의 사회적 종합을 창출하는, 역사적 변형과정
이다 : 시초축적

1. 이 팸플릿의 영어판이 인터넷에서 더 쉽게 이용가능하기 때문에 이 판을 인용에 사용
하면서, 나는 2004년 독일어판의 페이지 수를 제공함으로서 그것을 참조할 수 있도록
했다. [한국어판: 크리시스, 『노동을 거부하라! ― 노동 지상주의에 대한 11가지 반격』,
김남시 옮김, 이후, 2007]

2. '우리는 새로운 종류의 상호의존을, 즉 느리고 자발적이며 우연적인 방식으로 출현한
상호의존을 다루고 있다.'(1996 : 148)는 Postone의 놀라운 언급은 이러한 사실을 지
시한다.

3. '자본주의로의 이행'에 관해서는 Federici(2004 : 62)[실비아 페데리치, 『캘리번과 마
녀』, 황성원·김민철 옮김, 갈무리, 2011, 100쪽]을 참조하라 : '그 용어는 …… 점진적
이고 선형적인 역사적 발전을 제시한다. 반면 그것이 호명하는 시대는 세계사에서 가
장 유혈적이고 가장 불연속적인 시대였다.'

4. [옮긴이] 남아메리카 최남단인 아르헨티나의 띠에라 델 푸에고와 그 이남의 섬들에 살
던 남아메리카 원주민.

5. Postone(1996 : 271)은,『자본론』1장에서 제시된 범주들이 임금노동을 전제한다고 주장하는 데 이 점에서 그는 옳다. 추상노동은 역사적으로 임금노동에 선행하지 않는다.

6. Marx, 1867/1965 : 578; 1867/1990 : 724;『자본론 I (하)』, 787을 참조하라 : '자본은 임금노동을 전제한다. 그리고 임금노동은 자본을 전제한다. 하나는 다른 하나의 존재를 위한 필요조건이다. 그들은 서로서로 각각의 타자를 존재 속으로 불러낸다.'

## 14. 추상노동은 우리의 몸과 마음을 울타리친다.

1. Postone은 노동을 '자본주의에서 물신의 근본적 핵심'(Postone, 1996 : 170)이라고 말하는 점에서 옳다.

2. [옮긴이] 그리스 신화에 나오는 예언자. 태양신 아폴론의 구애를 받아들이는 조건으로 아폴론은 그녀에게 예지력을 주었지만, 그녀는 예언능력을 갖게 된 후 약속을 지키지 않았다. 분노한 아폴론은 그녀의 예언을 아무도 믿지 않게 하는 형벌을 내렸고, 트로이의 왕이 그녀의 예언을 믿지 않아 트로이가 멸망했다고 한다.

3. 사물화와 동일화 일반에 대해서는 Holloway(2002/2005)에서의 논의를 참조하라.

## 15. 행위의 노동으로의 추상은 인격화의 과정이며 성격마스크의 창출이고 노동계급의 형성이다.

1. Jemmy Button의 이야기에 대해서는 López(2006)을 참조하라.

2. Federici, 2004 : 136;『캘리번과 마녀』, 199를 참조하라 : '토지를 몰수당한 농민은, 임금을 받기 위해 노동하는 데 평화적으로 동의하지 않았다. 더 많은 경우에 그들은 거지들, 방랑자들, 혹은 범죄자들이 되었다. 훈육된 노동-력을 생산하는 데는 긴 과정이 요구될 것이다.' 또 Foucault(1975/1977)[미셸 푸코, 『감시와 처벌』, 오생근 옮김, 나남출판, 2003]에서 훈육의 역사에 대한 상세한 설명을 참조하라.

3. 상품교환이 두 사람의 **개별적** 상품소유자들 사이의 사법적 관계를 발생시키는 방식에 대해서는 Marx(1867/1965 : 84~5; 1867/1990 : 178~9;『자본론 I (상)』, 109)을 참조하라. '개인들은 상품들의 대표자로서, 따라서 상품들의 소유자로서만 서로 존재한다. 우리의 연구과정에서 우리는 일반적으로, 경제적 무대에 등장하는 인물들은 그들 사이에 존재하는 경제적 관계의 인격화일 뿐이라는 것을 발견할 것이다.'

4. '어떤 역할을 하기'라는 생각의 역사적 발생과 우울증의 확산 사이의 연관에 대해서는 Ehrenreich(2007)을, 특히 그 7장 'An Epidemic of Melancholy'를 참조하라. 추상노동의 생산물은 실제로, 그녀가 주장하듯이, '불안한 자아', '고통받는 영혼'이다. '성격마스크'라는 용어는『자본론』의 독일어판에 나타난다. 그러나 영어판에서 그것은 일

반적으로 '성격'이라고만 번역된다. 예를 들어 Marx, 1867/1985 : 100; 1867/1965 : 85; 1867/1990 : 179;『자본론 I (상)』, 109~11을 참조하라. 성격마스크의 의미에 대한 최근의 논쟁에 대해서는 Schandl(2006), Lohoff(2008)를 참조하라.

5. 사회적 행위의 다수의 추상노동들로의 파편화는 우리 모두에게 엄청난 결과를 가져온다. 우리는 이 파편화의 생산물들이다. 우리의 주체성은 행위의 개별적 주역주의(protagonism)로의 흐름 속에의 참여에서부터 변형되어 나온다. 우리의 사회적 주체성은 억압되며 할리우드를 가장 사랑하는 주체들(Subjects)로 전환된다. 동일성을 갖는, 이름을 갖는, 성별을 갖는 개별 주체들로.

6. 이것은 『무엇을 할 것인가?』(Lenin, 1902/1977)[블라디미르 일리치 울리야노프 레닌,『무엇을 할 것인가?』, 최호정 옮김, 박종철출판사, 1999]에 의해 발전되었다.

7. 노동계급의 이러한 정체화(identification)는 노동계급 문화의 관념 속에서, 그리고 '노동자'의 특정 이미지에 대한 예찬 속에서 정교화된다. 노동계급에 대한 정체성주의적 개념은 직업적 혁명가, 투사, 그리고 영웅의 형상 속에서, 즉 지난 세기 혁명적 조직화에서의 모든 핵심적 개념들 속에서 한 걸음 더 나아간다.

8. 새로운 전위주의의 위험에 대해서는 예를 들어 Zadnikar(2009)를 참조하라. 커다란 행진에서 이른바 '블랙 블록'이 취한 폭력적 전술을 정당화하기 위해 때때로 사용되는 하나의 논변은, 일반 대중은 자본주의 구조 속에 너무나 통합되어 있어서 그들은 근본적 변화의 원천이 될 수 없고 따라서 일반 대중이 무엇을 생각하는가는 중요치 않다는 것이다. Holloway and Sergi(2007)을 참조하라.

**16.행위의 노동으로의 추상은 남성 노동자의 창출이며 성의 동질이상화이다.**

1. Massimo De Angelis(2007)가 주장하듯이, 노동과, 직접적으로 자본을 생산하지 않는 다른 활동들 사이의 관계가 공존적 관계가 아니라 위계적인 관계, 종속의 관계임을 주목하라. 달리 말해, 이 다른 활동들(행위)은 노동 속에서-그것에-대항하며-그것을-넘어서 존재하지만 그 외부에 존재하지는 않는다. 거기에는 외부성의 관계가 아니라 파열의 관계가 있다.

2. [옮긴이] 실비아 페데리치(Silvia Federici, 1942~ )는 현재 뉴욕 브룩클린에 거주하는 이탈리아 태생의 베테랑 활동가, 작가이다. 이탈리아, 나이지리아, 미국에서 가르쳤고, 그곳에서 페미니즘, 교육, 그리고 사형제 반대 투쟁을 포함해 많은 운동들에 관여하였다. 2004년에 펴낸 영향력 있는 책『캘리번과 마녀 : 여성, 신체, 그리고 시초축적』(갈무리, 2011)은 16~17세기 유럽의 마녀 재판과 자본주의의 탄생 사이의 관련성을 기술한다. 최근의 저작으로『0점에서의 혁명』(*Revolution at Point Zero*, 갈무리, 근간)이 있다. 그녀의 작업은 아래로부터의 투쟁을 역사적이고 지구적인 변화의 중심 추

진력으로 위치시키는 자율주의적 맑스주의와 페미니즘 전통에 뿌리박고 있다. 또 셀마 제임스와 마리아로사 달라 꼬스따 등 〈가사노동을 위한 임금지불 운동〉의 다른 구성원들과 함께, 그리고 마리아 미스, 반다나 시바 등 페미니스트 저자들과 함께, 오늘날의 권력관계들을 이해하기 위한 중요한 수단으로서 '재생산' 개념을 확장시키는 데 기여해 왔다.

3. Federici, 2004 : 184; 『캘리번과 마녀』, 272를 참조하라. '울타리치기가 농민에게서 공유지를 박탈했듯이 마녀사냥은 여성에게서 그들의 몸을 박탈했다. 이리하여 여성들은 그들이 노동생산을 위한 기계로 기능하는 것을 막는 일체의 장애물로부터 "자유로워"졌다.'

4. Horkheimer and Adorno(1947/1979)[테오도르 아도르노·M. 호르크하이머, 『계몽의 변증법 ― 철학적 단상』, 김유동 옮김, 문학과지성사, 2001]가 썼듯이, '인류는 스스로를 끔찍하게 불구화시켜 그 자신의 동일한, 기능적인 남성 자아를 창조해야만 했고 그 중의 일부는 모든 사람의 유아기에 반복되어야 한다.' Krisis(1999/2004 : 18, s. 7)에서 인용.

5. 마녀사냥과 성의 자본주의적 합리화에 대해서는 Federici, 2004 : 192~8; 『캘리번과 마녀』, 285~94와 그녀의 논평(192; 『캘리번과 마녀』, 285)을 참조하라. '마녀사냥은 …… "깨끗한 이력을 가진 사람들 사이의 깨끗한 섹스"를 향한, 그리고 여성의 성적 활동의 노동, 남성에 대한 봉사, 그리고 출산으로의 변형을 향한 대장정의 첫 걸음이었다.'

6. 한국어판 : 헤르베르트 마르쿠제, 『에로스와 문명』, 김인환 옮김, 나남출판, 2004.

7. 그럼에도 불구하고 천 명 당 약 한 명은 여성적이지도 남성적이지도 않은 성기를 갖고 태어난다. 이 경우에 남성이라고 혹은 여성이라고 정의 내리는 것은 종종 의학적 개입에 의한 것이다(Baird, 2007 : 124ff.)[바네사 베어드, 『성적 다양성, 두렵거나 혹은 모르거나』, 김고연주 옮김, 이후, 2007]. 그리고 Baird의 논평(Baird, 2007 : 133)를 참조하라 : '남성과 여성 사이의 이른바 생물학적 선은 솔직히 매우 흐릿하다.'

8. 이것은, 여성과 남성이 자본주의 이전에 존재하지 않았다는 것을 의미하는 것이 아니라 그것들을 분리하고 구획하는 특유한 힘이 자본주의에 특유하다는 것을 의미한다. 예컨대 여성이 자신을 남성으로 제시하는 것이 자본주의의 도래와 더불어서만 범죄로 이해되게 되었다.

9. 이 과정은 디오니소스적인 것에 대한 억압으로 이해될 수 있다. 이에 대해서는 Ehrenreich(2007)을 참조하라.

## 17. 행위를 노동으로 추상하는 것은 자연을 객체로서 구성하는 것이다.

1. 16세기 초, 토마스 모어(Thomas More)의 울타리치기에 대한 탄핵을 참조하라 : '양 …… 얼마 먹지도 않았던 이 평온한 생물이 이제 분명히 엄청난 식욕을 갖게 되었고 식인생물들로 변했다. 들판들, 집들, 마을들 등 모든 것이 그들의 목구멍으로 들어간다.'(1516/1965 : 46) [토마스 모어, 『유토피아』, 전경자 옮김, 열린책들, 2012]

2. Marx, 1844/1975 : 276; Foster, 2000 : 158 [존 벨라미 포스터, 『마르크스의 생태학 ― 유물론과 자연』, 이범웅 옮김, 인간사랑, 2010]에서 인용.

3. 더 초기의 번역(Marx, 1867/1965 : 177; 『자본론 I (상)』, 235)은 원문의 'Stoff wechsel'(1867/1985 : 192)을 신진대사(metabolism)가 아니라 '물질적 반응들'(material re-actions)이라고 번역한다 : 나는 여기에서 후기의 판본을 선택했다.

4. 여기에서도 나는 Foster(2000 : 155)를 따라 Ben Fowkes(Marx, 1894/1976 : 949~50; 『자본론 III (하)』, 987)의 더 최근의 『자본론』 번역을 사용한다 : 대토지 소유는 '사회적 신진대사, 즉 삶 그 자체의 자연법칙들에 의해 규정되는 신진대사의 상호의존적 과정 속에 회복불가능한 단층을 야기하는 조건들을 생산한다.' 이전의 번역(Marx, 1894/1971 : 813; 『자본론 III (하)』, 987)은 '삶의 자연법칙들에 의해 규정되는 사회적 상호교류의 일관성에서 회복불가능한 단절'에 대해 말한다. 이 개념의 중요성에 대해서는 Wilding(2008)도 참조하라.

5. 적절하게도 포스터는 『맑스의 생태학』(Foster, 2000 : 1)이라는 자신의 책을 맑스의 『정치경제학 비판 요강』으로부터의 효과적 인용에서 시작한다 : '설명을 요구하는 것, 혹은 역사적 과정의 결과인 것은 살아 있는 활동적 인간과, 그들의 자연과의 신진대사 교환의 자연적이고 비유기적인 조건들의 **통일**이 아니라, 오히려 인간실존의 이 비유기적 조건들과 이 활동적 실존의 **분리**, 임금노동과 자본의 관계 속에서만 완전히 정립되는 분리이다'(Marx, 1857/1973 : 489).

6. Horkheimer and Adorno(1947/1979). 이에 대한 비판으로는 Wilding(2008) 참조.

7. '자연'에 부착된 의미의 변화에 관해서는 Williams(1976 : 187~8) [레이먼드 윌리엄스, 『키워드』, 김성기 · 유리 옮김, 민음사, 2010]을 참조하라. 또 '근대 과학이 인간과 자연 사이에 설립한 심각한 소외'에 대해 말하는 Federici(2004 : 203; 『캘리번과 마녀』, 302)도 참조하라. 아마도 과학이, 인간 활동의 변형의 일부였던, 이 소외를 설립했다기보다 강화했다고 말하는 것이 더 정확할 것이다.

8. 한국어판 : 칼 맑스 · 프리드리히 엥겔스, 「독일 이데올로기」, 『칼 맑스 프리드리히 엥겔스 저작 선집 1권』, 박종철출판사 엮음, 박종철출판사, 1997.

9. 한국어판 : 칼 마르크스 · 프리드리히 엥겔스, 『독일 이데올로기 I』, 김대웅 옮김, 두레,

1989, 97쪽.

10. 이 구절에서 맑스와 엥겔스로부터의 인용은 Foster(2000)로부터 인용되었다.

11. 이에 대해서는 라투르(Latour)에 대한 Adrian Wilding의 탁월한 비판을 참조하라.

12. 이 책의 많은 부분은 Eloína Peláez에 의해 만들어진 아름다운 정원인 San Andrés
    Cholula의 the Jardín Etnobotánico 한 가운데에서 쓰였다. 그리고 이것은 인간과 비
    인간적 생명 형태 사이의 다른 관계를 위한 투쟁에, 자연을 대상으로 구성하는 것에 대
    한 투쟁에 바쳐졌다. 이 논제뿐만 아니라 책 전체는 Eloína와의 끊임없는 이론적-실
    천적 대화에서 생겨났다.

13. 맑스의 「유대인 문제에 관하여」(Marx, 1843/1975 : 172)[칼 마르크스, 「유태인 문
    제에 관하여」, 『마르크스의 초기 저작 : 비판과 언론』, 열음사, 1996]와 Foster(2000 :
    74)에서 인용했다.


**18. 행위의 노동으로의 추상은 우리의 행위할-힘의 외부화이며 시민, 정치, 그리고 국
    가의 창출이다.**

1. 우리의 힘에 대해서는, Neka(MTD Solano), Sergio(Lavaca)와 마리나 시트린(Marina
   Sitrin)이 가진 인터뷰(2005 : 195; 2006 : 163)를 참조하라 : 'Neka : 명령의 지위가 아
   니라 능력으로서의 힘 말이지요. Sergio : 권력에 도달하다, 권력을 획득하다라고 할
   때의 명사 power와는 달리 우리는 동사로의 power를 생각합니다.'

2. power-to와 power-over 사이의 구분에 대한 좀더 상세한 논의로는 Holloway
   (2002/2005) 3장 참조.

3. 이와 유사한 주장으로는 Pashukanis(1924/2002)[오이겐 파슈카니스, 『법의 일반이
   론과 맑스주의 − 법률적 기초개념에 대한 비판의 시도』, 박대원 옮김, 신서원, 2008]
   을 참조하라.

4. 우리가 의사들, 배관공들, 연인들, 친구들 등등과의 관계 속에서 우리의 힘을 외부화
   하는, 즉 다른 사람들에게 우리에 대한 지배력을 제공하는 많은 길이 있다. 하지만 여
   기서 우리는 국가의 문제에 집중한다.


**19. 행위의 노동으로의 추상은 시간의 동질화이다.**

1. 루카치가 표현한 것처럼(Lukács, 1923/1988 : 90)[게오르그 루카치, 『역사와 계급의
   식』, 조만영·박정호 옮김, 거름, 1999], '시간은 그것의 질적이고 가변적이며 변동적인
   성질을 벗는다. 그것은 양화가능한 "사물들"로 가득 찬 정확히 한정된 양화가능한 연
   속체(자신의 총체적인 인격으로부터 완전히 분리된 노동자들의 사물화된, 기계적으
   로 대상화된 "수행")로 얼어붙는다. 요컨대 그것은 공간이 된다.' 시간의 사물화에 대

해서는, 띠쉴러(Tischler, 2005b)도 참조하라.

2. [옮긴이] 빨리 주기도문을 외는 시간으로, 관용적으로는 아주 짧은 시간을 가리킨다.

3. Thompson(1967 : 56)을 참조하라.

4. 시계의 역사에 대해서는 Mayr(1989) 참조.

5. 추상노동과 시간의 문제에 대해서는 Bonefeld(2010)과 Postone(1996)을 참조하라.

6. 이 점에 관해서는 Bonefeld(2010)과 Postone(1996)을 참조하라.

7. Debord(1967/1995 : 110) [기 드보르, 『스펙터클의 사회』, 이경숙 옮김, 현실문화연구, 1996]을 참조하라 : '생산의 시간, 상품-으로서의-시간은 등가적 간격들의 무한정한 축적이다. 그것은 추상적으로 된 불가역적 시간이다. 각각의 단편들은 다른 모든 단편들과의 순전히 양적인 동등성을 시계에 의해 입증해야 한다. 이 시간은 실제로 그것의 **교환가능성**과 별개로는 아무 것도 나타내지 못한다. 그것은, "시간이 모든 것이며, 인간은 아무 것도 아니다; 인간은 기껏해야 시간의 시체일 뿐이다"(『철학의 빈곤』)라는 상품으로서의-시간의 지배하에 있다. 이것은 탈가치화된 시간이며 "인간발전의 영역"으로서의 시간의 완전한 역전이다.'

8. 역사에 대한 다른 서술에 대해서는 과테말라에서의 투쟁에 대한 쎄르지오 띠쉴러의 최근의 책을 참조하라 : Tischler(2009b).

9. 만족의 지연과 집단적 기쁨의 억압에 대해서는 Ehrenreich, 2007, 특히 100쪽을 참조하라.

10. 반자본주의 투쟁에서 희생의 전통의 치명적 결과에 대해서는 Vaneigem, 1967/1994 : ch. 12를 참조하라.


**20. 행위의 노동으로의 추상은 총체성의 창조이다.**

1. Rubin, 1928/1973 : 142를 참조하라 : '**사적 노동**의 **사회적 노동**으로의 변형은 **구체적 노동**의 **추상적 노동**으로의 변형을 통해서만 수행될 수 있을 뿐이다. …… 추상노동은 사회적으로 동등화된 노동, 즉 구체적 속성으로부터 추상된, 비인격적이고 동질적인 노동일 뿐만 아니라 비인격적이고 동질적인 노동으로서만 사회적 노동이 되는 노동이다.'

2. '총체성은 긍정적 범주가 아니라 비판적 범주이다. 변증법적 비판은 총체성에 복종하지 않는 것을, 총체성에 대립하는 것을, 혹은 그 자신을 아직 존재하지 않는 개체화의 잠재력으로 만드는 것을 구제하거나 그러한 것의 정립을 돕는다. …… 해방된 인류는 결코 총체성이 아닐 것이다.'(Adorno, 1976 : 12; Jay, 1984 : 266~7에서 인용)

3. 총체성의 긍정화에 대한 강력한 비판으로는 Tischler, 2009(a)를 참조하라.

4. Lukács(1923/1988 : 27) : '맑스주의와 부르주아 사상의 결정적 차이를 구성하는 것

은 역사적 설명에서 경제적 동기의 우선성이 아니라 총체성의 관점이다.'

5. Postone(1996 : 157)을 참조하라 : '자본주의를 극복하는 것은 사회적 매개의 구성에서 노동의 역할이라는 "실체"의 ― 실현이 아니라 ― 폐지를, 따라서 총체성의 폐지를 포함한다.'


**21. 추상노동이 지배한다 : 행위의 노동으로의 추상은 노동착취에 의해 지탱되는 응집적이고 법칙구속적인 총체성의 창출이다.**

1. Foucault(1975/1977)을 참조하라.

2. Horkheimer and Adorno(1947/1979)을 참조하라.

3. [옮긴이] 펜테우스(Pentheus)는 그리스 신화에 나오는 테베의 왕으로, 테베에 디오니소스 신에 대한 신앙이 퍼지자 이를 금지하였다.

4. Ehrenreich, 2007 : 248을 참조하라.

5. 이러한 의미에 대해서는 Marx의 'Theses on Feuerbach', 1845/1976 [칼 맑스 · 프리드리히 엥겔스, 「포이에르바하에 관한 테제들」, 『칼 맑스 프리드리히 엥겔스 저작 선집 1권』, 박종철출판사 엮음, 박종철출판사, 1997]을 참조하라.

6. Horkheimer(1937/1992 : 229). 나는 이 번역문을 Werner Bonefeld(1995 : 184)에서 가져왔다. 이 번역문이 출판된 영역본(1937/1972 : 213)보다 더 분명하다.

7. 이에 대해서는 Bonefeld(1995)를 참조하라.

8. 추상노동에서처럼, '형식논리학에서도 사유는 그 대상들과 무관하다'(Marcuse, 1964/1968 : 114) [헤르베르트 마르쿠제, 『일차원적 인간』, 박병진 옮김, 한마음사, 2009].

9. 도구적 이성비판은 프랑크푸르트학파와 연결된 저자들에 의해 발전된 중심 주제이다. 특히 Horkheimer(1946/2004), Marcuse(1964/1968)을 참조하라.

10. 나는 추상노동의 수행자를 '그'로, 행위자(doer)를 '그녀'로 표현하기를 좋아한다.

11. 계급과 계급화에 대해서는 Holloway(2002/2005), ch. 8, 그리고 Holloway(2002)를 참조하라.

12. 이런 의미에서 Postone에 대한 Bonefeld의 비판을 참조하라(Bonefeld, 2004).

13. 사회관계의 구성이라는 중요한 문제에 대해서는 Bonefeld(1995)를 참조하라.


**22. 노동운동은 추상노동의 운동이다.**

1. 루빈의 작품은 1923년에 처음 출판되었다. 하지만 그 년도는 불확실하다. 그래서 나는 1928년의 제3판에 기초하여 그 주장을 참조했다.

2. 한국어판 : I. 루빈, 『마르크스의 가치론』, 함상호 옮김, 이론과 실천, 1989.

3. 예를 들어 Mattick(1969/1974)을, 그리고 Mattick(1981)을 참조하라.

4. '노동가치론'에 관한 다이앤 엘슨(Diane Elson)의 논문(1979)의 마지막 줄에서 예외가 발견될 수 있다. 거기에서 그녀는 이 책에서 내가 주장한 방향으로의 개시를 시도한다 : '『자본론』은 …… 노동의 결정을 내재적으로 미발달된 것의 역사적 형성과정으로 …… 분석한다. 자본주의에 특유한 것은 노동의 한 측면, 즉 가치로 대상화된 추상노동의 지배라고 주장하면서. 이러한 기반 위에서만 우리는 왜 자본이 지배적 주체로 나타날 수 있는지를, 그리고 왜 개인들은 단지 생산의 자본주의적 관계의 담지자일 뿐인지를 이해할 수 있다. 그러나 이것이 왜 반만 진실인지를 설명하는 것도 가능하다. 왜냐하면 맑스의 분석은 개인들을 가치형태의 담지자들로 환원하는 경향의 한계들도 인정하기 때문이다. 맑스의 분석은 사적이고 구체적인 노동의 개념 속에서 노동의 주관적이고 의식적이며 특수한 측면들을 분석 속으로 끌고 들어옴으로써 그렇게 한다. …… 이런 방식으로 『자본론』의 주장은 정치적 행동을 위한 물질적 기초를 끌어들인다. 인간성의 주관적이고 의식적이며 집단적인 측면들은 조정된(accorded) 인식이다. 정치적 문제는 착취에 대항하는 특수한 의식적인 집단 활동을 창출하기 위해 노동의 이 사적이고 구체적이며 사회적인 측면들을 가치형태의 매개 없이 결합하는 것이다. 맑스의 착취 이론은 그 분석 속으로 이 가능성을 끌어들인다.'(Elson, 1979 : 174) 이것은 애꾸눈의 맑스주의 흐름을 거슬러서 힘차게 헤엄치는 비상한 단락이다.

5. 페이지 참조는 http://home.comcast.net/~platypus1848/postone_lukacsdialectical critique2003.pdf에서 이용 가능한 pdf 버전의 것이다.

6. 맑스도 공산주의 운동을 노동에 대한 운동으로 이해했다 : '공산주의 혁명은 활동의 선행하는 양식에 대립하며 노동을 폐지한다'(Marx and Engels, 1845/1976 : 52). 그리고 다시 : '그 문제는 노동의 해방이 아니라 노동의 폐지이다'(Marx and Engels, 1845/1976 : 52). 이 두 인용문은 '노동의 폐지'에 바쳐진 한 절에서 마르쿠제(Marcuse, 1941/1969 : 292)[헤르베르트 마르쿠제, 『이성과 혁명』, 김현일 옮김, 중원문화, 2011]에 의해 인용되었다. Arthur(1986) ch. 1도 참조하라.

7. Postone(1996)도 '비판적 분석의 근본적으로 다른 양식(한편에서는 노동의 관점에서의 자본주의 비판, 그리고 다른 한편에서는 자본주의 속에서 노동에 대한 비판)'(Postone, 1996 : 5) 사이에 명확한 구분을 한다. Postone이 명확하게 하지 않는 것은 노동에 대한 비판이 어디에서 유래하는가이다. 그 다른 측면은 그의 분석에서 누락되어 있다. Postone에 대한 좀더 자세한 논의로는 다음(25장 4절 명제)을 참조하라.

8. 『자본론』 1장에 초점을 맞추는 분석들은 필연적으로 유통에 중점을 두고 있는 것이라고 생각하는 것은 잘못이다(Hanloser and Reitter, 2008을 참조하라). 왜냐하면 1장은 노동의 이중성이 도입되는 곳이기 때문이다. 여기에서 문제는 가치분석과 노동의 이

중성에 집중하는 분석 사이의 결정적 구분이다.

9. 정의의 문제에 대해서는 Holloway(2002/2005) 4장을 참조하라.

10. Krisis, 1999/2004 : 16, s. 6을 참조하라. '정치적 좌파는 항상 노동을 열심히 숭배해 왔다. 정치적 좌파는 노동이 인간의 진정한 본성이라고 양식화했고 노동을 자본의 상상된 대항원리로 신비화해 왔다. 노동은 불명예스러운 것으로 간주되지 않았고 자본에 의한 노동의 착취만이 그렇게 간주되었다. 그 결과 "노동계급 당들"의 강령은 언제나 "노동의 해방"이었지 "노동으로부터의 해방"이 아니었다. 그러나 자본과 노동의 사회적 대립은 자본주의적 목적 자체 내부에서의 상이한(비록 그 힘이 불균등하지만) 이해관계의 대립일 뿐이다.'

11. 한국어판 : 블라디미르 일리치 울리야노프 레닌, 『무엇을 할 것인가?』, 최호정 옮김, 박종철출판사, 1999.

12. 한국어판 : 로자 룩셈부르크, 『대중파업론』, 풀무질, 1995.

13. 최근의 맑스주의 문헌 중의 상당부분을 특징짓는 구조기능주의에 대한 탁월한 비판으로는 Clarke(1977/1991)를 참조하라.

14. 라틴아메리카에 살면서 이것을 잠시라도 잊는 것은 불가능하다. 이 책에서 나는 과테말라 친구이자 동료인 Sergio Tischler와 Carlos Figueroa로부터 많은 것을 배웠다.

15. '다른 노동운동'이라는 개념에 대해서는 Roth(1974)를 참조하라.


## 23. 추상은 과거일 뿐만 아니라 현재적 과정이기도 하다.

1. Werner Bonefeld(2009a : 77)는, 맑스가 시초축적을 단지 과거에 있었던 자본주의로의 이행으로만 생각했다는 주장에 대한 응답에서 그것을 표현한다. '맑스가 시초축적을 이행이라는 조건 이외의 다른 것으로 언급한 적이 정말로 없는가 있는가는 내가 보기에는 별로 흥미를 끄는 문제가 아니다. 만약 그가 실제로 그런 적이 없다면 그가 그렇게 했어야 했다는 것은 분명하다.'

2. 이것의 결과에 대해서는 Davis(2006)를 참조하라.

3. 간혹 시초축적이 여전히 존재한다고 주장되지만 자본 축적이 새로운 영역으로 확장되는 곳에서만 존재한다고 주장된다. 달리 말해 현대 자본주의에서는 정상적 축적과 시초적 축적 사이의 공존이 있다는 것이다. (이런 생각에 대해서는 De Angelis(2007)(특히 ch. 10)과 De Angelis(2009)를 참조하라. 그리고 다른 방향에서이지만 Harvey(2003)[데이비드 하비, 『신제국주의』, 최병두 옮김, 한울, 2005]를 참조하라.) 여기에서 내가 주장하고자 하는 것은 그러한 구분이 이루어질 수 없다는 것이다. (이와 같은 생각에 대해서는 Bonefeld, 2009b와 2009c를 참조하라.)

4. 시초축적의 현재적 중요성에 대한 활발한 토론이 있다. 이에 관해서는 온라인 저널

*The Commoner*에 실렸으며 지금은 Bonefeld(2009a)에 묶인 논문들을 참조하라. 그리고 또 Harvey(2003)도 참조하라. 결정적인 것은, 현재의 시초축적이 자본주의의 주변적 측면이 아니라 자본의 부단한 구성과 재구성 자체라는 것이다.

5. 형식-과정으로서의 형식에 대해서는 Holloway(1980/1991), Holloway(2002/2005)를 참조하라.

6. 이 책은 이중적 의미에서 에리우게나적이라고 이야기될 수 있다.

7. 보상되지 않은 과거의 투쟁들, 이행되지 않은 약속들과 실현되지 않은 잠재력들은 현재적 힘이다. 보상되지 않은 과거의 현재적 힘에 대해서는 발터 벤야민을, 특히 그의 「역사철학 테제」(Benjamin, 1969 : 253ff.)[발터 벤야민, 「역사의 개념에 대하여」, 『발터 벤야민 선집 5』, 최성만 옮김, 길, 2008]을 참조하라. 또 기억의 중요성에 대해서는 Tischler(2005a)를, 그리고 Matamoros(2005)를 참조하라.

8. Odysseus Elytis가 쓴 시, Axion Esti에서(1974 : 42. Memos(2009)로부터 인용)

9. Bloch(1959/1996)을 참조하라.

10. 현재의 논쟁 맥락 속에서 억압 개념이 갖는 지속적 중요성에 대해서는, 즉 억압 개념에 대한 구조주의적 및 포스트구조주의적 공격에도 불구하고 그것이 갖는 중요성에 대해서는 Kastner(2006)를 참조하라.


## 24. 구체적 행위는 추상노동을 흘러넘친다. 그것은 추상노동-속에-그것에-대립하며-그것을-넘어 존재한다.

1. Postone(1996 : 144)를 보라 : 그 구별은 '두 가지의 다른 종류의 노동을 지시하는 것이 아니라 상품 속에서 동일한 노동의 두 측면을 지시하는 것이다.' 그리고 심지어 맑스는 「직접적 생산과정의 제 결과」(Results of the Immediate Process of Production, 1990: 991)에서 좀더 강하게, '비록 우리가 생산과정을 (1)**노동과정**으로, 그리고 (2)**가치화과정으로**, 두 가지 별개의 관점에서 고찰했지만, 그럼에도 불구하고 노동과정이 단일하고 분할가능하지 않다는 것은 말할 것도 없다.' 그러나 혁명은 정확히 이 분할불가능한 통일체의 분할이며 노동과정을 가치화과정에서 해방시키는 것이고 행위를 추상노동에서 해방시키는 것이다.

2. 예컨대 유용노동에 대한 추상노동의 관계를 생산성의 문제로 취급하는 Postone(1996 : 287~91)을 참조하라.

3. 이와는 매우 다른 관점으로는 Negri(2003 : 56)을 보라 : '사회의 자본에의 전체주의적인 **실질적 포섭** 내부에서, [사용가치]의 이 상대적 독립은 더 이상 생각할 수 없다.'

4. 나이지리아에서 산 경험을 성찰하고 있는 Federici, 2004 : 9; 『캘리번과 마녀』, 23을 참조하라 : '자본주의적 노동기율이 이 행성에서 얻은 승리가 얼마나 제한적인가를 나

는 깨달았다. 그리고 나는, 얼마나 많은 사람들이 여전히 자신들의 삶을 자본주의적 생
산의 요구에 아주 적대적인 것으로 간주하고 있는지를 깨달았다.'

5. 다른 해석으로는 De Angelis(2007)를 참조하라.

6. 차이와 모순에 대해서는 Bonnet(2009)를 참조하라.

7. 일반적으로 우리는, 맑스에게서, 형식과 내용의 관계가 탈자적 관계라고 말할 수 있다 :
형식은 내용을 포함하면서도 내용을 포함하지 않는다. 내용은 형식 바깥에서-그것을-
넘어 있으며 그것을 넘쳐흐른다.


## 25. 행위는 추상노동의 위기이다.

1. 욕구불만은, 우리가 하는 것과 우리가 할 수 있는 것 사이의 모순을, 우리의 현실성과 우
리의 잠재력 사이의 모순을 가리킨다. 그러나, 이 모순이 살아 있는 유기체로 이해될 수
있다는 사실은 결정적이다. Postone, 1996(예컨대 34)이 그렇듯이, 모순과 적대를 분
리시키는 것은, 자신이 비판하고 있는 전통적 맑스주의 논리 속으로 추락하는 것이다.

2. 맑스주의 전통이 맑스를 잊고자 하는 것은 이상한 일이 아니다.

3. 1968년에, 세계의 많은 지역에서.

4. 이것은 아나키스트 전통에 의해 특별히 발전된 주제이다.

5. 다른 관점에서 서술된 노동의 위기에 대한 유익한 논의로는 Exiler et al.(2005)을 참조
하라.

6. 물음(asking)이 우리가 걸을 수 있는 유일한 길이다. 이 책은 이 물음의 과정의 일부이
기를 바란다.

7. 이에 대해서는 예컨대 Harvie(2006); Cunninghame(2009); Harvie and De Angelis
(2009)를 참조하라.

8. 간혹 『권력으로 세상을 바꿀 수 있는가』(Holloway, 2002/2005)가, 아나키즘적 원천
들을 인용하는 데 호의를 보이지도 않고 또 우호적 태도를 보이지도 않지만, 그 핵심에
서는 아나키즘적 주장이라고 이야기되곤 한다. 나는, 그 주장을 어떻게 명명하는가가
중요하지 않다고 답하고 싶다. 그리고 나의 참고문헌의 협소함에 대해서는 사과를 하
고 싶다. 이와 마찬가지로 내가 앞의 각주에서 나의 사례 인용이 내가 라틴아메리카에
살고 있다는 사실에 의해 영향을 받는다고 설명했듯이, 이론적 참고문헌에 대한 나의
인용도, 내가 수년간 맑스주의 이론 속에서 (혹은 그 이론 속에서-그것에-대항하며-
그것을-넘어서) 살아왔다는 사실에 의해 영향을 받는다.

9. '사유하기는 넘어서기를 무릅쓰는 것을 의미한다'는 Bloch(1959/1986 : 4)의 말을 참
조하라.

10. Reitter(2004 : 16)도 포스톤의 책에 대한 비판에서 정확히 같은 점을 지적하고 있다 :

'그렇지만 내가 제기하고 싶은 주요한 문제는, 그 책이 이른바 객관적이고 과학적인 지식의 관점에서 씌어졌지 반란의 관점에서 쓰이지 않았다는 것이다.'

11. 포스톤의 접근법의 한 차원은, 그가 변증법을 부적응의 부정적, 적대적 변증법으로서보다는 상호작용으로 이해한다는 것이다.

12. [옮긴이] 해리 클리버(Harry Cleaver, 1944~ )는 텍사스 대학 경제학과 부교수로, 맑스주의와 맑스주의 경제학을 가르친다. 칼 맑스의 『자본론』을 자율주의적 시각에서 읽은 『『자본론』을 정치적으로 읽기』[해리 클리버, 『자본론의 정치적 해석』, 권만학 옮김, 풀빛, 1986]의 저자로 잘 알려져 있으며 멕시코의 사빠띠스따 운동에도 활발하게 관여하고 있다. 그의 홈페이지에서 보다 많은 정보를 얻을 수 있다. https://webspace.utexas.edu/hcleaver/www/

13. 한국어판 : 해리 클리버, 「마르크스주의 이론에 있어서의 계급 관점의 역전」, 『사빠띠스따』, 이원영·서창현 옮김, 갈무리, 1998.

14. 한국어판 : 해리 클리버, 『자본론의 정치적 해석』, 권만학 옮김, 풀빛, 1986.

15. 이런 관점에서 자율주의적 혹은 오뻬라이스모적 전통을 비판한 것으로는, Holloway(2002/2005 : 160~75; 『권력으로 세상을 바꿀 수 있는가』, 256~8)을 참조하라. 종종 '열린 맑스주의'(그 이름으로 편집된 세 권의 책(Bonefeld et al., 1992, 1992, 1995)을 참조하라.)라고 불리는 이 조류는, 사회적 투쟁의 개념화로서의 범주 이해를 그것의 중심 주장으로 삼는다. 열린 맑스주의에 대한 최근의 비판적 논의로는, Altamira(2006), Birkner and Foltin(2007)을 참조하라.

16. 그러한 활동들과 사회적 관계들이 자본 **외부**에 있는 것으로 간주되어야 한다는 De Angelis(2007)의 주장과 관련해서도 동일한 논점이 제기될 수 있다.

17. 달리 말해 **삶**은, 종종 초역사적 범주로 간주되곤 하지만, 그렇게 초역사적 범주로 간주될 수는 없다. 들뢰즈 전통에 대한 일반적 비판의 일부로서의 이 개념에 대한 비판으로는 Bonnet(2009)를 참조하라.

18. 이 단락의 목적은 첨예한 선을 긋거나 딱지를 붙이기 위한 것이 아니라 논쟁을 자극하기 위한 것이며, 내가 왜 혁명적 이론을 다시 사유할 열쇠로서 노동의 이중성에 초점을 맞추는지를 설명하기 위한 것이다.

19. 오뻬라이스모 일반에 대해서는 Wright(2002)와 Birkner and Foltin(2006)을 참조하라.

20. [옮긴이] 빠올로 비르노(Paolo Virno, 1952~ )는 이탈리아의 나뽈리에서 태어났으며, 1970년대에 이탈리아의 다양한 혁명 운동에 참여했다. 안또니오 네그리 등과 1979년 소위 '4.7 재판'에 연루되어 반체제단체 구성 혐의로 투옥되었다. 비환원주의적 유물론, 즉 자연과 역사, 언어활동과 제반 생산관계를 결합시킬 수 있는 유물론으로

이르는 길을 찾고 있으며, 현재 로마대학의 교수이다. 저서로 『다중』(갈무리, 2004) 외에 『현재의 기억 : 역사적 시간에 관한 시론』(*Il ricordo del presente. Saggio sul tempo storico*), 『엑소더스의 실행』(*Esercizi di Esodo*) 등이 있다.

21. 한국어판 : 빠올로 비르노, 『다중』, 김상운 옮김, 갈무리, 2004, 190쪽.

22. 한국어판 : 안또니오 네그리·펠릭스 가따리, 『자유의 새로운 공간』, 조정환 편역, 갈무리, 2007.

23. 한국어판 : 안토니오 네그리·마이클 하트, 『제국』, 윤수종 옮김, 이학사, 2001.

24. 추상노동의 위기에 대한 Krisis의 주장에 대한 훌륭한 설명으로는 Trenkle(2007)을 참조하라.

25. 이것은 우리가 앞 절의 Postone의 분석에서 보았던 것과 동일한 문제이다.

26. 하트와 네그리가 그렇게 하듯이(Hardt and Negri, 2000).


**26. 노동에 대항하는 행위의 돌파는 우리를 투쟁의 새로운 세계 속으로 던진다.**

1. 성좌의 개념에 대해서는 Tischler(2009), Adorno(1966/1990), Benjamin (1940/1969) 를 참조하라.

2. Zibechi(2008 : 56)의 중요한 결론을 참조하라 : '지난 15년간의 주요한 사회적 투쟁 들에 비추어 볼 때 …… 우리는, 우리가 운동이 어떻게 생산되고 일반화되는지를 알지 못 한다고 말할 수 있다.' 그리고 그는 덧붙인다 : ' "반란을 조직하는 것"은 모순이다.'

3. 이에 대해서는 Holloway(2002/2005) 특히 3장을 보라.

4. 그리스 반란에 대한 분석으로는 Memos(2009), Stavridis(2009)를 참조하라.

5. 이 점에서 나는 비르노와 다르다. 그의 책 『다중의 문법』(*A Grammar of the Multi-tude*, 2004)[빠올로 비르노, 『다중』, 김상운 옮김, 갈무리, 2004]를 참조하라.

6. 새로운 멜로디의 흥미롭고 상상적인 탐구에 대해서는 Salinari(2007)를 참조하라. 다 른 캠페인(the Other Campaign)의 출현하는 인식론에 대한 논의로는 Gómez Car-pinteiro(2009)를 참조하라.

7. 일단 우리가 비판이론을 행위의 목소리로 이해하면, 그리하여 행위를 비판이론의 축 으로 이해하면, (예컨대 아도르노의 경우에 그토록 고뇌에 찬 것으로 나타나는) 이론 과 실천 사이의 관계라는 오래된 문제는 저절로 용해되기 시작한다. 이 문제에 대해서 는 Holloway, Matamoros and Tischler(2009)에 실린 논문들과 Schwarzböck(2008) 을 참조하라.


**27. 행위는 총체성, 종합, 가치를 해체한다.**

1. 이 예는 2000년 볼리비아의 꼬차밤바 물전쟁에서 영감을 얻었다.

2. 그 전통의 가장 설득력 있는 목소리인, 루카치는 우리에게 이렇게 말한다 : '맑스주의 와 부르주아 사상의 결정적 차이를 구성하는 것은 경제적 동기의 우선성이 아니라 총 체성의 관점이다'(Lukács, 1923/1988 : 27).

3. 민족과 사빠띠스따에 대한 논의로는 REDaktion(1997)을 참조하라.

4. 예를 들어 베네수엘라에 관한 Dario Azzelini의 주장을 참조하라(Azzelini, 2010, 2006).

5. 이 주장에 관한 흥미로운 설명으로는 Miguel Mazzeo(2007)의 책을 보라.

6. Zibechi, 2006 : 26. Zibechi의 주장은 [나의 ─ 옮긴이] 이 책의 주장과 마찬가지로, 이 러한 견해에 반대하기 위한 주장이다.

7. 차이와 모순에 대해서는 Bonnet(2009)을 참조하라.

8. Hardt and Negri(2004), Virno(2004)을 참조하라.

9. 이와 비슷한 방향에서의 주장으로는 Esteva(2009)를 참조하라.

10. 코뮌화하기(communising)라는 용어의 약간 다른 사용에 대해서는 Call : Anonymous (n.d.)를 참조하라.

11. 기후캠프운동과 직접행동의 필요에 대해서는 Sumburn(2007)을 참조하라.


**28. 행위는 성격마스크에 대항하는 숨은 여성의 움직임이다. 우리는 숨은 여성이다.**

1. 그래서 호르크하이머는 이렇게 말한다 : '후기 자본주의의 조건 하에서, 그리고 권위 주의적인 국가의 억압 기구 앞에서 노동자들이 무력함을 느끼는 조건 하에서, 진실은 훌륭한 사람들의 소규모 그룹들 속에서 망명처를 찾았다'(Horkheimer, 1972, : 237). 아도르노가 보기에, 근대 사회에서 '비판하는 특권은 특권이 된다'(Adorno, 1990 : 41).

2. 『일차원적 인간』(Marcuse, 1964/1968 : 200)에서 마르쿠제.

3. Postone(1996 : 164)을 참조하라 : '자본주의 사회에서 구성된 개인도, 상품처럼, 이 중의 성격을 갖는다.'

4. 하나의 범주로서의 잠재성의 중요성에 대해서는 Bloch(1959/1986)를 참조하라.

5. EZLN, 1996 : 25. 같은 연설에서의 다른 발췌 : '저 아래에, 도시들과 농장들에, 우리는 존재하지 않았다. 우리의 삶은 기계나 동물보다도 가치가 적었다. 우리는 길거리의 돌 멩이나 식물과 같았다. 우리는 목소리를 갖고 있지 않았다. 우리는 얼굴을 갖고 있지 않았다. 우리는 이름을 갖고 있지 않았다. 우리는 내일을 갖고 있지 않았다. 우리는 존 재하지 않았다. 권력자들이 보기에, 오늘날 "신자유주의"라는 이름으로 전 세계에 자 신을 알리는 사람들에게, 우리는 중요하지 않았다, 우리는 생산하지 않았다, 우리는 사지 않았다, 우리는 팔지 않았다. 우리는 대자본의 계좌에서는 쓸모없는 숫자였

다.'(EZLN, 1996 : 23) 유사한 주제가 프랑스의 〈신분증 없는 사람들〉(sans papiers) 운동이나 슬로베니아의 〈지워진 사람들〉(the erased)의 운동 속에서 반향된다. 〈지워진 사람들〉과 세계 여러 지역의 '틈새정치'에 관해서는 Gregorčič(2008)를 참조하라.

6. 비가시적 주체성과 피께떼로 운동의 문제에 대해서는 Dinerstein(2002)을 참조하라.

7. 이러한 가정에 대해서는 예컨대, Zibechi(2006, 2008)를, 그리고 Palmer(2000)를 참조하라.

8. 잠재적인 것은 그 고유의 언어를, 즉 알레고리의 언어, 암호들, 시의 언어를 가진다. 이것은 아직-아님의 언어이며 비동일성의 언어이다. 블로흐와 아도르노의 감질날 정도로 어려운 아름다움은 바로 이러한 언어 때문이다.

9. 아도르노가 자본주의 속의 개인을 '흉터들의 체제'로 특징짓는 것은 이 때문이다. Bonnet(2009 : 59)를 참조하라.

10. Vaneigem(1967/1994 : 111)을 참조하라 : '모든 반란 운동의 실제적 요구는 세계의 변형과 삶의 재발명이다. 이것은 이론가에 의해 정식화된 요구가 아니다. 오히려 그것은 시적 창조의 기초이다. 혁명은 혁명의 전문가들에도 불구하고, 또 혁명의 전문가들에 대립해서 매일매일 만들어진다. 이 혁명은, 산 경험으로부터 솟아오르는 모든 것들처럼, 이름이 없다.'

11. 이에 관해서는 특히 Bloch(1959/1986) 53장(III)을 참조하라.

12. 한국어판 : 마지 피어시, 『시간의 경계에 선 여자』, 변용란 옮김, 민음사, 2010.

13. 사빠띠스따는 지금 그 문제를 다루는 방법으로 'compañeroas'라는 용어를 채용했다.

14. Marcuse(1956/1998)을 참조하라. 아마도 이것은 Mieli(1980)에 의해 옹호되는 '게이 코뮤니즘'(gay communism)과 공통적인 뭔가를 가진다. 그 속에서 주체는 이성애/동성애 동일성에서, 남성성으로부터뿐만 아니라 여성성으로부터도 해방된다. 그리고 ' "게이 코뮤니즘"의 정치적 목표는 일반적인 기쁨(gayness)이다. 이로써 그 단어는 그것의 더 오래된, 그리고 더 폭넓은 의미인 행복으로 되넘어간다.'(Stoetzler, 2009 : 162)

15. 3인칭은, 그것의 외관상의 성별이 무엇이든, 실제로는 남성적 인칭이다. 여성주의 이론이 1인칭을 그토록 강하게 주장해 온 이유가 바로 이것이다.

16. 우리(We)의 형성에 관해서는 Lewkowicz(2004) 216ff.과 ch.11을 참조하라.

17. 이것은 어색한 번역이다. 그러나 정확한 번역은 불가능하다.

18. 차이를 모순에 대한 반란과는 다른 것이라고 말하는 것은 말이 되지 않는다. Bonnet (2009)를 참조하라.

19. 이에 관해서는 Richard Gunn(1987)의 중요한 논문을 참조하라.

20. 이런 의미에서 행위와 노동의 갈등이 다른 갈등들에 선행한다. 이런 의미에서 우리는, 계급갈등이 성별 갈등이나 인종 갈등에 선행한다고 말할 수 있다. 그러나 우리가 계급갈등을 행위와 노동 사이의 갈등으로, 행위자의, 노동자로의 계급화를 둘러싼 갈등으로 이해할 때에만 그렇다고 할 수 있다. 이에 관해서는 Holloway(2002)와 Holloway(2004)에 실린 논문모음을 참조하라.

21. 진정성에 대한 (그리고 존엄에 대한 이상주의적 개념에 대한) 비판으로는 Adorno (1964/2003)를 참조하라.

22. Raquel Gutiérrez Aguilar와 Jaime Iturri Salmón(1995)이 쓴 책의 제목, *Entre Hermanos : porque queremos seguir siendo rebeldes es necesaria la sub-versión de la subversión*(『형제자매들 사이에서 : 우리는 계속 반란하기를 원하기 때문에, 우리는 전복의 전복을 필요로 한다』)을 참조하라. 부단한 전복의 중요성이 갖는 유사한 의미에 대해서는 Mattini의 *La Política como Subversión*(2000)을, 그리고 Agnoli의 *Subversive Theorie*(1999)를 참조하라.

23. Marcuse, 1956/1998 : 16을 참조하라.

24. 사빠띠스따가 말하듯이, 얼굴도 없고 목소리도 없는(sin voz, sin rostro) 상태.

25. 글렌이글스 주위에서 열린 G8정상회담 반대시위에서 어릿광대가 수행한 역할에 대해서는 Harvie et al.(2007)에 실린 여러 논문을 참조하라.

26. 이것은, Scott이 잠재적 반란에 관해 수행한 중요한 작업(Scott, 1990)에서 발전시킨 개념이다.

## 29. 행위는 시간의 동질화를 해체한다.

1. 벤야민은, 「역사철학 테제」(Benjamin, 1940/1969)의 15 명제에서, 1830년 7월 혁명기에 일어난 사건에 대해 이렇게 보고한다 : '싸움이 벌어진 첫 날 저녁에, 시계탑의 시계들이 파리의 도처에서 동시에, 그리고 따로따로 총격되었다.'

2. 한국어판 : 호르헤 루이스 보르헤스, 「원형의 폐허들」, 『픽션들』, 황병하 옮김, 민음사, 1994.

3. 같은 맥락에서, 샐먼 루시디의 『플로렌스의 마녀』를 참조하라. 그 책에서 왕이 가장 좋아하는 부인은 그의 상상의 창조물이다. 왕비는 이것의 의미를 신학적 맥락에서 그리고 개인적 맥락에서 고민한다 : '만약 신이 자신의 창조물인 인간을 외면한다면, 인간은 존재하기를 멈추고 말 것인가? 그것은 그 물음의 대규모 판본이었다. 그러나 그녀를 괴롭힌 것은, 그 물음의 이기적이고 소규모적인 판본들이었다. 그녀의 의지는, 그녀가 존재하도록 의지했던 그 남재왕 — 옮긴이]로부터 자유로웠는가? 그녀는, 그녀의 실존 가능성에 대한 불신을 그가 중지한 덕분에 존재했을 뿐인가?'(Rushdie, 2009 :

49)[살만 루슈디,『피렌체의 여마법사』, 송은주 옮김, 문학동네, 2011] 그것은 자본가들의 대단히 심각한 공포이다. 자본주의를 창조하는 우리가 우리의 창조물인 자본주의를 외면한다면, 그것은 존재하기를 멈출 것이기 때문이다. 자본주의의 교육제도, 대학들은 물론이고, 그것의 경찰, 군대, 세계의 폭력 등을 이해하기 위한 열쇠는 바로 이 공포이다.

4. 한국어판 : 호르헤 루이스 보르헤스, 「틀뢴, 우크바르, 오르비스 떼르띠우스」,『픽션들』, 황병하 옮김, 민음사, 1994.

5. 보르헤스는 애초의 (스페인어) 이야기의 영어 번역을 제공한다.

6. [옮긴이] 카르페 디엠(Carpe diem)은 호라티우스의 라틴어 시 구절이다. 현재를 잡아라(Seize the day)를 의미한다.

7. 혁명적 원리로서의 카르페 디엠과 그것의 위험성에 대한 논의로는 Bloch(1959/1986), 20장을 참조하라.

8. 레닌(Lenin, 1902/1968)의 팜플렛, '"Left-wing" Communism — An infantile disorder'[블라디미르 일리치 울리야노프 레닌,『공산주의에서의 '좌익' 소아병』, 김남섭 옮김, 돌베개, 1989]의 제목을 보라.

9. 2008년 1월 2일자 *La Jornada*에 실린 한 글에 포함되어 있는 버네겜의 말을 참조하라: '나는 "우리 승리하리라"(¡Venceremos!)의 허식을 갖고 있지 않다. 나는 단지, 유년의 자발적 외침인 "우리는 살고 싶다"가 모든 여성과 모든 남성 속에서 힘을 키울 것을 바랄 뿐이다. 우리가 바라는 세계의 유년이 탄생할 것은 바로 저 유년으로부터이다.' 유년 시대와 철학에 대해 좀더 일반적으로 다룬 책으로는 Kohan(2003), Agamben(2007)[조르조 아감벤,『유아기와 역사』, 조효원 옮김, 새물결, 2010]을 참조하라.

10. *La Jornada*, 25 August 1996.

11. 이에 대해서는 Vaneigem(1967/1994)을 참조하라.

12. 다른 많은 곳에서와 마찬가지로 여기에서도 나는 Richard Gunn을 따른다.

13. Honderich(1995 : 97)에서 인용.

14. 정지된 지금에 대한 추구로서의 코뮤니즘의 이념은 블로흐의 철학에서 중심적인 이념이다. 정지한 지금(nunc stans)에 대해서는 Bloch(1964 : I, 107)을, 그리고 또 Bloch(1959/1986), 특히 ch. 53, III를 참조하라.

15. 이것은 Leeds May Day Group(2004)이 쓴 팜플렛의 이름이다. 또 Free Association(2005)에 실려 있는, 사건들의 강렬함에 대한 그들의 논의를 참조하라.

16. Free Association은, 들뢰즈와 가따리를 따라, 이것을 후렴구의 시간이라고 부른다 : Free Association(2006).

17. [옮긴이] 라울 버네겜,『일상생활의 혁명』, 주형일 옮김, 이후, 2006, 22장 참조.

18. Benjamin(1974 : 1232). Adrian Wilding(1995 : 146)에서 인용.

19. [옮긴이] 마리아스텔라 겔미니는 2008~2011년 이딸리아 베를루스코니 총리 집권기에 교육부 장관을 지낸 인물이다. 2008년 10월 그녀가 제출한 교육개혁안에 반대하는 대규모 시위가 이탈리아 전역에서 벌어졌다.

20. 한국어판 : 칼 맑스·프리드리히 엥겔스, 「헤겔 법철학 비판을 위하여. 서설」, 『칼 맑스 프리드리히 엥겔스 저작 선집 1권』, 박종철출판사 엮음, 박종철출판사, 1997.

21. 이것은 자율주의적인 혹은 오뻬라이스모적인(operaista) 맑스주의 조류의 위대한 통찰이다.


## 30. 우리는 생산력이다 : 우리의 힘은 행위의 힘이다.

1. 그의 책의 9장에 서술되어 있는, 생산력에 대한 Postone의 세심한 논의를 참조하라. 그런데 그의 논의는 그가 생산관계와 생산력 사이(추상노동과 구체노동 사이)의 관계를 살아 있는 적대로서, 안에서-대항하며-넘어서는 탈-자적 관계로서 이해하는 데 실패함으로써 약화된다. 그 결과 '생산과 노동의 가능한 변형'은 단지, 현재의 투쟁 속에 뿌리박지 못한 가능성으로서만 남아 있다. 특히 Postone(1996 : 364)을 참조하라.


## 31. 우리는 아마도, 자본주의의 위기, 우리의 행위할-힘의 비순응적-넘쳐흐름, 다른 세계의 돌파일 것이다.

1. 『자본론』 3권 13장에서 15장까지에서 이루어진 분석에 대해서는 Marx(1894/1971)을 참조하라.


## 32. 자본주의를 만들기를 중지하라.

1. [옮긴이] 요한 스코터스 에리우게나(815~877)는 중세 시대 아일랜드 최대의 철학자이다. 그의 가명 에리우게나(Eriugena)는 아일랜드(Eriu)에서 태어난(gena)이라는 뜻이다. 아우구스티누스, 플라톤, 보에티우스 등의 영향을 받았고 『예정론』(*De Prae destination*, 851), 『자연 구분론』(*De Divisione Naturae*, 867) 등의 책을 썼다. 진정한 철학과 진정한 종교는 일치한다고 주장했고 그의 사상은 유심론적 범신론이라고 할 수 있다. 이 책 『크랙 캐피털리즘』과 에리우게나 철학의 관련성에 대해서는 이 책 244, 362쪽을 참조하라.

2. Raquel Gutiérrez에게 감사드린다.

3. 그러므로 지적재산권이라는 자본주의의 반격이 수반하는 폭력은 지식을 분리시키고 정의하려는 필사적인 노력이다.

4. 올바른 노선은 존재하지 않을지 모른다. 하지만 공동체 정원을 어떻게 만들 것인가 혹

은 대안 라디오방송을 어떻게 만들 것인가에 관한 분명한 제안들을 갖는 것은 매우 유익할 것이다. Trapese(2007), Carlsson(2008)을, 그리고 Haber mann(2009)에 서술된 여러 설명들을 참조하라.

5. 반란의 사회적 흐름이라는 개념에 대해서는 Tischler(2009b)를 참조하라.

6. 여러 종류의 방법들 중에서, 우리 스스로 행위하기에 대한 매우 실천적인 안내로는 Trapese(2007)를 참조하라.


## 감사의 말

1. [옮긴이] 이 개념에 대해서는 이 책의 244, 362쪽과 이 책 32장 후주 1번을 참조하라.

2. [옮긴이] espiral : 저자 홀러웨이가 사는 곳인 멕시코 뿌에블라에 존재했던 사빠띠스따를 지지하는 그룹. 지금은 없어졌다고 한다.

3. [옮긴이] 아르헨티나의 실업자 운동 MTD Solano(솔라노의 실업자 운동)의 참가자들을 말한다.

4. [옮긴이] pizzero : 저자 홀러웨이가 사는 곳인 멕시코 뿌에블라 지역의 토론 그룹. 지금은 없어졌다고 한다.


## 부록 : 공통체를 창조하기와 자본주의를 균열내기

1. [옮긴이] 영문판 : John Holloway, *Crack Capitalism*, Pluto Press, 2010 [존 홀러웨이, 『크랙 캐피털리즘』, 조정환 옮김, 갈무리, 2013].

2. [옮긴이] 백년전쟁(1337~1360) 중 프랑스에서 일었던 농민봉기. 농민들의 무장봉기는 1323년 플란더스, 1358년 프랑스, 1381년 잉글랜드에서 있었고, 1370년과 1380년에는 플로렌스와 겐트, 파리에서 있었다. 네그리·하트는 『공통체』(*Commonwealth*) 4.3장 「반란의 계보학」에서 자크리의 반란에 관해 언급한다.

3. [옮긴이] 이 책의 380쪽에서 하트(와 네그리)는 '필요한 것은 유엔기관들이나 시민조직들 같은 전지구적 제도를 통해 제공되건, 다른 기구들을 통해 제공되건 간에 전 세계의 모든 사람을 위한 기본적 생활수단을, 전지구적 보장소득, 그리고 진실로 보편적인 보건 등을 제공할 전지구적 주도권이 필요하다'고 말한다. 이후 서한들에서, 쟁점은 이 구절의 내용에서 맥락으로 이동한다.

4. Negri(2003 : 109) [안또니오 네그리, 『혁명의 시간』, 정남영 옮김, 갈무리, 2004].

5. [옮긴이] 네그리와 하트는 『공통체』(*Commonwealth*) 302쪽에서 다음과 같이 말한다. '이 부분에서 우리는 생산력의 새로운 확장과 공통적인 것의 제한 없는 생산을 위해서는 — 다시 말해 자본을 구하기 위해서는 — 다중의 자유, 다중의 평등, 다중의 민주주의의 정치가 필요하다는 것을 확인할 것이다.'

6. [옮긴이] 미할리스 멘티니스의『사빠띠스따의 진화』(서창현 옮김, 갈무리, 2009) 395
쪽에 있는 까라꼴레스에 대한 다음 설명을 참조하라. '연속적인 운동 및 변화를 위한
사빠띠스따의 역량을 보여주는 가장 최근의 돌파구는 2003년 8월의 5개의 까라꼴레
스("달팽이들" 또는 "나선들")의 창설이다. 5개의 까라꼴레스는 5개의 아과스깔리엔
떼스를 대체했으며, 자율적인 공동체들 내부의 불평등 발전의 문제들을 해결하고 더
욱 효과적인 방식으로 기획들의 조정을 다루며, 자율적인 지대 내의 산안드레아즈 협
정을 이행하는 것을 목표로 한다. 까라꼴레스 내부에 만들어진 훈떼스 데 부엔 고비에
르노("좋은 정부의 배치들")는 직접민주주의를 더욱 효과적으로 만들고 운동의 군부
진영의 역할을 최소화하는 것을 목표로 한다.(Castro Soto, 2003; Duterme, 2004)'

7. [옮긴이] '자본(그리고 공통적 부를 둘러싼 투쟁)'을 다룬 '3부'를 가리키는 것으로 보
인다.

8. [옮긴이]『제국』,『다중』,『공통체』를 가리킨다.

9. [옮긴이] 네그리·하트는『공통체』(Commonwealth) 306쪽에서 다음과 같이 말한다.
'우리의 분석은, 자본이 타자 — 무엇보다 지구 환경과 가장 가난한 사람들 — 를 파괴
할 뿐만 아니라 자기 자신을 파괴하는 길에 들어섰다는 결론에 다다랐다.'

10. [옮긴이] 홀러웨이는 계속해서 Common Wealth라고 쓰지만 하트와 네그리는
Commonwealth라고 썼으므로 여기서는 '공통의 부'가 아니라 '공통체'로 번역한다.

:: 참고문헌

Adorno, Theodor.W. (1964/2003) *The Jargon of Authenticity* (London : Routledge).

_______ (1966/1990) *Negative Dialectics* (London : Routledge) [테오도르 아도르노, 『부정변증법』, 홍승용 옮김, 한길사, 1999].

_______ (1975) 'Resignation', *Telos* 35 (Spring) pp. 165-168.

_______ et al. (1976) *The Positivist Dispute in German Sociology* (London : Heinemann).

Agamben, Giorgio (2007) *Infancy and History : On the Destruction of Experience* (London : Verso) [조르조 아감벤, 『유아기와 역사』, 조효원 옮김, 새물결, 2010].

Agnoli, Johannes (1999) *Subversive Theorie* (Freiburg : Ça ira).

Aiziczon, Fernando (2009) *Zanón : Una Experiencia de Lucha obrera* (Buenos Aires : Herramienta).

Altamira, César (2006) *Los Marxismos del Nuevo Siglo* (Buenos Aires : Biblos).

Andrew, X (1999) 'Give up activism', in Reclaim the Streets (eds) *Reflections on J18* (London : RTS) 〈http://flag.blackened.net/af/online/j18/reflec1.html.

Anonymous, *Call* (no date, place or publisher).

Arthur, Chris (1986) *Dialectics of Labour : Marx and his Relation to Hegel* (Oxford : Basil Blackwell). Available at http://chrisarthur.net/dialectics-of-labour/.

Azzelini, Dario (2006) *Venezuela Bolivariana : Revolution des 21. Jahrhunderts?* (Cologne : ISP).

_______ (2010) 'Partizipative und protagonistische Demokratie in Venezuela'. PhD thesis, University of Frankfurt.

Baird, Vanessa (2007) *The No-Nonsense Guide to Sexual Diversity* (Oxford : New Internationalist) [바네사 베어드, 『성적 다양성, 두렵거나 혹은 모르거나』, 김고연주 옮김, 이후, 2007].

Barreto Cipriani, Juan, (2007), 'Ejercio del poder popular en la singular encrucijada política de Venezuela' in *El Poder Popular : Propuestas para el debate* (Caracas : Instituto Metropolitano de Urbanismo) pp. 9-16.

Benjamin, Walter (1940/1969) 'Theses on the Philosophy of History', in W. Benjamin, *Illuminations*, (New York : Schocken Books), pp. 253-264 [발터 벤야민, 「역사의 개념에 대하여」, 『발터 벤야민 선집 5』, 최성만 옮김, 길, 2008].

_______ (1974) 'Anmerkungen zu 'Über den Begriff der Geschichte', in *Gesammelte Schriften* Vol. 1 (Frankfurt : Suhrkamp) pp.1223-1266 [발터 벤야민, 「「역사의 개념에 대하여」 관련 노트들」, 『발터 벤야민 선집 5』, 최성만 옮김, 길, 2008].

Berger, John (2001) *The Shape of a Pocket* (New York : Vintage) [존 버거, 『포켓의 형태』, 이영주 옮김, 동문선, 2005].

Bey, Hakim (1985) *The Temporary Autonomous Zone, Ontological Anarchy, Poetic Terrorism.* (New York : Autonomedia) ⟨http://www.hermetic.com/bey/taz3.html⟩.

Birkner, Martin (2007) 'Buchbesprechung : John Holloway, Edward Thompson : Blauer Montag. Über Zeit und Arbeitsdisziplin', *Grundrisse* No. 22, pp. 66-7.

_______ and Foltin, Robert (2006) *(Post-)Operaismus : Von der Arbeiterautonomie zur Multitude* (Stuttgart : Schmetterling Verlag).

Bloch, Ernst (1964) *Tübinger Einleitung in die Philosophie* (2 bde) (Frankfurt : Suhrkamp).

_______ (1959/1986) *The Principle of Hope* (3 vols) (Oxford : Basil Blackwell) [에른스트 블로흐, 『희망의 원리』(1~5), 박설호 옮김, 열린책들, 2004].

Böhm, Steffen, Ana Dinerstein and André Spicer (2010) '(Im)possibilities of Autonomy : Social Movements In and Beyond Capital, the State and Development', *Social Movement Studies*, Vol. 9, No. 1.

Bollier, David (2008) *Viral Spiral : How the Commoners Built a Digital Republic of Their Own* (New York/London : The New Press). ⟨http://www.viralspiral.cc/sites/default/files/Viral Spiral.pdf⟩.

Boltanski, Luc and Eve Chiapello (1999/2007) *The New Spirit of Capitalism* (London : Verso).

Bonefeld, Werner (1995) 'Capital as Subject and the Existence of Labour', in Bonefeld, Gunn, Holloway and Psychopedis (1995), pp. 182-212.

_______ (2004) 'On Postone's Courageous but Unsuccessful Attempt to Banish Class Antagonism from the Critique of Political Economy', *Historical Materialism*, Vol. 12, No. 3, pp. 103-24.

_______ (2007) 'Notes on movement and uncertainty', in Harvie et al. (2007) pp. 265-72.

_______ (ed) (2009a) *Subverting the Present, Imagining the Future* (New York : Autonomedia).

_______ (2009b) 'The Permanence of Primitive Accumulation : Commodity Fetishism and Social Constitution', in Bonefeld (2009a), pp. 51-66.

_______ (2009c) 'History and Social Constitution : Primitive Accumulation is not Primitive', in Bonefeld (2009a), pp. 77-86.

_______ (2010) 'Abstract Labour : Against its Nature and On its Time' *Capital and Class* forthcoming.

_______ Richard Gunn and Kosmas Psychopedis (eds) (1992a) *Open Marxism*, Vol. 1. *Dialectics and History* (London : Pluto).

_______ Richard Gunn and Kosmas Psychopedis (eds) (1992b) *Open Marxism*, Vol. 2. *Theory and Practice* (London : Pluto).

_______ Richard Gunn, John Holloway and Kosmas Psychopedis (eds) (1995) *Open Marxism*, Vol. 3. *Emancipating Marx* (London : Pluto).

_______ and Kosmas Psychopedis (2005) *Human Dignity : Social Autonomy and the Critique of Capitalism* (London : Ashgate).

Bonnet, Alberto (2009) 'Antagonism and Difference : Negative Dialectics and Poststructuralism in view of the Critique of modern Capitalism', in Holloway, Matamoros and Tischler (2009).

Borges, Jorge Luis (1941/2000a) 'Las Ruinas Circulares' in *Ficciones* (Buenos Aires : La Nación) pp. 49-58 [호르헤 루이스 보르헤스, 「원형의 폐허들」, 『픽션들』, 황병하 옮김, 민음사, 1994].

______ (1941/2000b) 'Tlön, Uqbar, Orbis Tertius', in *Ficciones* (Buenos Aires : La Nación) pp. 11-34 [호르헤 루이스 보르헤스, 「틀뢴, 우크바르, 오르비스 떼르띠우스」, 『픽션들』, 황병하 옮김, 민음사, 1994].

Cafassi, Emilio (2002) *Olla a Presión : Cacerolazos, Piquetes y Asambleas, sobre fuego argentino* (Buenos Aires : Libros del Rojas).

Carlsson, Chris (2008) *Nowtopia : How Pirate Programmers, Outlaw Bicyclists, and Vacant-Lot Gardeners are inventing the Future Today* (Oakland and Edinburgh : AK Press).

Ceceña, Ana Esther (2004) *La Guerra por el agua y por la vida : Cochabamba – una experiencia de construcción comunitaria frente al neoliberalismo y al banco mundial* (Cochabamba : Coordinadora de Defensa del Agua y de la Vida)

Cecosesola (2003) *Buscando una Convivencia harmonica* (Barquisimeto : Cecosesola)

Chatterton, Paul (2006) *Autonomy in the City? Reflections on the UK Social Centres Movement* (Leeds : no publisher).

Clarke, Simon (1977/1991) 'Marxism, Sociology and Poulantzas' Theory of the State', *Capital & Class*, No. 2, pp. 1-31. Reprinted in Clarke (1991), pp. 70-108.

______ (ed.) (1991) *The State Debate* (London : Macmillan).

Cleaver, Harry (1979) *Reading Capital Politically* (London : Harvester Press) [해리 클리버, 『자본론의 정치적 해석』, 권만학 옮김, 풀빛, 1986].

______ (2002) 'The Inversion of Class Perspective in Marxian Theory : From Valorisation to Self-Valorisation', in Bonefeld, Gunn and Psychopedis (1992b) [해리 클리버, 「마르크스주의 이론에 있어서의 계급 관점의 역전」, 『사빠띠스따』, 이원영·서창현 옮김, 갈무리, 1998].

______ (2006) *¿Socialismo?* (Oaxaca : Ediciones ¡Basta!) (a modified version of an article originally published in Sachs (1992).

Colectivo Situaciones (2002) *19 y 20 : Apuntes para el nuevo Protagonismo social* (Buenos Aires : De Mano a Mano).

______ (2009), *Inquietudes en el impasse* (Buenos Aires : Tinta Limón Ediciones).

*Commoner, The* ⟨http://www.commoner.org.uk/02deangelis.pdf⟩.

Cuninghame, Patrick (2009) ' "EduFactory" : precarización de la producción del conocimiento y alternatives', *Bajo el Volcán*, No. 13, pp. 11-24.

Davis, Mike (2006) *Planet of Slums* (London : Verso) [마이크 데이비스, 『슬럼, 지구를 뒤덮다 — 신자유주의 이후 세계 도시의 빈곤화』, 김정아 옮김, 돌베개, 2007].

Day, Richard J. F. (2005) *Gramsci is Dead: Anarchist Currents in the Newest Social Movements*

(London: Pluto Press).

De Angelis, Massimo (2000) 'Globalisation, New Internationalism and the Zapatistas', *Capital and Class*, No. 70, pp. 9-35.

_______ (2007) *The Beginning of History : Value Struggles and Global Capital* (London : Pluto).

_______ and David Harvie (2009) ' "Cognitive Capitalism" and the Rat-Race : How Capital Measures Immaterial Labour in British Universities", *Historical Materialism*, Vol. 17, No. 3, pp. 3-30.

Debord, Guy (1967/1995) *The Society of the Spectacle* (New York : Zone Books) [기 드보르, 『스펙터클의 사회』, 이경숙 옮김, 현실문화연구, 1996].

De Sousa Santos, Boaventura (2003) *Democracia y Participación : El Ejemplo del Presupuesto Participativo* (Barcelona : El Viejo Topo).

Dinerstein, Ana (2002) 'Regaining Materiality : Unemployment and the Invisible Subjectivity of Labour', in Dinerstein and Neary (2002), pp. 203-25.

_______ and Neary, Mike (2002) *The Labour Debate : An Investigation into the Theory and Reality of Capitalist Work* (London : Ashgate).

Dunayevskaya, Raya (2002) *The Power of Negativity*. Edited and intro. by Peter Hudis and Kevin B. Anderson (Lanham : Lexington).

Dussel, Enrique (2006) *20 Tesis de Política* (Mexico City : Siglo XXI).

Dyer-Witherford, Nick (2007) 'Commonism', *Turbulence*, No. 1, pp. 28-9.

Ehrenreich, Barbara (2007) *Dancing in the Streets. A History of Collective Joy* (London : Granta Books).

Elson, Diane (1979) 'The Value Theory of Labour', in Elson, Diane (ed.), *Value : The Representation of Labour in Capitalism* (London/Atlantic Highlands, NJ : CSE Books/Humanities Press), pp. 114-80.

Elytis, Odysseus (1959/1974), *The Axion Esti* (Pittsburgh, PA : University of Pittsburgh Press).

Esteva, Gustavo (2007a) 'The Asamblea Popular de los Pueblos de Oaxaca, APPO : A Chronicle of Radical Democracy', *Latin American Perspectives*, No. 152.

_______ (2007b) 'APPOlogía', in Esteva et al., *Los Movimientos sociales y el Poder : La Otra Campaña y la Coyuntura política mexicana* (Guadalajara : La Casa del Mago).

_______ (2007c) 'Agenda y Sentido de los Movimientos Antisistémicos', talk presented in the Primer Coloquio Internacional In Memoriam Andrés Aubry, ' ...... Planeta Tierra : movimientos antisistémicos ...... ', San Cristóbal de las Casas, 13-17 December.

_______ (2007d) 'Enclosing the Enclosers', *Turbulence*, No. 1, pp. 6-7.

_______ (2009) 'Otra Mirada, Otra Democracia', talk presented in the Festival Mundial de la Digna Rabia, San Cristóbal de Las Casas, 4 January, unpublished ms.

ExArgentina (Alice Kreischer and Andreas Siekmann) (2004) *Schritte zur Flucht von der Arbeit zum Tun/Pasos para huir del trabajo al hacer* (Cologne: Verlag der Buchhandlung Walther König).

_______ (Alice Kreischer and Andreas Siekmann) (2006) *La Normalidad* (Buenos Aires: Palais de Glace).

Exner, Andreas et al. (eds) (2005) *Losarbeiten – Arbeitslos? Globalisierungskritik und die Krise der Arbeitsgesellschaft* (Münster : Unrast Verlag).

EZLN (Ejército Zapatista de Liberación Nacional) (1994) *!Zapatistas! Documents of the New Mexican Revolution* (New York : Autonomedia).

_______ (Ejército Zapatista de Liberación Nacional) (1996) *Crónicas Intergalácticas : Primer Encuentro Intercontinental por la Humanidad y contra el Neoliberalismo* (Mexico City : EZLN).

Fanon, Franz (1961/2001) *The Wretched of the Earth* (London : Penguin) [프란츠 파농, 『대지의 저주받은 사람들』, 남경태 옮김, 그린비, 2010].

Federici Silvia (2004) *Caliban and the Witch : Women, the body and primitive accumulation* (New York : Autonomedia) [실비아 페데리치, 『캘리번과 마녀 : 여성, 신체, 그리고 시초축적』, 황성원 · 김민철 옮김, 갈무리, 2011].

Fernández, Ana María et al. (2006) *Política y Subjetividad : Asambleas barriales y Fábricas recuperadas* (Buenos Aires : Tinta Limón).

Figueroa, Nashyeli (2008) 'Autonomía vis a vis Habitus. La experiencia urbana del colectivo Espiral 7', Master's thesis, Instituto de Ciencias Sociales y Humanidades, Benemérita Universidad Autónoma de Puebla.

Flores, Toty (ed.) (2005) *De la Culpa a la Autogestión : Un recorrido del Movimiento de Trabajadores Desocupados de La Matanza* (Buenos Aires : Peña Lillo/Ediciones Continente).

Foster, John Bellamy (2000) *Marx's Ecology : Materialism and Nature* (New York: Monthly Review Press) [존 벨라미 포스터, 『마르크스의 생태학 — 유물론과 자연』, 이범웅 옮김, 인간사랑, 2010].

Foucault, Michel (1975/1977) *Discipline and Punish* (London : Penguin Books) [미셸 푸코, 『감시와 처벌』, 오생근 옮김, 나남출판, 2003].

Free Association (2005) *Event Horizon* (Leeds : Free Association).

_______ (2006) *What is a Life? Movements, social centres and collectve transformations* (Leeds : Free Association).

_______ (2007) 'Worlds in Motion', *Turbulence*, No. 1, pp. 26-27.

_______ (2010) 'Six Impossible Things Before Breakfast : Antagonism, neo-liberalism and movements' forthcoming in *Antipode*.

Fuentes Díaz, Antonio (2006) *Linchamientos. Fragmentación y respuesta en el México Neoliberal* (Puebla : Editorial BUAP).

Gelderloos, Peter (2007) *How Nonviolence protects the State* (Cambridge, MA : South End Press).

Ghiotto, Luciana (2005) 'El camino hacia la Cumbre de los Pueblos. La resistencia en movimiento' in Gambina, Julio (ed) *Moloch siglo XXI; a propósito del imperialismo y las Cumbres* (Buenos Aires : Ediciones del Centro Cultural de la Cooperación), pp. 209-20.

Gibson, Chris (1997) 'Subversive Sites : Raves, Empowerment and the Internet' ⟨www.cia.com.au/peril/youth/chris1.pdf⟩.

Gómez, Luis (2006) *El Alto de Pie : Una Insurrección Aymara en Bolivia* (La Paz : Textos Rebeldes).

Gómez Carpinteiro, Francisco (2009) 'La huella del sujeto. La Otra Campaña, otra epistemología', unpublished ms.

González, Juquila (2009) 'Vida cotidiana, escuelas autónomas en la lucha zapatista : radicalidad, encrucijadas y sueños de esperanza en la órbita de la insubordinación : Caracol I La Realidad y Caracol V Roberto Barrios', PhD thesis, Instituto de Ciencias Sociales y Humanidades, Benemérita Universidad Autónoma de Puebla.

Gordon, Natasha and Chatterton, Paul (2004) *Taking Back Control : A Journey through Argentina's Popular Uprising* (Leeds : School of Geography, University of Leeds).

Graeber, David (2002) 'The New Anarchists' *New Left Review* No. 202. ⟨http://www.newleftreview.org/A2368⟩.

Gregorčič, Marta (2008) 'Phantom, irresponsibility, or fascism in disguise', in Zorn, Jelka and Uršula Lipovec Čebron (eds) *Once upon an Erasure : from Citizens to Illegal Residents in Republic of Slovenia.* (Ljubljana : Študentska založba), pp. 115-132.

Grey, Sir George (1841) *Journals of Two Expeditions of Discovery in North-West and Western Australia, During the Years 1837, 38, and 39 ...* 2 vols. (London : Boone).

Guattari, Félix and Toni Negri (1985/1990) *Communists like us : New Spaces of Liberty, New Lines of Alliance* (New York : Semiotext(e))[안또니오 네그리 · 펠릭스 가따리, 『자유의 새로운 공간』, 조정환 편역, 갈무리, 2007].

Gunn, Richard (1985/1995) 'The Only Real Phoenix : Notes on Apocaliptic and Utopian Thought ', *Edinburgh Review*, No. 71, reprinted in Macdonald, Murdo (ed) *Nothing Is Altogether Trivial : An Anthology of Writing from Edinburgh Review* (Edinburgh : Edinburgh University Press), pp. 124-39.

_______ (1987) 'Notes on "Class" ', *Common Sense*, No. 2.

_______ (1992) 'Against Historical Materialism : Marxism as a First-order Discourse', in Bonefeld, Gunn and Psychopedis (1992b), pp. 1-45.

Gusinde, Martin (1931/1961) *The Yamana* 5 vols (New Haven, CT : Human Relations Area Files).

Gutiérrez Aguilar, Raquel (2009) *Los Ritmos del Pachakuti : levantamiento y movilización en Bolivia (2000-2005)* (Mexico City : Bajo Tierra and Sísifo Ediciones).

_______ and Jaime Iturri Salmón (1995) *Entre Hermanos : porque queremos seguir siendo rebeldes es necesaria la subversión de la subversión* (La Paz : Kirius).

Habermann, Friederike (2004) *Aus der Not eine andere Welt : Gelebter Widerstand in Argentinien* (Königstein/Taunus : Ulrike Helmer Verlag).

______ (2009) *Halbinseln gegen den Strom : Anders leben und wirtschaften im Alltag* (Königstein/ Taunus : Ulrike Helmer Verlag).

Hanloser, Gerhard and Karl Reitter (2008) *Der bewegte Marx : Eine einführende Kritik des Zirkulationsmarxismus* (Münster : Unrast Verlag).

Hardt, Michael (2009) 'Amor zapatista', talk presented in the Festival Mundial de la Digna Rabia, San Cristóbal de las Casas, 4 January, unpublished ms.

______ and Antonio Negri (2000) *Empire* (Cambridge : Harvard University Press) [안토니오 네그리·마이클 하트, 『제국』, 윤수종 옮김, 이학사, 2001].

______ and Antonio Negri (2004) *Multitude* (London, New York : Penguin Press) [안토니오 네그리·마이클 하트, 『다중』, 조정환·정남영·서창현 옮김, 세종서적, 2008].

______ and Antonio Negri (2009) *Commonwealth* (Cambridge : Harvard University Press) [안토니오 네그리·마이클 하트, 『공통체』, 정남영 옮김, 근간].

Harvey, David (2003) *The New Imperialism* (Oxford : Oxford University Press) [데이비드 하비, 『신제국주의』, 최병두 옮김, 한울, 2005].

Harvie, David (2006) 'Value-production and struggle in the classroom', *Capital and Class*, No. 88 (Spring), pp. 1-32.

______ Keir Milburn, Ben Trott, and David Watts (eds) (2007) *Shut them Down! The G8, Gleneagles 2005 and the Movement of Movements* (London : Dissent/Autonomedia).

Heinrich, Michael (2005) *Kritik der politischen Ökonomie : Eine Einführung* (Stuttgart : Schmetter-ling Verlag).

Holloway, John (1980/1991) 'The State and Everyday Struggle', in Clarke (1991), pp. 225-259.

______ (2002) 'Class and Classification', in Dinerstein and Neary (2002), pp. 27-40.

______ (2002/2005) *Change the World without taking Power* (London : Pluto) Expanded edn 2005 [존 홀러웨이, 『권력으로 세상을 바꿀 수 있는가』, 조정환 옮김, 갈무리, 2002].

______ (ed) (2004) : *Clase=Lucha* (Buenos Aires/Puebla : Herramienta/BUAP).

______ Fernando Matamoros and Sergio Tischler (2008) *Zapatismo. Reflexión teórica y subjetivi-dades emergentes* (Buenos Aires/Puebla : Herramienta/BUAP).

______ Fernando Matamoros and Sergio Tischler (eds) (2009) *Negativity and Revolution : Adorno and Political Activism* (London : Pluto).

______ and Sol Picciotto (1978) *State and Capital : A Marxist Debate* (London : Edward Arnold) [존 할러웨이·솔 피치오토, 『국가와 자본』, 청사, 1985].

______ and Vittorio Sergi (2007) 'Of Stones and Flowers : A Dialogue' 〈http://uppingtheanti. org/node/2767〉.

Honderich, Ted (ed.) (1995) *The Oxford Companion to Philosophy* (Oxford/New York : Oxford

University Press).

Horkheimer, Max (1937/1972) 'Traditional and Critical Theory', in M. Horkheimer, *Critical Theory : Selected Essays* (New York, Seabury Press) pp. 188-243.

______ (1937/1992) 'Traditionelle und kritische Theorie', in M. Horkheimer, *Traditionelle und kritische Theorie* (Frankfurt : Fischer Verlag).

______ (1946/2004) *Eclipse of Reason* (London/New York : Continuum).

______ and Adorno, Theodor W. (1947/1979) *Dialectic of Enlightenment* (London : Verso) [테오도르 아도르노·M. 호르크하이머, 『계몽의 변증법 — 철학적 단상』, 김유동 옮김, 문학과지성사, 2001].

Howard M. C and King J. E. (1989) *A History of Marxian Economics*, Vol. I, *1883-1929* (London : Macmillan).

______ (1992) *A History of Marxian Economics*, Vol. II, *1929-1990* (London : Macmillan).

INCITE! Women of Color against Violence (2007) *The Revolution will not be Funded* (Cambrige : South End Press).

Jay, Martin (1984) *Marxism and Totality. The Adventures of a Concept from Lukács to Habermas* (Berkeley : University of California Press).

June 18 (n.d.) 'Reflections on June 18 : discussion papers on the politics of the global day of action in financial centres on June 18th 1999' ⟨http://flag.blackened.net/af/online/j18/⟩.

Juris, Jeffrey S. (2008) *Networking Futures : The Movements against Corporate Globalisation* (Durham, NC/London : Duke University Press).

Kastner, Jens (2006) 'Fallen lassen! Anmerkungen zur Repressionshypothese' *Grundrisse* No. 19, pp. 50-55.

______ and Spörr, Elisabeth Bettina (2008) *Nicht alles tun/Cannot do everything* (Münster : Unrast Verlag).

Kohan, Walter O. (2003) *Infância : Entre Educaçao e Filosofia* (Belo Horizonte : Autêntica).

Krisis Gruppe (1999) *Manifest gegen die Arbeit* (Erlangen : Krisis). available in English as *Manifesto against Labour* ⟨http://www.giga.or.at/others/krisis/manifesto-against-labour.html⟩ [크리시스, 『노동을 거부하라! — 노동 지상주의에 대한 11가지 반격』, 김남시 옮김, 이후, 2007].

La Boétie, Étienne (1548/2002) *Le Discours de la Servitude volontaire* (Paris : Éditions Payot & Rivages). English translation by Harry Kurz published under the title *Anti-Dictator* (New York : Columbia University Press 1942), ⟨http://www.constitution.org/la_boetie/serv_vol.htm⟩ [에티엔느 드 라 보에티, 『자발적 복종』, 박설호 옮김, 울력, 2004].

La Vaca (2004) *Sin Patrón : Fábricas y empresas recuperadas por sus trabajadores. Una historia, una guía.* (Buenos Aires : La Vaca).

Lee, Richard (1969) 'Kung Bushmen Subsistence : An Input-Output Analysis', in A. Vayda (ed.), *Environment and Cultural Behaviour* (Garden City, N.Y. : Natural History Press). ⟨http://

www.pacificecologist.org/archive/18/pe18-hunter-gatherers.pdf〉.

Leeds May Day Group (2004) *Moments of Excess* (Leeds : Leeds May Day Group).

Lenin, Vladimir Illich (1902/1968) : ' "Left-wing" Communism – An infantile disorder', in *Lenin, Selected Works* (Moscow : Progress Publishers), pp.512-585 [블라디미르 일리치 울리야노프 레닌, 『공산주의에서의 '좌익' 소아병』, 김남섭 옮김, 돌베개, 1989].

_______ (1902/1977) 'What is to be Done?' in *Lenin, Collected Works* (Moscow : Progress Publishers) Vol. 5, pp. 349-529 [블라디미르 일리치 울리야노프 레닌, 『무엇을 할 것인가?』, 최호정 옮김, 박종철출판사, 1999].

Lewkowicz, Ignacio (2004) *Pensar sin Estado : La Subjetividad en la era de la fluidez* (Buenos Aires : Paidós).

Lohoff, Ernst (2008) 'Die Anatomie der Charaktermaske : Kritische Anmerkungen zu Franz Schandls Aufsatz "Maske und Charakter" ' *Krisis* No. 32, pp. 140-158.

López, Néstor (2006) 'Carta abierta a Ricardo Antunes', 9 December. 〈http://www.herramienta.com.ar/content/aporte-al-debate-sobre-el-trabajo-abstracto〉.

Löwy, Michael (2000) *L'Étoile du matin : surréalisme et marxisme*, (Paris : Syllepse).

Lukács, Georg (1923/1988) *History and Class Consciousness : Studies in Marxist Dialectics* (Cambridge : MIT Press) [게오르그 루카치, 『역사와 계급의식』, 조만영·박정호 옮김, 거름, 1999].

_______ (1980) *The Ontology of Social Being*, Vol. 3 *Labour* (London : Humanities).

Luxemburg, Rosa (1906/1970) 'The Mass Strike, the Political Party and the Trade Unions', in M. A. Waters (ed.) *Rosa Luxemburg Speaks* (New York: Pathfinder Press) [로자 룩셈부르크, 『대중파업론』, 풀무질, 1995].

Machado, Antonio (1912/2007) 'Campos de Castilla', in *Poesías completas* (Madrid: Editorial Espasa Calpe).

Mamani Ramírez, Pablo (2005) *Microgobiernos Barriales : Levantamiento de la Ciudad de El Alto (octubre 2003)* (El Alto : Centro Andino de Esudios Estratégicos).

Mance, Euclides André (2007), 'Solidarity Economics', *Turbulence*, No. 1, pp. 18-19.

Mandel, Ernest (1962/1971) *Marxist Economic Theory* (London : Merlin Press).

Marcos, Subcomandante Insurgente (2009) 'Siete Vientos en los Calendarios y Geografías de abajo', talks presented in the Festival Mundial de la Digna Rabia, San Cristóbal de las Casas, 2-5 January 〈http://enlacezapatista.ezln.org.mx/comision-sexta/1201〉.

Marcuse, Herbert (1941/1969) *Reason and Revolution* (London : Routledge and Kegan Paul) [헤르베르트 마르쿠제, 『이성과 혁명』, 김현일 옮김, 중원문화, 2011].

_______ (1956/1998) *Eros and Civilisation. A philosophical inquiry into Freud* (London : Routledge) [헤르베르트 마르쿠제, 『에로스와 문명』, 김인환 옮김, 나남출판, 2004].

_______ (1964/1968) *One Dimensional Man* (London : Sphere) [헤르베르트 마르쿠제, 『일차원적 인

간』, 박병진 옮김, 한마음사, 2009].

________ (1969/2000) *An Essay on Liberation* (Boston : Beacon) [헤르베르트 마르쿠제, 『해방론』, 김택 옮김, 울력, 2004].

Marx, Karl (1843/1975), 'On the Jewish Question', in Karl Marx, Frederick Engels, *Collected Works*, Vol. 3 *1843-1844* (London, Lawrence & Wishart) pp. 146-174 [칼 마르크스, 「유태인 문제에 관하여」, 『마르크스의 초기 저작 : 비판과 언론』, 열음사, 1996].

________ (1844/1975a), 'Introduction to the Contribution to the Critique of Hegel's Philosophy of Law', in Karl Marx, Frederick Engels, *Collected Works*, Vol. 3 *1843-1844* (London, Lawrence & Wishart) pp. 175-187 [칼 맑스 · 프리드리히 엥겔스, 「헤겔 법철학 비판을 위하여. 서설」, 『칼 맑스 프리드리히 엥겔스 저작 선집 1권』, 박종철출판사 엮음, 박종철출판사, 1997].

________ (1844/1975b), *Economic and Philosophical Manuscripts of 1844*, in Karl Marx, Frederick Engels, *Collected Works*, Vol. 3 *1843-1844* (London, Lawrence & Wishart) pp. 229-346 [칼 마르크스, 『경제학-철학 수고』, 강유원 옮김, 이론과 실천, 2006].

________ (1845/1976), 'Theses on Feuerbach' in Karl Marx, Frederick Engels, *Collected Works*, Vol. 5 *1845-1847* (London, Lawrence & Wishart), pp. 3-5 [칼 마르크스 · 프리드리히 엥겔스, 「독일 이데올로기 I」, 김대웅 옮김, 두레, 1989; 칼 맑스 · 프리드리히 엥겔스, 「포이에르바하에 관한 테제들」, 『칼 맑스 프리드리히 엥겔스 저작 선집 1권』, 박종철출판사 엮음, 박종철출판사, 1997].

________ (1857/1973) *Grundrisse* (London : Penguin) [칼 마르크스, 『정치경제학 비판 요강 1~3』, 김호균 옮김, 그린비, 2007].

________ (1859/1971) *A Contribution to the Critique of Political Economy* (London : Lawrence & Wishart) [칼 마르크스, 『정치경제학비판을 위하여』, 김호균 옮김, 중원문화, 2012].

________ (1867/1965), *Capital*, Vol. 1 (Moscow : Progress Publishers) [칼 마르크스, 『자본론 I (상)』, 김수행 옮김, 비봉출판사, 2009; 칼 마르크스, 『자본론 I (하)』, 김수행 옮김, 비봉출판사, 2004].

________ (1867/1985) *Das Kapital*, Bd. 1 (Berlin : Dietz Verlag) [칼 마르크스, 『자본론 I (상)』, 김수행 옮김, 비봉출판사, 2009; 칼 마르크스, 『자본론 I (하)』, 김수행 옮김, 비봉출판사, 2004].

________ (1867/1990), *Capital*, Vol. 1 (London : Penguin Books) [칼 마르크스, 『자본론 I (상)』, 김수행 옮김, 비봉출판사, 2009; 칼 마르크스, 『자본론 I (하)』, 김수행 옮김, 비봉출판사, 2004].

________ (1867/1987), 'Letter of Marx to Engels, 24.8.1867', in Karl Marx, Frederick Engels, *Collected Works* Vol. 42 (London : Lawrence & Wishart), p. 407 [칼 맑스 · 프리드리히 엥겔스, 「맑스가 맨체스터의 엥겔스에게 1867년 8월 24일」, 『칼 맑스 프리드리히 엥겔스 저작 선집 3권』, 박종철출판사 엮음, 박종철출판사, 1997].

________ (1894/1971) *Capital*, Vol. 3 (London : Lawrence & Wishart) [칼 마르크스, 『자본론 III (상)』, 김수행 옮김, 비봉출판사, 2006; 칼 마르크스, 『자본론 III (하)』, 김수행 옮김, 비봉출판사, 2004].

________ (1894/1976) *Capital*, Vol. 3, trans. Ben Fowkes (London : Penguin, 1976) [칼 마르크스, 『자본론 III (상)』, 김수행 옮김, 비봉출판사, 2006; 칼 마르크스, 『자본론 III (하)』, 김수행 옮김, 비봉출판사, 2004].

________ and Friedrich Engels (1845/1976), *The German Ideology* in Karl Marx, Frederick Engels, *Collected Works*, Vol. 5 *1845-1847* (London, Lawrence & Wishart), pp. 19-539.

________ and Friedrich Engels (1848/1976), *The Communist Manifesto* in Karl Marx, Frederick Engels, *Collected Works*, Vol. 6 *1845-1848* (London, Lawrence & Wishart) pp. 477-519 [칼 마르크스·프리드리히 엥겔스, 『공산주의 선언』, 김태호 옮김, 박종철출판사, 2007].

Matamoros, Fernando (2005) *Memoria y Utopía en México : Imaginarios en la génesis del neozapatismo* (Jalapa/Puebla; Universidad Veracruzana/BUAP).

Mattick, Paul (1969/1974) *Marx & Keynes* (London : Merlin Press).

________ (1981) *Economic Crisis and Crisis Theory* (London : Merlin Press).

Mattini, Luis (2000) *La Política como Subversión* (Buenos Aires : De la campana).

Mayr, Otto (1989) *Authority, Liberty and Automatic Machinery in Early Modern Europe* (Baltimore, MD and London : Johns Hopkins Press).

Mazzeo, Miguel (2007) El Sueño de una Cosa : Introducción al Poder Popular (Buenos Aires : Editorial El Colectivo).

________ et al. (2007) *Reflexiones sobre Poder Popular* (Buenos Aires : Editorial el Colectivo).

Memos, Christos (2009) 'Greece December 2008 : Crisis, Revolt and Hope', Unpublished ms., Forthcoming in Spanish in *Bajo el Volcán*, No. 14.

Mieli, Mario (1980) *Homosexuality and Liberation : Elements of a Gay Critique* (London : Gay Men's Press).

More, Thomas (1516/1965) *Utopia* (London : Penguin) [토마스 모어, 『유토피아』, 전경자 옮김, 열린 책들, 2012].

MTD de Solano and Colectivo Situaciones (2002) *La Hipótesis 891 : Más allá de los Piquetes* (Buenos Aires : Ediciones de Mano en Mano).

Muñoz Mariana (2010) 'El espejo negro del anarquismo', PhD thesis, Instituto de Ciencias Sociales y Humanidades, Benemérita Universidad Autónoma de Puebla.

Navarro Trujillo, Mina Lorena (2008) 'Sociedades en Movimiento : la izquierda autónoma argentina a la luz de las experiencias del MTD Solano y el Frente Popular Darío Santillán (2003-2007)', Master's thesis, Instituto Mora, Mexico City.

Negri, Antonio (2003) *Time for Revolution* (London/New York : Continuum) [안또니오 네그리, 『혁명의 시간』, 정남영 옮김, 갈무리, 2004].

________ (2008) *Goodbye Mr. Socialism* (New York : Seven Stories Press) [안또니오 네그리, 『굿바이 미스터 사회주의』, 박상진 옮김, 그린비, 2009].

Nicanoff, Sergio (2007) 'Prólogo', in Mazzeo (2007), pp. 9-13.

Notes from Nowhere (2003) *We are everywhere : The irresistible rise of global anticapitalism* (London : Verso).

Nunes, Rodrigo (2007) 'Nothing is what democracy looks like : Openness, Horizontality and the

Movement of Movements', in Harvie et al. (2007), pp. 299-319.

Olivera, Oscar and Tom Lewis (2004) *Cochabamba! Water War in Bolivia* (Cambridge : South End Press).

Ouviña, Hernán (2002) 'Las Asambleas barriales : Apuntes a modo de hipótesis de trabajo', *Bajo el Volcán* No. 5, pp. 59-72.

Palmer, Bryan (2000) *Cultures of Darkness : Night Travels in the Histories of Transgression* (New York: Monthly Review Press).

Paoli, Guillaume (2002) *Mehr Zuckerbrot, weniger Peitsche : Aufrufe, Manifeste und Faulheits-papiere der Glücklichen Arbeitslosen* (Berlin : Tiamat).

Papadopoulos, Dimitris, Niamh Stephenson and Vassilis Tsianos (2008) *Escape Routes : Control and Subversion in the 21st Century* (London : Pluto).

Pashukanis, Evgeny (1924/2002) *The General Theory of Law and Marxism* (New Brunswick, NJ : Transaction) [오이겐 파슈카니스, 『법의 일반이론과 맑스주의 — 법률적 기초개념에 대한 비판의 시도』, 박대원 옮김, 신서원, 2008].

Pieck Gochicoa, Enrique, Graciela Messina Raimondi and Colectivo Docente (2008) *Nuestras Historias : el lugar del trabajo en las telesecundarias vinculadas con la comunidad* (Mexico City : Universidad Iberoamericana).

Piercy, Marge (1976) *Woman on the Edge of Time* (New York : Alfred A. Knopf) [마지 피어시, 『시간의 경계에 선 여자』, 변용란 옮김, 민음사, 2010].

Pleyers, Geoffrey (2010) *Alter-Globalization. Becoming Actor in the Global Age* (Cambridge : Polity Press).

Poe, Edgar Allan (1842/2004) 'The Pit and the Pendulum', in Benjamin Fisher (ed.), *The Essential Tales and Poems of Edgar Allan Poe* (New York : Barnes & Noble), pp. 267-80 [에드거 앨런 포, 「함정과 진자」, 『포우 단편 베스트 걸작선』, 박현석 옮김, 동해, 2006].

Postone, Moishe (1996) *Time, Labour, and Social Domination : A reinterpretation of Marx's critical theory* (Cambridge : Cambridge University Press).

_______ (2003) 'Lukács and the Dialectical Critique of Capitalism,' in R. Albritton and J. Simoulidis, (eds.), *New Dialectics and Political Economy* (Houndsmill, Basingstoke and New York : Palgrave Macmillan) 〈http://home.comcast.net/~platypus1848/postone_lukacsdialectical critique2003.pdf〉.

Rebón, Julián (2004) *Desobedeciendo al Desempleo : La experiencia de las empresas recuperadas* (Buenos Aires : Ediciones Picaso/La Rosa Blindada).

_______ (2007) *La Empresa de la Autonomía : Trabajadores recuperando la Producción* (Buenos Aires : Colectivo Ediciones/Ediciones Picaso).

REDaktion (Hg) (1997) *Chiapas und die Internationale der Hoffnung* (Köln : ISP).

Reithofer, Robert, Marusa Krese, and Leo Kühberger(2007) *Gegenwelten : Rassismus, Kapitalismus und soziale Ausgrenzung* (Graz : Leykam).

Reitter, Karl (2004) 'Ein Popanz steht Kopf : Zu Postones Buch "Zeit, Arbeit und gesellschaftliche Herrschaft" ', *Grundrisse*, No. 10, pp. 15-27.

_______ (2007) 'Alfred Sohn-Rethel und die "erweiterte Warenanalyse" ', *Grundrisse*, No. 23, pp. 20-7.

Roth, Karl Heinz (1974) *Die 'andere'Arbeiterbewegung und die Entwicklung der kapitalistischen Repression von 1880 bis zur Gegenwart* (Munich : Trikont Verlag).

Rubin, I. I. (1928/1972) *Essays on Marx's Theory of Value* (Detroit, MI : Black and Red, 1972) [I. 루빈, 『마르크스의 가치론』, 함상호 옮김, 이론과 실천, 1989].

Rushdie, Salman (2009) *The Enchantress of Florence* (New York : Random House) [살만 루슈디, 『피렌체의 여마법사』, 송은주 옮김, 문학동네, 2011].

Sachs, Wolfgang (ed) (1992) *A Development Dictionary. A Guide to Knowledge as Power* (London: Zed Books) [볼프강 작스, 『반자본 발전사전 — 자본주의의 세계화 흐름을 뒤집는 19가지 개념』, 이희재 옮김, 아카이브, 2010].

Sahlins, Marshal (1974/2004) *Stone Age Economics* (London : Routledge).

Salinari, Raffaele (2007) *Il Gioco del Mondo : Scissione, insurrezione, ricongiungimento. Visioni de Re-esistenza* (Milan/Rome : Punto Rosso/Carta).

Salom, Gabriel (2009) 'La Digna Rabia de los Maestros', unpublished ms. ⟨www.tamachtini.org⟩.

Sandoval Rafael (2007) *Formas de hacer política : Zapatismo urbano en Guadalajara, contradicciones y ambigüedades*, PhD thesis, Instituto de Ciencias Sociales y Humanidades, Benemérita Universidad Autónoma de Puebla.

Sayer, Derek (1979) *Marx's Method : Ideology, Science and Critique in Capital* (Brighton : Harvester)

Schandl, Franz (2006) 'Maske und Charakter : Sprengversuche am bürgerlichen Subjekt' *Krisis*, No. 31, pp 124-72.

Scott, James (1990) *Domination and the Arts of Resistance : Hidden Transcripts* (New Haven/London : Yale University Press).

_______ (1998) *Seeing like a State : How certain schemes to improve the human condition have failed* (New Haven/London : Yale University Press) [제임스 C. 스콧, 『국가처럼 보기 — 왜 국가는 계획에 실패하는가』, 전상인 옮김, 에코리브르, 2010].

Schwarzböck S. (2008) *Adorno y lo Político* (Buenos Aires : Prometeo).

Sergi, Vittorio (2009) *Il Vento dal Basso nel Messico della rivoluzione in corso* (Catania : ed.it).

Shelley, Mary (1818/1985) *Frankenstein* (London : Penguin) [메리 셸리, 『프랑켄슈타인』, 김선형 옮김, 문학동네, 2012].

Shukaitis, Stevphen (2009) 'Dancing amid the Flames : Imagination and Self-Organisation in a minor Key', in Bonefeld (2009a) pp. 99-114.

Sitrin, Marina (2005) *Horizontalidad : Voces de Poder Popular en Argentina* (Buenos Aires : Chilavert).

_______ (2006) *Horizontalism : Voices of Popular Power in Argentina* (Oakland and Edinburgh : AK Press).

Smith, Cyril (2005) *Karl Marx and the Future of the Human* (Lanham, MD/Oxford : Lexington).

SNTE (Sindicato Nacional de Trabajadores en Educación) (2009) *Antología, 6to Taller Nacional del Educador Popular etapa nacional:13 al 17 de julio del 2009* (Mexico City : Comité Ejecutivo Nacional Democrático del SNTE).

Sohn-Rethel, Alfred (1978) *Intellectual and Manual Labour* (London : Macmillan).

Solnit, David (ed.) (2004) *Globalise Liberation : How to uproot the system and build a better world* (San Francisco, CA: City Lights Books).

Solnit, Rebecca (2004) *Hope in the Dark : Untold Histories, Wild Possibilities* (New York : Nation Books) [레베카 솔닛, 『어둠 속의 희망』, 설준규 옮김, 창비, 2006].

_______ (2005) 'Standing on Top of Golden Hours : Civil Society's Emergencies and Emergences' unpublished ms. (A later version was published in *Harper's Magazine* (October 2005) as 'The uses of disaster : Notes on bad weather and good government')

_______ (2009) *A Paradise Built in Hell : The Extraordinary Communities that Arise in Disaster* (New York : Viking) [레베카 솔닛, 『이 폐허를 응시하라 — 대재난 속에서 피어나는 혁명적 공동체에 대한 정치사회적 탐사』, 정해영 옮김, 펜타그램, 2012].

Stavridis, Stavros (2007) 'Spatialities of emancipation and the "city of thresholds"' Unpublished ms. Published in Spanish as 'Espacialidades de Emancipación y la "ciudad de los umbrales"' *Bajo el Volcán*, No. 11, pp. 117-24.

_______ (2009) 'The December 2008 youth uprising in Athens : glimpses of a possible city of thresholds', unpublished ms.

Stoetzler, Marcel (2009), 'Adorno, Non-identity, Sexuality', in Holloway, Matamoros and Tischler (2009), pp.151-188.

Sullo, Pierluigi (ed) (2002) *La Democrazia Posible : Il Cantiere del Nuovo Municipio e le nuove forme di partecipazione da Porto Alegre al Vecchio Continente* (Naples: Intramoenia).

Sumburn, Paul (2007) 'A New Weather Front', *Turbulence*, No. 1, pp. 10-11.

Thompson, E. P. (1967) 'Time, Work discipline and Industrial Capitalism', Past and Present, No. 38 pp. 56-97.

Thwaites Rey, Mabel (2004) *La autonomía como búsqueda, el Estado como contradicción* (Buenos Aires : Prometeo).

Ticktin, Hillel (2008) 'The Theory of Decline and Capital', *Labor Tribune*, 〈http://www.labortribune. net/ArticleHolder/TicktinDeclinept1/tabid/64/Default.aspx〉.

Tischler, Sergio (2005a) *Memoria, Tiempo y Sujeto* (Guatemala/Puebla : F&G Editores/Instituto de

Ciencias Sociales y Humanidades de la BUAP).

_______ (2005b) 'Time of Reification and Time of Insubordination. Some Notes', in Bonefeld and
Psychopedis (2005).

_______ (2008a) *Tiempo y Emancipación : Mijaíl Bajtín y Walter Benjamin en la Selva Lacandona*
(Guatemala : F&G Editores).

_______ (2008b) 'La forma nacional-popular y el zapatismo : "nosotros" no es el pueblo', in
Holloway, Matamoros and Tischler (2008), pp. 72-75.

_______ (2009a) 'Adorno, the Conceptual Prison of the Subject, Political fetishism and Class
Struggle', in Holloway, Matamoros and Tischler (2009), pp. 103-121.

_______ (2009b) *Imagen y dialéctica : Mario Payeras y los interiores de una constelación revolucio-*
*naria* (Guatemala : FyG Editores).

Trapese Collective (ed) (2007) *Do it Yourself : A Handbook for Changing the World* (London :
Pluto) [트래피즈 컬렉티브, 『혁명을 표절하라 — 세상을 바꾸는 18가지 즐거운 상상』, 황성원 옮
김, 이후, 2009].

Trenkle, Norbert (2007) 'Die Krise der abstrakten Arbeit ist die Krise des Kapitalismus', Referat für
die Tagung, 'Die Krise der abstrakten Arbeit' Buenos Aires, 5-7 November. Unpublished ms.

Trott, Ben (2007) 'Gleneagles, Activism and ordinary Rebelliousness', in Harvie et al. (2007),
213-233.

United Colours of Resistance (2007) 'Black Block', in *Voices of Resistance from Occupied London*,
No. 2 (Autumn), pp. 38–41 〈http://www.occupiedlondon.org/issuetwo〉.

Vaneigem, Raoul (1967/1994) *The Revolution of Everyday Life* (London : Rebel Press/Left Bank
Books) [라울 바네겜, 『일상생활의 혁명』, 주형일 옮김, 이후, 2006].

_______ (as J-F. Dupuis) (1977/1999) *A Cavalier History of Surrealism* (Edinburgh/London/San
Francisco : AK Press).

_______ (2006) 'Llamado de un Partisano de la Autonomia individual y colectiva', *La Jornada* 11
November.

_______ (2008) 'Homenaje a Andrés Aubry' *La Jornada*, 2 January 2008.

Virno, Paolo (2004) *A Grammar of the Multitude* (Los Angeles, CA/New York : Semiotext(e)) [빠올
로 비르노, 『다중』, 김상운 옮김, 갈무리, 2004].

Wainwright, Hilary (2003) *Reclaim the State : Experiments in Popular Democracy* (London :
Verso).

Wilding, Adrian (1995) 'The Complicity of Posthistory', in Bonefeld, Gunn, Holloway and Psycho-
pedis (eds) (1995), pp. 140-154.

_______ (2008) 'Ideas for a Critical Theory of Nature', *Capitalism Nature Socialism*, Vol. 19, No. 4,
pp. 48 – 67.

_______ (2010) 'Naturphilosophie Redivivus : on Bruno Latour's 'Political Ecology'', forthcoming in *Cosmos and History*.

Williams, Raymond (1976) *Keywords : A Vocabulary of Culture and Society* (Glasgow : Fontana) [레이먼드 윌리엄스, 『키워드』, 김성기 · 유리 옮김, 민음사, 2010].

Wright, Steve (2002) *Storming Heaven : Class Composition and Struggle in Italian Autonomist Marxism* (London : Pluto Press).

Zadnikar, Darij (2009) 'Adorno and Post-Vanguardism', in Holloway, Matamoros and Tischler (2009) pp. 79-94.

Zibechi, Raúl (2006) *Dispersar el Poder : Los Movimientos como Poderes antiestatales* (Buenos Aires : Tinta Limón).

———— (2008) *Autnonomías y Emancipaciones : América Latina en Movimiento* (Mexico City : Bajo tierra and Sísifo Ediciones).

Žižek Slavoj (2004) 'The Ongoing "Soft" Revolution', *Critical Inquiry*, Vol. 30, Part 2, pp. 292-323.

# 옮긴이 후기

홀러웨이가 『크랙 캐피털리즘』의 '어머니 책'이라고 부르는, 『권력으로 세상을 바꿀 수 있는가』(존 홀러웨이 지음, 조정환 옮김, 번역집단 @Theoria 협동번역, 갈무리, 2002)를 옮긴 인연으로 『크랙 캐피털리즘』의 한국어 번역을 맡아 끝내게 된 것을 기쁘게 생각한다. 저자의 배려로, 원판인 영어판(*Crack Capitalism*, Pluto, 2010)이 출판되기도 전에 번역에 착수할 수 있었지만 3년에 거의 가까운 시간이 흐른 지금에야 한국어판을 내놓는다. 이 점에서, 수시로 메일을 보내 번역진행을 확인하고 번역을 독려했던 저자에게, 그리고 이미 공지된 이 책의 출간일을 손꼽아 기다렸던 미지의 독자들께 미안함을 금할 수 없다. 결과적으로, 2011년의 전 세계적 격동의 정세 속에서 이 책이 한국어권 독자들에게 영향을 미치지 못한 것은 얼마나 안타까운 일인가? 10여 년 전 『권력으로 세상을 바꿀 수 있는가』의 출간지체는

『지구제국』, 『21세기 스파르타쿠스』의 출판 때문이었는데, 『크랙 캐피털리즘』의 출간지체는 『인지자본주의』, 『인지와 자본』 등의 출판 때문이었다. 결국 이 책은 집필 작업의 틈새시간을 이용하여 번역될 수밖에 없었는데, 내가 갖고 있는 생각과 심층수준에서 깊이 공명하면서도 표면수준 여러 곳에서 다르고 또 긴장을 불러일으키는 이 책을 번역하는 그 틈새시간들이 내게 준 기쁨은 말로 표현하기 힘들 만큼 큰 것이었다. 균열 개념을 중심에 놓으면서 맑스에서 기원한 정치철학의 고정관념을 개방적이고 비판적인 방식으로 재구성해 나가는 그 탐구의 노선은 매우 흥미로웠고 보통의 정치철학 저작과는 전혀 다른 호흡과 리듬으로써, 읽는 (그리고 번역하는) 사람 내부 깊숙이 들어와 속삭이듯 대화를 재촉하는 저 사빠띠스따주의적이고 마르꼬스적인 철학시哲學詩적 형식은 큰 기쁨을 주었다.

『크랙 캐피털리즘』은 『권력으로 세상을 바꿀 수 있는가』의 연속이지만 다른 연속이다. 연속되는 것 중에 가장 중요한 것 두 가지는, 혁명적 잠재력의 실재성과 그것의 긴급성이라는 문제의식에서 벗어나지 않는 일관된 관점과 부정의 변증법이라는 그것의 일관된 방법론이다. 그 연속에 풍부함을 제공하는 다름은 두 가지의 개념적 변화에서 뚜렷이 나타난다. '절규'에서 '균열'로, '반권력'에서 '구체적 행위'로의 이동이 그것이다. 절규에서 균열로의 변화는, 절규가 낡은 (네오파시즘적 절규에서처럼 심지어 더 낡은) 체제로의 복귀를 위한 행동으로 나타나기도 한다는 비판을 창조적으로 수용한 것으로 보인다. 자본주의에 균열을 내는 절규만이 혁명적 절규임을 분명히 함으로써, 부정이 단순히 절규로 규정될 때의 난점을 극복하고 있기 때문이다. 그래서 이 책에서는 균열을 내는 절규, 물음이자 위협이고 위기인 절규가 혁명적 에너지로 자리 잡는다. 이 이동으로 말미암아 자본주의에 균열을 내는 것은 이제 단순한 반-권력, 반-정치가 아니다. 『크랙 캐피털리즘』에서는 『권력으로 세상을 바꿀 수 있는가』에 자주 등장했던 반-권력, 반-정치라는 용어는 완전히 사라진다. 혁명적 동력은 이제 잠재력으로, 행위로, 특히 구체적 행위로 나타나게 된다. 이것은 중요하고 의미심장한 이동인데, 왜냐하면 이 이동을 통해서 부정이 단절, 파괴, 파열, 균열의 힘만이 아니라 긍정적이고 창조적이며 구성적[제헌적]인 것으로 작용할 수 있기 때문이다. 부정의 변증법은 고수되지만 그것은 강한 긍정을 수반하는 부정으로 된다. 그리고 그 정도만큼, 구성 개념에 입각한 긍정의 자율주의 개념과 소통할 수 있는 넓은 지반이 형성된다.

홀러웨이의 관점은, 자본 중심적 시각에서 노동 중심적 시각으로 방향을 전환한다는 점에서 자본의 변호론들뿐만 아니라 맑스주의 정통이론들과도 구분된다. 이것은 그가 일찍부터 1950~60년대의 오뻬라이스모에 대한 공감 속에서 발전시킨 관점이다. 노동을 중심적 추동력으로 보면서 그것을 출발점으로 삼는다는 점에서 그는 맑스의 관점을 혁신하고자 하는 여러 비판적 이론들과 공동의 보조를 취한다. 하지만 그는 이에서 머물지 않고 더 나아가 임금노동을 전략적 중심으로 사고하는 이론에 반대한다. 그는 임금노동이 아닌 노동에, 노동의 현재적 형태가 아닌 노동에, 정확하게 말하면 노동이 아니라 활동 혹은 행위에 관심을 집중한다. 그가 보기에 임금노동은 활동activity 혹은 행위doing를 은폐하고 있는 것으로서 투쟁형태의 근거지라기보다는 자본에 대한 종속의 형태이다. 이런 인식에 기초하여 그는 임금노동이 아니라 사람들의 '행위'야말로 임금노동 체제 속에서 그것에 대항하며 그것을 넘어서는 투쟁이자 창조적 활동이라고 주장한다.

자본에서 노동으로, 다시 임금노동에서 행위로 가치준거를 이동시키는 점에서 홀러웨이의 입장은 네그리/하트를 비롯한 많은 자율주의자들의 입장과 다르지 않다. 마이클 하트가 서한논쟁에서 홀러웨이의 행위 개념을 즉각 산 노동의 개념과 동일한 것으로 받아들이는 것은 이 때문이다. 홀러웨이가 '자율주의적 맑스주의'라는 이름보다 '열린 맑스주의'라는 이름을 선호하고 있음에도 불구하고 (물론 이 선호는 정체화에 대한 일반적 거부를 전제로 한 것이다) 많은 사람들이 그를 자율주의적 맑스주의라는 커다란 경향의 일부로 간주하곤 하는 것은 이 주요하고도 강렬한 공통성 때문일 것이다. 그렇다면 『권력으로 세상을 바꿀 수 있는가』에서부터 본격화된 홀러웨이(/본펠드)와 네그리/하트 사이의 차이는 어디에 있는 것일까? 이 책에 부록으로 실린 「공통체를 창조하기와 자본주의를 균열내기」는 지금까지의 그 어떤 자료보다도 선명하게 이 두 경향의 자본주의 인식 및 혁명 전망의 공통점과 차이점을 드러내 줄 것이다.

하지만 내가 보기에 이 두 경향의 가장 중요한 차이는 이 교차독해와 서한논쟁을 통해서도 분명히 드러나지 않고 잠복하고 있다. 그러므로 간략하게 그 차이의 윤곽을 그려보도록 하자. 우선 그것은, 맑스가 제시한 산 노동living labour, 혹은 생동성Lebendigkeit을 어떻게 이해할 것인가라는 문제를 둘러싸고 발생한다. 홀러웨이는 산 노동 혹은 생동성을 구체와 추상의 변증법을 통해, 좀더 적극적으로는, 구체의, 추상에 대한, 부정 변증법을 통해 설명한다. 그의 관점에서 노동은, 맑스가 말한 것처럼 이중적이다. 그것은 추상노동과 구체노동으로 이중화한다. 자본주의에서 구체노동은 추상노동으로 현존한다. 하지만 구체노동(구체적 행위)은 추상노동 속에서 그것에 대항하여 그것을 넘어서며 현존한다. 홀러웨이는 물신화와 소외가 구체적 행위의 추상노동화, 즉 행위의, 노동으로의, 추상을 기반으로 발생한다고 본다. 이 때문에 가장 근본적인 투쟁은 **추상화에 대항하는 투쟁**, 삶의 구체성과 행위의 구체성을 회복하는 투쟁으로 된다. 구체적 행위란 자본에 의한 삶의 결정을 거부하는 자기결정적인 행위이다. 이런 방식으로 그는 일상에서의 미시적인 자기결정의 시간들을, 집단적이고 사회적인 자기결정의 시간인 혁명적 사건과 연속적 지평에서 바라보며 이 사이의 단절과 위계를 상정하는 활동가주의와 단절한다.

추상에 대한 구체의 투쟁이라는 홀러웨이의 관점은, 추상을 구체와 대립시키기보다 그것을 구체와 더불어 제2의 자연을 생산하는 힘으로 간주하는 네그리의 관점과 확실히 대조된다. 네그리는 추상화 자체를 거부하기보다, 그것을 구체와 추상이라는 두 가지 성질을 갖는 **산 노동의 진화의 전제이자 결과**로 받아들이면서 투쟁의 초점을 추상 일반이 아니라 추상의 자본주의적 형태, 추상화의 소외된 형태에 맞춘다. 그리고 역사는 추상을 더욱 일반적인 것으로 만들고 있기 때문에 (요컨대 노동의 비물질적 특이화) 다중의 혁명적 도약은 추상 내부에서 그것을 기반으로 이루어질 것(나의 생각으로는 삶정치적 인지혁명)으로 본다.

헤겔은 노동의 소외를 외화(객관화)에서 찾았고 초기 맑스의 사유도, 외화를 소외와 동일시한 헤겔 사유의 영향에서 자유롭지 못했다. 그 결과 초기 맑스는, 소외 극복을 위한 프롤레타리아 투쟁의 전략적 초점이 무엇이어야 하는지(즉 외화를 필연적으로 수반하는 노동 그 자체인지, 외화와 추상을 수반하는 노동의 분업인지, 사적 소유인지, 아니면 생산수단의 생산자로부터의 분리인지)를 명확하게 확정하는 데 어려움을 겪었다. 1850년대 정치경제학에 대한 비판적 연구를 통해 그는 노동에 불가피하게 수반되는 외화 자체나, 노동의 사회적 추상을 불가피하게 만드는 사회적 분업보다는 생산자로부터 생산수단의 분리가 소외의 원인이고 또 그것이 프롤레타리아 투쟁의 전략적 초점임을 분명히 밝혔다. 이 분리는 농민의 토지로부터의 분리, 여성의 생산환경으로부터의 분리 등 정치경제적으로 가해진 다양한 형태의 울타리치기에서 비롯되었다. 이제 투쟁의 초점은 외화에 대항하는 투쟁이 아니라 소외에 대항하는 투쟁, 생산수단의 생산자로부터의 분리에 대항하는 투쟁에 맞추어진다. 그리고 노동에 대항하는 투쟁은 노동(활동)이 아니라 노동에 대한 울타리치기인 임금노동에 대항하는 투쟁에 맞추어진다.

여기서 외화의 문제를 추상의 문제로 대치해보자. 홀러웨이는 추상화를 소외의 가장 근본적인 원인으로 본다. 국가, 화폐, 자본에 의한 소외는 모두 이 근본적 소외 위에 얹혀 있고 그 소외가 발현하는 형태들이다. 홀러웨이가 추상화를 소외의 원인으로 사유하면서 맑스의 초기 저작인 『경제학-철학 수고』에 의지하는 것은 주목할 만하다. 초기 맑스에 의지하는 그에 따르면, 소외는 노동의 결과일 뿐만 아니라 노동과정에 내재한다.(140쪽) 외화와 소외의 동일시에서 양자의 구별로 나아간 맑스의 행보와는 달리, 홀러웨이는 추상과 소외라는 이미 구별되어 있는 두 가지를 접합시키는 방향으로, 즉 추상이 소외의 원인이라는 진단으로 나아간다. (홀러웨이의 이러한 인식은 루카치를 비롯한 서구 맑스주의의 인간주의 전통과 프랑크푸르트 비판이론의 소외이론에서 커다란 자양분을 얻고 있다.) 소외가 노동과정 자체에 내재하고 소외가 노동의 이중성 자체의 직접적 결과라면, 요컨대 임금노동이 아니라 (혹은 오늘날의 인지자본주의에서처럼 산 노동의 삶정치적 공통되기에 대한 화폐형태를 매개로 한 포획이 아니라) 추상노동 그 자체가 근본적 소외를 가져오는 거대한 울타리치기라면 우리의 소외는, 그 내부에서 그것에 대항하며 그것을 넘어서는 행위의 항구적 투쟁에도 불구하고 궁극적으로는 극복될 수 없는 것이다. 따라서 혁명은 틈새에서 틈새로 나아가는 소극적 행보를 벗어날 수 없다. 왜냐하면 추상은 구체와, 마치 신체와 사유처럼, 병행하는 궁극적 인간조건이기 때문이다.

하지만 추상에 대한 홀러웨이의 경계는 결코 경시할 수 없는 것이다. 화폐, 자본, 국가, 그리고 그것들의 다양한 제도들은 인간의 행위할 수 있는 힘을, 생동력(활력)을, 산 노동을 추상하는 자본주의적 형태들이다. 이 자본주의적 추상형태들을 운동과 혁명의 출발점으로 삼는 것은 여지없이 개혁주의의 함정에 빠지고 자본주의를 폐지하기보다 자본주의를 수선하고 구제하는 기능을 맡게 된다. 이런 의미에서 홀러웨이가 강조하는 추상화의 물신화 효과에 대한 경고는 아무리 되새겨 들어도 지나치지 않을 만큼 중요하다. 추상에 대한 맹목 위에서 추상을 운동과 사유의 출발점으로 삼게 될 때, 우리는 자본주의적 추상형태와 싸울 힘을 상실하게 된다. 이제 추상을 둘러싼 복합적 요소들이 고려된 이 지점에서 우리가 홀러웨이에게 물어야 할 것은 다음과 같은 것이다. 자본주의적 추상형태에 대한 투쟁과 추상 일반에 대한 투쟁을 구분하는 것이 필요하지 않을까? 자본주의적 추상형태들 속에 소외된 형태로 잠복하는 산 노동의 추상력(다른 추상력, 혹은 공통되기의 추상력)을 폭발시키는 것은, 역시 자본주의적 추상형태 속에 잠복하는 구체적 행위의 잠재력을 회복하는 것만큼 중요한 과제이지 않을까? 구체의 힘이자 추상의 힘인 우리 신체의 운동력 전체를 동시에 동원함으로써, 자본주의를 균열하는 힘들의 물리적 연결만이 아니라 사회적이고 기호적인 연결을 가능케 할 수 있고 이로써 비로소 인간의 새로운 생성적 도약을 가져올 수 있지 않을까?

마이클 하트와 홀러웨이의 논쟁은, 추상 문제를 가볍게 스쳐지나가면서, 주로 제도화의 문제에 집중된다. 논쟁은 하트가 홀러웨이에게 제도화에 대한 탐구의 필요성을 제기하면서 시작되었다. 이 논쟁에서, 홀러웨이가 추상화에 대한 반대를 기초로 제도화에 대한 거부의 논리를 전개하는 것은 필연적이다. 그리고 그가, '전복하라-그리고-제도화하라'라는 커다란 입장을 받아들이면서도, 사실상 양 항 사이에는 긴장이 있고 제도화를 위험한 것으로 보고 전복의 입장을 중시한다고 말하게 되는 것은 이 때문이다. 이 긴장의 태도는, 우리가 오늘날 우파는 물론이고 좌파 속에까지 일반화된 제도화에 대한 의존과 맹신의 경향을 고려하면 더 없이 중요하고 또 필요한 것이다. 하지만 자본주의적 추상형태들을 추상 일반과 동일시하는 것이 추상의 신체적 생동력을 부정하는 일면화로 귀결되듯이, 자본주의적 제도형태들과 제도화 일반을 동일시하는 것 역시 위험하지 않을까? 그것이, 차이화, 위반, 생성만이 아니라 반복, 습관, 제도화, 조직화를 통해 운동하는 신체적 생동력의 운동양식에 대한 일면화와 무력화로 귀결되지는 않을까?

오래 전에 쓰인 홀러웨이의 한국어판을 위한 서문에 서술되어 있듯이, 이 책은 2012년 5월 광주항쟁에 맞추어 출간할 계획이었다. 부득이 출간예정일을 넘겨버린 후, 특별한 계기가 없다면, 그 서문의 기조에 맞춰 2013년 5월에 출간하기로 하고 이미 끝난 번역원고를 묶어 두고 있는 상태였다. 하지만 2012년 12월 19일 18대 대선과 그 후에 사람들 사이에 흐르는 멘붕의 분위기는 이 책의 새로운 필요성을 만들어 내기에 충분했다. 이번 선거는 민중이 다중을 대의하고, 진보주의가 민중을 대의하며, 다시 자유주의가 진보주의를 대의한 후, 패배 끝에 결국 보수주의가 이 모두를 대의하는 대의의 악순환적 퇴행흐름에 의해 특징지어졌다. 더 심각한 문제는, 이미 사전에 결정되어진 것이나 다름없는 정치적 패배인데도 왜 그것이 멘붕의 분위기를 창출하는지, 또 그 상황을 돌파하려는 노력이 자기위안적 힐링의 노력으로 나타날 뿐인지 하는 것이다.

생각해 보면 선거 후의 멘붕 분위기는 우리가 대의제도에 얼마나 깊이 의존하고 있는지를 보여주는 심리적 징후이다. 더 나아가 여기에서 우리는 언론, 방송, SNS를 불문하고 나타나는 멘붕이라는 용어의 거대한 확산을 통해 자유주의 외에는 어떤 대안도 없다는 의식을 고착시키려는 정치적 계략까지도 느껴진다. 보수주의에 대한 자유주의의 선거패배는 진보, 민중, 노동, 다중 모두의 총체적이고 근본적인 패배임을 암시하는 이 인지적 프레임의 확산은 향후 정치상황을 신자유주의적 자본주의 내부의 양당간 경쟁으로 협소화하고 말 것이기 때문이다. 이것은 대부분의 사람들을 대의제 정치스펙타클의 구경꾼으로 만드는 미국화된 정치형태의 고착을 가져오지 않을 수 없다. 월스트리트 점거 시위를 통해 미국에서 균열되고 있는 이 프레임이 한국에서는 이제 짜이기 시작하고 있다는 사실을 직시하는 것이 필요하며 이러한 움직임과 계략을 전복하는 것이 필요하다는 사실이 이 책의 당면한 시간적 적실성을 만들어 냈다.

이 책은 대의제도에 대한 심층적인 비판을 통해서, 자기결정력에 기초한 균열들의 형성과 그 합류의 필요성에 대한 일관된 설명을 통해서 완전히 다른 질의 힐링, 즉 치유효과를 제공한다. 진정한 힐링은, 달콤한 말들에 위안 받고 거짓 희망들에 기만당하는 것이 아니라 자기결정의 능력을 회복하는 것이며 자기결정적인 행동만이 세상을 바꿀 힘임을 단언함으로써 이 책은 대의제 선거와는 다른 대안을 우리의 인지적 신체적 실천의 중심으로 삼아야 함을 역설한다. 공통되기becoming common를 주장해온 마이클 하트와의 토론에서 홀러웨이는 그것을 공통하기communizing라는 말로 표현하는데 이 대안이 구체적으로 무엇일 수 있으며 어떤 것일 필요가 있는가 하는 문제는 이들 저자들에게 맡겨 둘 문제가 아니라 헤아릴 수 없을 만큼 많은 사람들인 우리들 자신의 참여를 요구하는 것이며 모든 사람의 행위와 지혜의 합류를 통해서만 답변되고 달성될 수 있는 문제이다.

이 책에서 자주 발견되는 구절의 하나가 '행위의 노동으로의 추상'이다. 이 번역구문은 '행위의, 노동으로의 추상'으로도, '행위의 노동, 으로의 추상'으로도 읽힐 수 있는 모호한 표현이다. 이것을 좀더 정확한 우리말로 풀고자 하면 '행위를 노동으로 추상하는 것' 정도가 적절할 것이다. 그럼에도 불구하고 이 번역서에서는 그것을, '행위의 노동으로의 추상'으로 그대로 두었다. 왜냐하면 저자가 '행위의 노동으로의 추상'을 거의 하나의 개념어처럼 사용하고 있고, 언어적 자연스러움을 위해 그것을 풀어 놓게 될 때, 그 개념의 농밀도가 감소되기 때문이다. 이와 유사한 경우가 이 외에도 더 있지만 오해의 여지가 거의 없고 잦은 반복으로 인해 독자가 충분히 받아들일 수 있는, 그리고 독서가 진전되면서 오히려 더 익숙하게 받아들일 수 있는 어색함이라고 여겨질 경우에는, 개념적 농밀도를 위해 한국어에 익숙한 형태로 풀지 않고 원어에 가까운 표현으로 옮겨 두었음을 밝혀둔다.

두 개의 영어 단어의 번역에 대해서도 간단히 덧붙여 두고 싶다. 이 책에 자주 사용되는 단어 중의 하나인 'fit', 'misfit', 'misfitting' 등은 저자가 일관되게 하나의 단어 'fit'을 어간으로 사용하고 있음에도 불구하고 우리말 문맥에 자연스럽게 맞는 하나의 단어로 확정하는 것이 어려웠다. 그래서 문장과 문맥의 필요에 맞춰 단어의 사전적 뜻인 '들어맞다/들어맞지 않다' 외에 '(부)적합', '(부)적응', '(비)순응', 때로는 '(불)복종' 등의 단어로 번역하고 필요한 경우에는 원어를 병기했다. 늘 그렇지만, 까다로운 단어인 'power' 역시 문맥의 필요에 따라 '권력', '힘', '력', '능력' 등으로 옮겼음을 밝혀둔다.

한국의 삶과 운동에 대한 각별한 애정으로, 어떤 로열티 요구도 없이 이 책의 한국어판 출간을 오랫동안 기다려준 저자 존 홀러웨이에게 감사드린다. 번역 초고를 읽고 수정제안을 해준 프리뷰어 김영철, 이인 님에게도 감사드린다. 표지, 본문 편집과 레이아웃 작업만이 아니라 독자들의 이해를 도울 옮긴이 주를 보강하는 작업에서도 힘을 보탠 갈무리 출판사의 신은주, 오정민, 김정연, 김하은 님, 그리고 이 책의 출간을 기다려온 독자들과 이 책의 탄생을 함께 축하하고 싶다.

2013년 1월
조정환

439, 444, 466, 467, 469

추상화 146, 147, 170, 234, 316, 467~470


## ㅋ, ㅌ, ㅍ

카니발 64, 65, 67, 415

카르페 디엠 336, 443

『캘리번과 마녀』(페데리치) 180, 181, 183, 189, 426, 427, 429, 430

코뮌화하기(communising) 300, 440

코뮤니즘 42, 58, 76, 79, 142, 153, 163, 275, 300, 333, 341, 361, 407, 414, 441, 443

『크랙 캐피털리즘』(홀러웨이) 41, 382, 385, 400, 444, 445, 463~465

〈크리시스〉 158, 163, 271, 278, 279

탈-순응 136

탈-자 155, 254, 270, 277, 305, 310, 322, 352, 362, 364, 365

탈자 40, 155, 156, 254, 355, 425, 426, 437

파열 46, 49, 61, 90, 97, 110, 117, 133, 134, 175, 207, 244, 277, 342, 354, 397, 404, 405, 409, 428, 465

「포이에르바하에 관한 테제들」(맑스) 433, 434

폭력 26, 27, 32, 71, 80, 94~99, 160, 161, 182, 187, 188, 190, 202, 212, 221, 238, 240, 241, 244, 283, 373, 419, 420, 428, 443, 444

프롤레타리아트 187, 213, 220, 305, 319, 401, 407

피께떼로 49, 56, 57, 80, 92, 100, 379, 420, 441


## ㅎ

하일리겐담 127, 341, 423

해방 공간 413

『해방론』(마르쿠제) 455

행위의 노동으로의 추상 132, 138, 149, 157, 160, 165, 169, 173, 179, 182, 190, 194, 198, 200, 201, 204, 206, 209, 215, 219~221, 229, 234, 242, 258, 264, 280, 281, 285, 293, 297, 298, 316, 319, 321, 328, 358, 424, 426~428, 431~433, 472

행위자 60, 78, 84, 102, 168, 169, 173, 177, 185, 204, 299, 305~308, 312, 313, 317, 320, 333, 334, 386, 433, 442

행위할-힘 155, 165, 194, 200, 286, 300, 323, 324, 335, 353~357, 360, 431, 444

「헤겔 법철학 비판을 위하여. 서설」(맑스) 412, 444

형식-결정 243

형식-과정 242, 244, 249, 436

흐름 13, 36, 39, 46, 76, 106, 169, 170, 175, 219, 256, 292~294, 299, 301, 306, 315, 316, 321, 323~345, 362, 365, 367, 368, 371~373, 377, 380, 383, 390, 391, 428, 434, 445, 459

『희망의 원리』(블로흐) 415, 423, 437, 440, 441, 443, 448

희생자 30, 56, 102, 251, 420


## 기타

1968 64, 71, 125, 218, 262, 278, 390, 422, 437

2001년 아르헨티나 시위 64, 69, 81, 91

EZLN 306, 398, 416, 440, 451, 455, 475

G8 정상회담 반대시위 415, 442

MTD Solano 420, 431, 445

:: 본문 내에 사용된 이미지의 출처

1부 표지 : http://farm4.staticflickr.com/3575/3677076498_4ff07787f1_o.jpg

2부 표지 : http://www.ucsdopenstudios.com/2008/artists_lg/Boredom_Patrol2.jpg

3부 표지 : http://www.flickr.com/photos/bdebaca/197192572/

4부 표지 : http://www.flickr.com/photos/home_of_chaos/4016285125/

7부 표지 : http://3.bp.blogspot.com/_cOXWTGtj3AE/TQEXoixkyjI/AAAAAAAAABA/4BEoogYnD2o/s400/guatemalas +marcha.JPG

부록 표지 : http://desinformemonos.org/2011/05/el-ezln-se-moviliza-con-el-resto-del-pais/marcha-mayo-7-3/